# EMPOWER YOUR DIGITAL CAPABILITY

THE DIGITAL TRANSFORMATION OF SMEs

# 重构数字战斗力

## 中小企业的数字化转型之路

金蝶软件（中国）有限公司◎编著

人民邮电出版社

北京

### 图书在版编目（CIP）数据

重构数字战斗力：中小企业的数字化转型之路 / 金蝶软件（中国）有限公司编著. -- 北京：人民邮电出版社，2021.3
ISBN 978-7-115-55725-4

Ⅰ. ①重… Ⅱ. ①金… Ⅲ. ①数字技术－应用－中小企业－企业管理－研究－中国 Ⅳ. ①F279.243-39

中国版本图书馆CIP数据核字(2020)第260038号

### 内 容 提 要

本书汇聚了36家中小企业"上云、用数、赋智"数字化转型实践的案例，呈现了不同行业、不同发展阶段的企业进行数字化转型的起因动念、面临的问题、转型思路、转型的实践以及转型成效和价值。本书介绍的数字化转型范围覆盖中小企业内部价值链全链条，聚焦当下中小企业的"上云"全面应用：营销上云、研发上云、供应链上云、制造上云、财务上云，实现全价值链管理，以及"用数赋智"的特点和价值，助力中小企业进行数字化转型，为中小企业赋能。

本书适合中小企业管理人员，从事数字化转型的管理咨询、IT从业人员，高校及专业研究机构人员，政府相关管理部门人员及对数字经济感兴趣的人员阅读。

◆ 编　著　金蝶软件（中国）有限公司
  责任编辑　李　强
  责任印制　陈　犇

◆ 人民邮电出版社出版发行　北京市丰台区成寿寺路11号
  邮编　100164　电子邮件　315@ptpress.com.cn
  网址　https://www.ptpress.com.cn
  临西县阅读时光印刷有限公司印刷

◆ 开本：800×1000　1/16
  印张：21.75　　　　　　2021年3月第1版
  字数：362千字　　　　　2021年3月河北第1次印刷

定价：89.00元

读者服务热线：(010)81055493　印装质量热线：(010)81055316
反盗版热线：(010)81055315
广告经营许可证：京东市监广登字20170147号

# 本书编辑委员会

**主　编**：计晓军

**文章组织**：张　欢　定文华　陈　莹　高　义

**参与写作**：

　　　　毕　胜　卜华锋　陈楚坤　陈晓琪　定文华　何高辉

　　　　李　超　李慧平　李永顺　刘卫征　陶文龙　王　荣

　　　　吴　涛　伍优裕　熊胜奎　张　玥　朱垣臻

# 致谢

历时 4 个月，本书最终定稿。作为汇集了 6 个行业 36 家客户数字化转型成功实践经验的案例集，本书涵盖领域多、涉及面广，从立项到最终成稿，非常多的领导、同事、专家参与其中，在此一并表示衷心的感谢。

首先，感谢广大客户对我们努力的认可，邀请我们一起面对不确定变化做出各种创新，更感谢为本书贡献案例的客户愿意与大家分享这些创新的成果。

其次，感谢孙雁飞、韩革缨、张田彤、黄良生、王荣等领导对本书的大力支持。

最后，感谢金蝶软件（中国）有限公司（以下简称"金蝶"）的金蝶云·星空事业部售前及交付的各位顾问老师，感谢你们贡献了如此多的优秀案例并在百忙中协助与客户进行案例出版的确认和文章修改，其中，定文华为本书统筹做出了突出的贡献。更要感谢在项目售前和实施过程中，众多的顾问为了帮助客户而做的各种努力。无数次彻夜不眠，才有了现在的成果。

同时，感谢帮助本书出版的幕后英雄们，包括在案例确认出版阶段与客户直接对接确认的各机构和伙伴的同事、帮助收集案例确认情况的高丽，以及全程提供专业支持和建议的人民邮电出版社的李强老师。

非常感谢大家的支持与帮助！

本书是"上云、用数、赋智"的阶段成果的展示，未来随着更多的中小企业投入数字化转型，将有更多的创新需要总结和提炼，希望大家一起参与数字化转型的各种创新中。

# 序

这是一个数据科技制胜的年代，是企业服务能力（EBC）制胜的时代。谁善用数据科技，谁将抢占商业竞争的制高点。数字科技能为企业提供长期的抗风险能力和可持续发展能力。当前，企业面临着外部环境和内部管理挑战的升级，数字化转型势在必行。

2020年，金蝶提出了"重构数字战斗力"的主张，它包含五大能力：链接客户的能力、链接员工的能力、链接伙伴的能力、链接万物的能力、数据驱动的能力，分别对应五大平台：客户体验平台、信息系统平台、生态系统平台、物联网平台和数据分析平台。"重构数字战斗力"并不是IT系统层面的建设，而是企业在战略层面的重构，涉及管理、商业模式、产品与服务、运营等多个层面的转型，通过企业的智慧经营，提升企业的整体竞争能力。

金蝶多年来引领和推动企业数字化转型，金蝶云·星空从2014年起，携手中小企业客户从"上云"开始，共同探索企业数字化转型的最佳实现路径。作为工业和信息化部指定的优秀数字化服务商，2020年4月，"金蝶云·星空""金蝶精斗云"入选工业和信息化部首批《中小企业数字化赋能服务产品及活动推荐目录》，金蝶在工业和信息化部企业微课平台上推出了专为中小型企业纾困的七大精品课程，与知识实验室及来自18个行业的标杆企业发起"中小微企业智慧成长计划"。

这本书结合金蝶27年来服务680万家企业的实践经验，从"金蝶云·星空"接触的上万家上云企业中，精选了六大行业、36个案例。这些案例是企业"上云、用数、赋智"的最早实践，其成功经验对于更多的中小企业来说是可以借鉴的、鲜活的一手资料。

企业经营者对成长的渴望，就是金蝶的奋斗目标。面对瞬息万变的内外变革，金蝶愿意联合生态合作伙伴，通过"上云、用数、赋智"，助力千万中小企业智慧成长，重构企业的数字战斗力和竞争力。

金蝶集团董事会主席兼 CEO

徐少春

# 前言

数字经济正在高速发展，相较于传统经济，数字经济具有更强的抗风险能力与恢复能力，具有更大的发展空间。2020年新型冠状病毒肺炎疫情的爆发导致部分传统企业被按下"暂停键"，数字经济则启动了"加速键"，许多"在线"企业的业绩不降反升。作为社会经济的重要力量，中小企业的数字化转型，是释放社会经济潜力的关键之一。

政府高度重视中小企业的数字化转型。2020年3月，工业和信息化部出台《中小企业数字化赋能专项行动方案》，2020年4月，国家发展和改革委员会、中共中央网络安全和信息化委员会办公室等部门联合印发了《关于推进"上云、用数、赋智"行动培育新经济发展实施方案》的通知，2020年5月，相关部门联合启动"数字化转型伙伴行动（2020）"，鼓励政府和社会各界携手推动中小企业数字化转型，深化普惠性"上云、用数、赋智"，激发企业数字化转型内生动力，支撑经济高质量发展。

但在当前，我国中小企业的数字化程度普遍有限，很多企业不懂得如何真正地联网，不理解数字化转型，也担心转型使成本增加后能否得到足够的回报，什么是数字化转型；转型有什么好处；有没有成功经验能够帮我转型？这些是中小企业站在数字化经济转型岔路口时经常发出的疑问。

数字化转型并不是配置计算机进行网上办公、借助电商卖出货物那么简单，而是一项专业的工作，是利用数字化的手段，匹配企业的战略规划和商业模式，全方位地重新构建产业价值链和创新链，打通产业链上下游企业数据通道，促进全渠道、全链路供需调配和精准对接的一系列工作，"上云""用数""赋智"是其实现路径，最终目的是通过智慧化经营，实现降本增效和价值增值。据《经济日报》介绍，在不考虑疫情影响的情况下，成功的数字化转型可使制造业企业的成本降低17.6%、营收增加 22.6%；使物流服务业成本降低 34.2%、营收增加 33.6%；使零售业成本降低 7.8%、营收增加 33.3%。

作为"上云、用数、赋智"中的云服务提供商和行业领先者，金蝶云·星空从 2014 年起便与中小企业客户一起，从第一步"上云"开始，探索中小企业数字化转型的最佳实现路径。

近 6 年来金蝶云·星空接触了上万家上云企业的代表。这些企业一方面学习国外企业先进的管理经验，另一方面积极拥抱变化，用创新的方式和工具解决新的问题。我们一起梳理了企业转型的原因、面临的问题、转型的思路，并进行业务模式创新、管理创新和工具创新，最终在实现数字化的基础上，企业实现了由"经验决策"向"数据决策"的转变，从而提高了经营能力，也就是数字战斗力。这些企业是"上云、用数、赋智"的最早实践者，它们的成功经验对更多的中小企业来说，是可以借鉴的、鲜活的、一手的资料。

本书收录了汽车及零部件、电子电气、机械五金、食品餐饮、医药医疗及互联网创新六大行业的 36 个数字化转型案例，覆盖了企业内部价值链全链条，聚焦当下中小企业的"上云"全面应用，包括全渠道营销、研发管理、供应链管理、智能制造、阿米巴经营管理、智能财务，以及上下游产业链整合，移动办公等不同场景下的深入应用。

"博学之，审问之，慎思之，明辨之，笃行之"。希望本书能够成为读者了解中小企业"上云、用数、赋智"的参考资料；这些企业数字化转型的成功经验，能够为读者在思考转型路径时提供一个明辨的对象；在理清转型的意义和方向后，再坚定、笃诚地践行自身的数字化转型，通过"上云、用数、赋智"，提升自身的数字化战斗力。

本书的读者包括但不限于以下人员，希望大家能和我们一起继续探讨数字化转型，持续、更好地进行"上云、用数、赋智"的实践。

（1）中小企业的从业人员

即中小企业的所有者、经营者，包括中小企业高层、中层及各业务部门主管。中小企业从业人员一度曾创造过经济奇迹，但其以往的成功经验受到了极大的挑战，原先的方法正在慢慢失效。帮助中小企业梳理时代变化的逻辑，成功完成数字化转型是这本书的主要目的。

（2）提供数字化转型的服务人员

即帮助中小企业进行数字化转型的管理咨询、IT从业人员，及高校和专业研究机构的相关人员。转型服务提供商帮助中小企业提升管理能力，与中小企业一起进行管理创新。作为数字化转型服务商之一，我们希望能和大家一起分享、交流企业数字化转型成功的经验，持续进行管理和工具的创新，更好地参与未来全社会的数字化转型。

（3）理论研究者和相关政府部门管理者

即专注于企业数字化转型课题的学者、专家和政府相关部门的管理者。数字化转型相关的管理者能够为企业的实践转型提供高屋建瓴的方向引导。我们希望本书提到的中小企业在数字化转型中面临的共性问题和解决方案能够帮助读者对理论进行迭代和创新，以进一步从方向上引导中小企业进行数字化转型，重构数字战斗力。

## 导读

2020年，突如其来的新型冠状病毒肺炎疫情给全球带来了极大的影响。2月初，国内绝大部分企业进入停工状态，面临着"无资金、无员工、无订单、无材料"的四无困境。随后在中央政策的指引和各级政府、金融机构的帮助下，企业开始逐渐复工复产。当前国内经济正在稳步恢复，双循环的发展新格局正在构建。对外贸易的损失也通过采取"双循环"的方式进行弥补。

中小企业是中国经济的脊梁，其稳定发展是社会经济稳定的基石。相较于大企业，中小企业的资源有限，技术储备有限，人才有限……疫情是检验企业经营能力的试金石，但是，疫情影响还只是当前中小企业面临的外部环境和内部驱动挑战中的极小部分。

中小企业所处的外部发展环境受数字化战略政策牵引、技术变革、个性化需求升级、商业模式变革4个方面的影响。在政策方面，政府近年来持续用政策牵引着中小企业进行数字化转型，2020年2月以来，从《关于应对新型冠状病毒肺炎疫情帮助中小企业复工复产共渡难关工作的通知》开始，不断引导着中小企业解放思想，用数字管理创新去迎接外部挑战。在技术方面，得益于云计算、大数据、5G、人工智能、3D打印等新技术的出现和应用，企业直接连接消费者不再是难题；同时，技术也为消费者生产个性化产品提供了可行的支撑。在个性化需求升级方面，2019年，我国人均GDP达到6万元人民币，人们对美好生活的需求已成为当今时代的主旋律，九零后、零零后等新生代成为消费的主体，作为互联网的原驻民，新生代的消费习惯、消费路径、社交方法都呈现出线上、线下相结合的特点，且具有强烈的个性化需求，迫使消费市场根据其需求发生改变；同时由于互联网的普及，"被忽视的大多数"有了被发现的渠道，其意见也逐渐影响了消费领域。在需求和技术的双重驱动下，各行各业正在发生商业模式的变革。

企业所处的外部环境的变化，包括政策指引、技术变革、需求升级及商业模式变革，驱动着企业在内部建立并持续更新其以品质、成本、交期、创新为核心的关键竞争力。

工业和信息化部（以下简称"工信部"）国家工业信息安全发展研究中心在《全球工业互联网平台应用案例分析报告》中提出了影响中小企业内部成长的3个关键指标：质量（Q）、成本（C）、交期（D），三大指标的不同组合即形成了企业的不同战略，例如，差异化战略：主要在品质、价格、交期方面与主要竞争对手形成差异；成本领先战略：在保证品质和交期的前提下，通过成本领先形成价格优势；聚焦战略：聚焦特定客户生产特定产品，提供满足其需求的品质和价格。随着我国进入数字经济时代，创新能力也成为国内企业必备的能力之一，究其原因，一是我国已经发展为世界第一大体量的制造大国，许多企业已经成为龙头企业，原来采取"跟随战术"的对象已经消失，在没有更好的标杆做法能够直接参照的情况下，企业必须直接面对客户的需求，通过不断创新来满足客户需求；二是客户的个性化需求升级，企业必须能够提供满足客户需要的产品，通过创新实现持续健康经营。

对于企业Q、C、D这3个方面的能力，在数字化经济时代，制造业企业必须达到与传统工业时代完全不同的能力要求。在传统工业经济中，大部分企业的价值链增值的过程可以描述为：原材料—生产商—品牌商—分销渠道—门店零售—消费者，伴随物流和金融服务。这一运行逻辑因为数字经济时代两个现象的变化发生了完全相反的变化。第一个变化是全渠道、新零售领域出现了人—货—场的重新组合，如微博营销、公有流量、私域流量的线上销售等，并且又出现了新型的非接触式销售，如抖音带货、其他直播带货等。这种新型销售与原来门店销售的最大不同之处在于，由于新型销售的中间商能够用技术手段构建精准的用户画像，用内容运营建立与消费者的持续互动关系，用人工智能算法去帮助消费者产生新的潜在需求，新型销售能准确连接目标消费者，把握目标消费者对商品的需求。第二个变化是新制造，要求企业为消费者提供更好的体验，供给侧（制造商）按消费者的需求进行生产。在这两个变化下，零售企业首先把握住了消费者的真实需求，然后进行供应链整合，再向制造商提出产品订单，这样就形成了与传统价值链的流向正好相反的价值增值过程，形成了基于互联网的逆向制造——C2M正在成为新的趋势。相应地，"多品种、小批量、短交期"逐渐成为制造业企业面临的常态，为企业的Q、C、D带来了新的挑战（如图0.1所示）。

首先是因为个性化需求导致的多品种、小批量的订单变化而带来的深层次的品质挑战

(Q)。消费者由原来被动地接受标准产品向个性化、个体化发展,提前参与到商品的策划、设计中来,现在很多创新者追求带有温度的爆品,都是与创消者进行互动产生的。对于制造企业来说,这些商品针对小众创消者,需求越发碎片化,订单金额也越来越小,为制造企业带来品质的挑战,即创消者的需求如何在内部的研发、采购、制造、质量、物流等环节进行保障。

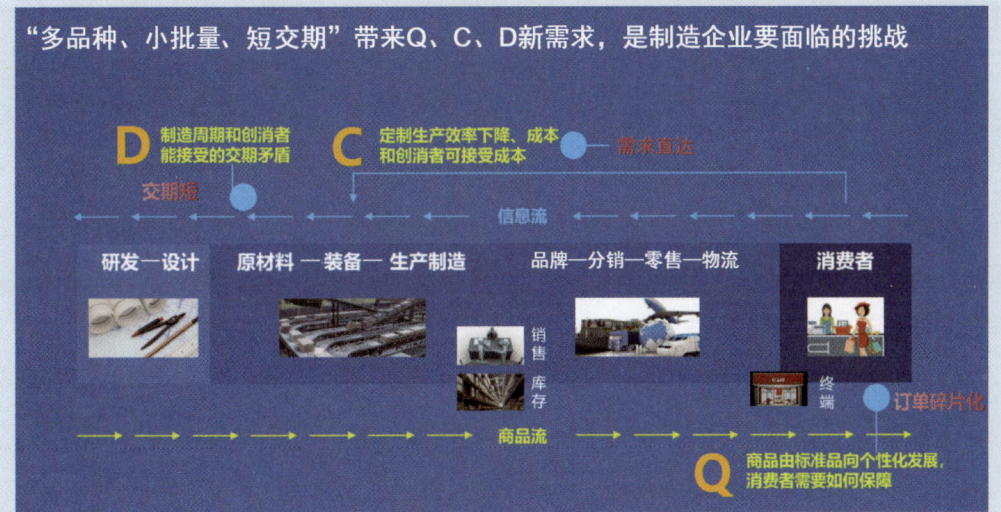

图0.1 "多品种、小批量、短交期"带给制造企业Q、C、D的新挑战

其次是因为客户的需求直达带来的深层次的成本挑战(C)。个体化定制后,生产成本的飙升和消费者可接受的价格产生了冲突。大规模生产能够很好地控制生产成本,从而形成了锚定价格,而个性化定制会增加生产成本,仅在生产现场就会因为七大浪费(按精益理论,凡是不能直接创造出价值的一切活动,均视为浪费)的增加而造成料、工、费的增加,使生产成本大幅升高。

最后是因为个性化的需求定制带来深层次的交期的挑战(D)。按需定制的产品制造周期通常需要经过研发、采购、生产、装配、物流等阶段,需要几个月的时间,例如,传统服装的制造周期是6个月,而创消者在网上消费能够接受的交货期通常按周计算,如网上服装的交货周期是2周,"6个月"和"2周"就是制造周期和交货周期的冲突。

从以上初步分析看出,数字化经济的Q、C、D和传统工业经济的Q、C、D是完全不同的,当前很多中小企业按原来的方法进行工作,甚至更加努力地工作,但生产的商品不被消费者所需要,很可能变成各个环节的库存,而不能实现销售环节惊险的"一跳",变成现金和利润。对于数字经济时代 Q、C、D 的挑战，相对应的管理逻辑、管理体系、管控重点、管理工具的变化不能完全适应，便是当前生产类企业经营上的"结构性"难题。

在已经到来的数字化经济时代，企业必须解决上述经营性结构问题，改善自身的业务经营能力，从生产运营能力、财务管理能力、组织能力、创新能力 4 个方面进行升级，完成数字化转型。

首先，进行生产经营能力升级。工信部国家工业信息安全发展研究中心在 2018 年给出了工业企业的能力变迁路径（如图 0.2 所示）。传统工业企业关注技术产品，具备成本、研发、营销、生产、质量五大能力，具体包括成本降低、技术获取、渠道建设、规模化生产、质量检验 5 项子能力。而未来数字化企业需要关注用户价值，具有服务、成本、研发、营销、生产、质量 6 个方面的能力，具体有 12 项子能力，包括服务方面的 3 项能力（远程诊断与服务、客户互助与敏捷服务、产品全生命周期追溯服务）、成本方面的 1 项能力（成本精细化管控）、研发方面的 3 项能力（在线异地协同研发、快速定制设计、研发制造一体化）、营销方面的 2 项能力（精准营销、快速用户响应）、生产方面的 1 项能力（个性化定制生产）、质量方面的 2 项能力（质量全产业链管控、质量在线分析与优化）。

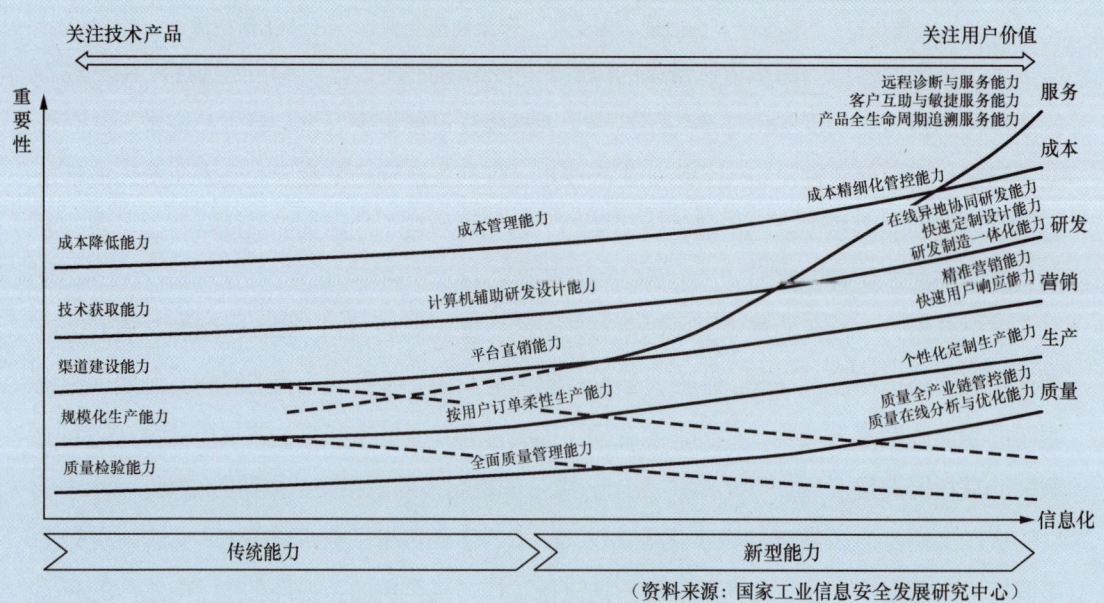

（资料来源：国家工业信息安全发展研究中心）

图0.2 工业企业能力变迁路线

然后，进行财务能力升级。财务的职能由核算向内部顾问转型，将原来业务和财务为一体、财务口径的核算能力转型为核算会计、经营会计并行，对业务创新进行价值判断，对"阿米巴"进行价值数字化。

其次，进行组织能力升级。传统工业企业通常强调自上而下的执行力，追求军事化管理，但近几年"阿米巴"管理被越来越多的制造企业采用，它们通过"阿米巴"管理方式实现上下同心，人人都是经营者，使需要进行创新的一线人员从经营的角度判断业务的合理性，从而激发组织的能力。当然，除了"阿米巴"变革外，组织能力升级还包括其他内容。

最后，进行创新能力升级。创新能力是企业在不确定的环境下跟上外部需求变化的最根本能力。金蝶云·星空研发十载，正式发布了6年，目前已有近2万家客户，其中也有上万家公有云客户。在研发金蝶云·星空的过程中，很多客户与我们交流管理上的困惑，双方一起进行管理创新，并通过信息化管理工具进行固化，共同打造出国内第一个包括全渠道＋产品生命周期管理（PLM）＋企业资源计划（ERP）＋制造执行系统（MES）＋供应商协同的中小型企业智慧成长服务平台。这些创新在现在来看，也符合工信部国家工业信息安全发展研究中心的"工业企业能力变迁路线图"所标识的方向。

我们希望能够建立起数字化转型后的六大能力（12项子能力）模型，结合不同行业的具体管控场景，通过PLM+ERP+MES一体化的工具，瞄准工业经济缺失的管控重点，与行业领袖、专家、生态伙伴一起，用不断研发、迭代的信息化工具，帮助中小企业进行创新和工具落地，提升企业业务能力。

企业的业务能力具体包括哪些呢？传统中小企业需要经过原料供应、产品研发、生产制造、销售渠道、物流配送5个环节最终到达终端消费者手中（如图0.3所示），对应最基本的能力有供应商送货能力，物料、BOM（物料清单）、技术文档管控能力，计划管理、品质记录能力，渠道管理、零售管理能力，库存管理的能力，等等。但在数字经济时代，用户需求直达制造企业，在带来的"多品种、小批量、短交期"的情况下，制造企业的经营步骤和能力要求会发生变化，为了满足创消者的需求，其中一个比较理想的经营活动的流程如图0.4所示。

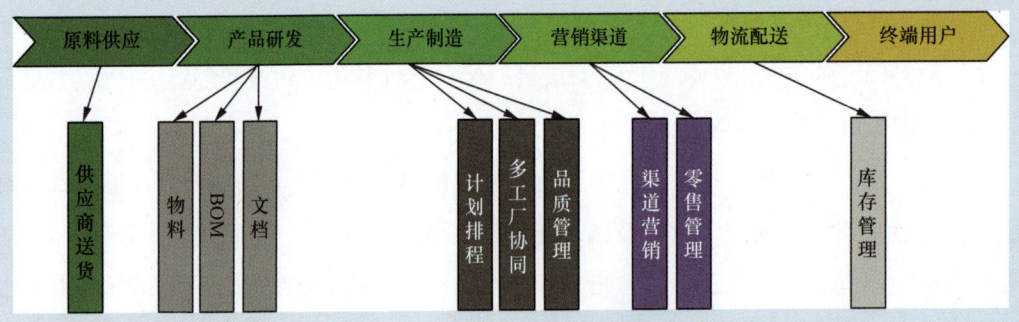

图0.3　传统企业经营管控重点

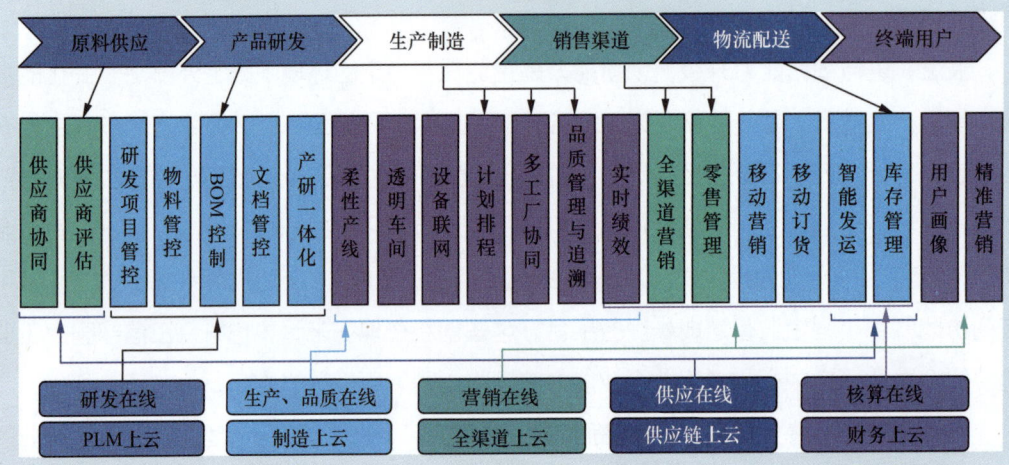

图0.4　企业管控重点转变

（1）企业进行新技术的研发，同时根据市场的需求进行新产品的研发，得到一个新的标准产品。

（2）通过用户画像、精准营销获取消费者及创消者对这次订单不同配置的需求，可能还需要根据客户需求进行报价和承诺订单的实际交期。

（3）技术部门将销售订单中创消者的需求快速转化为对内部生产、品质检验的要求。

（4）生产管理进行计划和排程后，在生产车间用柔性制造进行生产，必要时设备要进行联网，形成数字化的生产，在生产过程中进行品质管控，避免不良品的生产，同时快速形成全过程的质量追溯资料。

（5）在供应上进行供应商协同和智能发运管理。

（6）在财务上，对营销、生产、运输各环节基于业务的发生进行成本核算和业务管控，同时必要的时候进行"阿米巴"管理，向下传递经营压力。

上述能力的升级，可能只是诸多制造升级方式中的一种，但也能代表新制造的"人—信—机"三要素的改变带来的新的生产运营方式和新的企业能力。中小企业需要关注这些新的能力，并用这些能力来应对Q、C、D和创新的挑战。在具体的实现路径上，建议中小企业可以通过"上云、用数、赋智"来实现。

第一步，"上云"。对中小制造企业来说，数字化转型模型：全渠道、新零售是前提，智能制造是关键，企业全价值链上云是重点。要实现实时的研发在线，营销在线，生产、品质在线，供应在线，核算在线，需要借助实时、不间断、对业务过程进行管控的工具，对应的是中小企业的研发上云、制造上云、营销上云、供应链上云、财务上云五大业务能力上云。我们认为企业上云是用新的云化工具建立新的经营能力，迎接数字化经济带来的Q、C、D新挑战，消除由于缺乏管控工具造成的新浪费，提升企业的经营能力，用信息共享代替库存浪费，用精益思想消除价值增值过程中产生的浪费，创造能够满足消费者对美好生活追求所需的商品，从而提高中小企业的经营质量和经营效益，帮助中小企业实现盈利。

2020年9月，金蝶根据近十余年帮助企业进行数字化转型的经验，提出了"重构数字战斗力"的主题。什么是企业数字战斗力？在企业每一个价值链和场景中，收集、存储、处理、分析和转换数据的能力都将带来额外的力量和竞争优势。数字化后的业务会成为企业的核心竞争能力，也会成为企业的战斗力。如图0.5所示，我们把数字战斗力分为5种能力：链接客户的能力，链接员工的能力，链接伙伴的能力，链接万物的能力，数据驱动的能力，这5种能力也是对企业上云的研发上云、制造上云、营销上云、供应链上云、财务上云的不同角度的解读，目的是帮助中小企业进行数字化转型，提高业务能力。

第二步，"用数"。实现全价值链的上云是基础，目标是实现各价值链的数字化：链接客户、链接伙伴、链接员工、链接万物。实现链接后，企业需要用好各个环节的数据，从数据中发现与理想经营能力的差距，实现用数据驱动的业务能力，具体可通过"两化"来实现"用数"。一是可视化，将价值链各环节产生的数据按照不同的管理需求和经营维度进行直观的展示和对比，帮助管理者依据数据快速做出经营决策，从经验决策转向数据决策。二是透明化，借助云计算、大数据等技术，对业务数据进行挖掘、分析和利用，匹配具体的业务场景，建立算法模型，找到经营的偏差，方便决策者根据数据找到经营过程的管控缺失点、浪费点，提交具体改进建议，从而协助经营者进行决策。

图0.5　企业数字战斗力的五大能力

第三步，"赋智"。"赋智"是数据驱动能力的升级，在数据驱动场景日益丰富、工业模型逐步完善后，针对传统方法和工具不能支撑的场景，用大数据、AI工具进行预测、仿真，在人工的训练和帮助下，对新的业务场景进行自主分析与学习，实现对新业务场景的自主决策与调整，实现数据—信息—知识—智慧的升华，为中小企业的经营提供智慧的决策依据。

中小企业的"上云、用数、赋智"代表一种创新的集合，是在当下不确定成为常态、外部环境发生变化的情况下中小企业进行的各种创新实践。在未来实现消费大数据和工业大数据打通的情况下，在自动化、数字化、网络化的基础上，用大数据、AI等新技术实现智能化生产，用最少的社会资源给更多人提供更好的商品，同时消除工业经济中的各种浪费，帮助中小企业实现高品质的发展。

关于创新这个话题，有很多专家进行过阐述，本书中的中小企业的"上云、用数、赋智"案例实践合集也包含了这部分内容，我们希望能够从金蝶的角度，对更多读者的创新认知和创新实践起到抛砖引玉的作用。

我们把中小企业在经营上的创新分为"道""事"两个层面。在"道"的层面，首先，明确对创新的认识。我们认为创新的原则是创造价值，长期实现正现金流，创新就是要帮企业赚现在的钱和未来的钱。从财务的角度来看，如果创新创造的价值不能覆盖所有为此创新产生的成本，只是推迟某些成本的发生，这种创新就缺乏持续进行的基础。从经济学的角度来看，如果这个创新产生的直接和间接价值低于其他创新的价值，也是值得推敲的。其次，需要关注用户价值及对应的内部管理能力重构，包括柔性生产、柔性供应能力等。最后，企业文化和组织能力是创新的基础，如何保障各级管理者和每个员工在需要创新的场景中进行创新，实现自上而下和自下而上的创新的有效融合也是创新的关键。

在"事"的层面，首先，建议可以继续学习西方工业经济中好的方法和工具，包括由单体企业向集团管控化发展，用预算、资金进行财务的有效管控，用精益方法消除生产现场七大浪费，建立质量管控体系等。其次，建议用创新思维和工具去关注当前经营中的一些大的变化点，包括以全渠道、新零售为代表的新的销售通路和工具；以 PLM 为代表的新产品研发创新；以智能制造、工业互联网为代表的柔性生产能力的建设；用数字化工具为精益生产的改善赋能，用精益思想改善价值链增值过程中的浪费。最后，以云化工具承载学习和创新的结果，云化工具应该具备以下特点：云化部署、代表低成本和未来数据聚焦后产生的数据资产；具有全渠道 +PLM+ERP+MES+ 供应商协同一体化的架构，拥有和客户一起创新的敏捷开发工具；能够实现云、边、端融合一体化；具有与异构系统集成的工具；能够提供面向使用者的免代码开发工具，并进行不断迭代，以及提供可以作为集成其他行业客户创新工具的平台等。

近年来，金蝶有幸与各行各业的企业一起进行了数字化转型的创新实践。这些企业针对自身的薄弱环节，一方面学习工业经济好的管理思想、管理工具，强化自身的经营能力；另外一方面在面对经营中的问题与挑战时，用管理创新的方法进行革新，用云化工具重构数字战斗力。

本书收录了金蝶参与的六大行业共 36 家企业的数字化转型实践案例，包括历史最悠久的食品餐饮行业，工业经济第一次革命诞生的机械五金行业，第二次革命后发展起来的电子电气行业和汽车汽配行业，在这次疫情中提供工具的医药医疗行业，以及用互联网进行创新或者重构的互联网化企业六大行业的企业案例。希望这些企业的成功经验对于行业转型升级的参与者理解"上云、用数、赋智"的意义有所帮助，能够启发行业转型升级的参与者在新环境下解放思想、调整心态，在政府政策的引导下，在各自的企业里进行创新，在自身的行业内进行局部改革，从而实现企业经营质量提升、行业良性发展、社会及经济效益最大化。

由于本书仅仅从金蝶参与的创新实践进行总结，加上数字经济、智能经济转型仍在不断迭代更新，不少学者、实战精英正在总结发展的理论模型，因此，这些探索可能存在不少缺陷和问题，欢迎大家指正。我们相信，在当下，参与比结果更重要。仰望星空，脚踏实地，坚持在生产创新的一线，持续为中小企业发展贡献力量，愿与各位读者共勉。

计晓军

2020-10-5 完稿于深圳

# 目录

## 第1章 汽车及汽车零部件生产企业的"上云、用数、赋智"之路 / 001

**案例1** 解码驰田汽车"销售、研发、生产、售后"全程数字化与公司逆势发展力 / 002
　　一、企业简介 / 002
　　二、项目介绍 / 003
　　三、客户感言 / 008

**案例2** 解码广州车邦"盈利能力"与"传导体制"建设 / 009
　　一、企业简介 / 009
　　二、项目介绍 / 010
　　三、客户感言 / 014

**案例3** 湖北星源科技信息化数字赋能经营实践 / 015
　　一、企业简介 / 015
　　二、项目介绍 / 016
　　三、客户感言 / 022

**案例4** 精益与IT融合，助力常州浩达奔跑在数字化转型路上 / 023
　　一、企业简介 / 023
　　二、项目介绍 / 024
　　三、客户感言 / 031

**案例5** 解构河北华曙新能源汽车制造智能升级之道 / 032
　　一、企业简介 / 032
　　二、项目介绍 / 033

三、客户感言 / 043

**案例 6** "云边端"新架构助力联合汽车电子（重庆）在云上实践 / 045
　　一、企业简介 / 045
　　二、项目介绍 / 046
　　三、客户感言 / 055

**案例 7** 解码芦森科技新时代"共"发展的逻辑 / 056
　　一、企业简介 / 056
　　二、项目介绍 / 057
　　三、客户感言 / 064

实践经验总结 / 065

# 第 2 章　电子电气企业覆盖"全渠道—研发—经营—制造"全价值链的上云之路 / 069

**案例 1** 上海步科自动化股份有限公司：低成本智能制造助力持续精益改善 / 070
　　一、企业简介 / 070
　　二、项目介绍 / 071
　　三、客户感言 / 080

**案例 2** 解码光峰科技数字平台一期建设 / 081
　　一、企业简介 / 081
　　二、项目介绍 / 082
　　三、客户感言 / 085

**案例 3** 解码广州亿航智能数字化转型之路 / 086
　　一、企业简介 / 086
　　二、项目介绍 / 087
　　三、客户感言 / 092

案例 4　浅析珠海迈科借数字之力逆势飞扬之路 / 093
　　一、企业简介 / 093
　　二、项目介绍 / 094
　　三、客户感言 / 100

案例 5　上海威侃电子材料有限公司金蝶 PLM 实施案例 / 101
　　一、企业简介 / 101
　　二、项目介绍 / 102
　　三、客户感言 / 108

案例 6　维科技术应用 PLM 落地研发数字化之旅 / 110
　　一、企业简介 / 110
　　二、项目介绍 / 111
　　三、客户感言 / 117

案例 7　华为海洋 68 天重构 184 个信息系统之路 / 118
　　一、企业简介 / 118
　　二、项目介绍 / 118
　　三、客户感言 / 128

实践经验总结 / 129

# 第 3 章　机械五金企业，传统行业"上云、用数、赋智"之路 / 131

案例 1　新力五金工具的"屏 + 制造"价值构建之路 / 132
　　一、企业简介 / 132
　　二、项目介绍 / 133
　　三、客户感言 / 141

案例 2　方快锅炉的数据重构业务成功实践 / 142
　　一、企业简介 / 142
　　二、项目介绍 / 143

　　　　三、客户感言 / 152

案例 3　解析倍杰特高速成长逻辑 / 153
　　　　一、企业简介 / 153
　　　　二、项目介绍 / 154
　　　　三、客户感言 / 162

案例 4　汉印电子行业价值链重构实践 / 164
　　　　一、企业简介 / 164
　　　　二、项目介绍 / 165
　　　　三、客户感言 / 173

案例 5　任达牵手金蝶 16 年，看成功背后的奥秘 / 174
　　　　一、企业简介 / 174
　　　　二、项目介绍 / 175
　　　　三、客户感言 / 183

实践经验总结 / 184

# 第 4 章　食品餐饮企业"上云、用数、赋智"，消费者美好生活的实现 / 187

案例 1　海欣食品前端量化损益 + 后端全程供应链双螺旋之道 / 188
　　　　一、企业简介 / 108
　　　　二、项目介绍 / 189
　　　　三、客户感言 / 194

案例 2　海鸿运营数字化后的阿米巴经营实践 / 195
　　　　一、企业简介 / 195
　　　　二、项目内容 / 196
　　　　三、客户感言 / 201

案例 3　青岛万福集团"从源头到终端"信息化解读 / 202
　　一、企业简介 / 202
　　二、项目内容 / 203
　　三、客户感言 / 208

案例 4　幸福西饼的"城市合作人"发展＋"数字化"管理 / 209
　　一、企业简介 / 209
　　二、项目介绍 / 210
　　三、客户感言 / 213

案例 5　涪陵榨菜数字化运营创新实践 / 214
　　一、企业简介 / 214
　　二、项目介绍 / 215
　　三、客户感言 / 219

案例 6　解码祖名豆制品数字化与核心竞争力对标建设之路 / 220
　　一、企业简介 / 220
　　二、项目内容 / 221
　　三、客户感言 / 227

实践经验总结 / 228

# 第 5 章　医药医疗，"上云、用数、赋智"——逆行英雄们的工具保障 / 231

案例 1　安图生物借力数字化使能商业新能力建设 / 232
　　一、企业简介 / 232
　　二、项目内容 / 232
　　三、客户感言 / 236

案例 2　广西田园产业价值链转型实践 / 237

　　　　一、企业简介 / 237

　　　　二、项目介绍 / 238

　　　　三、客户感言 / 247

　　案例3　解码武汉健民数字化转型三位一体模式 / 248

　　　　一、企业简介 / 248

　　　　二、项目介绍 / 249

　　　　三、客户感言 / 256

　　案例4　解码亚宝运营管控的5个维度 / 257

　　　　一、企业简介 / 257

　　　　二、项目介绍 / 258

　　　　三、客户感言 / 264

　　案例5　生物酶王者溢多利的"倍速发展"之道 / 266

　　　　一、企业简介 / 266

　　　　二、项目介绍 / 267

　　　　三、客户感言 / 271

实践经验总结 / 272

# 第6章　互联网创新企业如何用"上云、用数、赋智"进行经营要素创新 / 275

　　案例1　信泰集团数字化转型支撑成长之道 / 276

　　　　一、企业简介 / 276

　　　　二、项目介绍 / 277

　　　　三、客户感言 / 283

　　案例2　记中国最大美术颜料生产基地的"多彩梦想" / 284

　　　　一、企业简介 / 284

　　　　二、项目介绍 / 285

　　　　三、客户感言 / 291

**案例 3　人、机、客户、伙伴"四维"数字化建设实践 / 292**
　　　　一、企业简介 / 292
　　　　二、项目介绍 / 293
　　　　三、客户感言 / 299

**案例 4　爱依瑞斯构建"深度定制"的核心竞争力 / 300**
　　　　一、企业简介 / 300
　　　　二、项目介绍 / 301
　　　　三、客户感言 / 306

**案例 5　图书行业标杆企业，成功构建互联网运营平台 / 307**
　　　　一、企业简介 / 307
　　　　二、项目介绍 / 308
　　　　三、客户感言 / 312

**案例 6　互联网茶业领军品牌的经营之道 / 314**
　　　　一、企业简介 / 314
　　　　二、项目内容 / 315
　　　　三、客户感言 / 318

**实践经验总结 / 319**

# 第 1 章
CHAPTER 1

## 汽车及汽车零部件生产企业的"上云、用数、赋智"之路

## 案例 1

# 解码驰田汽车"销售、研发、生产、售后"全程数字化与公司逆势发展力

### 一、企业简介

驰田汽车股份有限公司(以下简称"驰田")成立于 2002 年,是工业和信息化部授权的大型专用车骨干企业。驰田致力于打造"中国高轻自卸名牌企业",开发高强度减重新工艺,拓展专用货车公告型谱,创新引领轻量化技术标准完成行业突破。驰田生产的新型渣土车采用高强度耐磨钢材、多连杆式液压顶盖密封设计等,使车辆强度更高、自重更轻、密闭环保;同时每一辆车都装载了智能管控系统,工作人员可远程实时监控车辆状态,司机可实时掌握车辆周围行人及环境情况,保证车辆安全、稳定运行。一辆"泥头车"中满含各类高科技标准及专利,每年可减少数百起交通事故。目前,驰田已拥有 31 项自卸与液压技术专利,并已参与国内 50 多个城市的"渣土车标准"制定工作。未来,它们还要将"驰田标准输出到国外",这也是驰田的承诺。

2017 年,驰田金刚工程自卸车产销量突破 21 000 台,2018 年突破 23 000 台,驰田成为重卡重工行业全世界单体工厂产销量最大的专用车企业,自卸车改装行业"湖北第

一、全国前三"。驰田连续多年荣获"中国机械500强""中国城市生态环境建设突出贡献企业""中国专用汽车领军企业"等全国大奖,是中国具有竞争力和市场影响力的专用车品牌。

## 二、项目介绍

### 1. 项目动因

转型升级是企业生存发展的必由之路,装备制造业都在转型升级的阶段,专用车的制造势必也要进入新时代。随着城市化进程的推进和国家环保政策的出台,排放标准不断升级,清洁车辆替换传统渣土车,为制造生产环保专用车的驰田带来了市场需求扩大的机遇;同时,随着车联网、5G、大数据等新一代信息技术与传统汽车制造技术的融合,新的生产方式和管理模式出现,也对驰田提出了更高的要求,带来了新的挑战。

驰田直面挑战和机遇,一方面积极响应国家各项政策法规,坚持技术创新,在新材料应用、智能管控技术上大胆创新,打造具有强竞争优势的智能化环保渣土车,提升抵御市场风险的能力,进一步巩固驰田的行业领先地位;另一方面,驰田高度重视向智能制造转型升级,一直在不断探索,希望通过信息化、数字化、智能化手段系统性地提升企业内部管控水平,优质、高效地满足用户对个性化、交期、质量的高要求,提升企业竞争力、收益力。驰田产品展示如图1.1所示。

图1.1　驰田产品展示

**转型：重塑企业运营基因**

驰田的信息化建设起步较早，早在数年前就上线了财务管理软件，随后上线了 MES，对财务和生产执行进行管控。但是随着企业的发展，业务越来越复杂，以前半自动化、孤岛式的信息系统管理模式已不能支撑企业战略式发展。尤其是随着用户与制造企业间信息不对称情况的逐渐消失，客户要求的交期越来越短，质量越来越高，快速、小批量、定制化地满足用户需求的能力对企业来说就显得尤为重要。驰田深刻认识到成熟的管理体系有助于规范、优化企业的内部管理，提升灵活应对市场及客户需求变化的能力，而成熟的信息系统是帮助企业构建成熟管理体系，解决管理问题的重要手段。从 2018 年开始，驰田携手金蝶，一起对驰田内部管理流程进行梳理、优化，结合驰田的生产组织特点，打造了贯通销售、设计、采购、生产制造、售后服务各个环节的一体化业务平台，精、准、快地解决"内控管理松散、基本数据管理不规范、采购业务分散、生产和质量追溯困难、成本核算粗放、销售管理薄弱"等核心问题，助力驰田优化生产经营管理，提高业务能力，加强风险控制，提升核心竞争力。

## 2. 项目内容及价值

**构建客户全生命周期价值服务能力**

金蝶云·星空替换了驰田原有的多套软件，采用一体化的信息平台，构建了同一套基础数据，避免了多部门重复填报数据引起的数据冗余。数据资源在平台得到了有效整合和优化，实现了 BOM（物料清单）、订单、库存、计划、生产、质量等数据的高效互动和共享，减少了各部门间因信息不对称引起的业务流程不畅、工作效率不高的问题；杜绝了因库存数据不透明引起的缺料、供应不足而导致的生产中断；解决了质量数据不透明引起的质量追溯困难等问题。通过统一平台，驰田重塑了生产组织方式，实现了各业务部门的高效协同。

（1）销售与研发协同提升订单转化效率

驰田的产品个性化强，几乎一个订单一种配置，且客户要求经常变化，从销售下单到技术方案形成，需要多次沟通，一般要 2～3 天才能完成。

金蝶云·星空将销售合同配置信息采用标准、统一的描述方式固化在系统中，建立了菜单化的销售合同。销售人员进行合同录单时，通过菜单栏便捷地选择配置项即可，大大提升了销售人员的录单效率,并减少了因文字描述的随意性导致的认知差异,避免了多次沟通带来的时间浪费问题。同时在金蝶云·星空中也设置了相应的工作流,根据设定的节点,能快速将配置变化信息流转至技术部门,以便技术部门及时做出响应,实现销售和技术的高效协同,帮助驰田将订单转化时间缩短至一天以内,大幅提升效率。销售订单配置界面如图1.2所示。

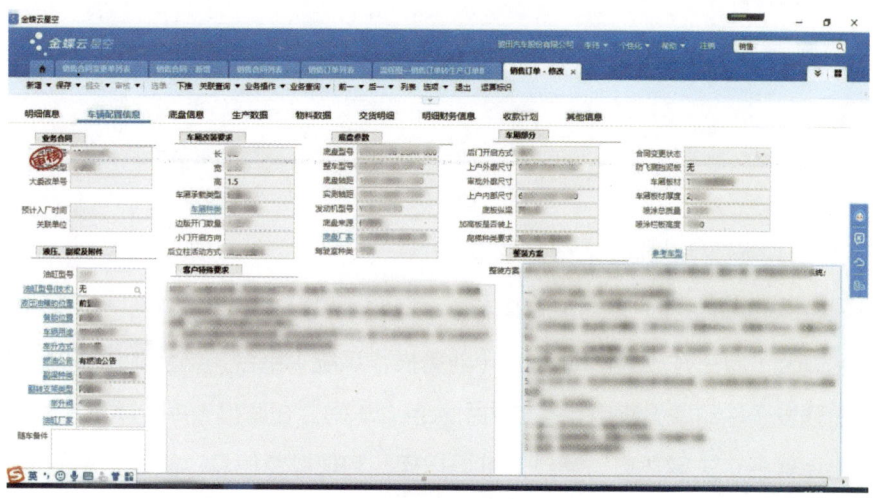

图1.2　销售订单配置界面

(2)研发与生产高效协同减少不必要的等待和浪费

专用车生产个性化定制、配置频繁变更的特点非常明显,驰田在采用金蝶云·星空之前,主要利用Excel手工编制BOM,再导入系统,存在资料不全、结构不完整等问题,对生产影响较大。金蝶云·星空结合专用车生产零部件复用率高的特点,在系统中建立历史BOM资料库,技术人员在进行BOM编制时,直接调用类似车型BOM进行复用,极大地提高了BOM的编制效率,单车BOM编制时间由两三个小时缩短至20分钟。而当发生设计变更时,通过BOM同步功能,可一键快速地将变更信息同步至车间,车间能及时根据BOM变更信息进行生产调度,减少了因变更信息不同步引起的生产浪费,提升了生产协同效率。

BOM搭建和传递很好地控制了原材料的使用。生产部门严格按照技术部门出具的BOM清单完成原材料的调拨和使用,加强了车间的管理,减少了原材料的浪费和标准件的损耗,提高了原材料和辅助材料的利用率。BOM维护界面如图1.3所示。

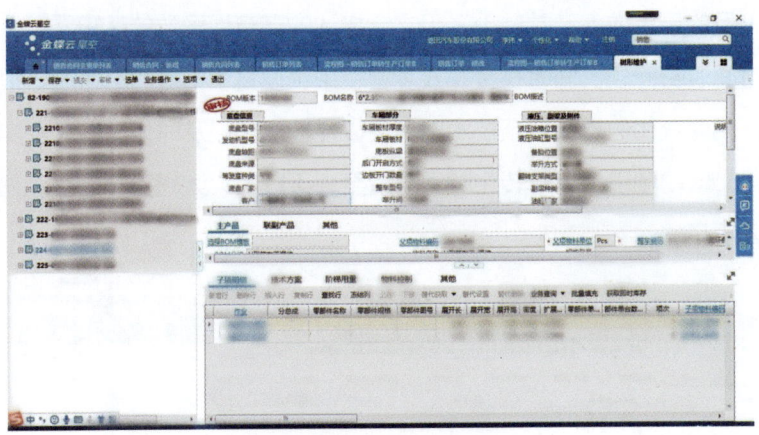

图1.3　BOM维护界面

（3）生产现场数字化提质增效降成本

① 移动条码应用，生产现场实时掌控。

基于金蝶云·星空开放的移动BOS（业务操作系统）平台，结合驰田生产工艺流程，金蝶为驰田开发了移动条码应用，并成功引入各个车间。在底盘入库、质量检验、工序汇报、总装出库等各个关键环节，通过二维码扫描，实现过点信息、质量信息的快速采集，解决了上系统前生产汇报信息、质检信息通过纸张进行记录，再根据纸张记录将数据手工录入系统带来的数据滞后、效率较低等问题，数倍提升了现场数据采集效率，把多点工作简易化，让工作更加轻松。移动端应用界面如图1.4所示。

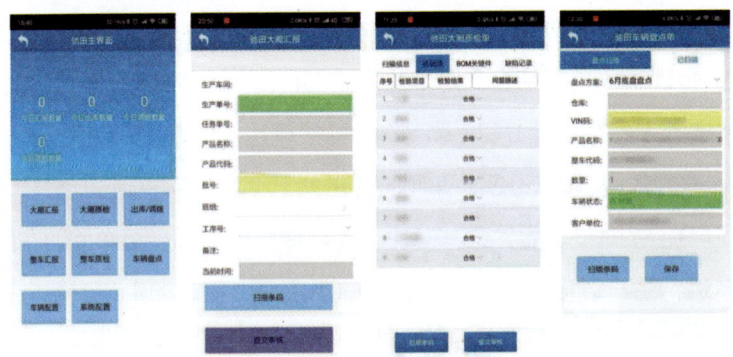

图1.4　移动端应用界面

② 订单实时跟踪，生产过程透明化。

将生产现场采集到的数据实时在系统中进行汇总，形成WIP（在制品）汇总表，通过

WIP 表，管理人员、销售人员能实时跟踪每个订单、每辆车的当前状态，清楚了解每一台车的加工进度及流转情况，及时解答客户关注的问题，解决了整车订单进度追溯难、交期不确定等问题，从根本上解决了以往"找生产调度问题才能知道生产进度"的问题，实现了销售与生产的连接，同时提升了销售人员对客户提出的问题的响应速度。

订单进度跟踪界面和整车 WIP 跟踪界面如图 1.5 和图 1.6 所示。

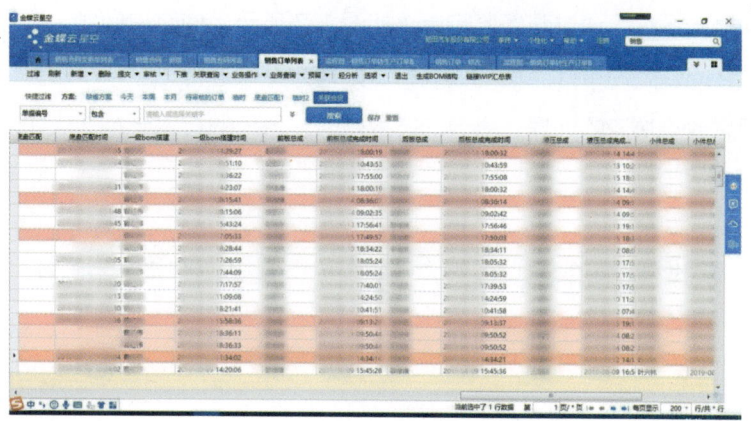

图1.5　订单进度跟踪界面

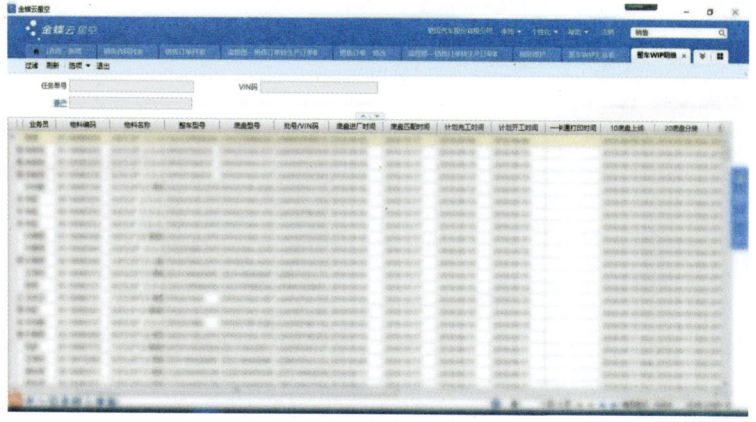

图1.6　整车WIP跟踪界面

③ 精细化成本核算。

成本管理是企业管理的核心之一，财务的管控重点体现在成本管控上。金蝶云·星空的应用，帮助驰田实现了成本核算方法的标准化，构建了完整的成本核算体系。通过材料成本、生产制造成本、人力投入成本等数据资源的实时共享，实现了单车成本的精细化核算,成本计算周期也由原来的一个星期缩短至一天,大幅提高了成本核算速度。

(4)售后协同提升客户体验

高效高质的售后服务是提升客户信任度、增加客户黏性的重要一环。驰田金刚有几百家服务站遍布于全国各地,上系统前,驰田与服务站之间的业务往来存在沟通衔接效率不高、客户问题处理效率与服务站结算效率低等问题。售后服务模块的应用,实现了第一时间将服务信息录入系统,通过服务鉴定单(如图1.7所示)使客户问题、产品信息、费用信息一目了然,问题处理审批流程高效运转,处理方案快速传达至各个服务节点,实现了售后服务问题高效、快速的处理。高效的技术服务、原厂的技术支持,大幅度提升了客户的满意度和客户体验。

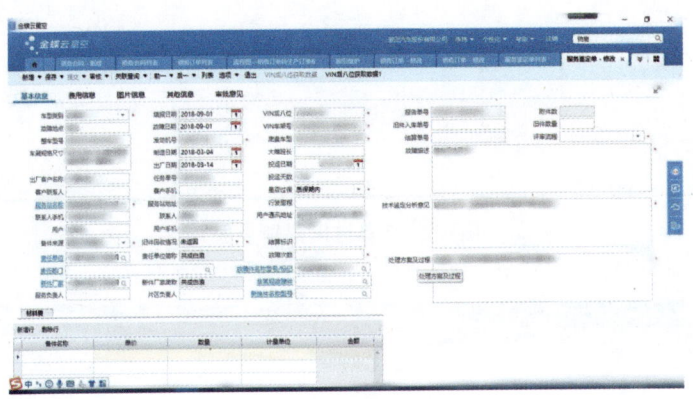

图1.7 售后服务鉴定单界面

## 三、客户感言

驰田于2018年4月与襄阳金蝶软件有限公司签订了合同,战略引入金蝶云·星空作为公司未来的信息化平台,在双方项目组的共同努力下,项目于2018年9月上线,并持续不断地优化与更新,目前基本实现了集中采购、分散收货、异地协同办公、销售合同菜单化、合同评审流程化、生产进度可视化、全面质量追溯、成本核算精细化、财务业务一体化的预期目标。

——驰田汽车股份有限公司副总经理 黄玉钵

CHAPTER 1　汽车及汽车零部件生产企业的"上云、用数、赋智"之路

案例 2

# 解码广州车邦"盈利能力"与"传导体制"建设

## 一、企业简介

广州车邦汽车用品制造有限公司（以下简称"车邦"）是一家专业研发、生产、销售汽车脚垫、坐垫、尾垫等汽车装饰用品的优秀企业，是目前我国较大的专车专用安全脚垫制造商和供货商之一。

车邦集团旗下拥有"五福金牛"等行业知名品牌，相关产品主要包括高边立体安全脚垫、全包围立体脚垫等安全舒适脚垫，以及多种材质的通用 3D 坐垫、360 航空软包、全品味四季坐垫等共 400 多种车型的适配产品。车邦集团拥有 20 多项自有知识产权及专利技术，是广汇、庞大汽贸、中升等 4S 集团的战略伙伴，也是一汽马自达、江淮、长城、吉利、海马、比亚迪、广汽等主机厂的配套供应商。目前车邦是中国汽车用品行业较具规模和发展潜力的标杆企业！车邦连续 8 年荣获《汽车杂志》年度（推荐）品牌，8 年来，车邦坚持匠心精神，始终只做一件事：比同行更专业！

## 二、项目介绍

### 1. 项目动因

汽车用品行业在我国属于"后市场"阵营，产品更新快、易于仿制是这个行业的特点，这为车邦集团带来很大冲击，让车邦一直面临着门槛低、缺乏创新、容易被仿制的问题。除了外部竞争压力大，我国消费者对汽车内饰的定制化需求更甚于对外饰的定制化需求。如何快速满足客户的个性化需求、产品的通路（渠道）建设与管理、对渠道库存的控制与平衡等为企业的营销通路管理带来了严峻的考验。

随着车邦的发展，市场、渠道、产品等各个环节的信息化需求越来越多，一些流程与管理也一直在优化。但是，从总体上看，企业总的效率并没有提升多少，解决方案都停留在各个节点的优化上，并没有带来整体的效率提升，乃至利润的提升。各种问题与矛盾不断反馈到企业高层，高层认识到，必须要有全局思维，从整体视角来审视问题，要有一个贯穿各级渠道与企业内部各个环节，并且能够让各个环节的业务有效协作的解决方案，才能为车邦的长远发展奠定基础。

车邦经过多方考察，了解到金蝶云·星空是金蝶在移动互联网时代基于最新技术研发的一款战略性ERP（企业资源计划）产品，实现了企业内、外部业务协作，突破了组织边界、资源与时空限制，聚合了产业链上下游合作方，并且提供财务精益化集中管控、供应链高效管理、全渠道O2O（线上到线下）营销平台、生产制造智能化等方面助力客户快速向云端转型的产品，最后车邦选择金蝶云·星空产品作为企业整体信息化解决方案。2016年，车邦正式开始金蝶云·星空（原K/3 Cloud系统）的实施，并在金蝶云·星空之上搭建了集团统一的信息化平台，以开启未来十年的云时代信息化战略。

### 2. 项目内容

（1）利润是"能力"适配的必然：计划的"知"+条码的"行"

车邦按客户需求进行生产，对销售、生产、采购、仓库进行有效协同，是保障利润的基本点。如果不能进行有效控制，各个环节的库存将极大地吞噬利润。因此，为了保证利润,车邦在计划管理和一线现场执行记录上进行了优化。车邦整体业务场景如图1.8所示。

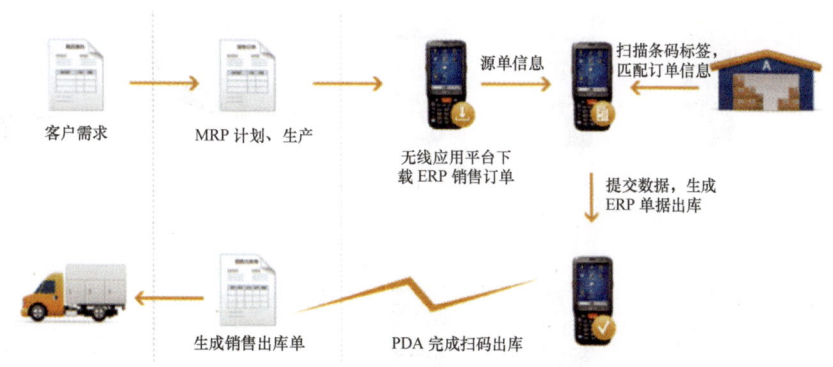

图1.8 车邦整体业务场景

① 金蝶云·星空计划协同产供销。

接到客户的需求后,计划部门按照MRP(物资需求计划)的计算逻辑,对最终产品的生产进行分解,将相应的生产任务下达给各个生产车间,实现销售、生产的协同,避免形成生产和销售的浪费。在车间执行层,细化为每个工序的投入产出计划,实现从计划管理、业务执行到现场作业的一体化管理,形成生产现场的初步数字化。通过可视化的生产全程跟踪管理体系,可随时查询到生产进度、车间工序进度,帮助企业充分利用车间生产能力,合理排产,保持生产秩序稳定。

金蝶云·星空的"供应链系统+敏捷制造管理模式"帮助车邦实现了产供销协同,并充分利用车间生产能力,合理排产,保持生产秩序的稳定及高效。

② 条码保障现场的高效执行。

车邦的仓库、生产现场物流节奏快,条码管理应用克服了传统纸单作业存在的劳动强度大、效率低、容易出错、数据重复录入、处理延迟、工作量大等缺点,降低了库存不准确造成呆滞的风险。

车邦利用金蝶云·星空的条码管理应用,在车间、仓库现场进行物流搬动的同时,进行数据的实时报告。在原材料、产品的入库、生产领料、销售出库、库存间的移库、物资的盘点等环节开展了仓库条码管理应用,大大提高了业务基础数据采集的准确性。同时,在条码扫描时,通过金蝶云·星空的齐套检查功能自动检查套件是否齐套、包件是否完整等,避免错包、漏包,做到万无一失。条码应用场景和销售出库单管理界面如图1.9和图1.10所示。

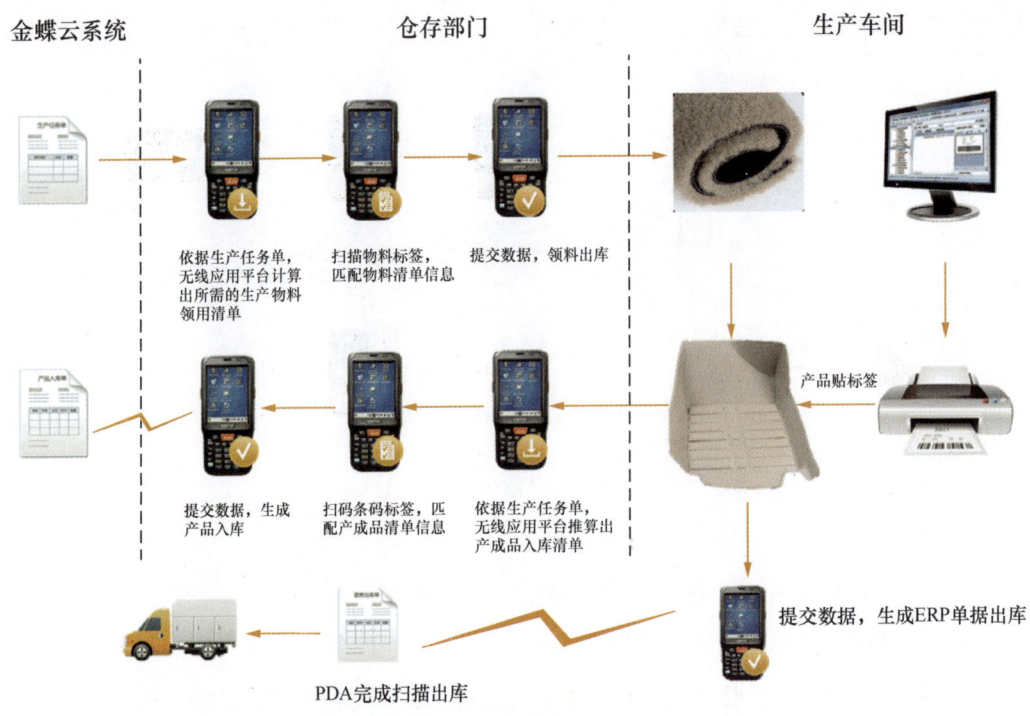

图1.9 条码应用场景

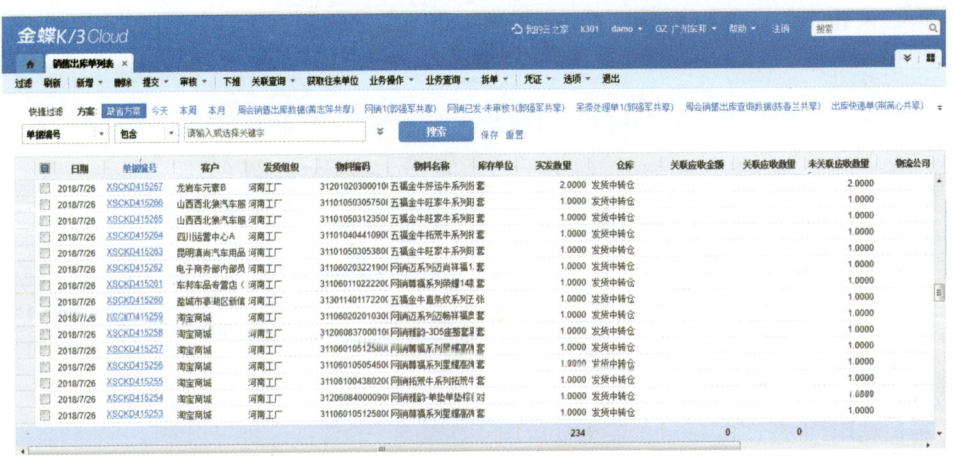

图1.10 销售出库单管理界面

（2）利润是责任和传导：25个利润中心

车邦业务是按业务职能划分，同时存在法人与利润中心双核算体系的典型场景。按订单个性化生产，具有明显的小批量、多批次的特征；同时，在利润中心下，多组织之间的关联交易需要独立核算，例如，大连集装箱码头公司卸完集装箱后需要马上装车运走，集装箱公司和物流公司就发生了内部关联关系。集团对内部关联交易的准确性、及时性要求较高。

通过金蝶云·星空，全车邦集团下 25 个利润中心间的多种维度的核算，无论大小远近，所有数据都能实现快速整合，并且达到集团财务信息协同处理。通过金蝶云·星空强大的组织间结算运行流程，集团内部公司与公司之间可以利用系统进行快速的内部结算运作，一张单据就可以处理公司间往来业务的结算，减少了不同的公司跑来跑去交流的麻烦，有助于及时准确地完成业务。结算清单界面和组织间结算关系界面分别如图 1.11 和图 1.12 所示。

图1.11　结算清单界面

图1.12　组织间结算关系界面

## 三、客户感言

　　这次信息化建设所带来的不仅是更加便捷的信息传播，对于车邦而言，有利之处还体现在沟通成本减少、利润和客户满意度提高，以及中间节点减少等方面。信息化建设所收获的评价是极高的，结局是美满的！

——车邦集团财务总监　刘灿成

# 湖北星源科技信息化数字赋能经营实践

## 一、企业简介

湖北星源科技有限公司（以下简称"星源"）主要从事汽车悬架系统总成的设计开发、制造及营销业务，能为客户提供整套汽车悬架系统集成解决方案，是能和客户开展同步设计开发的高新技术企业。

星源成立于 2001 年 8 月，设有技术中心、销售部、制造部、采购部、质量部、综合管理部 6 个职能部门，现具备 10 000 吨高牌号球铁铸件、70 000 辆份平衡悬架系统总成的生产能力。星源先后通过了 ISO/TS16949：2016 质量管理体系认证（含设计和开发）和国家安全标准化评审。

星源注重产品技术的创新和核心竞争力的培育，先后与湖北工业大学、武汉理工大学、湖北汽车工业学院、湖北工业职业技术学院进行产学研联合，主要针对汽车平衡悬架、空气悬架系统运用光机电一体化制造技术、系统匹配动力学仿真建模分析、零部件总成结构优化设计等进行专题合作研究，共取得 17 项专利技术。

同时星源积极开拓国内、国际市场，在国内与多个知名厂家建立了良好的合作关系；在国外与东南亚多国客户形成出口业务合作关系。星源产品如图1.13所示。

图1.13　星源产品

## 二、项目介绍

### 1．项目动因：精益的软环境，引入阿米巴经营模式

随着市场竞争的进一步加剧，汽配行业迎来了优化组织结构、打造精益管理的新契机，星源适时引入阿米巴经营模式，实行与市场直接挂钩的分部门核算制度。通过培育具备经营者意识的人才和基于哲学共有的全员参与的经营方式，使全体员工直接感受到市场的温度，并为此建立更符合公司健康发展的愿景和使命。但与此同时，随着市场的快速变化，客户不断提升的要求给企业带来的挑战越来越多，先前的管理方式过于原始，使用效率低，多组织、多工厂协作困难，而且各单位的业务数据采集、整理、运用相互"打架"，严重制约了企业的快速健康发展。

面对企业发展的迫切需求和当前所处的困境，星源的管理层很快意识到，在企业面临转型的紧急关头，必须依靠正确的经营理念，积极学习运用新的工具和方法，打造新的动能并赋能给全体员工。

最终，星源在"追求全体员工物心两幸福，打造汽车悬架标杆企业"的经营理念指导下,在阿米巴经营模式和金蝶云·星空的支撑协助下,实现了公司多法人、多组织协同,多单位财务数据链运用管理和移动办公等成功转型落地。星源将两个法人公司划分成 41 个阿米巴组织单元,其中,一级 PC(生产单元)巴 4 个,即销售部、房县悬架事业部、房县铸造事业部、十堰悬架事业部;一级 NPC(非生产单元)巴 4 个,二级 PC 巴 7 个,二级 NPC 巴 11 个,三级 PC 巴 15 个。通过将组织细分,每个阿米巴单元都是一个经营单元,都能够感受市场温度,培养具备经营者意识的人才。星源组织架构如图 1.14 所示。

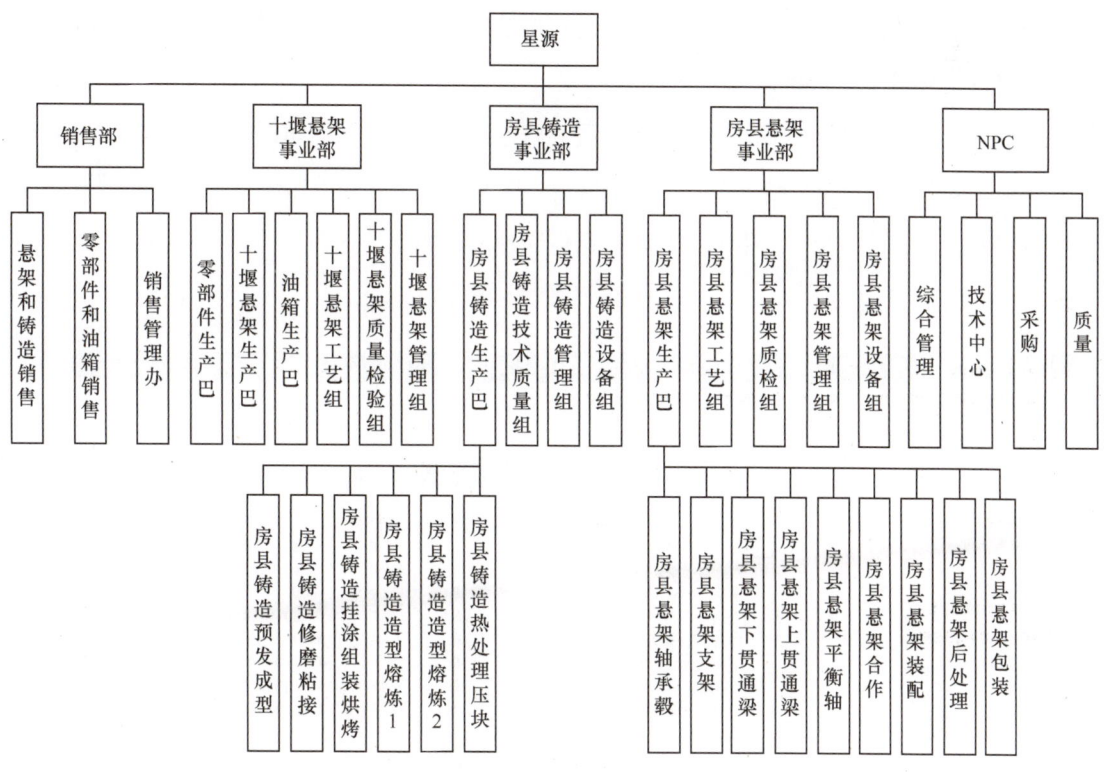

图 1.14 星源组织架构

## 2. 项目内容及价值

(1)一个根本:整合数据支撑全局经营

星源 - 金蝶云·星空项目一期于 2018 年 7 月正式启动,整个项目工程涉及 6 个组织,20 多个模块,70 多个站点,于 2018 年 12 月顺利上线。

金蝶云·星空的 B/S(浏览器/服务器)结构、网络访问模式使异地的组织间业务能够协同高效运行，数据集中管理，在不影响各法人、事业部原业务操作人员办公的前提下，加快了业务处理的质效。系统灵活的基础资料控制策略，方便从总公司对基础数据进行梳理规范，由总公司统一整合共享给各个组织使用，在运用过程中出现异常，各组织可以在允许的范围内自行改善，各组织可以创建个性化的基础性运用资料，总公司账务系统上既隔离各组织间的账务数据，又支持多组织协同业务的内部结算、凭证处理，确保各组织间财务核算清晰，为各组织独立核算、考核提供了前提条件。各组织按照岗位角色对金蝶云·星空权限进行授权，不同的使用者通过岗位角色的分配行使业务功能，权限管理清晰明了，业务操作快速便捷。

金蝶云·星空多组织下的核算体系能灵活处理组织变更业务，可以随时支持组织关系的变更，多个组织，一个数据中心，信息共享，数据安全、管理更加便利，"激活 + 协作"的模式为企业的精益管理水平的提升和业务的快速发展奠定了强有力的基石。组织机构管理界面如图 1.15 所示。

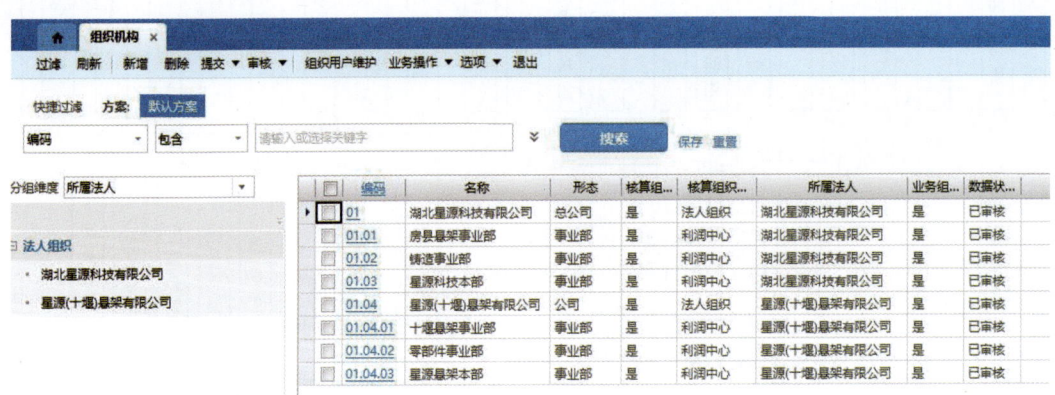

图1.15　组织机构管理界面

（2）一个理念：创新移动场景，为人赋能

随着移动设备的快速发展，移动互联势在必行。星源应用金蝶云之家集成了所有移动应用：采购、销售、费用报销等，打破了公司内部沟通壁垒和信息孤岛，清晰的部门架构确保基于云之家的金蝶云·星空的工作流驱动模式的移动业务顺利拓展。通过云之家，及时知会业务流程审批，加速企业信息流转，管理者可以利用移动流程审批，实现移动办公，提升决策效率。

金蝶云·星空自带预警模型，在现有业务流、工作流的基础上完全融合预警提示功能，使关键节点任务人在第一时间获得任务提示，大大提升了各项业务的运转效率。以流程驱动为核心的过程模式使各分法人、事业部协同更高效，避免了传统模式下的人找人，同时，金蝶云·星空把几十个业务流、审批流集中起来，更好地驱动业务；移动端互动连接的方便快捷，有力推动了公司整体运营效率的提升。

更重要的是，工作流驱动和云之家的结合完全颠覆了原有的工作模式，配合消息推送、预警提示等功能将各组织单位的业务协同打造成全天候工作场景，实现了业务找人无空间、无时间限制的理想模式，员工的工作积极性也得到极大的提升。移动审批界面如图 1.16 所示。

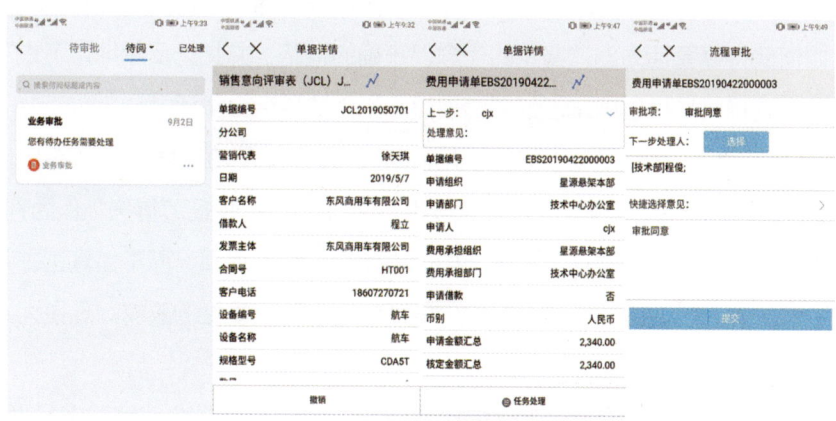

图1.16　移动审批界面

预警管理界面如图 1.17 所示。

| 业务领域 | 子系统 | 方案编号 | 方案名称 | 监控对象 | 方案状态 | 监控级别 | 系统预置 |
|---|---|---|---|---|---|---|---|
| 供应链 | 库存管理 | AQKCYJ SYS | 安全库存预警 | 安全库存预警 | 启用 | 提醒 | 是 |
| 供应链 | 库存管理 | BZQYJ SYS | 保质期预警 | 保质期预警 | 启用 | 提醒 | 是 |
| 供应链 | 采购管理 | CGJGSXYJ SYS | 采购价格失效预警 | 采购价格失效预警 | 启用 | 提醒 | 是 |
| 生产制造 | 工程数据 | Cust 001 | BOM生效失效预警 | 物料清单-监控对象 | 启用 | 提醒 | 否 |
| 供应链 | 采购管理 | Cust 002 | 采购订单到货预警 | 采购订单 | 启用 | 提醒 | 否 |
| 供应链 | 销售管理 | Cust 003 | 销售订单发交预警 | 销售订单 | 启用 | 提醒 | 否 |
| 财务会计 | 费用报销 | Cust 004 | 费用申请未及时报销预警 | 费用申请 | 启用 | 提醒 | 否 |
| 财务会计 | 出纳管理 | Cust 005 | 借款超期预警 | 付款单 | 启用 | 提醒 | 否 |
| 客户关系管理 | 服务管理 | FWQQYQWCDQ | 客户反馈要求完成到期预警 | 客户反馈要求完成到期预警 | 启用 | 提醒 | 是 |
| 客户关系管理 | 服务管理 | PROFWWXDQS\ | 产品服务维修到期预警 | 产品服务维修到期预警 | 启用 | 提醒 | 是 |
| 供应链 | 销售管理 | XSFHCKYJ SYS | 发货通知到期出库预警 | 发货通知单到期出库预警 | 启用 | 提醒 | 是 |
| 财务会计 | 应付款管理 | YFKDQYJ1 | 到期应付款预警（按天） | 到期应付款预警 | 启用 | 提醒 | 是 |
| 财务会计 | 应收款管理 | YSKDQYJ1 | 到期应收款预警（按天） | 到期应收款预警 | 启用 | 提醒 | 是 |
| 成本管理 | 存货核算 | YXJYJFANGAN | 云巡检预警 | 云巡检预警 | 启用 | 警告 | 是 |
| 供应链 | 库存管理 | ZXKCYJ SYS | 最小库存预警 | 最小库存预警 | 启用 | 提醒 | 是 |

图1.17　预警管理界面

监控消息列表界面如图 1.18 所示。

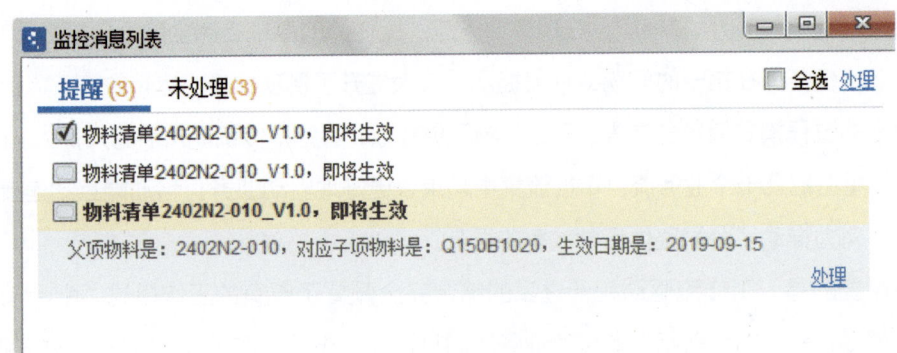

图1.18 监控消息列表界面

（3）一个目标：数字定义创造，培养经营者

汽车零配件行业竞争非常激烈，在整体行业发展艰难的情况下尤其如此。在这种情况下，企业如何保持经营活力？"坚定的信念、正确的道路，并义无反顾地走下去"是星源的选择，这个选择就是通过阿米巴经营管理理念和做法激活全员活力。

阿米巴经营理念的核心是划小核算单元，以数字为导向，在公司利益和客户价值的基础上，更加强调单元的责任，把"对错"作为判断标准，而不是把"得失"作为判断标准。以前在做重大决策时，大家往往会首先考虑值不值得、划不划算，而不是真正去判断这件事到底对不对，现在星源的整个管理层的价值观都发生了根本性的改变，凡是大家觉得是正确的事情，公司都会快速去践行。

客户的满意度是企业全体员工努力的方向，员工的满意度是企业经营者努力的方向，能够让客户和员工都满意，这样企业才能真正长久地发展。星源通过引入阿米巴经营模式，让划小后的组织单位能够直接感受到市场的温度，去真正培养具备经营者意识的人才，让全体员工都参与经营。而且通过核算报表将经营成果数字化，并通过剖析数据找到数字背后的真相，真正了解经营工作中的重点和难点，并制订改善的计划。这一切都从企业经营实际出发，实事求是地触达每个组织单元工作的死角和盲区。

星源的阿米巴激励依据从4个方面的主要数据来定义：收入、费用、附加价值、单位时间附加价值。其中，收入包括6项：当月产值、外部收入、佣金支出、内部收入、内部采购、内部其他结算；费用包括24项：主材料费、折旧费、机物料消耗、水费、电费、运输费用、汽车费用、邮电费、租赁费、办公费、修理费、劳动保护费、差旅费、业务招待费、工装模具摊销、燃气动力费、加工劳务费、检验费用、其他费用、售后索赔、内部利息、费用移动、NPC 分摊、集团征收；附加价值是收入减去费用；单位时间附加价值即每个人每小时创造的附加价值。

金蝶云·星空阿米巴核算报表实时核算出每个巴的单位时间的价值，使每个巴的业绩都能在阿米巴核算报表上得到体现，直观反映每个巴的实时经营过程。通过下沉阿米巴管理模式，人人对自己负责、对组织负责，每个巴的经营状况不断改善，同时管理层有更多的精力和时间去关注需要帮扶的巴和个人，企业的人心慢慢凝聚。星源阿米巴报表如图 1.19 所示。

**星源阿米巴实绩合计表**

开始日期　2020-12-01　结束日期　2020-12-31　核算单位：

| 序号 | 类型 | 项目 | 十堰县架事业部 | 十堰县架（PC | 十堰县架机加（ | 十堰县架装配后处 | 零部件（PC） | 零部件下料 | 零部件焊接后处 | 油箱（PC） | 管理（NPC） | 工艺（NPC） |
|---|---|---|---|---|---|---|---|---|---|---|---|---|
| 1 | | 当月产值 | 4,782,208.17 | 3573447.04 | 0.00 | 3,573,447.04 | 1,208,761.13 | 827,063.67 | 1,208,761.13 | 0.00 | | |
| 2 | | 外部收入 | 6,101,451.84 | 4898819.25 | 0.00 | 4,898,819.25 | 1,202,632.59 | 0.00 | 1,202,632.59 | 0.00 | | |
| 3 | 收入科目 | 佣金支出 | 61,014.52 | 48988.19 | 0.00 | 48,988.19 | 12,026.33 | 0.00 | 12,026.33 | 0.00 | | |
| 4 | | 内部收入 | 2,776,229.72 | 1896410.64 | 1,892,307.08 | 4,103.56 | 879,819.08 | 861,524.41 | 18,294.67 | 0.00 | | |
| 5 | | 内部采购 | 4,520,580.90 | 3690897.55 | 1,801,143.83 | 1,889,753.72 | 829,683.35 | 1,910.12 | 827,773.23 | 0.00 | | |
| 6 | | 其他结算 | 49,399.00 | 26748.00 | 26,748.00 | 0.00 | 22,651.00 | 22,451.00 | 200.00 | 0.00 | 0.00 | 0.00 |
| 7 | 收入小计 | | 4,345,485.14 | 3,082,092.15 | 117,911.25 | 2,964,180.90 | 1,263,392.99 | 882,065.29 | 381,327.70 | 0.00 | 0.00 | 0.00 |
| 8 | | 主材料费 | 1,144,847.28 | 607,999.06 | 318,848.71 | 289,150.35 | 546,216.90 | 546,216.90 | 0.00 | -9,368.68 | 0.00 | 0.00 |
| 9 | | 折旧费 | 4,520.44 | 0.00 | 0.00 | 0.00 | 0.00 | 0.00 | 0.00 | 4,149.78 | 0.00 | 185.33 |
| 10 | | 机物料消耗 | 140,956.25 | 101,680.52 | 32,599.36 | 69,081.16 | 39,275.73 | 27,035.61 | 12,240.12 | 0.00 | 0.00 | 0.00 |
| 11 | | 水费 | 0.00 | 0.00 | 0.00 | 0.00 | 0.00 | 0.00 | 0.00 | 0.00 | 0.00 | 0.00 |
| 12 | 费用利用 | 电费 | 0.00 | 0.00 | 0.00 | 0.00 | 0.00 | 0.00 | 0.00 | 0.00 | 0.00 | 0.00 |
| 13 | | 运输费用 | 130,660.69 | 130,660.69 | 0.00 | 130,660.69 | 0.00 | 0.00 | 0.00 | 0.00 | 0.00 | 0.00 |
| 14 | | 汽车费用 | 0.00 | 0.00 | 0.00 | 0.00 | 0.00 | 0.00 | 0.00 | 0.00 | 0.00 | 0.00 |
| 15 | | 邮电费 | 0.00 | 0.00 | 0.00 | 0.00 | 0.00 | 0.00 | 0.00 | 0.00 | 0.00 | 0.00 |
| 16 | | 租赁费 | 33,887.19 | 17,220.52 | 0.00 | 553.85 | 12,500.00 | 0.00 | 0.00 | 4,166.67 | 0.00 | 0.00 |
| 17 | | 办公费 | 0.00 | 0.00 | 0.00 | 0.00 | 0.00 | 0.00 | 0.00 | 0.00 | 0.00 | 0.00 |
| 18 | | 修理费 | 3,892.93 | 2,723.02 | 2,404.44 | 318.58 | 1,169.91 | 389.38 | 780.53 | 0.00 | 0.00 | 0.00 |
| 19 | | 劳动保护费 | 1,411.21 | 689.40 | 310.60 | 378.80 | 654.13 | 170.06 | 484.07 | 26.10 | 0.00 | 0.00 |
| 20 | | 差旅费 | 0.00 | 0.00 | 0.00 | 0.00 | 0.00 | 0.00 | 0.00 | 0.00 | 0.00 | 0.00 |
| 21 | | 业务招待费 | 0.00 | 0.00 | 0.00 | 0.00 | 0.00 | 0.00 | 0.00 | 0.00 | 0.00 | 0.00 |
| 22 | | 工装模具摊销 | 29,773.87 | -4,279.21 | 761.06 | -5,040.27 | 34,053.08 | 33,274.32 | 778.76 | 0.00 | 0.00 | 0.00 |
| 23 | | 燃气动力费 | 0.00 | 0.00 | 0.00 | 0.00 | 0.00 | 0.00 | 0.00 | 0.00 | 0.00 | 0.00 |
| 24 | 费用科目 | 加工劳务费 | 84.05 | 68.96 | 68.96 | 0.00 | 15.09 | 15.09 | 0.00 | 0.00 | 0.00 | 0.00 |
| 25 | | 检验费用 | 500.00 | 0.00 | 0.00 | 0.00 | 0.00 | 0.00 | 0.00 | 0.00 | 0.00 | 0.00 |
| 26 | | 售后索赔费用 | 10,114.44 | 2,660.00 | 0.00 | 2,660.00 | 0.00 | 0.00 | 0.00 | 0.00 | 0.00 | 0.00 |
| 27 | | 咨询费 | 0.00 | 0.00 | | | 0.00 | | | | 0.00 | 0.00 |
| | | 研发费用 | 0.00 | 0.00 | | | 0.00 | | | | 0.00 | 0.00 |
| | | 广告宣传费 | 0.00 | 0.00 | | | 0.00 | | | | | |
| | | 安全费用 | 0.00 | 0.00 | 0.00 | 0.00 | 0.00 | 0.00 | 0.00 | 0.00 | 0.00 | 0.00 |
| 28 | | 其他费用 | 0.00 | 0.00 | 0.00 | 0.00 | 0.00 | 0.00 | 0.00 | 0.00 | 0.00 | 0.00 |
| 29 | 费用合计 | | 1,677,321.99 | 950,673.02 | 426,466.80 | 524,206.22 | 725,216.01 | 654,035.36 | 71,180.65 | 1,432.96 | 0.00 | 0.00 |
| 30 | | 内部利息 | 2,636.14 | 177.05 | 177.05 | 0.00 | 0.00 | 0.00 | 0.00 | 2,459.09 | 0.00 | 0.00 |
| 31 | 管理科目 | 费用移动 | 0.00 | 0.00 | 0.00 | 0.00 | 0.00 | 0.00 | 0.00 | 0.00 | 0.00 | 0.00 |
| 32 | | NPC分摊 | 0.00 | 4,344.24 | 14,007.27 | 7,003.64 | 4,022.44 | 7,930.77 | 8,591.67 | 0.00 | 0.00 | -185.33 |
| 33 | | 集团征收 | 174,037.50 | 86,728.77 | 57,289.35 | 29,439.42 | 87,308.73 | 39,003.23 | 48,305.50 | 0.00 | | |
| 34 | 附加价值 | | 2,668,163.15 | 2,131,419.13 | -308,555.55 | 2,439,974.68 | 538,176.98 | 228,029.93 | 310,147.05 | -1,432.96 | 0.00 | 0.00 |
| 35 | | 劳动保护费 | 1,411.21 | 689.40 | 310.60 | 378.80 | 654.13 | 170.06 | 484.07 | 26.10 | 0.00 | 0.00 |
| 36 | | 差旅费 | 0.00 | 0.00 | 0.00 | 0.00 | 0.00 | 0.00 | 0.00 | 0.00 | 0.00 | 0.00 |
| 37 | | 业务招待费 | 0.00 | 0.00 | 0.00 | 0.00 | 0.00 | 0.00 | 0.00 | 0.00 | 0.00 | 0.00 |
| 38 | | 工装模具摊销 | 29,773.87 | -4,279.21 | 761.06 | -5,040.27 | 34,053.08 | 33,274.32 | 778.76 | 0.00 | 0.00 | 0.00 |
| 39 | | 燃气动力费 | 0.00 | 0.00 | 0.00 | 0.00 | 0.00 | 0.00 | 0.00 | 0.00 | 0.00 | 0.00 |
| 40 | 费用科目 | 加工劳务费 | 84.05 | 68.96 | 68.96 | 0.00 | 15.09 | 15.09 | 0.00 | 0.00 | 0.00 | 0.00 |
| 41 | | 检验费用 | 500.00 | 0.00 | 0.00 | 0.00 | 0.00 | 0.00 | 0.00 | 0.00 | 0.00 | 0.00 |
| 42 | | 售后索赔费用 | 10,114.44 | 2,660.00 | 0.00 | 2,660.00 | 0.00 | 0.00 | 0.00 | 0.00 | 0.00 | 0.00 |
| | | 咨询费 | 0.00 | 0.00 | | | 0.00 | | | | 0.00 | 0.00 |
| | | 研发费用 | 0.00 | 0.00 | | | 0.00 | | | | 0.00 | 0.00 |
| | | 广告宣传费 | 0.00 | 0.00 | | | 0.00 | | | | | |
| | | 安全费用 | 0.00 | 0.00 | 0.00 | 0.00 | 0.00 | 0.00 | 0.00 | 0.00 | 0.00 | 0.00 |
| 43 | | 其他费用 | 0.00 | 0.00 | 0.00 | 0.00 | 0.00 | 0.00 | 0.00 | 0.00 | 0.00 | 0.00 |
| 44 | 费用合计 | | 1,677,321.99 | 950,673.02 | 426,466.80 | 524,206.22 | 725,216.01 | 654,035.36 | 71,180.65 | 1,432.96 | 0.00 | 0.00 |
| 45 | | 内部利息 | 2,636.14 | 177.05 | 177.05 | 0.00 | 0.00 | 0.00 | 0.00 | 2,459.09 | 0.00 | 0.00 |
| 46 | 管理科目 | 费用移动 | 0.00 | 0.00 | 0.00 | 0.00 | 0.00 | 0.00 | 0.00 | 0.00 | 0.00 | 0.00 |
| 47 | | NPC分摊 | 0.00 | 4,344.24 | 14,007.27 | 7,003.64 | 4,022.44 | 7,930.77 | 8,591.67 | 0.00 | 0.00 | -185.33 |
| 48 | | 集团征收 | 174,037.50 | 86,728.77 | 57,289.35 | 29,439.42 | 87,308.73 | 39,003.23 | 48,305.50 | 0.00 | | |
| 49 | 附加价值 | | 2,668,163.15 | 2,131,419.13 | -308,555.55 | 2,439,974.68 | 538,176.98 | 228,029.93 | 310,147.05 | -1,432.96 | 0.00 | 0.00 |

图1.19　星源阿米巴报表

## 三、客户感言

数字经营决定价值创造，经营者正确意志的贯彻，是以响应客户需求、提升决策绩效、激活个人潜能为目的的，星源通过金蝶云·星空实现了分法人和事业部的阿米巴经营模式，通过使用开放的金蝶云·星空，满足了企业在业务上的流程管理需求、移动办公需求及管理层核算报表数字分析需求。

同时随着星源业务的快速发展和管理的新要求，我们将逐步把阿米巴组织细化到能够独立完成一项任务和独立核算收入费用的更小的单位，在金蝶云·星空中实现阿米巴报表的实时出具、分巴核算及组织间业务协同，为星源实现更高的管理要求打下坚实的基础。

——星源科技董事长 谢平

CHAPTER 1　汽车及汽车零部件生产企业的"上云、用数、赋智"之路

# 精益与 IT 融合，助力常州浩达奔跑在数字化转型路上

## 一、企业简介

　　常州浩达科技股份有限公司（以下简称"浩达"）是一家技术专业化、管理科学化、人员年轻化的现代化民营企业，公司专业加工汽车、家用电器、IT 产品、工程机械等使用的各类粘弹性阻尼材料，该材料具有减震降噪、隔音、隔热、保温吸声、防尘密封、阻燃等特性，其应用极大地提高了我们日常出行及生活的舒适性、环保性。浩达自成立以来，不断引进先进的管理经验及先进的加工技术和专业设备，从技术和管理层面提升自身实力。经过十多年的战略转型，浩达成功地从传统的加工型制造工厂转型成为集研发、设计、制

造、销售于一体的创新型科技企业。在产品研发上，浩达拥有自己的研发基地，与国内外专业团队、高校实验室合作研发了多种有自主知识产权的材料；在生产管理上，浩达引入丰田看板管理、精益生产等先进管理理念，结合自身管理特点，打造具备浩达特色的精细化管控模式，多方位打造自身的核心竞争力。

##  二、项目介绍

### 1. 项目动因

随着企业的快速发展，浩达从单体工厂逐步发展成有多家分公司的集团型企业，业务日趋复杂。浩达深刻认识到集团整体业务的高效、高速运转离不开信息系统的支撑，精细化管理更离不开大量客观数据的支持。数据是企业重要的信息资产，基于企业向数字化转型发展的需要，为实现强化浩达集团的核心竞争力的目标，浩达集团携手金蝶，建设集财务供应链、生产制造管理于一体的 ERP 系统，并打通 HR（人力资源）系统、云之家，建立从销售、生产、采购、仓储到财务一体化的业务模式，将数据作为企业科学运营管理的基石，建立从数据出发的管理体系，深层次重构企业数字化内涵，助力浩达向数字化转型。

### 2. 项目内容及价值

（1）构建统一基础数据平台，夯实集团化管控基础

在数字化时代，数字化将运营过程沉淀成数据，使管理者能够透过数据重新审视现有的业务、流程。浩达集团通过系统的上线及运营数据的沉淀，对内部不规范流程进行有针对性的改造和创新，实现流程自动化、敏捷化，有效加强业务流程规范控制，使业务执行更加高效。

① 数据规范、管控政策统一。

随着浩达集团化业务的不断发展，集团与分公司、分公司与分公司之间有大量跨地域、跨组织、跨部门的信息共享和业务协同需求，其中很多数据需要进行统一。在金蝶顾问的帮助下，浩达很快统一了集团的主数据，并通过系统建立一套统一的数据标准，规范不同分公司、不同部门的数据定义，实现了包括物料、供应商、客户等数十项基础数据的集团

统一编码、集中管控，并对结算方式、结算条件等管控策略进行了梳理和规范，统一了集团内部的语言和管控政策，为各项业务的高效协同打下了坚实基础，提升了系统的整体运行效能。浩达组织架构如图1.20所示。

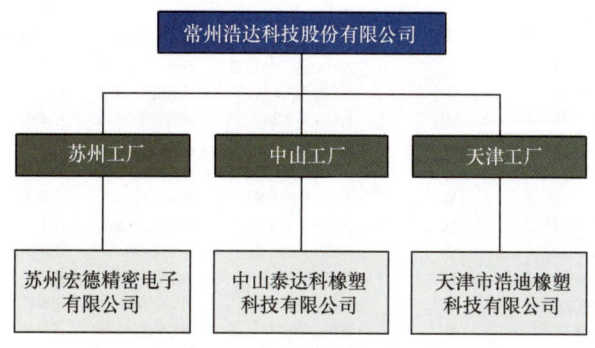

图1.20　浩达组织架构

② 集团运营管控体系重构。

依托金蝶云·星空的多组织特性，浩达集团实现了多组织体系的集团财务、业务运营管控模式，建立了多组织管理制度及内部交易制度，使集团企业在统一的体系下规范运作。通过集团运营管控平台，实现了集团内部库存、资金流、成本平衡等数据的即时共享，支撑管理层做出高效、及时的整体调控，提升了整体运营效率。

浩达组织机构管理界面和跨组织业务管理界面分别如图1.21和图1.22所示。

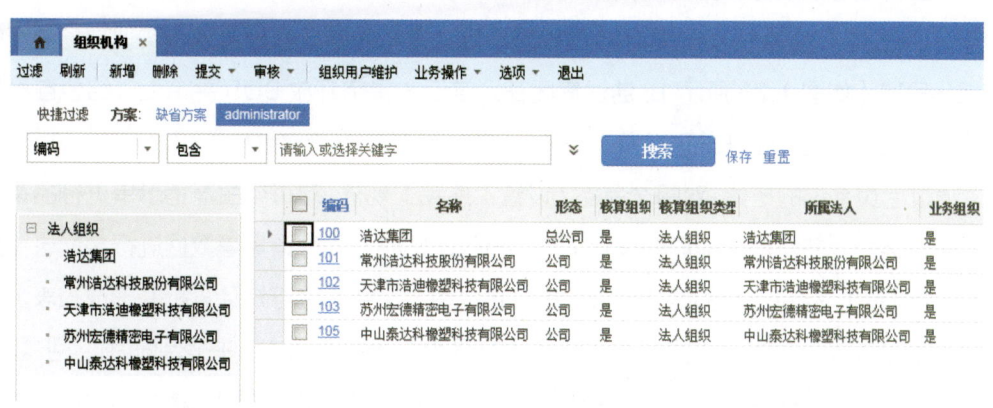

图1.21　组织机构管理界面

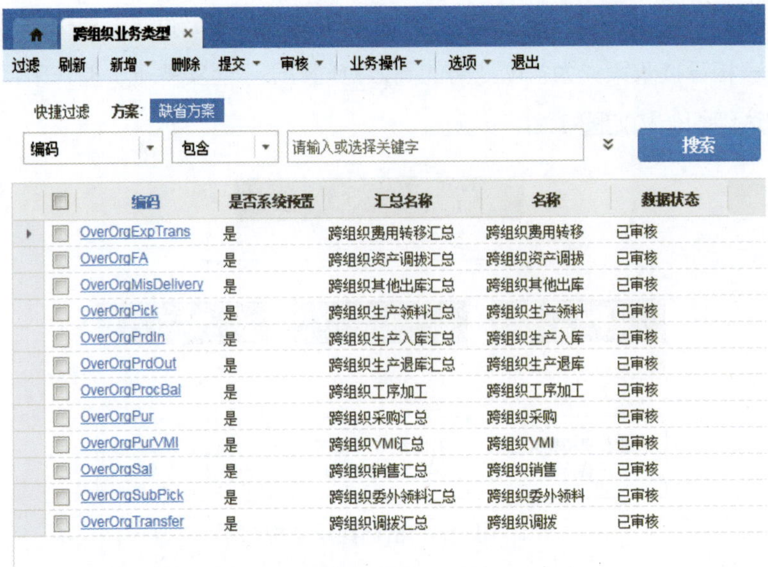


| 编码 | 是否系统预置 | 汇总名称 | 名称 | 数据状态 |
|---|---|---|---|---|
| OverOrgExpTrans | 是 | 跨组织费用转移汇总 | 跨组织费用转移 | 已审核 |
| OverOrgFA | 是 | 跨组织资产调拨汇总 | 跨组织资产调拨 | 已审核 |
| OverOrgMisDelivery | 是 | 跨组织其他出库汇总 | 跨组织其他出库 | 已审核 |
| OverOrgPick | 是 | 跨组织生产领料汇总 | 跨组织生产领料 | 已审核 |
| OverOrgPrdIn | 是 | 跨组织生产入库汇总 | 跨组织生产入库 | 已审核 |
| OverOrgPrdOut | 是 | 跨组织生产退库汇总 | 跨组织生产退库 | 已审核 |
| OverOrgProcBal | 是 | 跨组织工序加工 | 跨组织工序加工 | 已审核 |
| OverOrgPur | 是 | 跨组织采购汇总 | 跨组织采购 | 已审核 |
| OverOrgPurVMI | 是 | 跨组织VMI汇总 | 跨组织VMI | 已审核 |
| OverOrgSal | 是 | 跨组织销售汇总 | 跨组织销售 | 已审核 |
| OverOrgSubPick | 是 | 跨组织委外领料汇总 | 跨组织委外领料 | 已审核 |
| OverOrgTransfer | 是 | 跨组织调拨汇总 | 跨组织调拨 | 已审核 |

**图1.22　跨组织业务管理界面**

通过金蝶云·星空的应用，浩达集团建立了从销售、生产、采购、仓储到财务一体化的业务模式，实现数据实时共享，打通企业内部信息流、资金流，形成业务和财务的闭环管理，实现对制造运营全过程的监督和控制。

（2）精益导向，QCD（品质、成本、交期）提升

精益管理思想认为，要实现高效、稳定的生产，就必须从作业活动的细微之处抓起，即回归现场。浩达集团很好地运用丰田管理思想，在车间推行看板管理，实现现场生产的可视化呈现（如图 1.23 所示），浩达集团在金蝶云·星空开放 BOS 平台上，结合自身生产过程管控特点定制化开发了后页[1]系统。

通过后页系统的搭建，对每个品番[2]设置工序完工规格，对每个生产指示单进行品番工序顺序表维护，并对每个工厂的车间生产、检验、领料、入库数量等数据进行全记录（如图 1.24 所示），结合记录的数据对不良率、达成率、产能等进行统计分析并形成报表，实时呈现给管理人员。管理人员能即时衡量生产是否处于健康状态，并找到瓶颈、问题点、盲点、管控不到位的地方，持续对生产过程进行改进，实现生产过程的精细化管控，将业

1：后页系统实现生产过程数据记录及统计分析，其中“后页”为日式叫法。

2：品番即产品型号，为日式叫法。

务数据转变为信息,将信息转变为价值。不断地消除浪费,提升生产效率和品质。

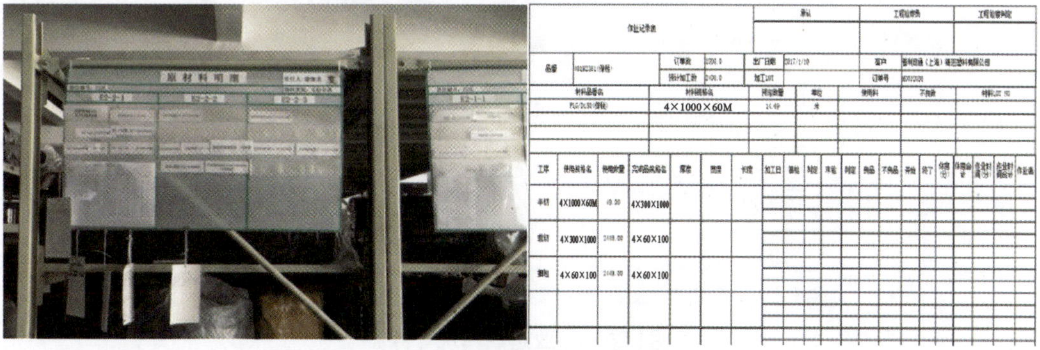

图1.23 浩达现场看板应用

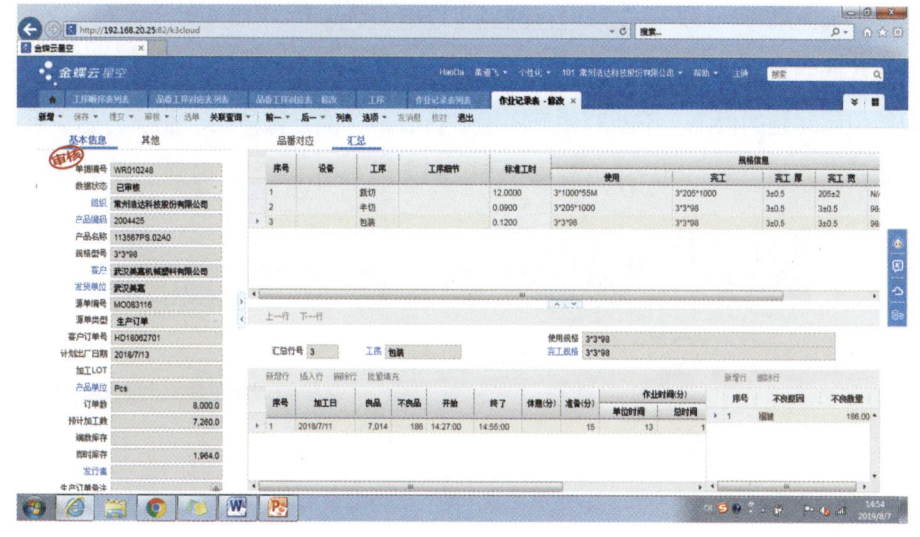

图1.24 作业记录表界面

① 效率提升,交期缩短。

后页系统实时统计每个作业者的作业达成率,直观展示每个操作人员的达成状况(如图 1.25 所示)。通过达成数据,一方面,管理人员可实时了解每个操作人员的工作状况,观察生产过程中是否存在不规范、浪费现象;另一方面,员工可以查看自己的绩效情况,并与其他员工的绩效进行比对,从而使员工的工作主动性得以提升。系统上线以来,生产效率提升超过 10%,交货准确率提升 15% 以上,整体生产效率得到了有效提升。

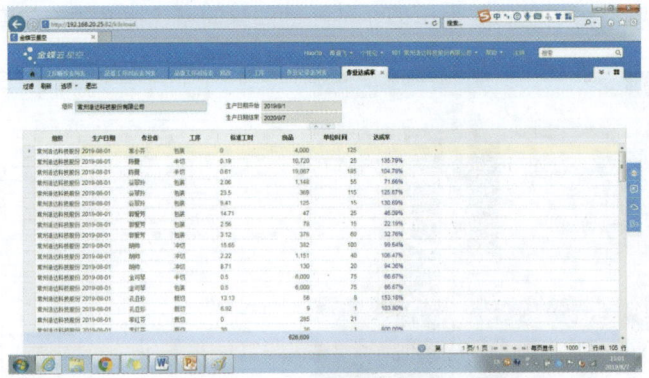

图1.25　作业达成率统计界面

② 质量可视，品质提升。

后页系统记录每一种产品生产过程的完工规格、良品率、不良原因（如图 1.26 所示），通过质量数据的可视化呈现，管理人员能够及时掌握生产的质量，分析不良品的产生原因，消除可能引起问题的根源，不断对生产质量进行改进，提升整体生产品质。后页系统上线以来，因质量问题引起的用户投诉降幅在 50% 以上，用户满意度得到了极大的提升。

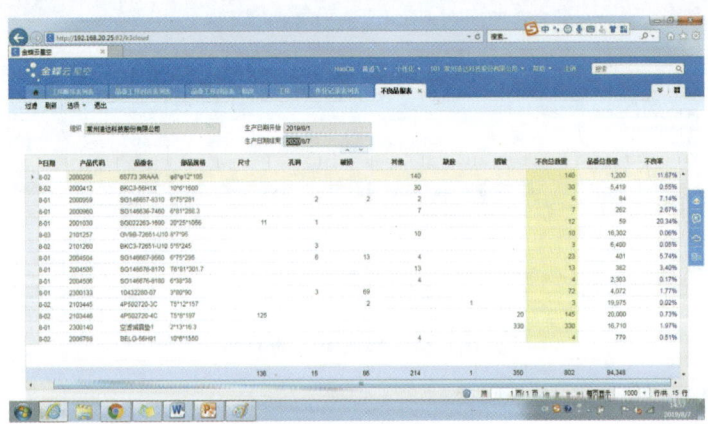

图1.26　不良品统计报表

③ 成本标准，持续改善。

后页系统支持提前设定每种产品的标准加工成本，根据每个工段员工的报工数据，自动统计每个员工生产每种产品的作业成本（如图 1.27 所示）。后页平台及时了解各品番的生产加工成本，能为财务成本核算提供越来越准确的标准成本数据。财务清楚掌控每一个物料成本构成，并能对成本异常进行追踪查询。

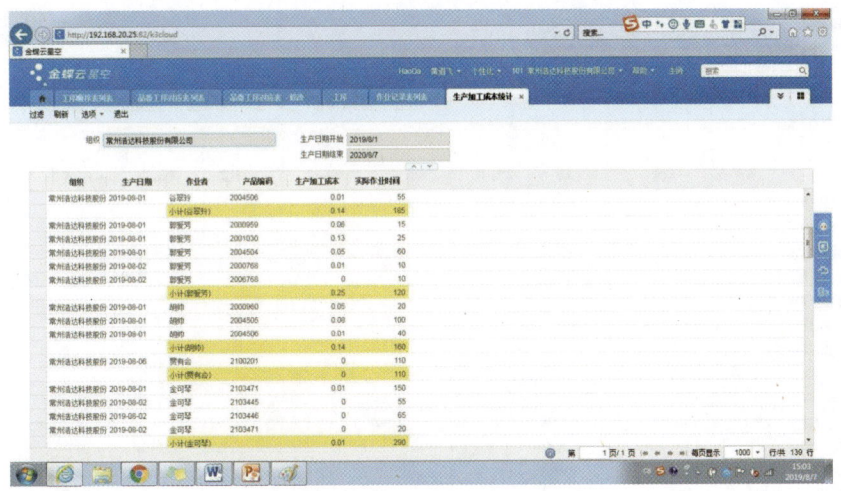

图1.27 加工成本统计报表

（3）数据驱动，辅助决策

浩达内部有超过 50 个 KPI 衡量集团整体经营管理水平，包括生产、成本、效率、质量、安全多个方面。通过金蝶云·星空及云之家移动应用，各项指标及时直观呈现，管理层可以第一时间查看各类经营数据和分析报表（如图 1.28 和图 1.29 所示），从不同的数据视角审视浩达整体经营管理状态，不断挖掘企业经营过程中的关键问题、薄弱环节，驱动企业不断改善，并能够通过数据洞察经营脉络，支撑决策制订，为未来业务发展提供支持。

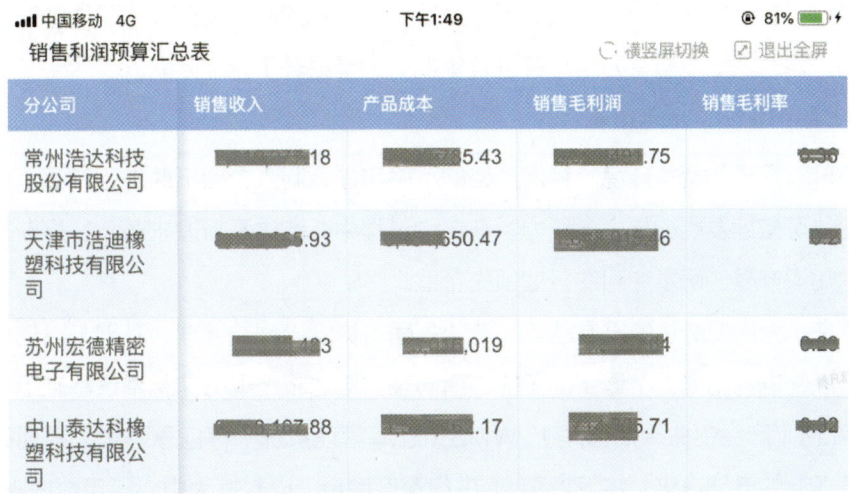

图1.28 移动端利润预算汇总

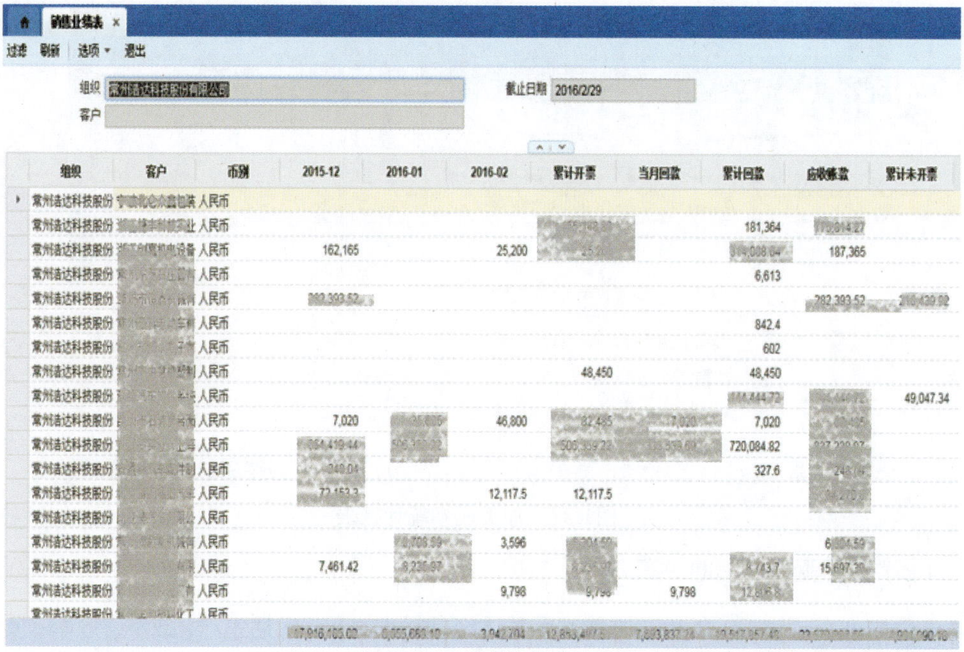

图1.29  销售业绩

（4）移动优先，场景赋能

在日常事务处理中，浩达集团应用金蝶 HR、云之家系统，实现了移动考勤、费用报销、移动审批等功能，建立了高效的日常事务处理机制。移动考勤的应用实现了 100% 外勤人员定位，有效提升了外勤人员的工作效能；云之家的应用使管理人员能够充分利用碎片化时间，随时随地查看待办信息并进行审批，大幅提升了管理效率。

（5）数字企业，永无止境

市场日新月异，竞争环境、经济形势的不确定性，刺激企业不断进行变革、创新，打造支撑企业可持续发展的核心竞争力。在这个过程中，浩达不断追求革新，逐渐形成拥有多项自主知识产权、研发专利的行业领先企业。

在未来，为匹配浩达的发展战略，浩达集团将持续以精益管理为基础，以信息化系统为载体，以数据为驱动力，逐步向智能制造转型。浩达将在现有信息系统基础上，持续建设包括 PLM（产品生命周期管理）、WMS（仓库管理系统）等信息系统，实现研发、生产、运营环节的无缝连接，将管理和 IT 进行深度融合，以数据为中心，用数据驱动管理，推动浩达发展成为集研发、设计、制造、销售为一体的核心汽车零部件世界级供应商。

## 三、客户感言

首先，非常感谢金蝶对我司信息化的大力支持。2015年9月，浩达橡塑上市项目优化项目启动，经过3个月的运行，我司的上市项目优化项目成功上线。从项目的整体调研、蓝图定稿、项目初始化到系统上线、流程磨合、系统顺畅运行，我们一起付出了很多努力。在此，要特别感谢金蝶项目组成员的大力帮助，其专业的表现、敬业的态度、严谨的分析、细心的辅导，得到了我司的一致认可和肯定。金蝶项目小组成员对我司在上市项目优化项目实施过程和模块阶段上线运行过程中提出的问题给予了耐心的指导和及时的答复，合作十分愉快。借此我司要向金蝶公司领导及项目小组成员的大力支持表示衷心的感谢！

——浩达集团董事会秘书　费宏伟

# 解构河北华曙新能源汽车制造智能升级之道

## 一、企业简介

华曙新能源汽车科技有限公司（原名为华兴机械，以下简称"华曙"）是从事大中小型汽车冲压件、焊接件总成生产制造的专业化企业，主要产品有汽车用底盘悬挂冲压件、拉伸组合件、轿车前后摆臂、发动机主横梁、油封座圈、转向节主销、后桥壳盖、防尘盘、调整垫片等。

公司具有模具设计制造、液压、冲压、机械加工、组合焊接、热处理、检验为一体的完善的生产制造体系。生产检验设备齐全，拥有电泳漆流水线一条，大型液压机、冲压机、锻打机等加工设备260余台、检验设备20余台。

## 二、项目介绍

### 1. 项目动因：成长的烦恼——危机的管理&管理的危机

随着国产自主品牌汽车的崛起，国内各大主机厂的配件供应商迎来了发展机遇。企业规模急剧扩大，企业原有的粗放管理模式暴露出了诸多问题，突出表现在以下3个方面。

（1）系统化标准操作程序（SOP）缺失

① 由于没有系统化的管理规程及操作规程，当岗位人员发生变动时，新员工会按照自己的想法处理原来的流程，这就造成了管理流程反复变更。

② 经验丰富的员工处理异常问题后没有及时记录异常处理预案，岗位一旦换人，已经解决的问题又会重复出现。

（2）企业基础数据不完善

① 物料分类粗放，公司上百种主要原材料（钢板）只有几十种大类编码合并管理，库存数据不能为计划所用。

② 物料维护缺乏严谨的流程和管控办法，数据关系错乱、一物多码、一种工序多种名称等现象较为普遍，基础资料的不规范导致参考工艺图纸错误，直接影响产品质量，加大车间现场管理难度。

③ 企业整体基础数据不能为生产经营服务，最终突出反映在成本核算时成本归集数据不准确、成本失真方面。

（3）生产现场数据滞后，业务流程失控

① 一线生产工人的报工数据需要统计员进行统计，一周汇报一次，生产现场的"黑盒子"现象突出，生产现场的七大浪费严重。

② 车间计划不严谨，加之信息传递失真，计划缺乏对整体生产的指导意义，导致生产人员随意增加车间计划，造成同一个时间段、同一个产品有若干个任务单。

## 2. 项目整体思路

华曙在不断成长的过程中，深深体会到管理上的落后严重制约了企业的发展，管理问题成为企业腾飞的"桎梏"。于是，企业管理人员投入了大量的人力、财力来改善管理，具体措施如下。

① 借助汽车行业精益生产模式，落实"全面生产维护 TPM（全员生产维修）管理"，通过改善设备、生产环境和员工素质，追求企业生产效率的最大化，提高企业的综合素质。

② 投资近百万元，引入"分之合"管理暨阿米巴经营管理模式。通过阿米巴单元管理，激发员工经营意识，提高班组长管理能力。

③ 委托财务规划咨询机构对公司财务工作进行指导，按照上市公司财务标准建立自己的财务体系；企业高层和财务管理者走出去，向财务管理优秀的企业学习；财务顾问驻厂对每个财务环节进行梳理，通过 ERP 系统实现落地。

## 3. 整体解决方案

为实现企业管理目标，华曙规划了业务应用蓝图及详尽、周密的数字化落地方案，如图 1.30 所示。

（1）源头：建立基础资料的标准维护流程，利用 PLM 与 ERP 集成，严格限制权限及科目分级，确保进入计算机系统的同一个物料只有一个名称、规格的描述。

（2）标准：梳理和标准化原有业务流程，建立起每个岗位的标准操作流程和工作制度及异常情况发生时的处理对策，通过信息化应用实现企业的业务流程再造（BPR）。建立会计科目的标准维护流程，按照会计准则设置严格约束维护条件，不允许随意增删或修改会计科目。

（3）流程：重新定义"订单→销售计划→任务单→工序派工单→工序汇报单→入库单"的业务流程主线，确认唯一检索关系，重新规划产品制造过程的细节。

（4）数字化：建立"透明车间"，利用触摸屏、PDA 构建生产过程在制品数据、工序派工数据和检验数据的汇报。"透明车间"解决方案如图 1.31 所示。

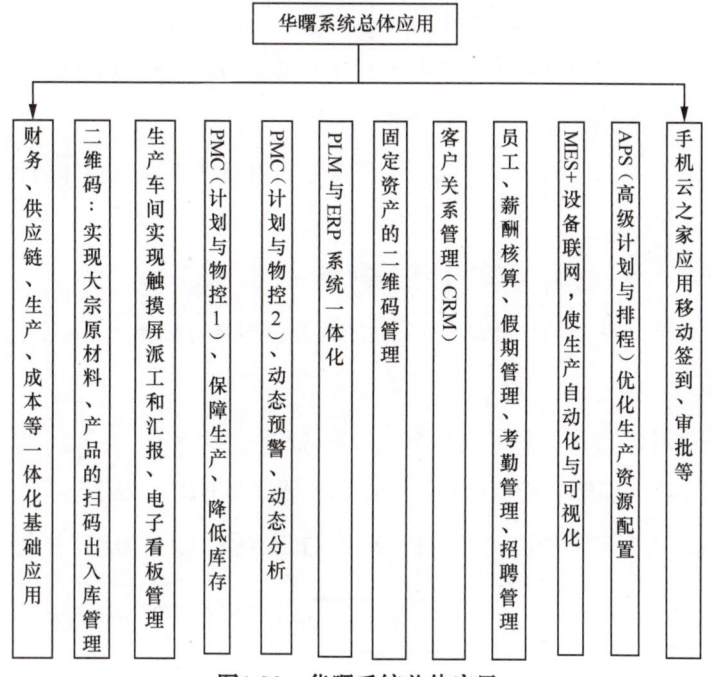

图1.30 华曙系统总体应用

图1.31 "透明车间"解决方案

## 4. 项目内容

（1）没有标准，便没有管理

首先，针对"一物多码"等物料管理存在的问题，金蝶云·星空顾问先梳理企业所有物料，建立一套标准的编码规则体系。

① 成品：华曙是国内汽车主机厂的一级供应商，因此其产品名称以主机厂计划下达的产品名称为准。

② 模具：模具是客户的主导产品之一，是专门针对某个零件制作的工装，因此，命名采用以下方式。

- 模具的命名：零件图号+（3位系列号）。
- 模具零件的命名：模具名称+2位序列号，即零件图号+（3位系列号）+2位序列号。
- 外采物料：采用"名称+规格+特殊说明"的方式。

其次，规范BOM编制。所有自制的物料均需要编制BOM，即产成品、半成品均需要进行BOM编制，每个自制物料父项的BOM由对应的子项物料构成，如图1.32所示。

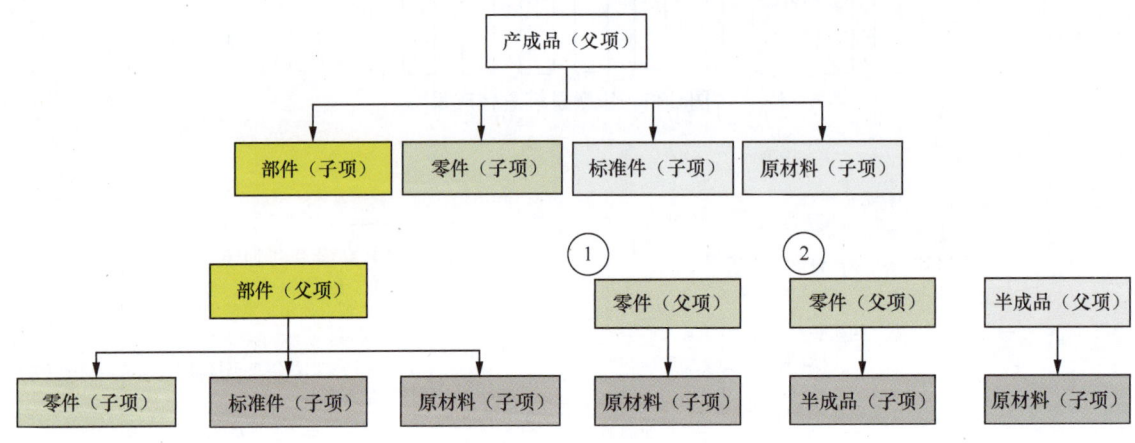

图1.32　BOM结构举例

最后，规范工艺路线。工艺路线体现产品的加工过程及加工顺序，原有工艺路线命名存在一个工序有多种名称的现象，车间在收到工单之后由于工序名称混淆易导致加工错误。

① 工序编码标准：为区分不同工序，使用4位数字表示工序名称编码明细，如图1.33所示。

② 工序类别与顺序号标准如图1.34所示。

③ 由工序标准生成的工艺路线系统截图如图1.35所示。

| 类别编码 | 类别名称 |
|---|---|
| 01 | 冲压 |
| 02 | 焊接 |
| 03 | 机加 |
| 04 | 热处理 |
| 05 | 电泳 |
| 59 | 模具 |
| 99 | 其他 |

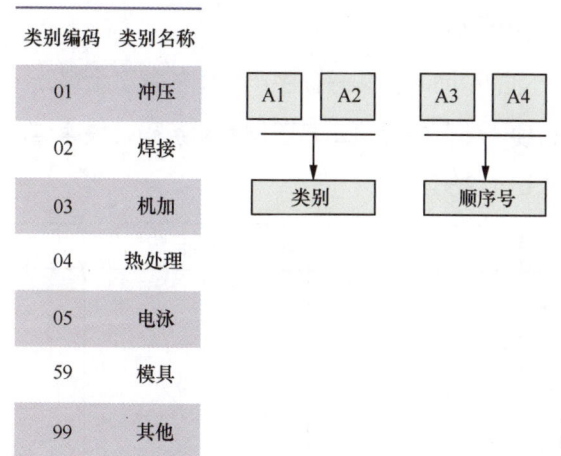

图1.33 工序名称编码

| 类别编码 | 类别名称 | 顺序码 | 工序名 | 工序编码 |
|---|---|---|---|---|
| 01 | 冲压 | 00 | 落料 | 0100 |
| 01 | 冲压 | 01 | 成型 | 0101 |
| 01 | 冲压 | 02 | 成型1 | 0102 |
| 01 | 冲压 | 03 | 成型2 | 0103 |
| 01 | 冲压 | 04 | 成型3 | 0104 |
| 01 | 冲压 | 10 | 拉伸 | 0110 |
| 01 | 冲压 | 11 | 拉伸1 | 0111 |
| 01 | 冲压 | 12 | 拉伸2 | 0112 |
| 01 | 冲压 | 13 | 拉伸3 | 0113 |
| 01 | 冲压 | 14 | 拉伸4 | 0114 |

图1.34 工序类别与顺序号标准

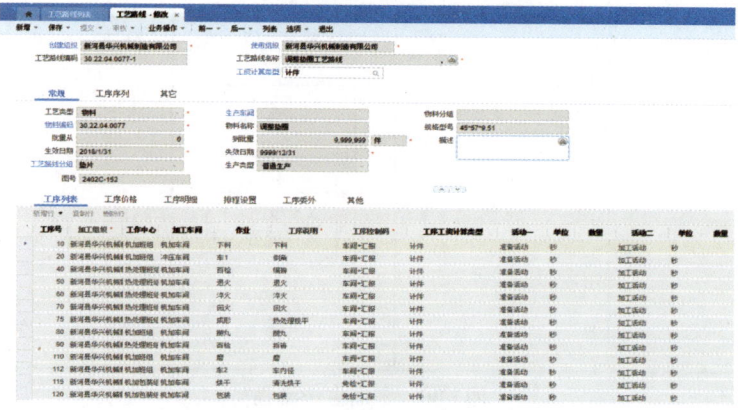

图1.35 工艺路线设定界面

(2)没有手段,便没有执行

在金蝶云·星空顾问的帮助下,华曙在生产车间部署了金蝶云·星空的智慧工厂数字化解决方案,利用"软硬一体"的优势,基于屏幕和条码,快速实现了生产现场的全程数字化。车间生产流程如图1.36所示。

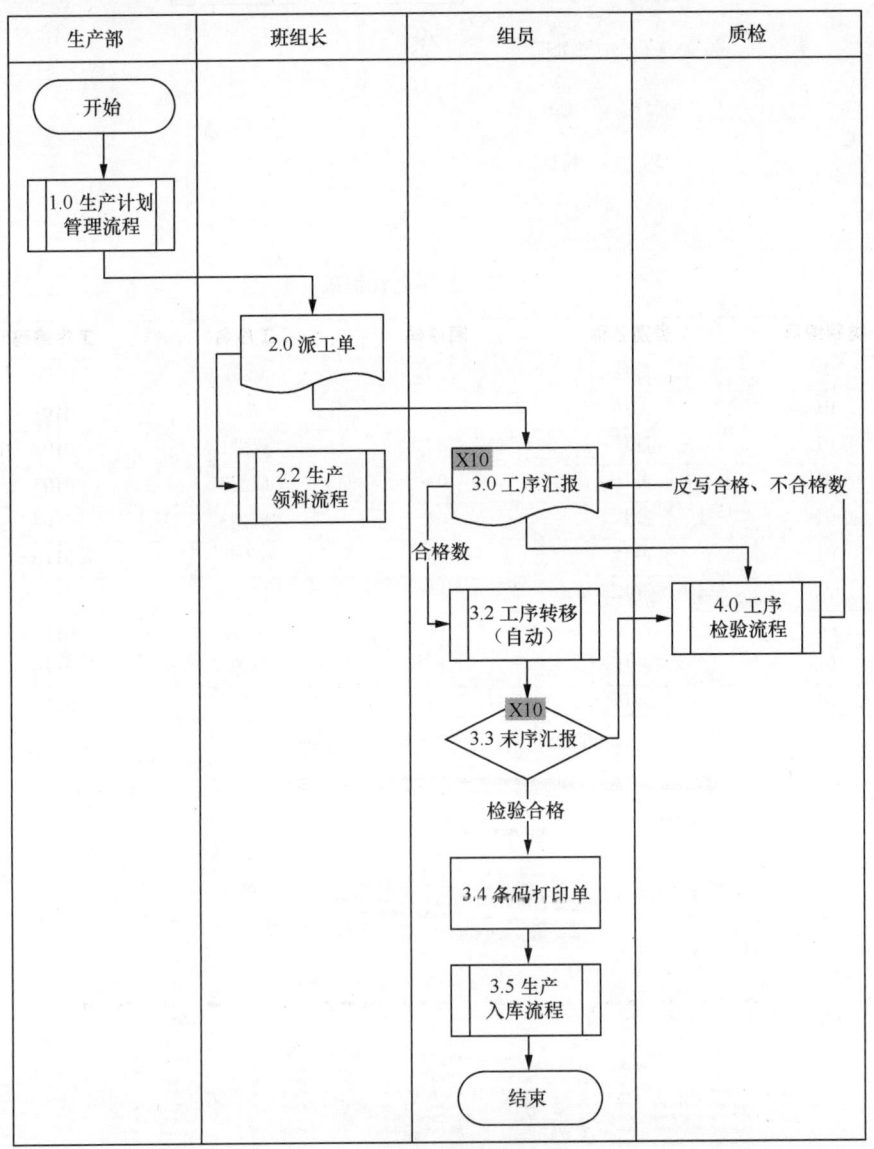

图1.36 车间生产流程

① 计划人员下达任务后终端自动接收,"任务条码"自动生成。

计划人员在办公室的 PC 端下达任务后，生产现场的智慧终端自动接收任务，"条码"的旅程正式开始。通过现场的智慧终端，报工数据可以实时显示，计划人员根据最新生产执行情况进行生产计划的调整与生产任务的下达。数字化车间给计划人员带来的改变如图 1.37 所示。

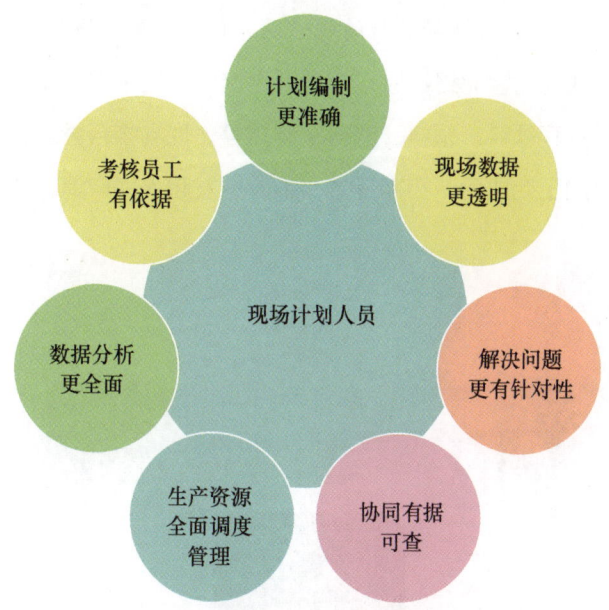

图1.37　数字化车间给计划人员带来的改变

② 车间主管扫描进行派工，生产日计划准确分配。

车间主管根据智能终端接收的任务安排日计划。通过扫描任务"条码"进行派工，任务分配到具体的班组、班次、资源、设备、操作工，并明确规定任务的"计划开始时间"与"计划结束时间"，要求当天接收的任务必须当天完成。任务准确分配，现场日计划不再是无人知晓的黑盒子，而是人人都明确的任务分工。

③ 操作工扫描进行报工、转移与技术文档查看。

操作工刷卡登录现场的智能终端后，能看到为本工位定制的个性化九宫格配置界面，常用功能一目了然。

操作工通过任务"条码"，首先查看今天需要处理的任务和需要注意的问题，打开"技术文档"详细阅读本生产任务的 SOP。准备工作做好后，开始加工，单击"派工工序开工"；上午班结束后，单击"派工工序报工"及时汇报自己的进度。

系统实施后生产数据采集的效率从天/周到批次，异常的可控制率得到了提升，产品制造交期缩短；工作任务量化，为员工考核提供准确的数据支撑；员工可以通过系统实时查询每天的计件工资，工作积极性得到了提高。

数字化车间给生产人员带来的改变如图1.38所示。

④ 现场物料员扫描，进行现场物料的领、退、补，以及产品入库。

物料员刷卡登录现场的智能终端后，能看到为这个岗位单独定制的个性化九宫格配置界面，常用功能包括齐套领料、领料、退料、调拨等。现场物料管理的问题可通过终端及时反馈与处理。产品加工完成后，扫描任务"条码"发起入库申请，仓库接收到申请后进行产品入库处理。

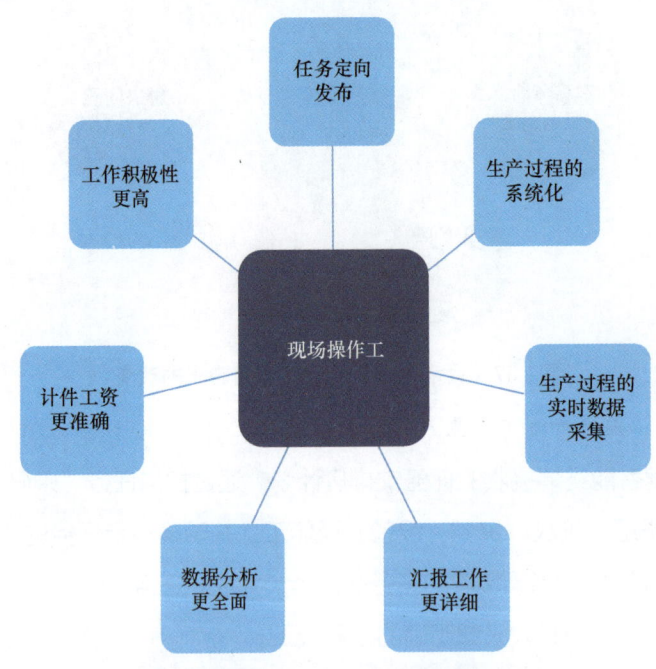

图1.38 数字化车间给生产人员带来的改变

⑤ 质检员自动接收质检任务，"扫码"进行质量数据采集。

通过触摸屏、PDA可实时采集现场质量数据，系统可以严格控制首检、巡检、终检，质检任务能够主动提醒质检员，标准化的质检方案可以规范现场质检流程。质检数据可被实时记录并与产品批次绑定，通过产品批次追溯分析，可快速定位问题所在，解决关键问题，从而不断提升产品质量。

数字车间给质检人员带来的改变如图1.39所示。

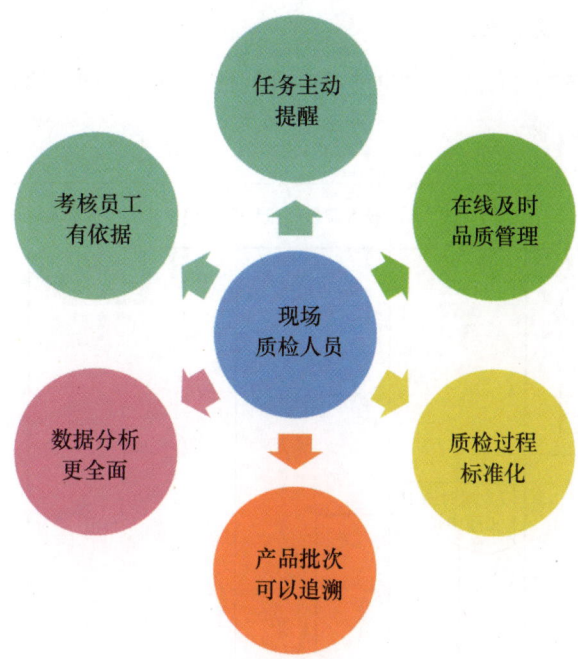

图1.39 数字车间给质检人员带来的改变

(3) 没有移动，便没有实时

华曙通过 ERP 与云之家的集成应用，可以使用手机进行大部分流程性业务的处理与查询，彻底改变了原有的工作方式。

① 临时增加工序申请审批流程。

由于模具原因导致产品质量不合格、原材料生锈等问题时，生产部门需组织相关部门进行评审，以确定临时增加工序的解决办法，临时增加工序申请流程如图 1.40 所示。

- 生产部提供工序名称、工时、费用等信息，并根据评审决定在系统中录入临时增加工序申请单。
- 技术质量部部长、费用承担部门负责人、董事长依次在云之家进行审批，及时高效处理生产中出现的问题。

② 手机查询自己的计件工资。

云之家与生产系统及 HR 系统的打通，使工人可以在手机上查看自己的计件工资。

③ 云之家生产进度报表。

PC 端和移动端都有车间工序的进度报表,通过云之家可以在手机端查询任务进度及当前完成情况。

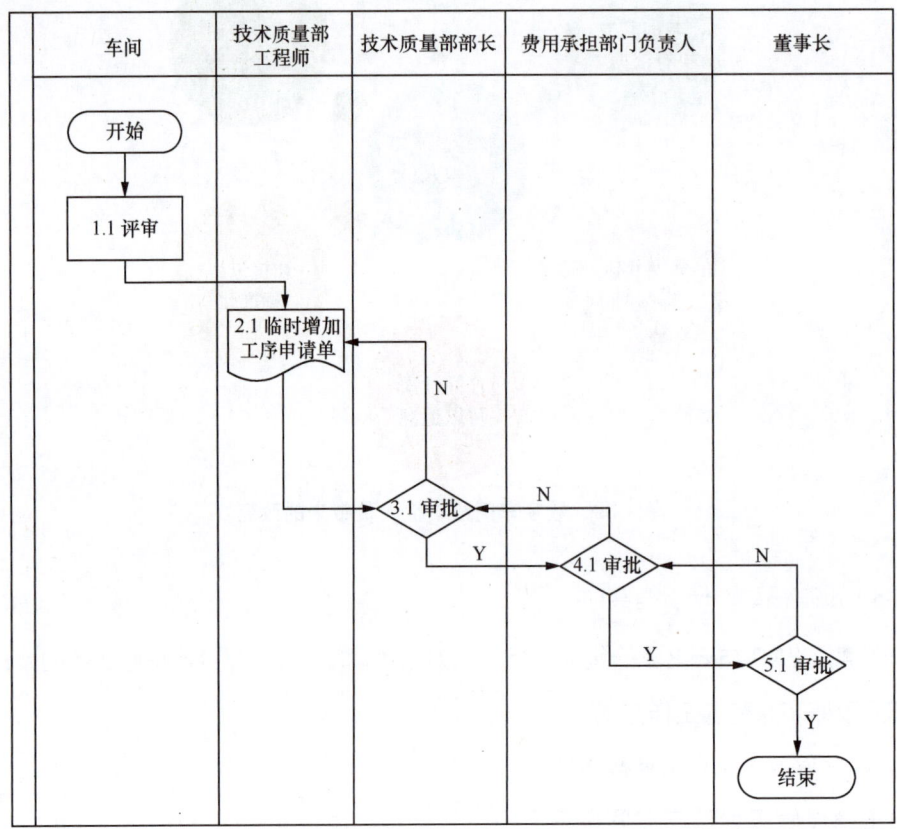

图1.40　临时增加工序申请流程

## 5. 项目价值

(1)业务流程优化与标准化

华曙地处偏僻的农村,员工多数来自附近村落,能力有限,信息化平台的建设使业务流程变得更加规范,执行力得到了快速提升。

(2)生产现场管理透明化

通过触摸屏、PDA 完成各个工序数据的采集,实时掌控生产进度,提升了调度与执行的响应速度和生产执行的标准化、流程化的管控能力，生产节奏变得高效有序；计划人员可根据实时数据合理调整现场计划，做到派工有据可查；厂内、厂外协同更加精细化，上下游数据清晰可查。

（3）品质跟踪/品质改善持续化

通过原料检验、工序检验及成品检验，可全面记录产品各个环节的质量信息；通过产品批次追溯分析，可快速定位问题，缩小处理范围；通过不良原因分析，可快速找出问题根源，不断提升产品质量；通过金蝶云·星空质量追溯功能，可实现事前防范、事中控制、事后追溯的目标，全面提升了企业质量管控能力及质量分析能力。

（4）办公方式及考核方式数字化

云之家处理突发事件及各类流程更加快速、及时，在方便员工的同时也提高了企业的应变能力。工作任务量化也为员工考核提供了更加准确的数据支撑。

（5）企业管理迈向数据化

系统实施后很多管理环节都有了可靠的数据支撑，数据的准确性、即时性为企业提供了关键绩效指标实时洞察的能力，工作数据覆盖全面，为管理决策提供了更加完整的数据分析依据。

## 三、客户感言

应用金蝶云·星空后，公司的管理水平和技术能力都得到了巨大提升，主要表现在以下几个方面。

（1）成本意识得到了加强：在原有管理模式下，组织间边界模糊，员工吃"大锅饭"，对公司资源成本没有意识，浪费现象比较严重；在实施阿米巴组织单独考核后，各个部门的成本意识显著提高，不会随意浪费一张纸、一支笔。

（2）标准流程意识得到了加强：在原有管理模式下，公司办事靠"人情"，很多该管控的地方不受约束，流程混乱，不成规矩；系统上线以后审批流程将各个组织串联起来，流程处理更加正规，组织纪律更加严明。

（3）数据意识与目标意识得到了加强：系统实施后很多管理环节都有了可

靠的数据支撑，员工开始对数据敏感，能够从数据出发，以数据为标尺解决问题。

（4）流程处理更加方便、及时：系统上线后事件处理更加及时，可以在云之家群里直接沟通任何事情，会议通知、生产一小时停线处理、设备维修处理等更加快速、及时。

——河北华曙新能源汽车科技有限公司董事长　郜云峰

CHAPTER 1 汽车及汽车零部件生产企业的"上云、用数、赋智"之路

案例 6

# "云边端"新架构助力联合汽车电子(重庆)在云上实践

## 一、企业简介

联合汽车电子(重庆)有限公司(以下简称"联合电子(重庆)")是联合汽车电子有限公司、重庆长安工业(集团)有限责任公司和博世(中国)投资有限公司共同投资成立的合资企业,其中,控股方联合汽车电子有限公司是中国汽车电子行业的领军企业,年销售额超过 200 亿元人民币,是汽车电子制造领域的佼佼者。

联合电子(重庆)主要从事汽油发动机管理系统的开发、生产和销售,公司有效整合

045

本地优势和全球领先的技术，凭借扎实的本地研发和生产能力，致力于为客户提供先进的、完整的汽车动力总成控制系统解决方案。

##  二、项目介绍

### 1. 项目动因

受整车市场业绩持续下滑，市场供给缩减、需求低迷的影响，汽车零部件厂商面临市场和产业调整、利润下降等挑战。联合电子（重庆）作为汽车电子领先企业，同样面临业绩压力、竞争压力的持续增加，亟需转型升级，巩固其传统优势，创造发展新动能，化危为机，提升综合竞争力。

如何以质量为基轴，有效整合生产现场人、设备、物料各类资源，发挥资源的最大效能，以最短的交期、更高的质量、更低的成本生产出满足主机厂要求的产品是联合电子（重庆）提升其核心竞争力需要解决的难题。联合电子（重庆）的自动化程度较高，现场大多数生产由自动化设备完成。而联合电子（重庆）原本使用国外 MES，系统开放性欠缺；同时 MES 与 ERP 系统、WMS（仓库管理系统）孤岛化运行，计划、生产、物流等各个环节协同效率有待进一步提高。在此背景下，联合电子（重庆）需要一套企业综合一体化公有云平台，打造计划、制造、物流各个环节数据通路，实现人、机、料、法、环、测各个要素的高效运转和协同互动，保障生产连续、稳定、高效运转，并满足主机厂对零部件厂商质量追溯的高标准等要求。

### 2. 项目需求

联合电子（重庆）智能工厂建设的整体目标是通过建设一体化云平台，围绕生产制造各个环节，实现内部资源相互关联和集成、生产现场可视透明，实时掌握车间各项制造活动信息，解决生产制造"黑箱"问题。其具体需求如下。

（1）加强生产过程控制

汽车电子行业生产过程管控要求严格，需要对工序、物料、夹具、工艺参数、标签打

印、装箱数量等信息进行严格管控，传统依靠人员经验的模式，无法实现过程的自动防呆防错，存在跳站、材料错漏、工艺参数与实际加工产品不匹配等问题，容易引起现场生产质量问题。生产现场需要通过数据自动采集、系统防呆机制，加强生产过程管控，实现生产过程精益化，提升生产效率及质量。

（2）完善质量追溯体系

生产过程中有大量加工参数需要记录，传统生产管控过程中，加工设备未联网，无法自动获取每台设备的加工工艺参数，主要依靠人员手工记录，效率不高，数据时效性、准确性欠缺，影响质量追溯完整性和及时性，缺乏质量改进的数据支撑。因此，亟需对设备进行智能化改造，利用 IoT 技术实现设备状态、加工工艺等数据的实时采集和记录，并形成完整的质量档案。

（3）业务流程集成

联合电子（重庆）原有信息化系统孤岛化运行，资源计划、生产执行、物流配送使用异构系统，导致财务供应链等上层业务与生产车间过程管控、设备的集成、物料配送业务的协同效率不高，不同业务间数据共享性不高。因此，需要一个统一的平台来实现各项业务的集成及数据共享，提升运营效率。

（4）系统上云

传统私有化部署方式的运维成本高，且传统系统架构未考虑生产现场对生产连续稳定性的要求，未建立完善的安全保护机制。本项目需要系统上云，在保障数据安全性的同时，保证生产连续稳定运行。

### 3. 项目内容

联合电子（重庆）MES 方案架构如图 1.41 所示。联合电子（重庆）使用金蝶云·星空的 ERP+WMS+MES 全公有云一体化应用，实现了生产计划、上料防呆防错、拉式生产、生产过程控制、看板管理、设备联网、加工程序自动下发、工艺过程参数采集、人机料法全程质量追溯、业财一体化、业务审批标准化及流程化等功能。

MES 具体建设内容如下。

(1)设备深度集成双向互通

应用数据采集模块实现设备的连接。通过设备数据采集网关,实现设备数据的实时汇集,并将数据实时传输到 MES,可实现系统与现场生产设备深度集成,双向数据交互。一方面,现场设备数据自动采集,异常信息自动反馈,在 MES 端通过工位智慧终端和看板实时查看采集到的数据,快速响应现场异常情况,减少因设备异常带来的停工待料和质量问题;另一方面,结合采集到的数据,系统进行快速响应,向设备下发加工指令、加工程序等信息,使设备按照正确顺序及参数进行加工生产,提升了设备加工效率及质量。

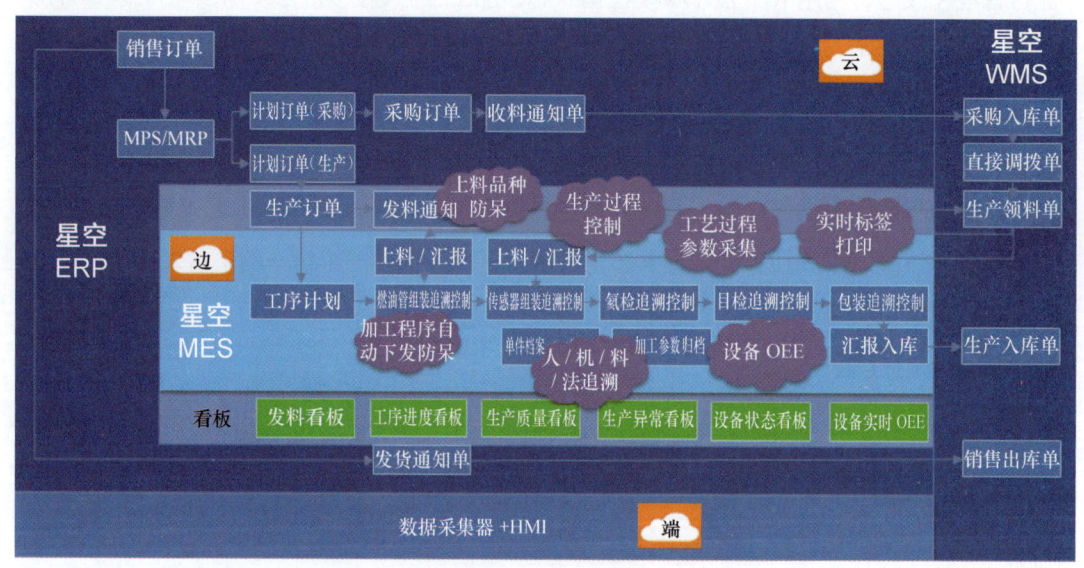

图1.41 联合电子(重庆)MES方案架构

(2)多方位智能防错

基于对汽车产业链质量的高要求,在系统中建立了多种智能防错机制,实现对物料品种、产品与关键件绑定关系、数量、加工参数、设备换型、加工顺序、标签、加工程序、加工过程等多维度的防呆防错(如图1.42所示),保障生产现场加工质量,提升一次合格率。

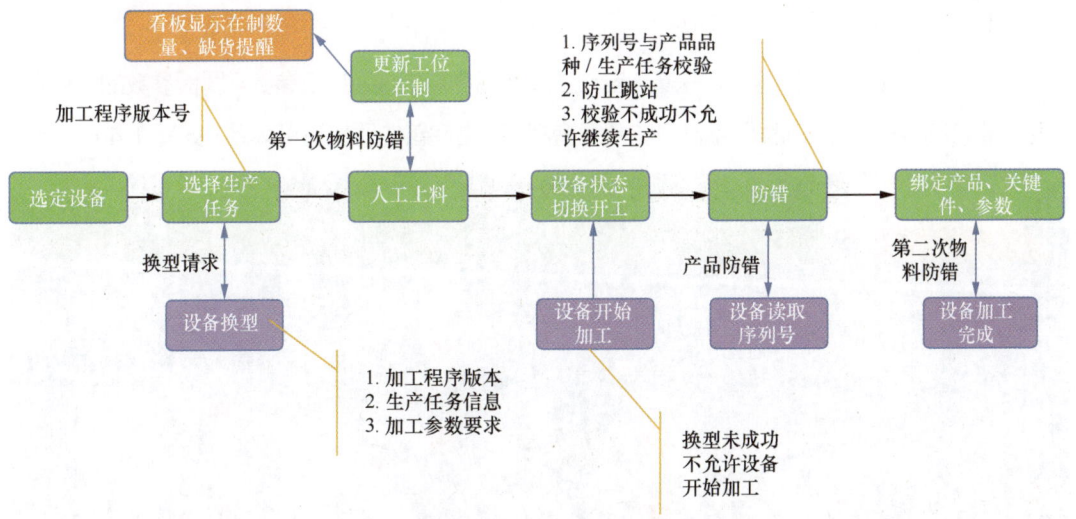

图1.42 现场防呆防错

（3）物料管理

实时监控线边仓及工位在制物料数量，根据 BOM 物料用量，实时进行物料扣减，并通过看板实时呈现，实时指示物料配送人员进行物料配送，如图 1.43 所示。

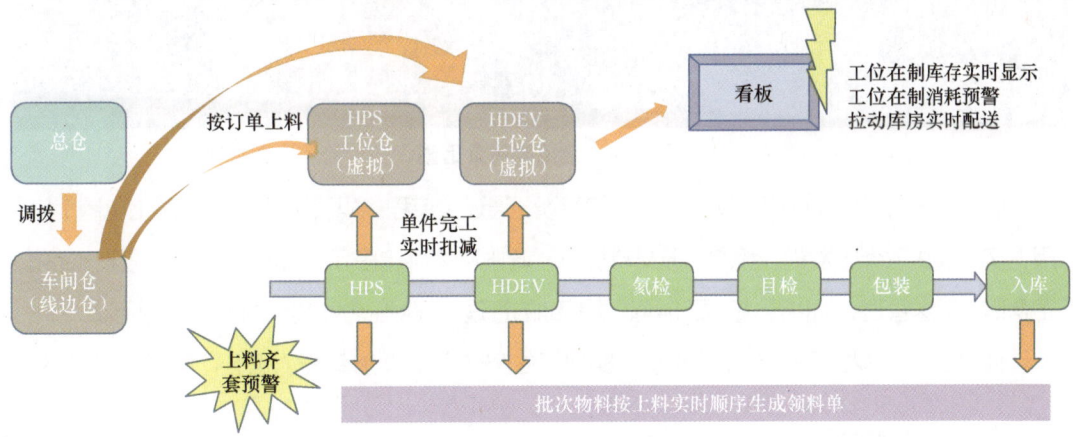

图1.43 物料准时化拉动

（4）OEE（设备综合效率）实时分析

设备状态实时采集，并支持对设备空闲时间自动补录，按照班次自动计算设备 OEE，以分析设备综合效能，为找到生产瓶颈、优化改进现场提供支撑。

（5）生产全流程细节追溯

对生产全流程质量数据进行采集，自动生成产品物料组成、加工参数、质检参数的单件档案资料，实现对生产全流程质量信息的精细追溯，建立完善的质量追溯体系，如图1.44所示。

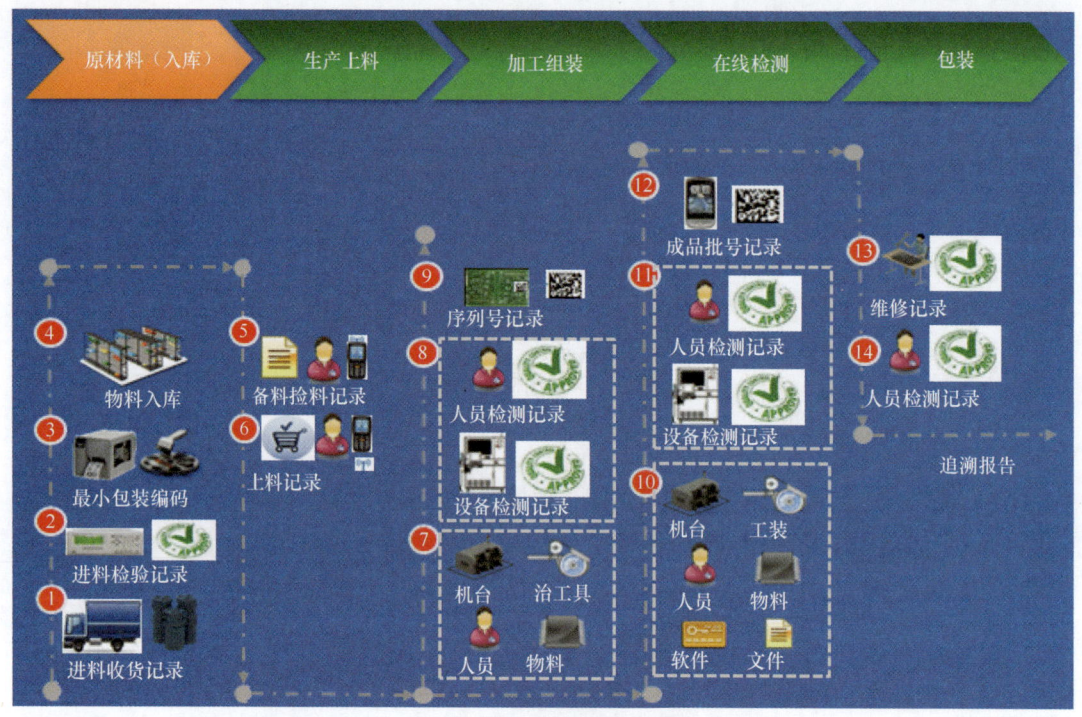

图1.44　全流程质量追溯

联合电子（重庆）同时实现了WMS的建设，通过全流程条码及手持PDA（掌上电脑）应用，实现收货上架、发货、盘点、原材料拆包、调拨及物料转移等业务的高效敏捷操作，优化了仓储与配送管理，提供更快、更准确、更精细的管理。WMS功能实现如图1.45所示。

通过建设WMS，联合电子（重庆）实现了生产进度驱动仓库亮灯、配料、扫码上料防错。

## 4．案例特点

联合电子（重庆）数字化转型项目旨在打造企业综合一体化公有云管理平台，涵盖ERP、MES、WMS等信息系统，集财务、供应链、计划、生产执行、设备联网、仓储物流、质量管理与追溯于一体，构建"最佳生产系统"，完善追溯体系，实现智能工厂管理，其信息化解决方案整体蓝图如图1.46所示。

CHAPTER 1 汽车及汽车零部件生产企业的"上云、用数、赋智"之路

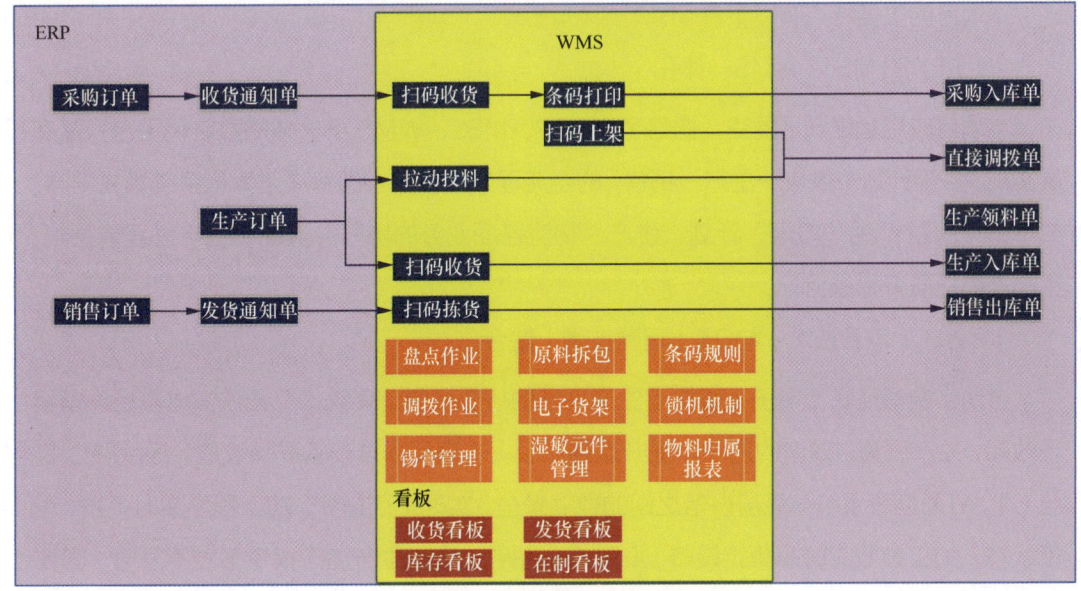

图1.45 WMS功能实现

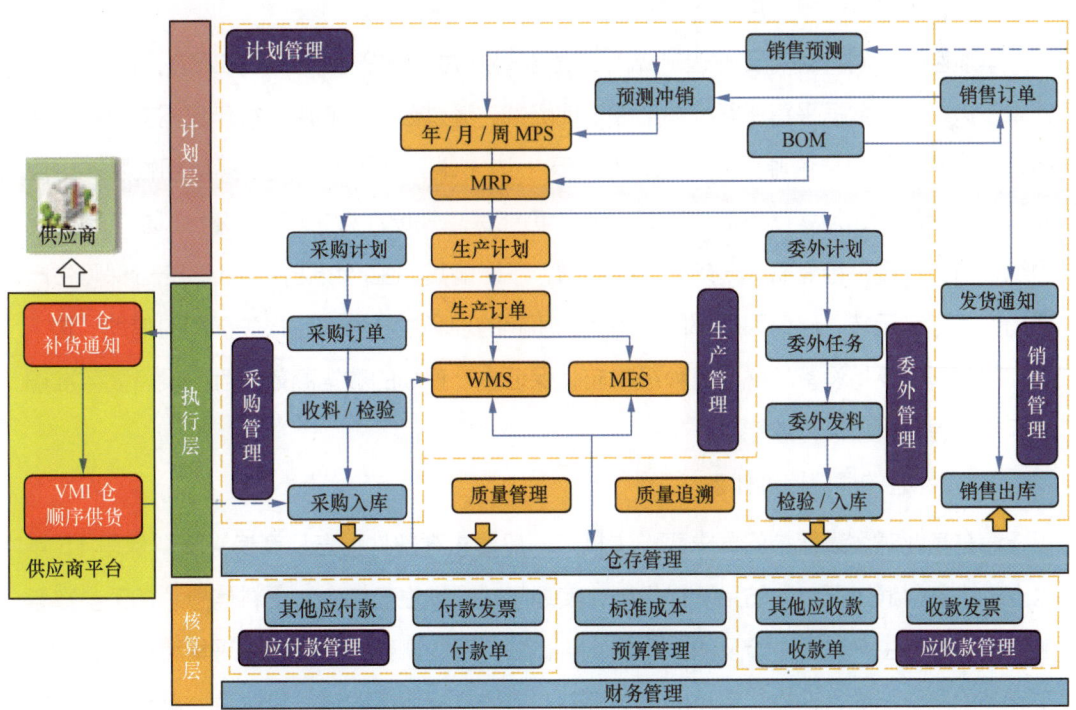

图1.46 联合电子（重庆）信息化解决方案整体蓝图

051

本项目的主要特点有以下几个。

（1）ERP+MES+WMS一体化

本项目应用金蝶云·星空，构建了集 ERP、MES、WMS 于一体的数字化平台，从底层实现"资源计划→供应→生产→销售"的全流程集成。一方面解决了异构系统集成困难、成本高等问题；另一方面，计划、生产、物流各项业务的协同，实现了生产过程精益化、驱动产品提质等管控目标。

（2）IT（信息技术）与OT（运营技术）融合

自动化设备是联合电子（重庆）生产现场的核心资源，传统 OT 无法实时掌握设备运行效能，生产质量、效率的进一步提升遇到瓶颈。本项目通过设备联网改造，深度融合 IT 与 OT，打通信息系统与底层设备之间的数据壁垒，实现生产指令、加工程序实时下发，设备状态、加工参数实时采集，设备 OEE 实时监控；解决生产加工指令下发不及时、异常处理不及时、加工参数难追溯等问题。

（3）"云+边+端"新架构

本项目采用创新的"云+边+端"三层部署方式，ERP 系统部署在云端，核心 MES 部署于边缘端，数据采集智慧终端部署于现场端。通过公有云应用，每年仅需支付租赁费用，大大减少了硬件资源投入成本。而"云+边+端"部署模式具备高可用性及高响应度，在云端断网、边缘端不断网的情况下，仍能保障现场连续生产 7×24 小时；同时在边缘端对生产线进行隔离，一条生产线异常，不影响其他生产线正常运转，充分保障生产现场连续稳定运转，避免因外部网络等问题引起的现场生产停滞和损失。同时借助"边+端"的部署，支持设备互联百毫秒级响应，保证生产现场的数据高效交互、设备高效准确地运转，提升设备运行效能。

（4）完善的质量追溯体系

汽车产业对质量管控的要求高，主机厂一般要求零部件配套厂商追溯资料保留 15 年以上。本项目通过严格的防呆防错机制，实现了对现场生产指令、上料信息、加工参数等的控制，并对生产过程中涉及的人、机、料、法、环、测数据进行实时采集和存储，构建了完整的质量档案，建立了完善的追溯机制，有效支撑质量的进一步改善，满足主机厂的质量追溯要求。

## 5. 项目实施方案/技术路线

联合电子（重庆）数字化转型项目采用总体规划，分步实施的措施。第一，在项目初期，结合联合电子（重庆）整体战略规划和发展目标及智能制造转型目标，制订整体方案框架，确保能为其战略目标达成进行支撑；第二，在整体规划的框架下，紧扣联合电子（重庆）实际业务需求、关注重点及管控难点，有针对性地提出解决方案，解决实际业务问题，并逐步推进云平台落地，通过一体化云平台的应用，驱动其运营管理提质增效，不断改进；第三，结合联合电子（重庆）的管控特色和生产特点，不断完善，形成具有联合电子（重庆）特色的云平台应用，支撑其业务的高效运转。

总体技术路线如下。

（1）整体方向：通过云平台实现云端智能制造转型，实现轻量化运营。

（2）提升流程效率：对企业运营流程进行梳理和固化，各业务人员职责明确、分工科学合理。

（3）提高操作效率：用信息系统串联主体业务，减少或规避工作靠手工操作的模式。

（4）提升协同效率：通过连通云、边、端等环节，提高企业业务处理效率，以及部门之间、人员之间的协同效率。

（5）降低企业运营成本：信息系统易访问、操作，提高员工执行力，降低企业运营成本。

（6）降低硬件成本：金蝶云·星空的应用无须机房及相关配套硬件设施。

## 6. 实施步骤

本项目实施的总体步骤如下：

（1）对流程进行优化，实现从有到优；

（2）从管理和业务出发，对管理和业务提出改进意见，明确管理与IT边界，并实施落地；

（3）对系统实现的充分必要条件和风险进行系统分析，再进行实施工作，增强项目实施效果；

（4）帮助企业全面发现问题产生的根源，提升企业管理水平。

本项目实施总共分为三期，如图 1.47 所示。

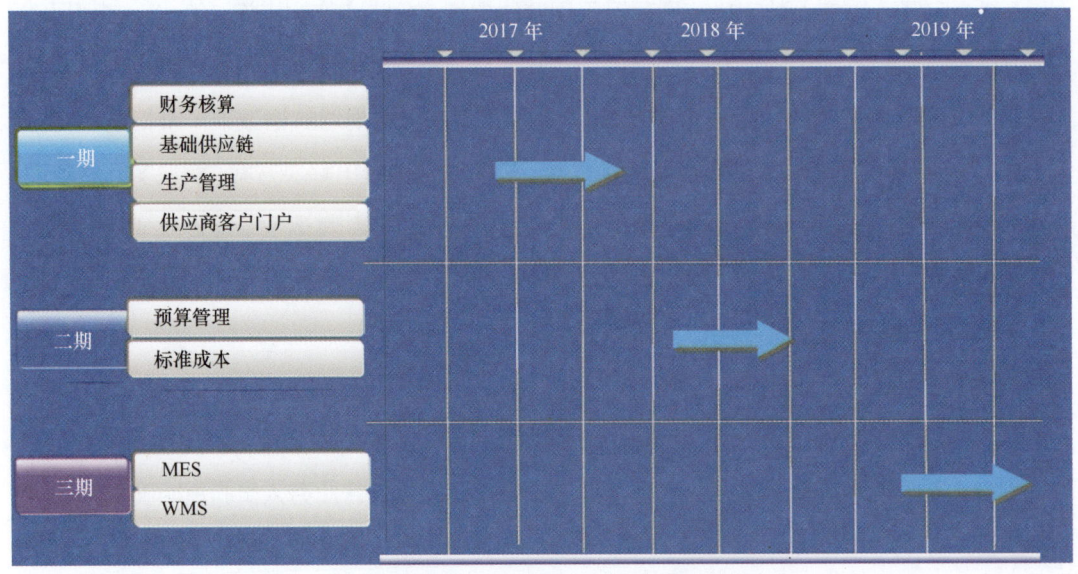

图1.47　联合电子（重庆）项目实施计划

第一期为云 ERP 的应用，实现财务、供应链、生产管理等应用，整合企业内部资源，打通供应链各个环节，使其供应链管理从无序变得有序，从复杂变得简单、规范、敏捷。

第二期实现预算、标准成本等的管理，构建完整的成本核算体系，通过对材料成本、生产制造成本、人力投入成本等数据资源的实时共享，实现精细化成本核算。

第三期实现 MES、WMS 的构建，围绕联合电子（重庆）生产现场核心业务需求，通过自动数据采集与下发、防呆防错、预警、可视化看板、物料准时拉动等方式帮助生产现场敏捷响应客户越来越高的交期、质量要求，优化生产工艺，提升生产管控水平。

### 7. 项目价值

联合电子（重庆）的核心业务已经实现全部上云，应用全面、效果佳，带来的效果和收益如下。

（1）通过与下游主机厂及上游供应商的连接，实现产业链上下游的互联互通，构建了一个高效数字运营的供应链管控体系，提升了对主机厂的响应度，同时拉动供应商的供应，有效提升了供应链的运营效率，降低了运营成本。

（2）通过使财务、采购、仓储等内部业务上云，实现了业务数据实时共享，规范内部各部门之间协作流程，建立了从销售、生产、采购、仓储到财务结算一体化的业务模式，实现了业财一体化，内部管理的协同提升，大量节省财务工作量，提升了财务核算效率及准确性。

（3）通过生产现场的精细化管控，实现生产现场人、机、料等各类资源的连接，资源信息实时共享，各类资源高效灵活调度，减少了过程中的等待时间，有效地提升了生产效率；并通过生产过程的自动防呆防错，提升了生产品质，保障了产品性能。

（4）通过标准成本管控，提高了成本管控的效率和成本核算速度。对标准成本的差异化分析，能帮助业务部门快速定义问题，并解决问题。通过预算管理，满足集团的管控要求。

（5）硬件及IT运维成本、服务成本降低。金蝶云·星空采用租赁模式（租赁费包含每年的服务费和升级费），应用无须机房及相关配套硬件设施，也无须新增IT维护人员，节省了企业服务成本及硬件成本。

## 三、客户感言

联合电子（重庆）于2017年开始和金蝶合作实践数字化转型，前期通过ERP的应用实现了内部资源管控的规范化、标准化及业务、财务一体化。2019年开始启动MES项目及WMS项目，在双方项目组的共同努力下，基本实现了生产过程精细化管控、质量全流程可追溯，有效提升了生产效率和生产品质。

## 解码芦森科技新时代"共"发展的逻辑

### 一、企业简介

日本芦森工业株式会社是有着 100 多年悠久历史的大型公司，是东京证券交易所的上市公司，总部位于日本大阪市，在日本本土拥有 4 家工厂、相关分公司和营业所，并在各汽车工业发达的国家和地区拥有生产基地。

芦森科技（无锡）有限公司（以下简称"芦森科技"）是由日本芦森工业株式会社在无锡新区全额出资设立的独资企业，其主要产品为汽车安全零部件总成、汽车内饰件总成及消防防灾产品等，主要客户为世界著名品牌汽车生产企业，已取得江苏省和无锡市智能化车间的认定，并成为省级两化融合管理体系贯标及市级两化融合试点企业。让符合世界标准技术和品质的芦森产品及在日本汽车行业累积的生产技术为迅速增长的中国汽车产业发展做出更多贡献是芦森科技的发展目标。

## 二、项目介绍

### 1. 项目动因

无论任何产业,处于中游的企业与上下游企业的连接都十分重要,而汽配行业在这一点上就显得更加突出,向上要能连接汽车整车厂,向下要能连接二级供应商,及时获取整车厂的需求,并了解下游二级供应商零部件的供应情况。下游产业链为汽车零部件企业提供原材料和零部件,上游整车厂给汽车零部件产业带来直接需求,行业产业链使链条上企业之间的关系变为合作关系,通过紧密的联盟合作,实现资源优化配置,发挥各自优势,形成上下游行业链协同,避免产业链之间的浪费,达到产业链整体的精益发展,如图1.48所示。

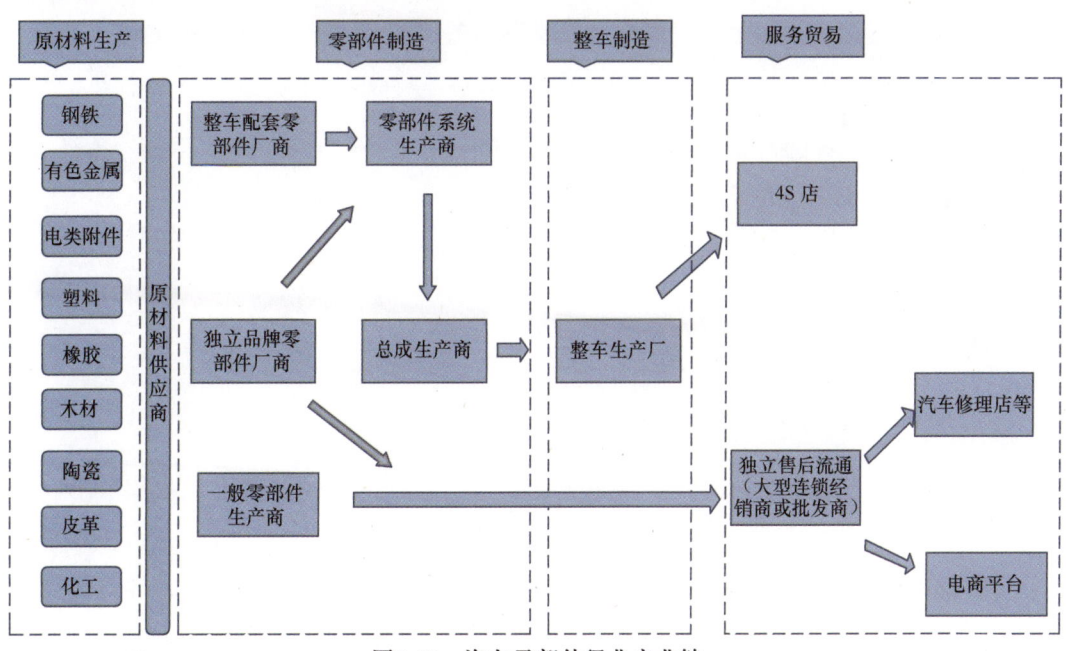

图1.48 汽车零部件行业产业链

### 2. 项目内容

(1)为客户创造价值——连接客户

以往芦森科技接收客户订单是通过从客户网站下载订单信息后,手工录入销售系统的;现在,通过金蝶云·星空与客户 EDI(电子数据交换)系统集成,经过 EDI 系统处理之后,订单相关内容即通过内部接口传给金蝶云·星空，实现客户销售订单的实时自动获取。

（2）为供应商创造价值——连接供应商

汽配企业的计划管理具有明显的汽车行业的特点：年度计划、月度计划、周滚动计划（3+$N$），每层计划的分解形成的指导计划，在与客户实际销售的匹配，形成确定的 3 日生产计划和以后预测计划是保障汽车行业整个行业产业链的行动计划。作为一级供应商，承接整车厂的需求，并分解二级供应商的计划指导生产是行业产业链的重中之重。

芦森科技通过金蝶云·星空的计划管理功能，在执行完 MRP 运算后会自动计算出用料明细，并通过基于金蝶云·星空 BOS 开发的每周动态采购滚动计划表，按周向每个供应商下达采购订单。

金蝶云·星空下达的采购订单截图如图 1.49 所示。

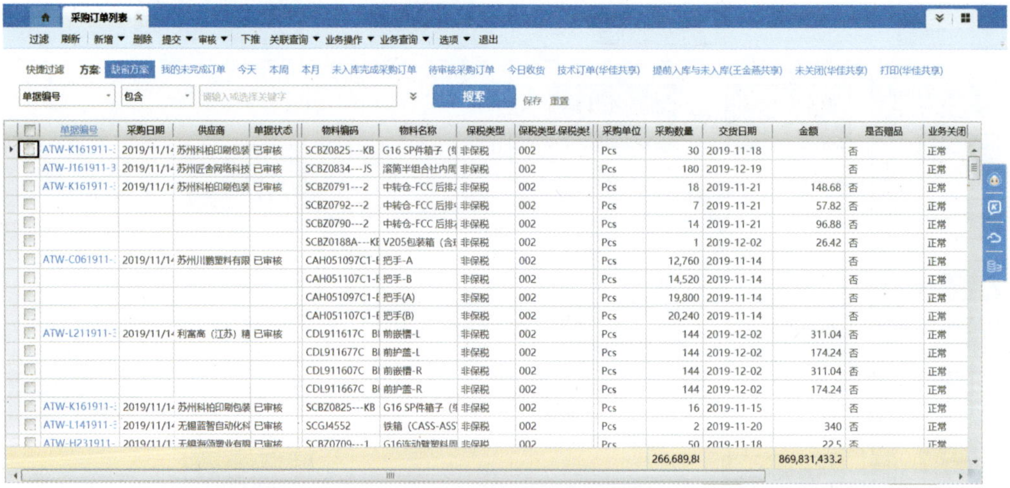


| 单据编号 | 采购日期 | 供应商 | 单据状态 | 物料编码 | 物料名称 | 保税类型 | 保税类型.保税类 | 采购单位 | 采购数量 | 交货日期 | 金额 | 是否赠品 | 业务关闭 |
|---|---|---|---|---|---|---|---|---|---|---|---|---|---|
| ATW-K161911- | 2019/11/1 | 苏州科柏印刷包装 | 已审核 | SCBZ0825---KB | G16 SP件箱子（ | 非保税 | 002 | Pcs | 30 | 2019-11-18 | | 否 | 正常 |
| ATW-J161911-3 | 2019/11/1 | 苏州匠舍网络科技 | 已审核 | SCBZ0834---JS | 滚筒半组合社内周 | 非保税 | 002 | Pcs | 180 | 2019-12-19 | | 否 | 正常 |
| ATW-K161911- | 2019/11/1 | 苏州科柏印刷包装 | 已审核 | SCBZ0791---2 | 中转仓-FCC 后排 | 非保税 | 002 | Pcs | 18 | 2019-11-21 | 148.68 | 否 | 正常 |
| | | | | SCBZ0792---2 | 中转仓-FCC 后排 | 非保税 | 002 | Pcs | 7 | 2019-11-21 | 57.82 | 否 | 正常 |
| | | | | SCBZ0790---2 | 中转仓-FCC 后排 | 非保税 | 002 | Pcs | 14 | 2019-11-21 | 96.88 | 否 | 正常 |
| | | | | SCBZ0188A---KE | V205包装箱（含 | 非保税 | 002 | Pcs | 1 | 2019-12-02 | 26.42 | 否 | 正常 |
| ATW-C061911- | 2019/11/1 | 苏州川鹏塑料有限 | 已审核 | CAH051097C1-E | 把手-A | 非保税 | 002 | Pcs | 12,760 | 2019-11-14 | | 否 | 正常 |
| | | | | CAH051107C1-E | 把手-B | 非保税 | 002 | Pcs | 14,520 | 2019-11-14 | | 否 | 正常 |
| | | | | CAH051097C1-E | 把手(A) | 非保税 | 002 | Pcs | 19,800 | 2019-11-14 | | 否 | 正常 |
| | | | | CAH051107C1-E | 把手(B) | 非保税 | 002 | Pcs | 20,240 | 2019-11-14 | | 否 | 正常 |
| ATW-L211911- | 2019/11/1 | 利富高（江苏）精 | 已审核 | CDL911617C BI | 前嵌槽-L | 非保税 | 002 | Pcs | 144 | 2019-12-02 | 311.04 | 否 | 正常 |
| | | | | CDL911677C BI | 前护盖-L | 非保税 | 002 | Pcs | 144 | 2019-12-02 | 174.24 | 否 | 正常 |
| | | | | CDL911607C BI | 前嵌槽-R | 非保税 | 002 | Pcs | 144 | 2019-12-02 | 311.04 | 否 | 正常 |
| | | | | CDL911667C BI | 前护盖-R | 非保税 | 002 | Pcs | 144 | 2019-12-02 | 174.24 | 否 | 正常 |
| ATW-K161911- | 2019/11/1 | 苏州科柏印刷包装 | 已审核 | SCBZ0825---KB | G16 SP件箱子（ | 非保税 | 002 | Pcs | 16 | 2019-11-15 | | 否 | 正常 |
| ATW-L141911- | 2019/11/1 | 无锡蓝智自动化科 | 已审核 | SCGJ4552 | 铁箱（CASS-ASS | 非保税 | 002 | Pcs | 2 | 2019-11-20 | 340 | 否 | 正常 |
| ATW-H231911- | 2019/11/1 | 无锡海颂塑业有限 | 已审核 | SCBZ0709---1 | G16连动臂塑料周 | 非保税 | 002 | Pcs | 50 | 2019-11-18 | 22.5 | 否 | 正常 |
| | | | | | | | | | 266,689,8 | | 869,831,433.2 | | |

图1.40　采购订单列表

芦森科技通过金蝶云·星空与供应商管理系统集成，将采购订单及订单二维码发布给对应供应商，供应商可以实时接收芦森科技的采购计划并组织生产，并将二维码贴到待发货的产品上，按照芦森科技指定的时间准时供货，彻底改变了原来供应商交货不及时、不准确的问题，极大地降低了人工催货成本。

（3）库存准确是共生的基础——WMS+TMS（运输管理系统）

基于金蝶云·星空 BOS 开发的智能仓储 WMS 有效应用到芦森科技内仓及外仓管理中，并与外仓第三方 WMS 物流系统无缝集成，极大提升了仓储的管理效果。

WMS 合格待入库界面如图 1.50 所示。

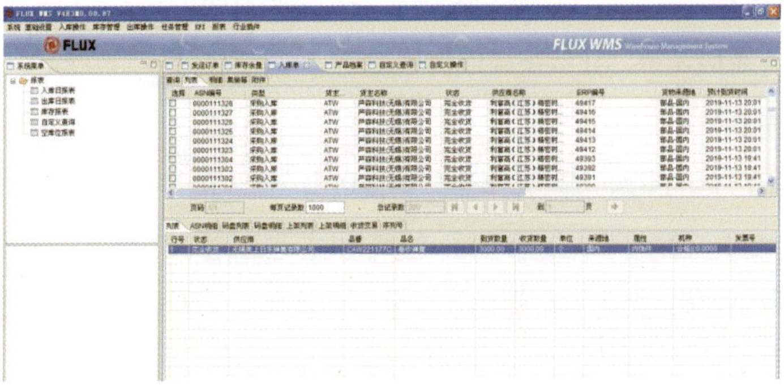

图1.50　WMS合格待入库界面

WMS 物流系统发运界面如图 1.51 所示。

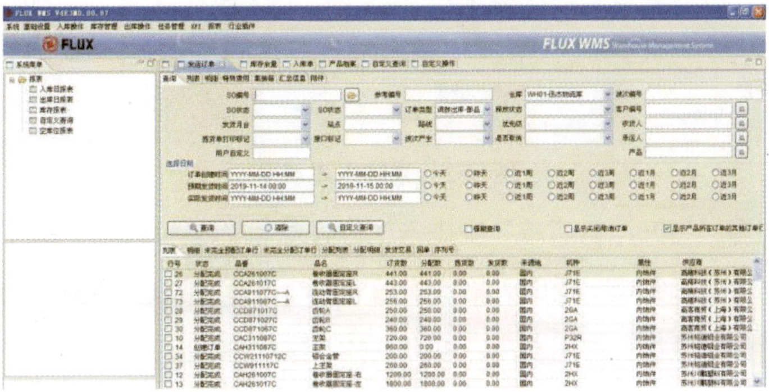

图1.51　WMS物流系统发运界面

### 3. 项目转型路径

如今我们生活在一个数据驱动发展的新时代，不能顺应时代发展的企业就会被淘汰，数字化转型是企业顺应时代发展的必然要求。不同行业的企业管理者和 CIO（首席信息官）对"数字化转型"也有了更多的关注，都在积极拥抱数字化。

数字化是指将生产资料数字化的过程，需要借助 IoT 手段。这些生产资料数字化之后，将以数据为中心，开展生产、经营、组织架构、营销管理、商业模式等各个方面的变革。云、大数据、AI 和区块链是实现数字化手段的催化剂。企业需要数字化以提高品质、缩短交期、降低库存，从而提高收益，提升竞争力。

芦森科技走在了数字化转型实践的前端，在启用金蝶云·星空后，芦森科技整合、优化以往的信息化系统，并在这个基础上提升管理和运营水平。

**转型路径1：条码系统，让数字高效流转起来**

（1）应用场景

供应商根据已下达的采购订单进行配送，并提供本次配送的"送货清单"。仓库人员检查供应商送货明细与实物，使用PDA扫描收货，系统根据扫描的物料条码自动匹配关联采购订单，仓库人员确认扫描收货数据无误后提交生成采购入库单。采购入库场景如图1.52所示。

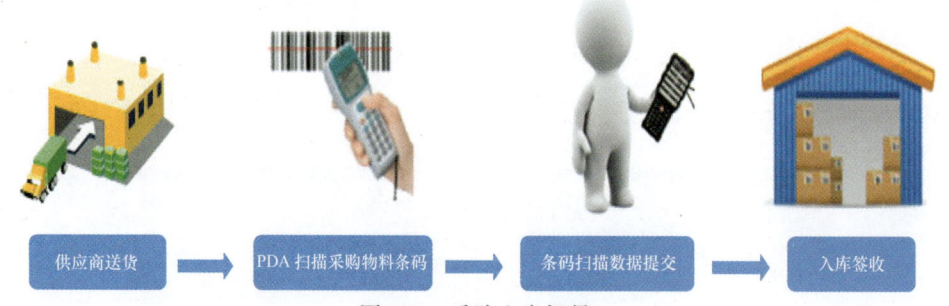

图1.52　采购入库场景

车间人员根据"生产用料清单"安排各生产任务单的领料计划，使用PDA扫描生产用料清单号与物料条码领料。仓库人员确认扫描领料数据无误后，直接从系统提交生成生产领料单，然后进行原材料车间发料。生产领料场景如图1.53所示。

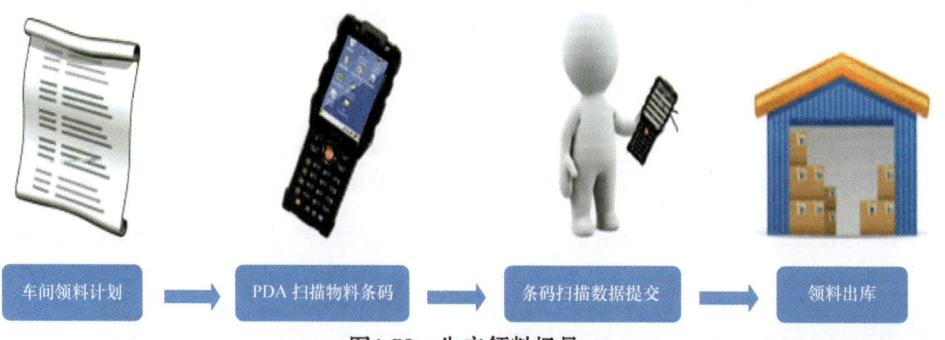

图1.53　生产领料场景

仓库人员根据业务部门的出货计划安排销售发货，使用PDA扫描成品条码发货。仓库人员确认扫描出货数据无误后，系统根据销售订单扫描的成品条码，直接从系统提交生成"销售出库单"，即完成销售出库的配送与客户签收。销售出库场景如图1.54所示。

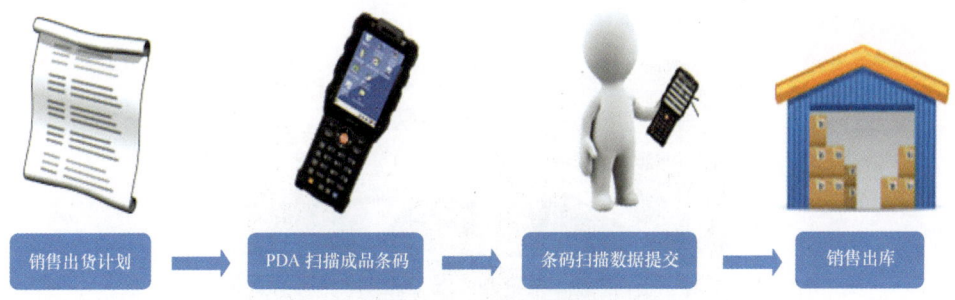

图1.54 销售出库场景

仓库人员根据盘点方案进行盘点准备，使用PDA扫描物料条码进行仓库盘点。确认扫描出货数据无误后，直接从系统提交生成"盘点报告"。库存盘点场景如图1.55所示。

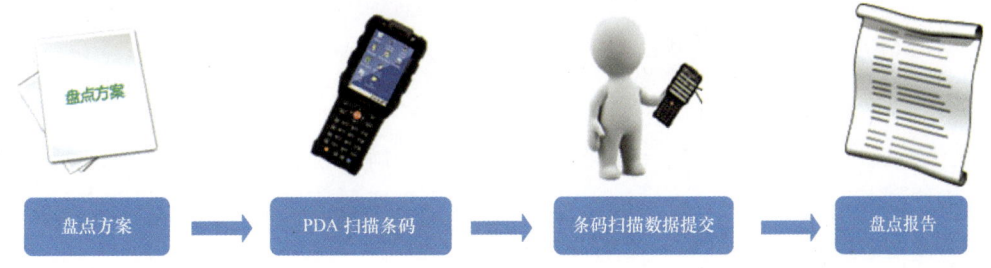

图1.55 库存盘点场景

（2）应用效果

① 通过扫描条码检验出入库物料，减少人工识别、校验的次数，有效提高产品出入库的效率和准确率。

② 可以跟踪条码相关的关联信息，有效防止销售窜货。

③ 支持动态、即时、小批量的快速盘点，减少人为出错机会，提高盘点效率。

**转型路径2：视觉图像，让质量落到实处**

（1）应用场景

车间检验操作台上部署3台照相机，操作人员扫描产品二维码后，计算机即可获取当前产品信息，并从3个角度自动拍照保存至服务器，以供后续查看。应用此种检验方式后，产品得到了各品牌汽车厂商的高度认可。图像识别如图1.56所示。

（2）应用效果

① 每一个产品在检验的同时都配有来自3个角度的图片记载，避免了检验过程弄虚作

假，加强了对检验环节的监督与管理。

图1.56　图像识别

② 此拍照系统可实时记录产品检验时的状态，便于后续跟踪查找。

**转型路径3：电子看板让现场变得透明**

（1）生产管理看板应用场景

生产现场人员众多，由于大家分工不同，因此会存在信息传递不对称、获取不及时的问题。通过应用现场电子看板，任何人都可以及时了解现场的生产信息，并掌握自己的作业任务。通过电子看板，掌握计划生产量、实际生产量的数据，以及设备运行状态的数据。生产管理看板如图1.57所示。

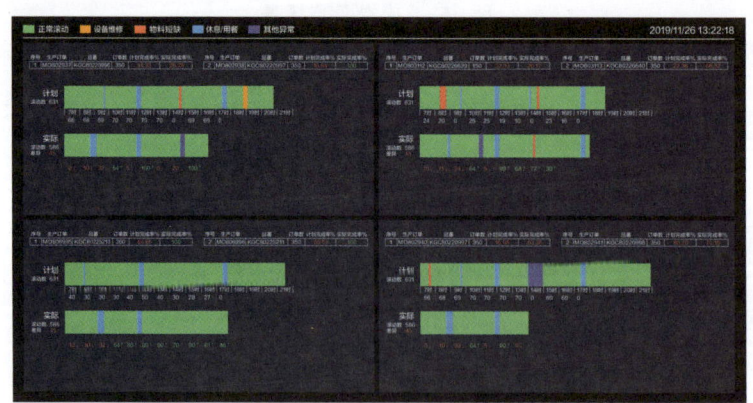

图1.57　生产管理看板

（2）应用效果

① 传递现场的生产信息，统一思想，现场工作人员从中掌握自己的作业任务，避免了信息传递的问题，使大家朝着共同的目标去努力。

② 通过应用电子看板，生产现场管理人员可以随时随地、直接掌握生产进度、产品质

量、现场异常等，为其进行管控决策提供直接依据，有利于避免决策失误，杜绝现场管理中的漏洞。

③ 保证生产现场作业秩序，提升工作效率，现场看板既可提示作业人员根据看板信息进行作业，对现场物料、产品进行科学、合理的处理，又可使生产现场作业有条不紊地进行。

（1）仓库发货看板应用场景

仓库每天的出货量较多，企业管理人员无法及时掌握每天的备货、出库状况。仓库发货看板可实时滚动显示每天的发货单号、发货时间、备料状况等信息，使仓库管理人员及企业领导能直观地掌握当前的发货情况。仓库发货看板如图 1.58 所示。

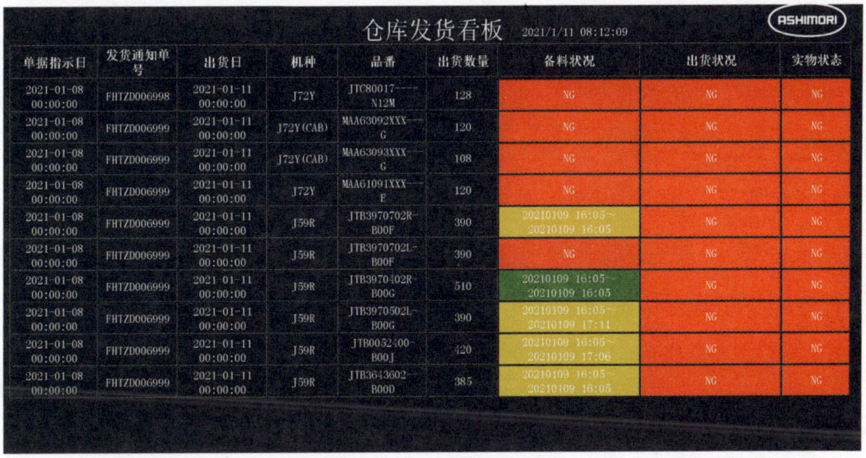


| 单据指示日 | 发货通知单号 | 出货日 | 机种 | 品番 | 出货数量 | 备料状况 | 出货状况 | 实物状态 |
|---|---|---|---|---|---|---|---|---|
| 2021-01-08 00:00:00 | FHTZD006998 | 2021-01-11 00:00:00 | J72Y | JTC80017----N12M | 128 | NG | NG | NG |
| 2021-01-08 00:00:00 | FHTZD006999 | 2021-01-11 00:00:00 | J72Y(CAB) | MAA63092XXX---G | 120 | NG | NG | NG |
| 2021-01-08 00:00:00 | FHTZD006999 | 2021-01-11 00:00:00 | J72Y(CAB) | MAA63093XXX---G | 108 | NG | NG | NG |
| 2021-01-08 00:00:00 | FHTZD006999 | 2021-01-11 00:00:00 | J72Y | MAA61091XXX---E | 120 | NG | NG | NG |
| 2021-01-08 00:00:00 | FHTZD006999 | 2021-01-11 00:00:00 | J59R | JTB3970702R-B00F | 390 | 20210109 16:05~20210109 16:05 | NG | NG |
| 2021-01-08 00:00:00 | FHTZD006999 | 2021-01-11 00:00:00 | J59R | JTB3970702L-B00F | 390 | NG | NG | NG |
| 2021-01-08 00:00:00 | FHTZD006999 | 2021-01-11 00:00:00 | J59R | JTB3970402R-B00G | 510 | 20210109 16:05~20210109 16:05 | NG | NG |
| 2021-01-08 00:00:00 | FHTZD006999 | 2021-01-11 00:00:00 | J59R | JTB3970502L-B00G | 390 | 20210109 16:05~20210109 17:11 | NG | NG |
| 2021-01-08 00:00:00 | FHTZD006999 | 2021-01-11 00:00:00 | J59R | JTB0052400-B00J | 420 | 20210109 16:05~20210109 17:06 | NG | NG |
| 2021-01-08 00:00:00 | FHTZD006999 | 2021-01-11 00:00:00 | J59R | JTB3643602--B00D | 385 | 20210109 16:05~20210109 16:05 | NG | NG |

**图 1.58　仓库发货看板**

（2）应用效果

① 传递仓库现场每天的发货情况，现场操作人员可直接通过电子看板获取当前发货单的状态。

② 通过发货看板，明确各发货单的备料、出库状况，避免仓库人员备错料、未及时备料等情况发生，提升仓库的管理水平。

**转型路径4：安灯系统，让异常及时体现**

（1）应用场景

每条产线都安装报警指示灯，当产线正常运转时报警指示灯显示绿色，产线物料短缺时显示红色，产线报修时显示黄色。报警指示灯和电子看板系统相结合，可让人清晰地掌握当前产线的生产状况。

（2）应用效果

① 管理人员可通过报警指示灯的颜色来判断当前产线的工作状态，加强对产线及车间作业人员的管理。

② 电子看板直观显示了当前产线每天的生产情况，使得后续对员工的考核更加公平公正、透明化，同时对员工也起到了一定的督促与激励作用。

### 4. 平台：使数字融入业务

芦森科技选择金蝶云·星空，并基于其强大的 PaaS（平台即服务）能力，快速构建了相关能力，主要表现在以下方面。

（1）金蝶云·星空标准产品：财务及供应链管理、发票管理、委外管理、产品成本核算、标准成本分析、工程数据管理、生产管理、计划管理、车间管理、质量管理、质量追溯、信用管理、BOS 运行平台、业务监控平台、工作流运行平台。

（2）基于金蝶云·星空 BOS 开发的智慧仓储管理系统。

（3）基于金蝶云·星空 MRP 及 BOS 开发的采购计划管理系统，成功应用于供应商采购管理，有效减少了库存，提高了采购计划的准确性，降低了库存成本。

（4）自主开发了供应商管理系统，广泛应用于全部供应商。

（5）自主开发了客户 EDI 管理系统接口及与第三方物流管理系统集成接口等，实现了与金蝶云·星空的无缝集成。

（6）自主开发了 MES，主要包含二维码管理系统、秤重管理系统、生产发料管理系统、质量检验系统、车间生产人员计时计件工资、安灯呼叫系统、电子看板系统、质量检验视频数据采集系统等。

## 三、客户感言

加快企业信息化建设，特别是金蝶云·星空的快速推行，增强了企业的核心竞争力，加快了业务流程重组，促进了组织结构优化，有效降低了成本，扩大了企业竞争范围，进一步激发了生产及技术创新，推动了研发项目进展，从而提高了企业经济效益，促进企业竞争，加速企业发展。

——芦森科技（无锡）有限公司董事、总经理　支建刚

# 实践经验总结

　　汽车整车、汽车零件生产和汽车配件生产合称汽车工业，经过 40 年的变革和行业内从业人员的辛勤建设，这个行业落后的状况得以改变，成为世界第一产能的行业。虽然这个行业的生产工艺属性覆盖广，包括冲压、焊接、机加工、铸造、注塑、电子等，但围绕主机厂的新产品研发、TS16949 品质管理体系、外部供应链管理、内部端对端的管理形成了独特的管理需要。金蝶从 2000 年左右开始帮助这些企业进行初步的信息化建设，很多客户一边学习工业经济的标准化管理，一边考虑用信息化工具进行固化。在这个过程中，客户不断提出新的需求，推动着金蝶云·星空产品的升级，为更多的企业提供成熟、丰富、贴近行业的产品。2014 年，金蝶推出可以部署在公有云上的 K/3 Cloud 产品（现更名为金蝶云·星空），更是激发了制造企业对管理创新的热情。很多汽车企业不仅学习经典的管理方法，还对企业进行管理创新：从激活企业组织能力的阿米巴管理、覆盖原来管理空白的研发管理，到如今的智能制造，再到进行销售业务创新的全渠道管理，并提出了它们进行管理创新后对管理工具的需求，然后大家共同进行了"上云、用数、赋智"的实践。

　　下面简单回顾本章收录的汽车整车和汽配行业案例的特点。

　　驰田是一家编制标准的新型泥头车生产公司，它们的车第一次出现在深圳街头的时候，很多市民惊呼"这是什么车"。它们给深圳大湾区带来了安全的地面建筑运输解决方案，解决了城市发展和路面运输"脏、乱、危"的问题。它们在发展的过程中，用信息化覆盖内部的全价值链体系：用销售与研发协同提升订单转化效率；用研发与生产高效协同减少不必要的等待和浪费；实现生产现场数字化，提质、增效、降成本，消除生产过程的浪费；实现售后协同，提升客户体验。它们采用"PLM+ERP+MES+售后一体化"上云方案重构新型管理能力，体会上云给制造企业带来的价值。

广州车邦是一家专用安全脚垫制造商，它们面对的是后端消费市场，后端市场面向渠道和消费者。对制造企业来说，无论形式如何创新，创造利润都是最底层的逻辑。车邦的"上云、用数、赋智"关注的正是这个核心，利润是制造企业能力的体现和保障。为了保证制造过程产生利润，它们关注计划管理，用计划协同产供销；条码保障现场的高效执行，实现业务和系统一体化处理；对 25 个多利润中心进行双核算，对法人与利润中心双核算，利润核算到各利润中心，以判断产生利润的创新持续进行迭代。

湖北星源用阿米巴管理模式全面激活组织能力。传统制造企业通常采取科层式管理，对员工强调执行力，通常是"要我干"；而现在的经营环境和用工情况使星源引进阿米巴管理模式，为现场赋能，发挥员工的积极性，"要我干"变为"我要干"。组织能力是企业能力的基础，在未来不确定的情况下，组织能力更是保障企业长期发展的基础，有了这个基础，再去探索企业的边界也是可行的。它们用一个根本整合数据支撑全局经营；用一个理念创新移动场景为人赋能；用一个目标数字定义创造，培养经营者。

常州浩达，一个常州的民营企业，将精益和 IT 融合，实现了精益数字化改善。浩达作为一个年轻的民营企业，除了在汽车行业发展外，还向其他行业进行横向战略发展，它们用金蝶云·星空快速构建了统一基础数据平台，夯实集团化管控。在生产现场采用精益管理方式，在生产执行过程中对 QCD 进行管控。它们也会利用生产现场的数据，用数据驱动业务，辅助决策，并利用移动应用工具，在生产一线进行场景赋能。这些都是行业、企业的管理方法和工具。浩达已经认识到"上云"和"用数"的重要性，作为数字企业，将继续努力。

华曙的"上云、用数、赋智"之路也是中国民营企业的自我管理提升之路。它们梳理和优化管理流程，建立管理标准，并将流程进行 E 化，用管理工具固化流程优化的成果。它们在生产现场采用轻 MES，用实时工具实现现场的数字化，实现了对传统管理工具的"黑盒子"生产管理的突破，用生产数据进行品质跟踪，品质持续改善；每天下班后一线员工可以查询当天的计件工资，提升了员工的积极性，提高了组织的活力。

联合汽车电子（重庆）选择公有云作为它们的数字化转型工具，它们首先采用云 ERP 管理系统实现业务财务一体化，利用标准成本监控内部管理偏差，在利用财务预算进行内部管理的基础上，它们策划用云 MES 实现对生产现场的管控。金蝶云·星空和客户一起进行创新，首先进行了架构的创新，实现云、边、端协同，解决处于边缘层的设备与云计算协同的难题；然后将金蝶云·星空与设备互联互通：与设备深度集成，从云 MES 下发生产订单和生产参数给生产设备，设备生产的各种参数再上传到云 MES 中，实现双向互通；最后通过云 MES 优化生产流程，实现多方位智能防错，对线边物料进行实时管控，对生产设备 OEE 实时分析，实现生产信息全流程细节追溯……从而替代德国母公司的 MES。金蝶云·星空是它们进行数字化转型的工具。联合汽车电子（重庆）是汽配企业"上云、用数、赋智"的典型代表。

芦森科技是一家日资企业，将汽配行业的管理特点、精益管理思想和工具进行数字化转型，对外连接客户和供应商，实现供应链的数字化，对内通过使用条码实现库存的数字化，让库存数字高效流转；利用视觉图像技术进行检查，在生产过程中控制质量，避免生产不良品，使质量落到实处；通过电子看板，实现生产现场实际状况透明化；使用安灯系统，使异常在过程中就能得到实时纠偏。它们的"上云、用数、赋智"体现在生产现场、生产流程的各个方面，与精益管理结合紧密。

汽车行业正在向软件化、数字化、智能化转型。本书收集的案例是在企业内部进行的各种创新，用上云的方式，探索对各种生产要素的数字化，提高生产效率，实现过程控制，避免七大浪费的产生，是"上云、用数"在汽配行业的实践。相信在不久的将来，对于数字化的探索还可能发生更多的"化学"反应，体现更多的"用数、赋智"的场景。我们也有理由相信，更多的汽车整车、汽车零部件生产企业、汽车配件生产企业将会利用数字化的信息技术，结合管理创新，进行"上云、用数、赋智"的实践，从而提高运营质量，实现高品质经营的目标，用更少的资源为社会创造更多的财富。

# 第 2 章

CHAPTER 2

## 电子电气企业覆盖"全渠道—研发—经营—制造"全价值链的上云之路

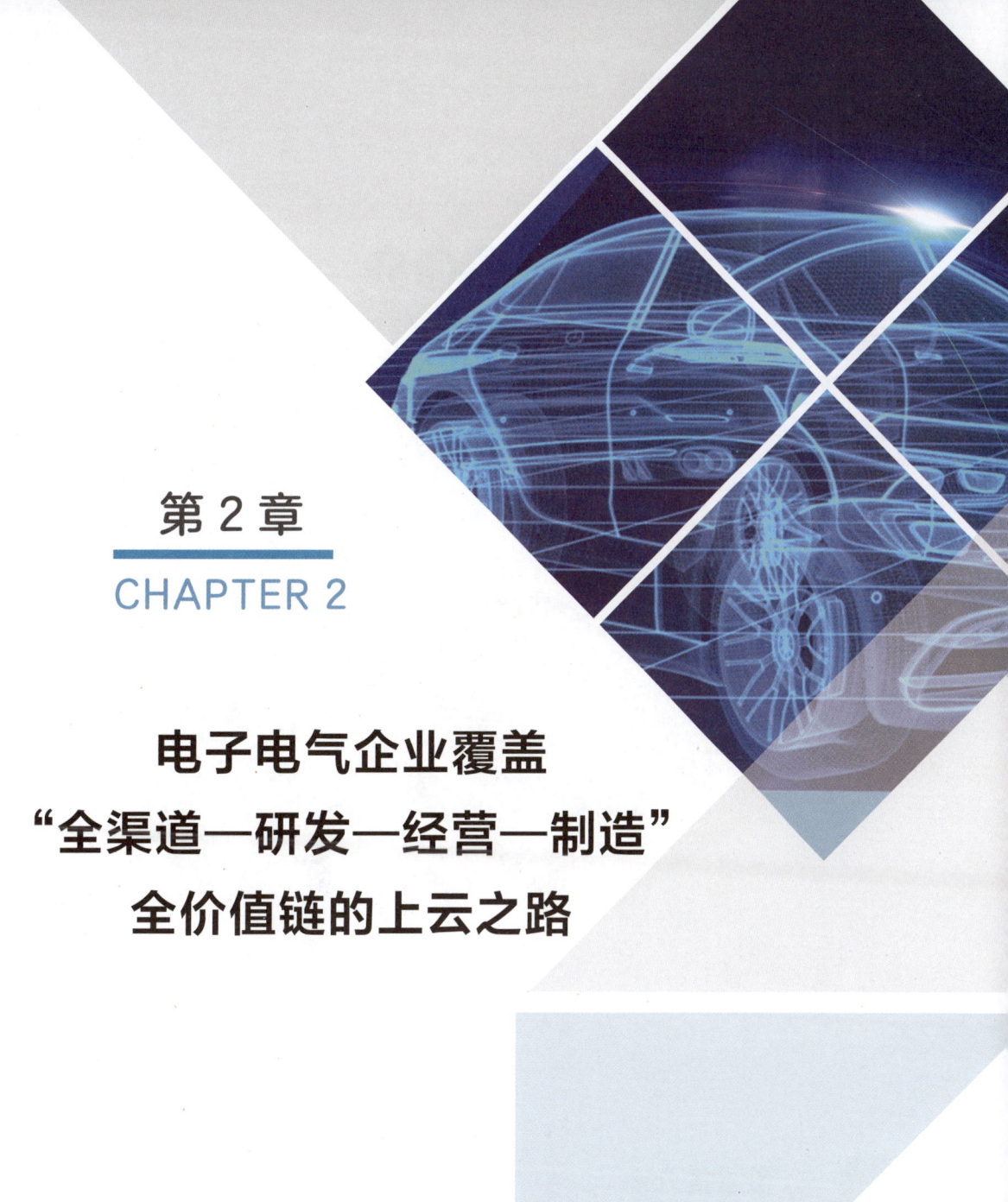

# 上海步科自动化股份有限公司：
# 低成本智能制造助力持续精益改善

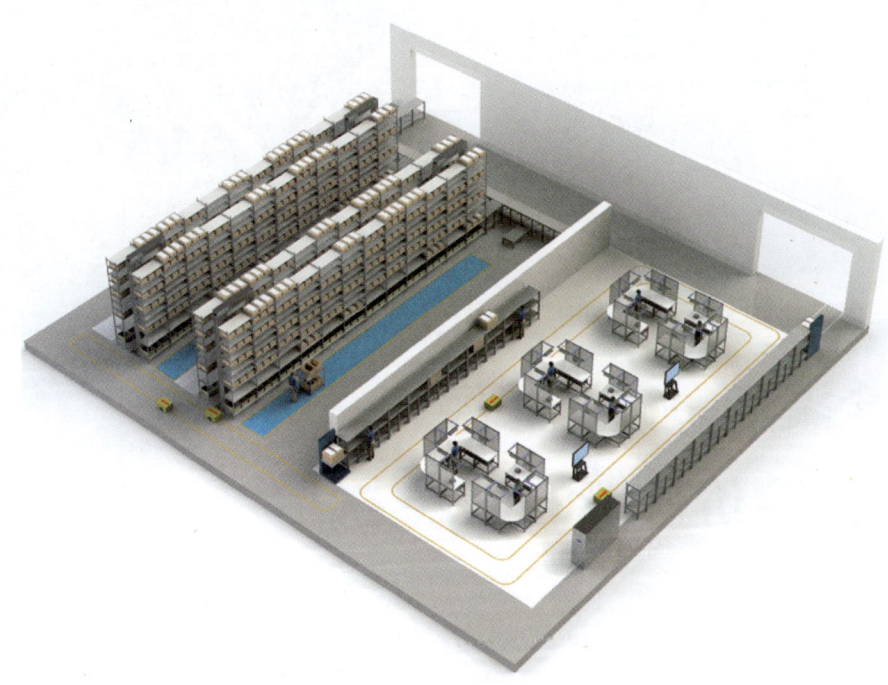

## 一、企业简介

上海步科自动化股份有限公司（以下简称"步科"）专注于自动化控制核心部件和工业物联网软硬件产品的研发、生产，并提供解决方案。公司的自动化核心控制部件包括工业人机界面、伺服系统、步进系统、可编程逻辑控制器、变频器等，广泛应用于物流设备、机器人、包装设备、食品设备、服装设备、医疗设备、环保设备和轨道交通设备等自动化设备行业，产品远销海内外 60 多个国家及地区。公司的工业人机界面产品市场占有率在本土品牌厂商中多年保持领先地位。

## 二、项目介绍

### 1. 项目动因

国家战略需求和个性化需求升级、制造技术变革、数字化商业模式的变化产生的消费群体，促使 C2M（用户直连制造）逐步成为趋势。C2M 成为趋势后，"多品种、小批量、短交期"正在成为中小制造企业的新常态，新的生产要求带给制造企业新的变化。

在这种新变化的驱动下，近几年中国的制造企业整体利润相对较低，中小制造企业正面临定制化的挑战，经营逐渐困难，因此，制造企业进行数字化转型势在必行。

步科作为典型的多品种、小批量按单生产的自动化厂商，面对定制化业务越来越多、客户要求的交期越来越短、质量要求越来越高、人力成本逐年攀升、招工困难等挑战，急需重新审视现状与未来，重新定义自身核心竞争力，并运用新技术，重组运作流程、管理体系及生产工具，高效、低成本地满足客户需求，在柔性、个性化、服务化的竞争上取得领先优势。并在数字化、智能化的基础上，以数据为基石，持续地进行精益改善，打造高免疫力的生产运营体系，从容面对各种未知的挑战。

### 2. 项目需求

步科与金蝶共同组建了一支集自动化、信息化、智能制造、精益管理等多个领域的专家顾问于一体的专业化项目团队，拟打造低成本、柔性、透明、智能的智慧工厂解决方案，使步科可以灵活应对 C2M 带来的不确定性，把工单制造周期缩短到极致，提高客户满意度。同时，通过持续精益改善，减少生产过程中的等待和浪费，降低生产成本，提升自身核心竞争力。

步科智慧工厂的核心需求包括如下几方面。

（1）解决现场BOM、工艺实时性问题

在一条生产线平均一小时换线一次的场景下，需要在现场根据生产订单快速查询到对应的BOM、工艺文件，最新的工程变更也需要快速传递到生产现场，有效指导生产，提升效率和品质。

（2）解决计划编制不准、不及时问题

在多品种、小批量业务场景下，由于批量的降低，排产难度同步上升，传统手工编制计划的方式不清楚生产的实绩，计划不准确，统计不及时，影响生产进度。因此，需要对计划体系进行优化，提升计划的科学性、准确性，保障小批量、多品种、准时化生产。

（3）解决装配现场物料繁杂问题

步科有10 000余种物料，成品物料约3800种，常用物料约1500种，且生产以装配为主。面对越来越多的个性化订单，现场物料繁杂、管控困难，存在较多的浪费问题，因此，需要对物料进行精细化管控，降低库存占用，提升物料占用率。

（4）解决现场信息流通不畅问题

通过智能终端、看板的应用实时发布生产指令，反馈生产过程数据，提升信息透明度，提高各环节协同效率。

（5）现场防错、防呆

通过物料防错、工艺防错、生产首检防错、质量漏检防错、设备信息监控，防止生产现场出现错漏，提升生产品质。

（6）解决现场追溯困难问题

需要实现包括关键件、原材料、品质、WIP的实时追溯，实现材料、检验、生产的全过程追溯，为产品的全生命周期维护提供保障。

### 3. 建设内容和关键技术应用

步科智慧工厂建设内容包括ERP、MES、WMS等软件系统，并与硬件进行集成，实现软硬一体化，实现了财务、供应链、生产、仓储物流的全方位标准化、智能化管控。步科智慧工厂整体蓝图如图2.1所示。

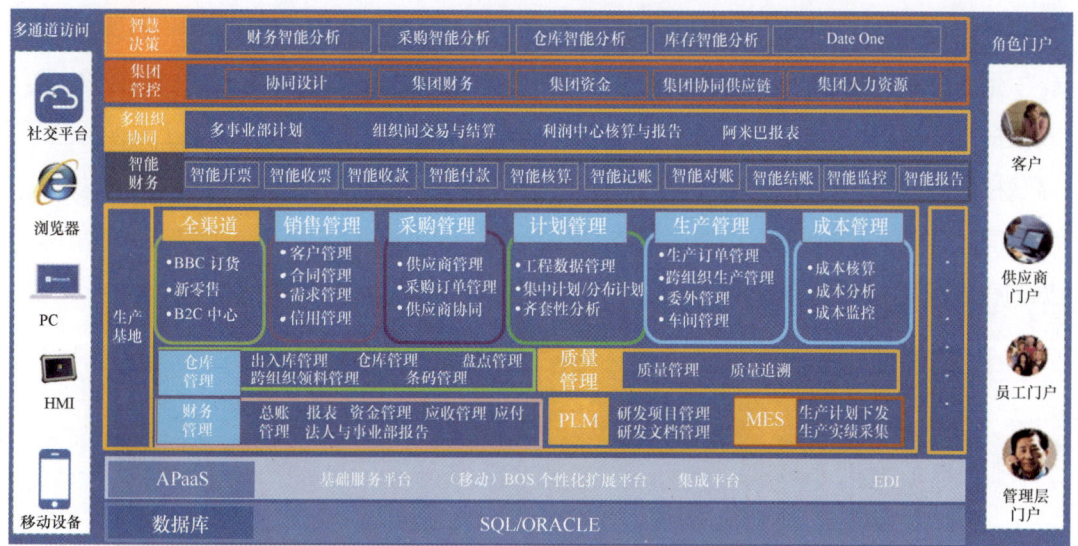

图2.1 步科智慧工厂整体蓝图

步科智慧工厂建设的核心内容如下。

（1）产品全程感知——条码技术应用

条码追溯与防呆贯穿智能工厂产品生产的始终，实现产品的全生命周期追溯。按照质量管理要求，结合仓库管理现状，步科在条码应用方面启用了物料代码、批号、追溯号、序列号4种规则。追溯号可以用来生产追溯，但出入库时可以不记录对应的序列号，对自制成品启用序列号单品管理，对每个序列号所耗用的材料及生产过程进行记录。

（2）智能排程

生产订单排程系统自动为订单分配生产线、更新订单计划开工时间、更新子项物料的需求时间，实现对生产线产能预警并拉动生产备料。

步科使用柔性生产功能，通过柔性产线中的工作日历，考虑柔性产线与物料关系中的优先级及柔性工艺路线中工序对应的作业时间，对生产订单进行有限产能排程。

生产订单排程让生产系统变得有序透明，排程直接下发到生产小组，小组工作不需要再由组长安排，小组员工有了充分的自主性。异常不能得到及时处理时，员工有权利切换工单，物料系统随员工切换而拉动。正常情况下，物料根据现场消耗情况，亦可实现按需拉动。

（3）生产过程数字化

生产现场使用智能终端与现场人员、设备连接，通过打通 ERP 与 MES 数据链路，实现数据实时下发至工位智能终端，用户通过智能终端进行作业。用户能在终端上方便地进行条码扫描、上料、报工、报警、切换工单、首检、完工送检、打印、查看作业指导书等操作。

同时，人工采集数据与设备采集数据相结合，可实现工业现场人、机、料、法、环数据的有效获取（步科现场智慧终端应用如图 2.2 所示）。

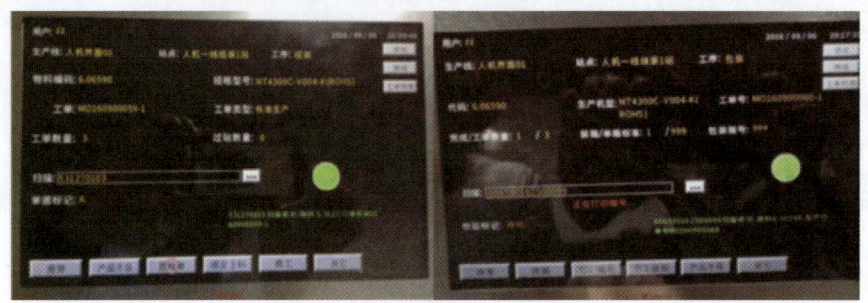

图2.2　步科现场智慧终端应用

获取的数据可用于对步科产品进行持续改善，如用生产进度数据来改善制造周期。通过过程数据采集，我们能够清晰地确认生产物流数据：仓库什么时间开始备料、工单什么时间完成、什么时候开始成品检验等。通过对生产工序节拍数据进行分析，生产管理人员能很清楚地知悉制造过程中存在的问题、未达成产能的原因。

数据通过智能电子看板得到实时呈现（如图 2.3 所示）。产品实时状态、进度等信息的多维可视化，可深入问题的背后，找出关联的数据信息，帮助客户快速解决现场的异常问题。

图2.3　智能电子看板

（4）智能物流

智能物流方案通过软硬件的充分结合，保证物流及时性。步科仓储物流管理如图2.4所示。

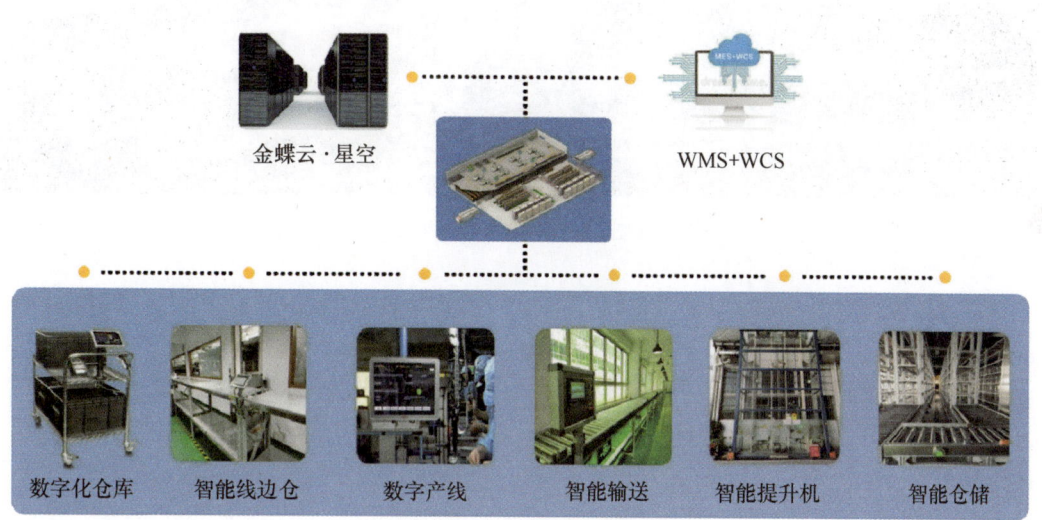

图2.4　步科仓储物流管理

智能立体仓库将 WMS 智能算法、创新的机械手设计与拣货人员完美结合，实现了人机数据的协同作业。智能立体仓库将货架的下面3层定义为拣货区，上面几层定义为存货区。机械手通过 WMS 智能优化算法驱动，自动进行库位的上下调整，保证拣货区物料满足订单需求。而当订单到达仓管员的移动智能终端时，仓管员只需要点击"触发工单"，系统就会获取相应的物料信息，拣货区的对应库位就会亮灯，作业人员只需要按照亮灯的库位依次进行拣货即可。拣货人员的效率达到最高。

智能拣货小车根据订单多品种、小批量的特点，由智能终端、条码枪、无线模块、移动电池组成。仓库配置好 Wi-Fi 后，智能拣货小车在仓库内跟随仓库人员进行现场操作；生产工单下达后，将需要备货的信息传达到拣货小车上，根据亮灯系统的指引，仓库人员实际拣货后用条码枪进行汇报，实现了零距离、零等待的数据处理，解决了库存不确定的难题（如图 2.5 所示）。

图2.5　智能亮灯拣货

### 4. 项目特点

步科智慧工厂覆盖销售、供应、计划、生产执行、仓储物流、制造各个环节，以数据为基础，满足客户和管理者对透明化、可视化的要求及企业自身对精益改善的诉求，全面提高了制造服务能力。步科智慧工厂的主要特点如下。

（1）柔性化

步科智慧工厂的一大特点是柔性化，面对多品种、小批量、个性化的订单，其能够按客户销售订单快速进行配置，将客户需求转化为生产工单，并实时传达至生产部门高效组织生产。仓库按生产工单的信息进行及时备货，保障物料准时配送至工位进行生产，对生产工位的生产数据进行实时采集，生产过程敏捷调度，产、供、销高效协同，敏捷、灵活地进行多订单、多品种混线生产，高效、低成本地应对订单的不确定性，满足客户越来越短的交期要求及越来越高的品质要求。

（2）透明化

通过多种数据采集方式，实现对现场生产实绩、设备、质量数据的实时采集，并通过智能电子看板、手机等Web终端、移动终端对数据进行实时、多维度呈现，实现生产进度、物料情况、品质、订单成本、制造成本透明化，有效帮助管理人员快速解决现场的异常问题，提升生产品质和效率，并为决策层提供有效的数据支撑。

（3）智能化

目前，小批量、多品种生产方式导致物流成本呈几何级数增长，前期，步科主要通过合并工单的方式解决此类问题，但是这种方式会牺牲产品的制造周期并造成大量中间库存，而步科智慧工厂通过应用智能拣货系统、智能立体仓库、AGV（无人搬运车），并与MES、WMS等软件系统充分结合，遵循精益原则设计，使中间库存降到最低，系统协同一致，保证了物流的及时性。

（4）数字化精益

步科智慧工厂的特点不仅体现于自动化、数字化、智能化本身，更重要的是其利用数字化转型，从传统精益生产升级到数字化精益生产。精益的核心是消除一切浪费，用最优质和最低成本的产品满足客户的需求。步科利用数字化这把及时、客观、透明的"尺子"，衡量工厂的管理水平，用数据说话，使管理者透过数据重新审视现有的业务、流程，不断进行改善，消除了生产过程中的等待和浪费，实现了品质、效率、交期的全方位提升，赋予数字化转型更深层次的意义。

## 5. 项目实施方案/技术路线

步科主要根据自身的战略目标和实际情况进行整体规划，逐步改善，实现了自动化、数字化的集成，逐步推动智能制造转型。

自动化：以步科仓库的实际情况推动智能立库仓库的建设和厂内智能物流运输线的自动化改造，并实现了 OT 和 IT 融合，与金蝶云·星空无缝集成，提高了生产效率和产品质量。

数字化：通过条码、智慧终端、数据采集模块的应用，建立生产现场人、设备、物料的连接，实时采集生产现场数据，并通过看板呈现，实现订单进度、成本、设备状态、生产实绩等信息的实时呈现，改变"黑箱"生产，实现生产过程透明化，并以精益为基础，推动传统生产、经营、管理、服务等过程的数字化管理。

步科的智能制造属于智能制造转型升级路线（如图 2.6 所示）的第一范式：数字化阶段。步科利用数字化采集的生产现场的全价值流的数据进行数字精益的改善，将生产现场的七大浪费现象逐一消除，不断增加生产的柔性。

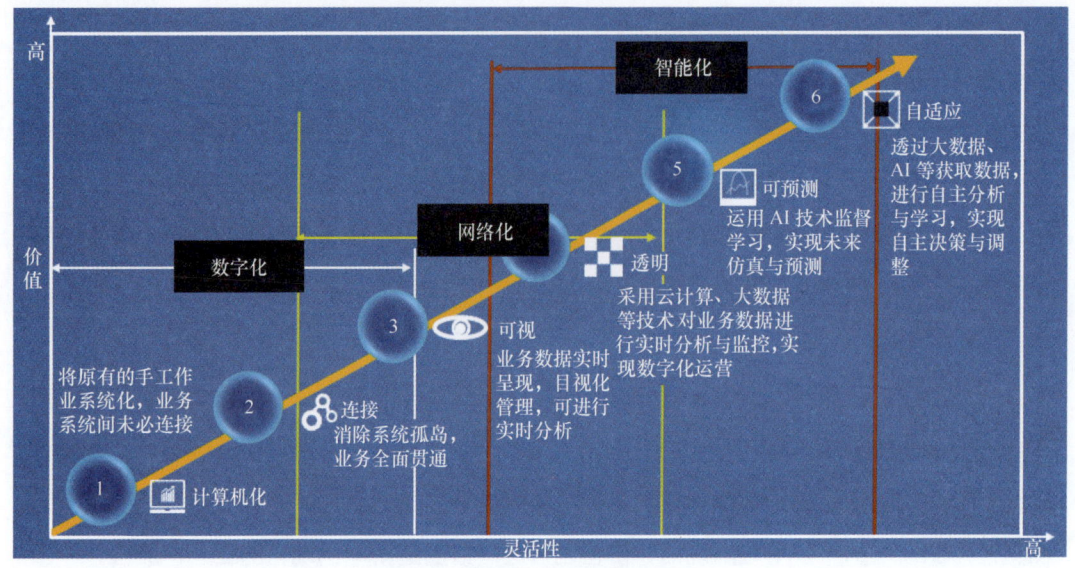

图2.6 智能制造转型升级路线

## 6. 实施步骤

基于步科的战略要求，首先搭建了智慧工厂顶层设计方案，并配合软硬件研发一次性推动整体方案的落地。

（1）软件平台建设

新一代信息技术、云平台的应用是智能制造转型的重要一环。以步科智慧工厂顶层设计为指导方针，步科智慧工厂首先建了一套涵盖 ERP、MES、WMS 的软件平台，助力步科构建强有力的内部管理体系，使其内部信息流在各个业务环节高效流转共享，实现企业经营管理、生产执行、仓储物流的高效协同。其中，云 ERP 的搭建从财务、销售、计划、成本、供应链几个方面实现了资源优化，将流程标准化；MES 的搭建，实现了生产过程现场数字化，使生产执行敏捷、高效、透明；WMS 的搭建，保证了物料准时化供应，提高了仓储物流效率及透明度，快速响应生产各工序的即时配送要求；ERP+MES+WMS 一体化应用提升了内部经营、生产效率，优化了成本管控。

（2）硬件平台构建

软硬件一体才能让智能制造系统发挥最大的效能。在软件系统建设的同时，步科发挥其自动化厂商优势，同步进行了硬件平台的构建。为适应多品种、小批量生产模式下现场高节拍、换线频繁、物料种类多、配送频率高等特点，步科智慧工厂项目先后构建了智慧终端、数据采集网关、电子看板、智能货架、智能 RGV、物料输送滚筒线等硬件设施，并将硬件设备与软件平台进行无缝对接，实现软件平台与硬件设备的生产联动，生产指令实时下发至设备，执行数据实时上传至软件系统，并进行实时透明化展示。软硬件一体化的智慧工厂解决方案提升了生产现场的执行效率和品质，降低了整体成本。

（3）精益改善持续优化

在数字化基础上，结合精益管理思想，不断对生产现场进行精益改善，发挥智慧工厂的最大作用，持续为步科的发展注入新的动力。

### 7. 项目价值

通过 ERP+MES+WMS 一体化、软硬件一体化智能管控平台的应用，步科实现了数据在云端存储，工厂全过程无纸化、可视化，工序间高效流转，各生产组织部门高效协同，生产效率快，作业精度高，使工厂可以和设计者、客户、供应商在云端共享数据及通过应用软件实现协同，可快速响应客户多元化的需求，真正做到多品种、小批量的柔性生产，在品质、效率、交期几个方面得到了大幅提升，实现了换产时间零小时，生产数据零等待，生产工位零距离的"三零"应用，制造周期由 7.67 天缩短到 0.8 天，人均产值提升 81.8%。

智慧工厂结合精益改善，帮助步科消除了生产现场大量的浪费，在不增加人员的情况下，步科实现了产值翻番，主要表现在以下几个方面。

（1）产供销高效协同，客户履约得到保障。

（2）库存得到合理控制，保障生产日清日结。

（3）生产数字化，实现过程精细化管控。

（4）生产精益化，浪费逐渐消除，产能翻番。

（5）大量节省仓储空间，配送时间降低。

步科数字化转型前后对比如图 2.7 所示。

| 项目 | 数字化之前 | 数字化之后 |
|---|---|---|
| 开工准备时间 | 3 天 | 2 小时 |
| 仓库人员 | 20 人 | 18 人 |
| 成品入库时间 | 4 小时 | 0.5 小时 |
| 制造周期 | 7.67 天 | 0.8 天 |

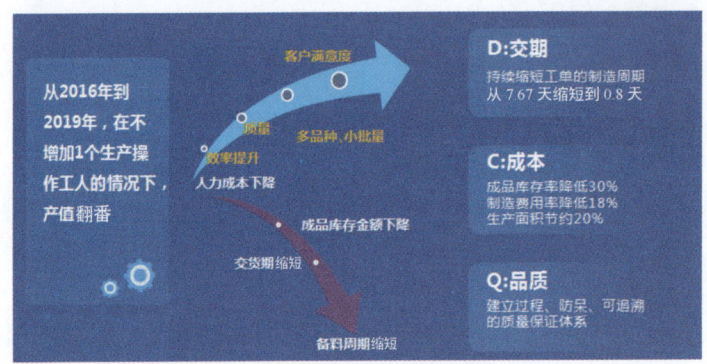

图2.7　步科数字化转型前后对比

## 三、客户感言

　　智慧工厂不是无人工厂，不是黑灯工厂，不是降低成本的工厂，而是为新经济开发的一种工厂，它采用了高科技的生产制造模式。未来的工厂应该是一个小而美的，可以坐落在城区的高科技工厂。这个工厂可以帮助各种有创意的人，让每一个创意都有机会变成产品，让创客小批量的产品也能被制造出来。

　　步科与金蝶合作，逐步实现了从业务流程规范到数据透明化，再到智能化深入。步科和金蝶一起重新定义了智慧工厂，联手打造了一种新的生产方式，在不增加人力的情况下，步科实现了产值翻番，产品制造周期、库存周转率和人力资源利用率等得到显著优化，这是"真金白银"的收益和价值。

——上海步科自动化股份有限公司董事长　唐咚

# 解码光峰科技数字平台一期建设

## 一、企业简介

光峰科技是一家拥有原创技术、核心专利、核心器件研发能力的全球领先激光显示科技企业。

光峰科技于 2007 年发明了 ALPD（先进的激光荧光粉显示）技术，解决了长期困扰 RGB 三色激光显示技术的系列问题，并率先在全球范围内实现技术的产业化，被视为下一代激光显示的发展方向，确立了我国在激光显示领域的国际领先地位。

基于首创并不断升级的 ALPD 技术架构，光峰科技打造了激光显示核心器件——激光光学引擎，并将该核心器件与电影、电视、教育、展示等应用场景相结合，开发了众多激光显示产品及系统解决方案。

带着让科技改变人类生活的激情，光峰科技致力激光显示技术和产品的研究创新，不断丰富人类对美好生活的选择，满足人们在高速通信及人工智能时代对信息显示的新要求，不断靠近"新光源新生活"的梦想。

## 二、项目介绍

### 1. 数字化转型诉求

数字化工具在企业发展到一定规模时才能体现出优越性，核心作用是规范公司的业务流程和实现企业信息透明化。在信息化建设的初级阶段，光峰科技的数字化工具主要以确保信息安全为目的，主要针对桌面运维和邮件系统。

随着光峰科技业务多元化、规模化的迅速推进，产业链业务平台不断延伸，领导层意识到数字化工具的重要性，集团管控平台建设及业务运营信息化格局提升迫在眉睫。

业务运营信息化层级如图 2.8 所示。

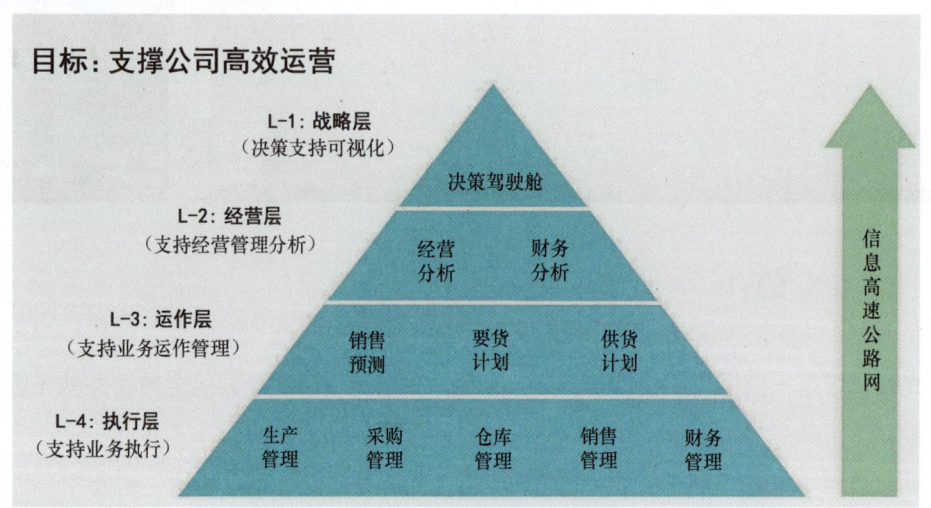

图2.8　业务运营信息化层级

2019 年 7 月，光峰科技正式启动金蝶云·星空供应链管理、生产管理、委外管理、产品成本核算、银企平台、发票云、预算管理、费用报销、经营会计、财务会计、合并报表、HR 管理、条码管理的全面应用。此次信息化建设的定位为：以业财税一体化为基础，支撑公司多纬度财务核算和经营分析管报的高速信息主干道。建设目标如图 2.9 所示。

（1）集团化：支持子公司之间跨组织业务协同，快速结算；支持快速合并报表、未实现利润的抵消。

（2）业财税一体化：有效进行主数据统一管理，以财、税、物为中心，保持账实相符；加强财务费用资金有效管控，防范经营风险；支撑和外围业务系统高效集成，规范生产计划管理。

（3）多维度财报管报：按产品、区域、部门、客户等多维度管理报表，业务主管、经理、高管分级报表，支持业务绩效异常预警。

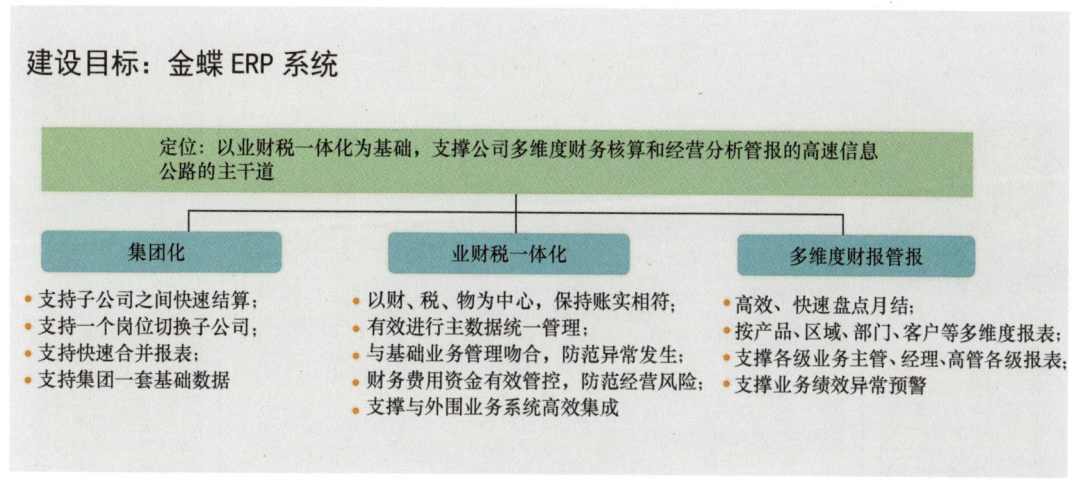

图2.9　建设目标

## 2. 项目内容及价值

（1）夯实基础，统一规范

集团统一基础数据管理包括会计科目、客户、供应商等，根据业务需求分配给其他组织使用。物料及BOM通过PLM系统同步ERP系统，在ERP系统维护相关信息。

通过梳理物料、客户、供应商、科目等主数据避免客商及物料一物多码的现象，统一公司间数据共享语言，为集团业务协同奠定良好的基础。通过与PLM系统对接，不仅节省人力，还能提高物料、物料清单的及时性和准确度，提升用户体验。

（2）业务导向，互联互通

应用金蝶云·星空，需要构建信息化共享平台，消除业务系统之间的信息孤岛，系统对接包括PLM与ERP对接物料、物料清单；ERP与OA（办公自动化）对接审批流程、物料申请单；ERP与HR对接组织、部门、员工、岗位信息；ERP与生产MES对接品质检验、生产工单、生产入库单、工时数据；ERP与BI（商业智能）对接业务数据；BOSP与ERP对接租赁收入、开票申请、费用申请、安装工单、SN（产品序列号）信息等。接口开发工作量大、项目工期紧,是系统上线最大的风险,因此,接口的稳定是项目成功的关键。IT应用架构如图2.10所示。

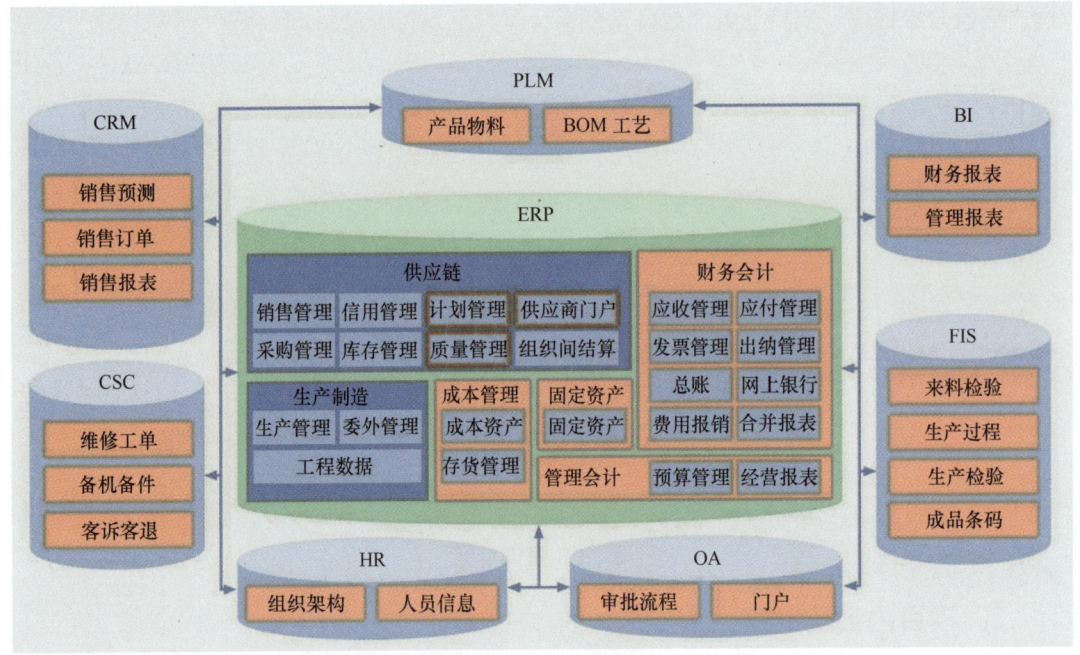

图2.10　IT应用架构

(3) 业务协同,条码赋能

光峰科技存在多种跨组织交易业务,包括跨组织采购(进口)、跨组织销售、跨组织协同生产、跨组织领料、跨组织调拨、跨组织费用结算等。金蝶云·星空的应用大大简化了内部交易流程,使业务处理更简单、直观,财务核算更轻松且可追溯。

对关键物料和产成品启用条码管理,采购收料时通过扫描供应商的送货条码或检验员粘贴条码完成原料入库。生产过程中使用条码进行流转,将关键原材料条码与生产订单对应,订单完工时生成成品条码。通过对关键物料和成品进行条码管理,实现成品、原材料、生产过程的全流程追溯,既提升了工作效率,又保证了产品质量。

(4) 财智未来,精细自动

银企平台的应用实现了费用报销审批后即时付款、客户回款即时下载生成收款单、将收款单与订单的相匹配收款、指导仓库发货出库(按订单进行应收款管理)。ERP系统直接与税控机对接,自动开票,通过邮件发送电子发票。

应用系统的委外件成本、自制件成本、跨组织协同生产成本计算功能,将费用精准分配到生产工单并对应明细成本项目,实现了订单级成本核算。

银企平台、金税对接、产品成本核算的应用大大提升了财务工作效率和数据及时性,让财务人员从财务核算中分身,有更多的时间进行财务分析。

合并报表通过系统合并抵消,精准计算内部交易(存货、固定资产、费用)产生的未实现利润(待抵消金额)。每月自动计算内部交易抵消金额,按"物料编码 + 批号 +SN"进行追溯并记录未实现金额,支持工厂生产的追溯;实现跨组织未实现利润可追溯,并生成内部交易抵消表,参与合并报表抵消。

## 三、客户感言

经过第一阶段的努力,光峰科技已经初步完成了基于金蝶云·星空数字化管理平台的搭建。公司在短短 4 个月内搭建起了这样一套系统,感谢以深圳市源诠信息科技有限公司为主的金蝶项目组的鼎力支持。

光峰科技通过金蝶云·星空链接各业务系统,实现了信息资源集成共享和多组织统一管理。集团管控平台加业务运营平台双轮并行,进一步提升了光峰科技的精细化管理水平。

金蝶云·星空的 ERP 简单易用、灵活可配置,既能很好地规范企业内部的业务流程,又能很好地适应企业发展过程中的灵活性,非常适合光峰科技现阶段的企业发展特性。

金蝶与光峰科技的合作是一种强强联合。正如光峰科技创始人李屹所说的:"金蝶拥有丰富的业界洞察和实践经验,相信有金蝶全面信息化升级的助力,光峰科技在技术产品全球领先、知识产权自主可控方面,定能领跑行业,让中国之光照亮世界舞台。"

——光峰科技信息部总监　陈福生

# 解码广州亿航智能数字化转型之路

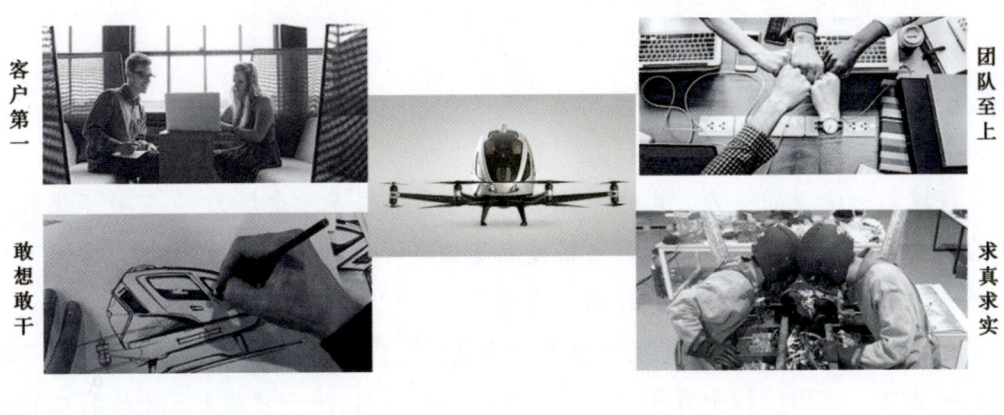

## 一、企业简介

让人类像鸟儿一样自由飞翔，也许不再只是梦想。专注于探索智能自动驾驶飞行器的科技企业广州亿航智能技术有限公司（以下简称"亿航"），正在不断探索天空的边界，让飞行科技助力智慧城市的美好生活。亿航为全球多个行业领域客户提供各种自动驾驶飞行器产品和解决方案，覆盖载人交通、物流运输、智慧城市管理和空中媒体等应用领域。

从 2014 年成立到登陆纳斯达克，亿航仅用了 5 年时间，伴随着公司业务的高速发展，企业的规模也快速壮大。这就需要亿航在拓展业务的同时，还要注重企业的经营效益，从而保障企业的健康成长。

亿航也是一家创新型企业，其首创的飞行编队表演场次和收入都是全球第一，不断刷新世界纪录。同时也通过创新方法，非常好地解决了航拍飞机的库存等业界难题。

亿航创始人在接受采访时说："亿航在 2016—2017 年也遭遇了很大的困难，当时亿航大部分现金被消耗掉，账上剩下的资金非常少。"因此，财务数据的准确度和及时性至关重要，财务管理需要打通生产制造的全部环节，同时满足基于集团化管控的多组织管理，实现企业内部管理流程化、透明化。

金蝶云·星空的产品设计理念是"开放、标准、社交"，非常适合亿航这样快速发展、不断创新的成长型企业。

亿航的愿景是成为全球智能飞行器行业有影响力的企业。亿航在自主研发的基础上广泛寻求合作，在开放平台上不遗余力地投入，致力于在技术创新力、市场占有率、品牌价值等方面引领全球。

## 二、项目介绍

### 1. 数字化转型诉求

基于亿航的长远规划，亿航需要一个稳定可靠、经得住市场考验同时又能满足公司特殊发展要求的软件厂商，能够提供完善的制造模块、标准的财务流程；要有专业的信息化管控平台，实现人员相互间数据共享、快捷分类；销售、采购、生产、财务管理组织间的数据可得到高效整合。

（1）平台具有灵活性和可拓展性

亿航正处于高速发展阶段，产品、管理、流程都在快速迭代，信息化平台要具有灵活性和可拓展性，在技术创新、业务扩张带来的规模不断壮大的同时，提升企业内部管理效益。

（2）功能范围要求全覆盖

平台要覆盖财务、供应链、制造、成本等 ERP 的核心功能。

（3）实现横向业务集成

销售、采购、生产、财务管理组织间的数据得到高效整合，能够随时调取，自动化生成所需要的报表数据。

（4）满足多组织管控的需要

亿航战略发展要求财务数据具有准确性、时效性，需要打通生产制造的全部环节，同时满足多组织管理，建立集团化的管控平台。

### 2. 转型实现步骤

第一步，随着生产规模的扩张，建立以订单为主线的精细化管理，加强班组员工绩效管理，提升整个企业的运作效率。

第二步，数据采集分析，提升公司整体经营效益，涉及原材料的批次管理和质量追溯。

第三步，把所有的作业管理实施与系统联通，通过手持设备的接入实现可视化。

第四步，设备联网，进行分析预警，并实时在手持设备上进行展示，比如针对一个销售订单，当业务没有按照预设的生产效率进行时，系统会做出智能的判断预警，并在看板上提出警示，使班组管理人员第一时间了解异常并及时纠偏。

### 3. 亮点解读

（1）公有云部署，满足亿航信息安全性、拓展性的要求，使跨地域业务一致

亿航正处于从纯粹技术创新向规模扩张并注重经营效益的快速成长期，所以在信息化的初期亿航就有一个长远的规划：规模长远增长是基础，同时，又能不断地迭代升级；在功能上，要覆盖研、产、供、销、服及业财税一体化；在架构上，要满足多账套、集团化要求；在部署上，要满足按需使用、按需付费的要求。金蝶云·星空公有云的部署模式能够满足以上需求，其架构如图 2.11 所示。

（2）从销售订单到付款的一体化端到端应用助力亿航订单交付率的提升

订单的准时交付是亿航的核心竞争力，特别是在规模扩大的同时，更要不断提升订单的准时交付率。金蝶云·星空直观的订单执行情况统计，督促相关人员在每一个业务环节都做得更好，从而缩短整体的周期。

销售订单执行明细界面和销售出库明细报表界面如图 2.12 和图 2.13 所示。

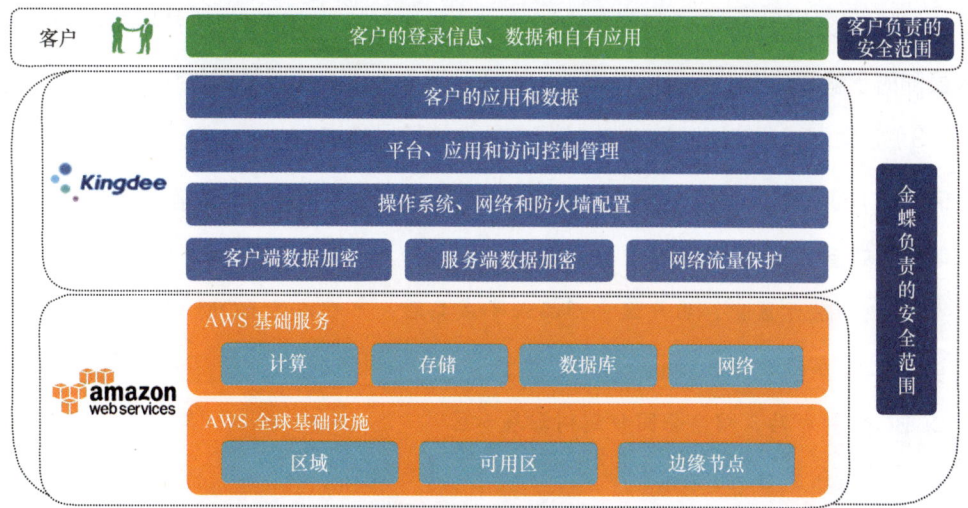

图2.11 云部署架构

图2.12 销售订单执行明细界面

图2.13 销售出库明细报表界面

从绩效考核的角度，每个订单都会预设完成时间，每个部门都有达成率的要求，让相关人员随时了解实际进度与目标的偏差，可提升相关人员的责任意识。

（3）强大而灵活的BOM功能支持亿航复杂的产品结构

亿航的 BOM 层级多达四五级，金蝶云·星空的 BOM 树形维护功能很好地满足了亿航的需求（如图 2.14 所示）。

① 在树形展示区中，用户选中产品或半成品后，可在右边 BOM 维护区对选中的产品、半成品进行 BOM 的新增、维护。

② BOM 维护后，信息会同步到树形展示区。

③ 支持跨组织 BOM 树形维护。

④ 支持分配。

⑤ 支持批量提交、审核。

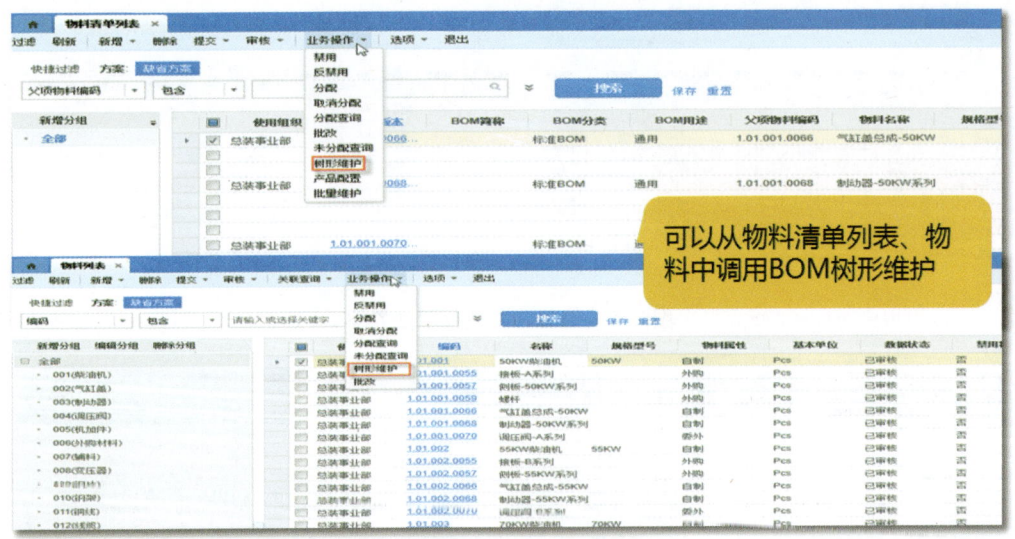

图2.14　BOM属性维护界面

（4）实现了量化的缺料和损耗管理

物料齐套性欠料是亿航生产组装无人机时遇到的最主要问题，金蝶云·星空通过以下特性辅助亿航进行齐套分析和欠料提醒。

① 支持物料替代。
② 支持设定时间范围内的生产订单、采购订单和采购申请单等预计入单据作为供给。
③ 支持设定单据优先级进行缺料分析。
④ 支持指定仓库库存作为供给。
⑤ 不考虑原材料的补领数量。

（5）灵活的生产管理模式适应亿航产品快速迭代的业务特点

亿航的产品结构需要不断完善，相应地，生产订单也需要实时调整，通过 BOM 同步及订单级联调整，快速更新对应的生产计划及采购计划，帮助亿航实现研发与生产运营各环节的快速联动（如图 2.15 所示）。

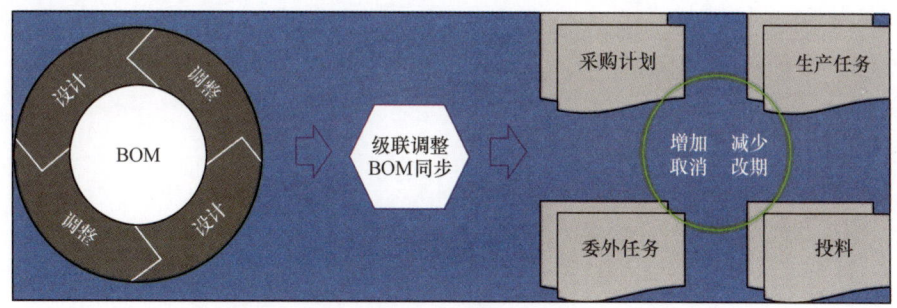

图2.15　生产运营联动

### 4. 项目成效与价值

（1）战略价值：建立了集团化的管控平台，在企业的高速发展阶段，保障了企业的健康发展。

（2）管理价值：建立了透明化、精细化的管理体系，保证了亿航在产品快速迭代和管理快速迭代的模式下，效率和效益得到提升。

（3）业务价值：提高了订单的交付周期，降低了产品快速迭代模式下的物料损耗。

（4）技术价值：建立了安全、可扩展的云端信息平台，数据共享、数据的安全与及时性和准确性得到了保障。

## 三、客户感言

在系统上,我们的数据都是可见的,或者说是可存储、可提取的。早期基于经验式的管理方式,要想做到更细致的管理,就要消耗大量的人力资源去进行统计分析;而现在有了系统之后,这些数据都可以在业务发生的过程中被记录、采集和存储,还会自动生成报表直观地统计分析,得到我们需要的结果,如采购效率达成的情况、下单的情况。以前我们可能需要去线下追踪,而现在在系统上就可以很直观地查阅每个订单的具体进展等。

——广州亿航智能财务总监　黄观

# 浅析珠海迈科借数字之力逆势飞扬之路

## 一、企业简介

2019年,很多以外销为主的企业的经营都受到了很大的影响。珠海迈科智能科技股份有限公司(以下简称"迈科"),一家以外销为主的智能家居生产制造企业,却迎来了更良性的发展。迈科携手金蝶在过去几年进行的数字化转型,助力迈科打造了更透明、更敏捷的企业管理平台。

作为国内最大的智能化产品生产制造商,迈科主营数字视讯、智慧医疗、智慧城市、智能家居、军民融合、智慧照明、汽车电子、智能制造、智能装备九大业务。随着智能家居行业逐渐由"有距离感的科技产品"变为"生活的必需品",迈科也在探索智能家居业务发展的新动能。

## 二、项目介绍

### 1. 项目动因：不确定的未来，确定的效率之争

在 IoT、AI、5G 等新技术发展的背景下，智能家居产业方兴未艾。如何在智能家居产业爆发的风口占据一席之地，需要企业进行深思熟虑的战略布局。作为智能家居领域的后来者，迈科深谙"打铁还需自身硬"的道理，在布局智能家居创新业务的同时，也确定了用数字化技术实现对内的管理变革和对外的产业升级战略，提出了以下 4 个方面的数字化转型诉求。

（1）满足产业多元化的发展战略，实现流程透明、数据透明、风险可控

为了规避在单一业务板块的市场不确定性风险，迈科布局九大业务板块：数字视讯、智慧医疗、智慧城市、智能家居、军民融合、智慧照明、汽车电子、智能制造、智能装备。在广东珠海、四川成都、江西井冈山等地建立了多个生产制造基地。这就需要建立统一的集团化信息平台，实现流程统一、业务及时监管、经营风险可控。

（2）高效运营、流程规范、快速反应

电子制造行业的短板之一是运营效率及行业的资产周转率普遍较低，所以未来谁能够提升运营效率，提高资金周转率，谁就有机会实现行业突围。迈科也希望利用信息化手段提升整个企业内部的运营效率、资产周转率和订单交付率，并将此发展为一种行业竞争优势。

只有利用数字化技术处理企业运营的实时数据，才能在行业价格透明、成本透明的大环境下提升企业的运营效率。通过数据透明化、流程透明化对当前运作状态进行监控，才能实现有效的风险管控。

（3）精准核算、信息共享、快速交付

此前，由于迈科月度财务报表发出不够及时，每月的财务报表要到下一个月 15 日才能发出，这让企业管理层的决策严重滞后、业务的调整也难以及时进行，预算管制也比较粗线条，未遵守本该遵守的原则，还出现过各部门"突击花钱"的现象，基本没有按照企

业内部的预算计划执行。因此,迈科需要实时、准确地管理每个经营模块的数据,使管理层及时地了解公司的经营状态并做出科学的决策。

(4)"两化融合、智能制造"

2016年,迈科集团第一智能工业园在珠海启用,开始从自动化制造向智能化制造升级,成为广东省智能制造基地。迈科集团希望通过数字化技术挖掘公司的所有运营数据,实现企业内部的智能制造转型,提升整个企业的运营效率,以此形成核心竞争力。

## 2. 项目内容及价值

为满足九大业务板块的业务运营管理,金蝶协助迈科搭建了满足多组织、多业务板块的一体化平台;实现了组织、人员、权限、物料编码、供应商等基础数据的统一管理;基于统一的流程平台,实现了跨部门、跨公司的流程协作;打通了销售、计划、采购供应、生产、财务等各个子系统,消除了信息孤岛,实现了业务之间的关联分析。

借助数字化平台规范改善内部管理流程,准确、快速地获取管理所需要的数据,并能按照要求进行统计分析,满足了企业经营决策及时性、准确性的要求。同时,建立了支持灵活扩展的集团化信息平台,能满足企业未来的管理要求。迈科数字化整体框架如图2.16所示。

| 战略 | 借助数字化平台规范、改善内部管理流程;<br>准确、快速获取管理所需要的数据,并能按照要求进行统计分析;<br>支持灵活扩展,满足企业未来的管理要求 | | | | |
|---|---|---|---|---|---|
| 运营控制 | 销售 | 计划 | 采购供应 | 生产 | 财务 |
| | 客户信息管理;<br>客户信用管理;<br>整体销售流程管理;<br>报价及应收预警;<br>业绩分析 | 物料替代设定;<br>BOM替代料;<br>MRP运算体系 | 采购流程管理;<br>采购流程财务的集成;<br>采购价格管理 | 投入产出控制;<br>生产过程管理;<br>最小包装领料 | 业务、财务集成一体化;<br>成本核算管理体系;<br>多维度报表统计及分析 |
| 基础 | 统一的基础数据管理;<br>加强流程协作,满足业务部门日常应用及管理要求;<br>做好信息化协同,统一ERP平台,打通各个子系统,消除信息孤岛 | | | | |

图2.16 迈科数字化整体框架

（1）核算体系，经营管理的"基础"

迈科拥有众多的创新单元，管理层需要及时了解每个业务板块的实际经营情况，如果经营情况不够真实，创新单元很容易成为"陷阱"；法人组织、内部责任组织、产品线等灵活多变的会计核算模式的建立，使内部核算体系真实体现企业经营过程与责任环境，通过"定价即经营"传导市场压力，在单元内精细核算，提升运营效率，整体提升经营质量。迈科产品线如图2.17所示。

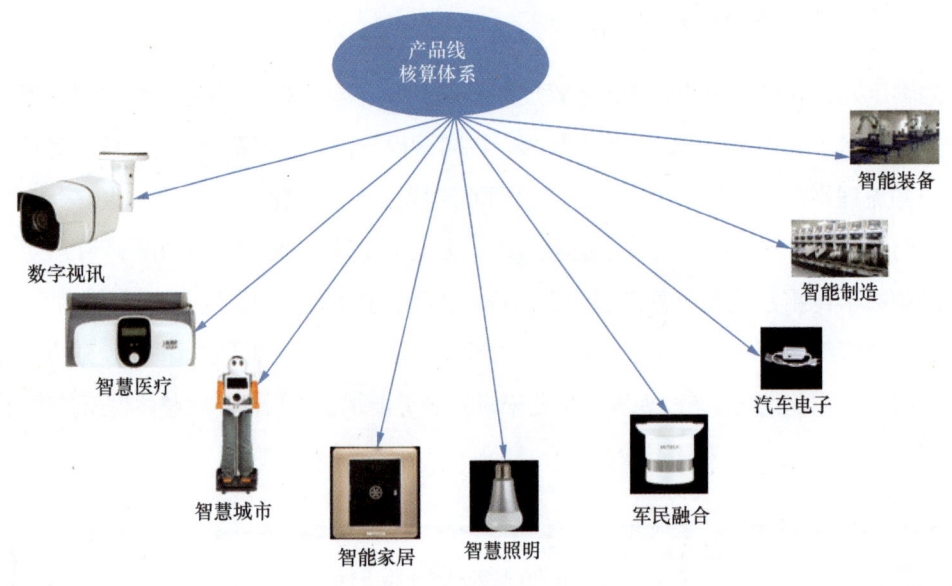

图2.17　迈科产品线

迈科在国内和国外同时销售产品，针对国外销售，还成立了全资控股的国际贸易公司，这就需要在一个信息化平台上支持灵活的多组织结算体系（如图2.18所示）。金蝶云·星空支持结算关系的自定义、多种核算体系下的结算价格管理、多种业务类型（跨组织销售、跨组织采购、跨组织配送等），并且可以同时生产内部管理账和外部财务账。

迈科与迈科国际、成都工厂、珠海工厂和供应商之间形成了复杂的多角贸易，这个内外部的对账过程十分烦琐，需要同时制作不同组织的单据。对于企业来说，效率是核心要素，因为客户不会为低效率买单。在统一数字平台下，实现自动生成跨组织的销售订单、出入库单、应收应付单（如图2.19所示），提高了工作效率，保证了数据的完整性和准确性。

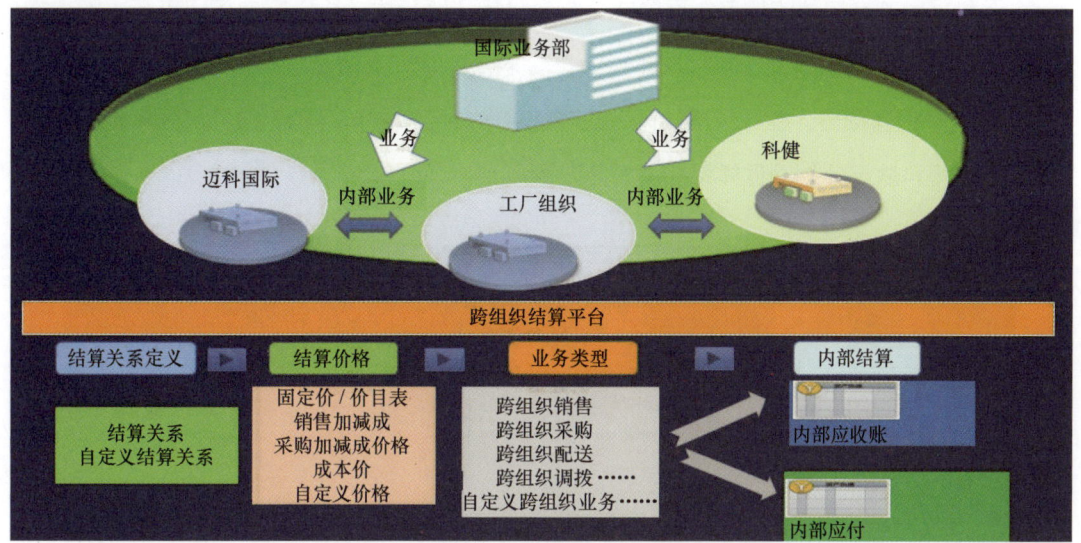

图2.18　迈科多组织结算体系

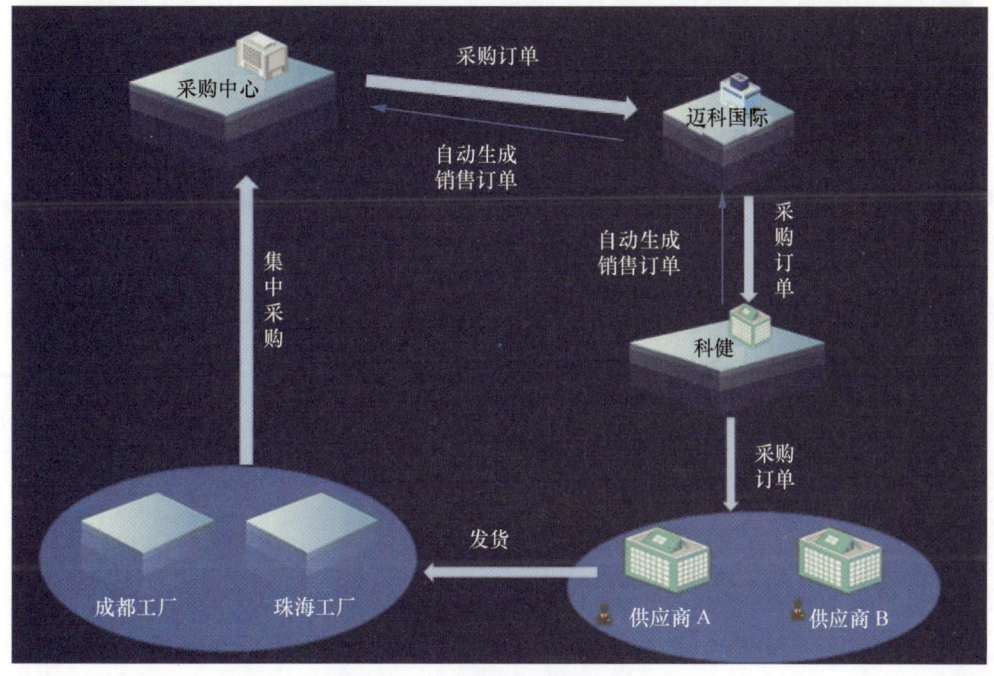

图2.19　迈科跨组织业务模型

（2）计划管理，提升效率的"关键"

迈科采用的是典型的按单生产模式，物料订单占比较大，所以需要按单进行采购、物料的预留和解锁、生产领送料和成本核算。金蝶云·星空支持从物料计划属性、BOM 管理、MRP、销售预留、生产预留、订单成本核算等环节实现按订单的财务、业务一体化运营管控。迈科生产计划管理体系如图 2.20 所示。

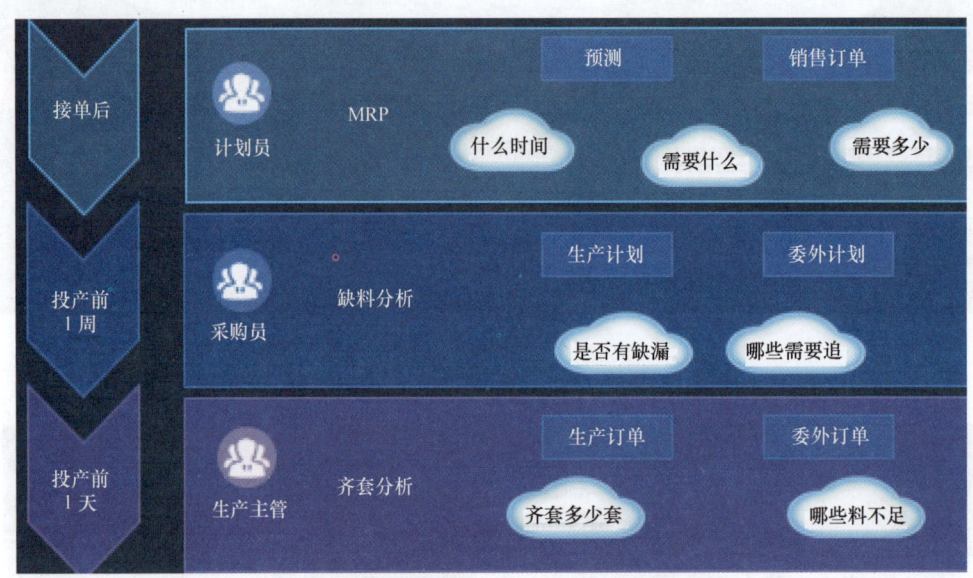

图2.20　迈科生产计划管理体系

计划是运营效率的核心，MRP、缺料分析、齐套分析这 3 个层级的物料计划帮助迈科保障了材料的及时供应及客户订单的准时交付。

迈科的计划模式有其特殊性，不同类型的产品有不同的自定义属性。要参与 MRP 运算，就不能继续使用以前的 MRP 算法。迈科 IT 部门利用金蝶云·星空 MRP 模型的开放性，反复调整模型和算法，实现了系统 MRP 运算结果和实际情况的高度一致。MRP 逻辑模型界面如图 2.21 所示。

（3）预算管理，为有序经营护航

迈科以前的预算管理制度较为粗线条，未遵守公司内部的一些预算规则，也未按照企业内部的预算计划执行。

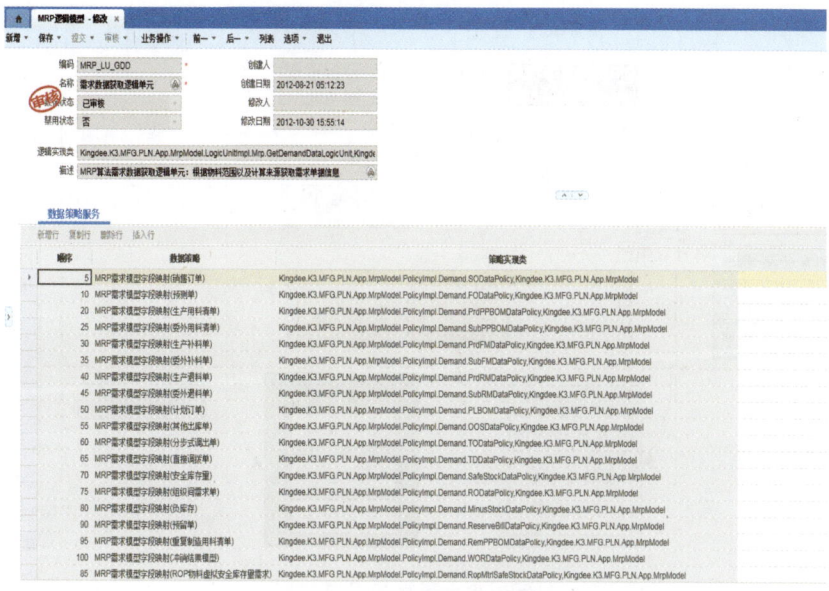

图2.21　MRP逻辑模型界面

为改善这一现象,迈科建立了细分到责任组织和部门的预算体系,通过多维预算建模实现了多维透视表的预算编制和监督;建立了全方位的预算控制体系,针对不同的业务类型,建立了有效的预算控制环节;同时为了提高整体的效益,还进行多预算目标并行管理。

金蝶云·星空的预算管理可以在事中控制各项业务支出,比如费用预算可以在费用的申请、报销、核算各环节进行控制(预算管理框架如图2.22所示)。迈科基于预算管理模块重构了企业的财务管理模式,确保了内部资源的合理、正确使用,如图2.23所示。

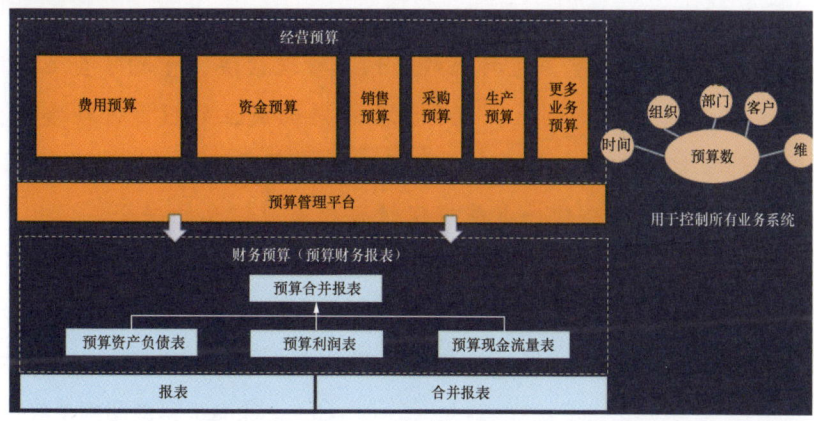

图2.22　预算管理框架

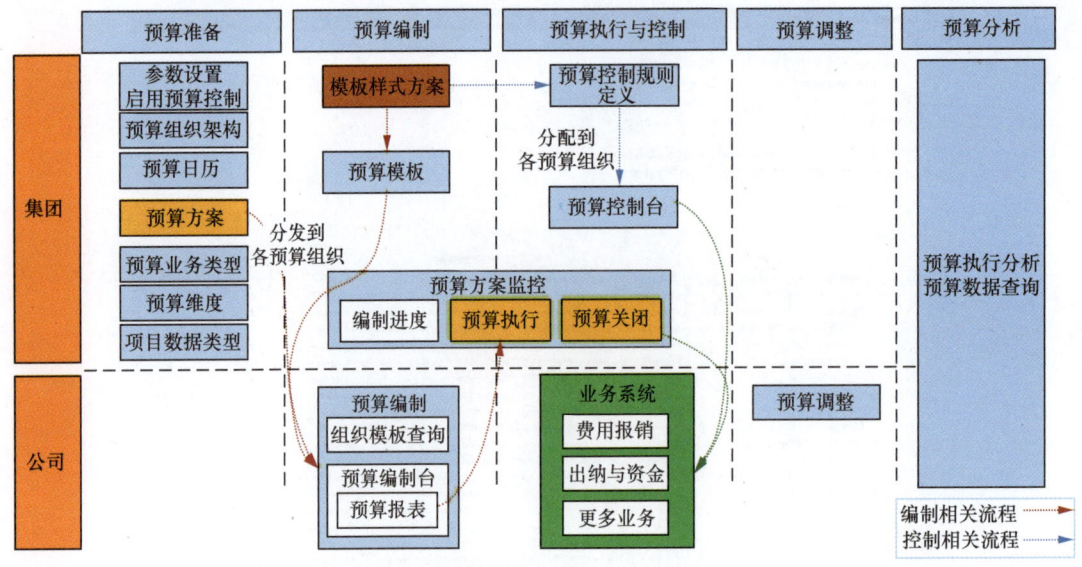

图2.23　预算管理模型

（4）移动应用，为提升效率"赋能"

环境瞬息万变，管理也需要"随时随地"，移动应用的推行极大地方便了日常办公，提升了管理效率。高层领导通过移动应用可以随时随地了解前端销售情况和后端经营组织绩效，通过决策使企业整体的库存和现金流保持在合理的区间，极大地提高了工作效率。

## 三、客户感言

首先，基于金蝶云·星空，迈科上线了预算管理模块，重构了企业的财务管理模式；其次，在配套管理机制上，迈科把公司层面成立的投资管理委员会和设备采购委员会的评审机制都嵌入了系统，确保了内部资源的合理、正确利用。在商业安全层面，金蝶云之家办公软件也能够保障企业商业信息的安全。

对于迈科而言，从财务管理、组织氛围到高层管理、经营安全性等，数字化技术带来的管理变革是显而易见的。以前当月的财务报表要到下个月15日才能发出，现在每个经营模块的数据都可以随时在系统里查询，管理层对公司经营状态的了解更加及时。

——珠海迈科集团副总经理　陈新江

CHAPTER 2　电子电气企业覆盖"全渠道—研发—经营—制造"全价值链的上云之路

案例 ⑤

# 上海威侃电子材料有限公司
# 金蝶 PLM 实施案例

## 一、企业简介

　　上海威侃电子材料有限公司（以下简称"威侃电子"）创建于 2005 年，经过十多年的发展和整合，现已发展成为以标签打印技术及材料应用技术为核心的，集研发、生产、销售于一体的民营高科技企业。公司主营产品涵盖标签打印设备及耗材、防水透气材料、打印材料等。

　　威侃电子拥有与打印技术和材料技术相关的多项专利认证，并先后通过了 ISO 14001:2004 环境管理体系认证、ISO 9001:2008 质量管理体系认证、ISO/TS:16949:2009 质量管理体系认证，并且产品通过了 UL（美国保险商试验所）、CE 等认证，并获得"高新技术企业""发展潜力奖""标签产业技术创新奖"等殊荣。威侃电子的产品应用于能源、通信、医疗、汽车、电子制造等领域，并为众多世界 500 强企业提供配套供应。

##  二、项目介绍

### 1. 项目动因

面对竞争激烈的市场环境和不断增长的业务需求，如何紧密联系市场，规范和提升研发的管理，实现研发与生产的高效协同，并强有力地支持智造的实现，提升产品的竞争力是威侃电子管理层规划 PLM 项目的信息化建设目标。

通过引入先进的管理理念和信息化管理系统来快速实现这一目标是当前业界的共识。产品研发的信息化管理进程被提上日程后，金蝶 PLM 产品在多家竞争对手中脱颖而出。

PLM 项目在业界素有"一把手工程"之称，威侃电子管理层十分重视项目的实施。为保障项目的高效运行，以及 PLM 系统在企业的应用和相关理念的推广执行，威侃电子的运营总监担任了甲方的项目经理，金蝶总部及上海宝蝶信息技术有限公司作为乙方的业务技术实施团队，甲、乙双方的高水平配置为本次项目的实施提供了专业的组织保障。

方案全面应用了金蝶 PLM 的各个模块功能来承载威侃电子产品研发的业务工作需求，规范了研发数据与研发过程，实现了企业产品研发与市场、生产的信息紧密连接，在提升研发效率的同时提升了产品的生产效率；面向市场需求研发的产品提升了产品本身的市场竞争力。

### 2. 项目需求：提升产品研发管理水平

方案实施前，威侃电子的产品研发管理没有信息化工具，在技术管理、物料及 BOM 管理、需求管理、产品工艺管理方面均存在改善和提高的空间。

① 技术资料的管理。

● 技术资料电子文档存放分散，形成多个数据源，在存放的各个位置，没有权限的管控随时都可能被修改，数据的唯一性、准确性没有保障，查找比较困难。

- 纸质文档的管理在签审、归档、修改、发布时均需要人为参与，图纸、文件需要编制人员跑签，花费大量时间，管理和追溯签审过程困难，无法体现相关工作是否及时完成，工作效率低、传递信息慢、沟通成本高。
- 设计资料、过程产品的追溯性差。很难追溯研制全过程中图纸、资料的演变历程，为后续开发提供有效参考；由于过程资料被及时清理，过程产品的问题处理和追溯很困难。

② 物料及 BOM 资料的管理。

- 由于物料与图纸之间没有关联，物料认证和重复利用时查找物料的成套图纸十分困难。
- 物料和 BOM 以 Excel 格式导入 ERP，BOM 的设计比较费时，容易出现差错。
- 由于只上了 ERP 系统，产品研发设计时没有统一的研发部门物料库，物料重用困难。

③ 研发过程的管理。

- 在传统的产品研发过程管理中，项目计划制订启动后，分配任务的信息传递慢，项目过程、进度、负载不透明，需要人工管理和跟进。
- 项目任务执行时，任务之间的前置与并行关系无法被有效利用去支持及时、快速的任务启动。
- 项目的输出和输入交付没有形成完整的项目成果档案，资料零散分布、查找追溯困难。
- 项目周期比较长，过程追溯、变更追溯无据可查。

### 3. 解决方案

（1）搭建核心的管理系统

本次 PLM 项目全面应用金蝶 PLM 模块功能：需求管理、文档管理、表单管理、工艺管理、项目管理、问题管理、变更管理等，企业产品研发管理的各项工作基本都通过金蝶 PLM 实现了信息化管理。全面的模块应用、深入的业务需求承载使本项目成为华东区域的经典案例之一。

① 规范产品研发的数据管理。

从文档的命名、编码规则、分类逻辑、存储结构、权限策略入手构建企业的文档知识库，同时通过金蝶 PLM 的文档流程管理功能，在线审批和批注文档，实现文档的信息化过程管理。

通过集成设计软件（CAD、Preo、AD）将 2D 图档、3D 图档、电子图档规范、统一存储到金蝶 PLM 系统，不仅实现了设计协同时的数据共享，还把设计图档时与物料有关的规范信息集成到系统中，使图纸能自动生成物料和 BOM，并随着流程的通过自动推送 ERP，提升了 BOM 设计的效率和准确性，避免了不必要的重复工作。核心数据集成流转如图 2.24 所示。

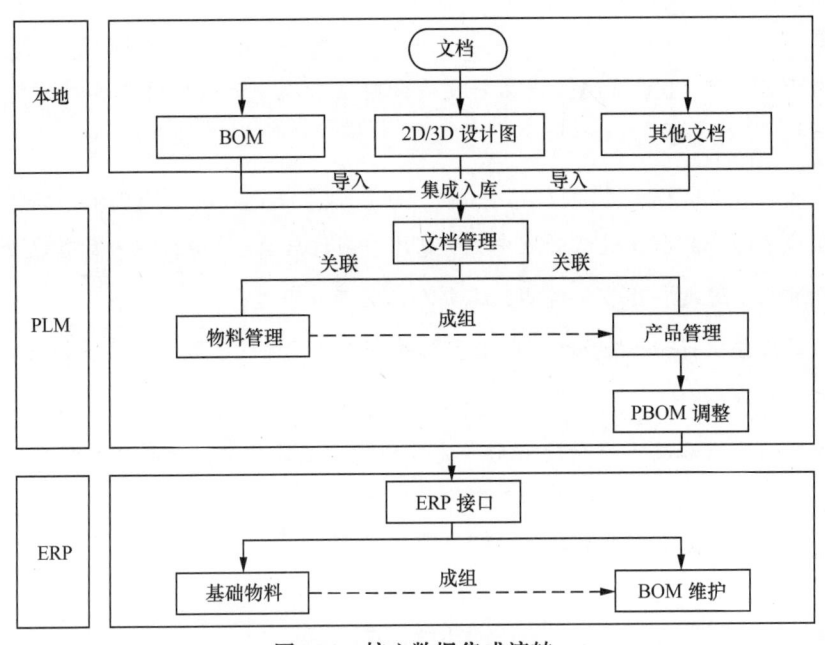

图2.24 核心数据集成流转

对物料本身的数据和过程同样进行标准化的过程管理。通过对物料及 BOM 系统的分类和规范存储及规范的申请和审核流程，构建标准、通用库等以支持设计时的物料重用和优选，控制新物料的增长。

通过系统的表单功能实现文档的内容与系统的数据集成，在系统中直接填写表单，一方面实现了文档管理的信息化，另一方面方便了用户操作。由于表单的相关内容可以被检索和统计分析，真正实现了 PLM 项目的一个基本理念：从资料到信息，再到知识、智慧的转变。

② 规范产品研发的过程管理。

从规范产品的研发过程入手，详细分解项目任务，固化项目的流程。一方面引入相对标准化的项目流程来优化公司现有的项目流程，把产品研发的过程按照标准流程落地；另一方面，对于新的类型的产品研发，通过平台的运行进行新的优化，固化形成新的标准项目流程（如图 2.25 所示）。

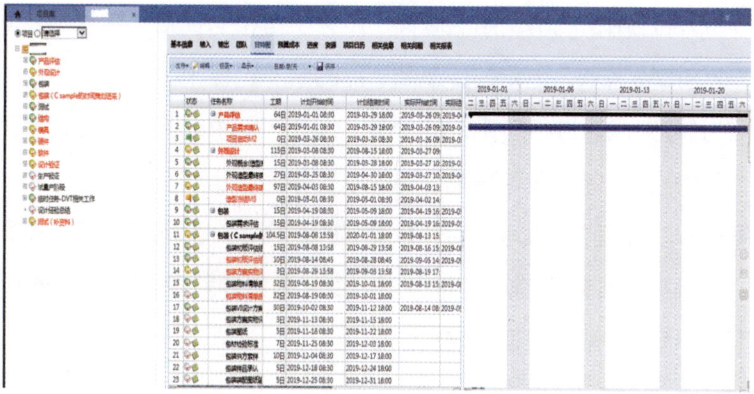

图2.25　固化的研发项目管理流程

通过金蝶 PLM 的项目管理模块，结构、硬件、采购、品质、工程等各个项目角色成员在软件工作平台的支持下协同工作。项目过程的统计分析如图 2.26 所示。

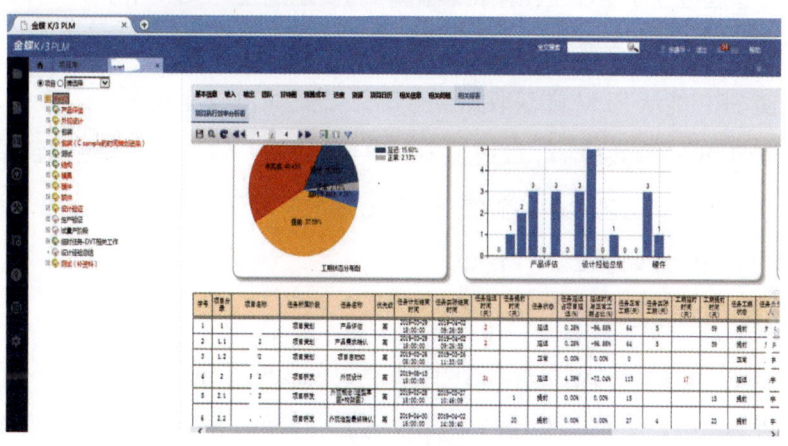

图2.26　项目过程的统计分析

项目成员可以及时获知分配的项目任务，可以及时反馈项目的问题和进度，提交项目的交付物，并启动审批流程。项目经理可以通过平台的项目模块快速启动项目任务、跟踪项目进度、处理项目的问题、管理项目的交付物、结束和启动项目任务。

另外，还可以实时管控项目的进度，统计分析项目各个环节的进度问题和完成情况等，使研发的过程有条不紊，项目成员间高度协同，项目交付形成成果，解决了原来困扰产品研发项目的一系列问题。

（2）管理需求连接市场

威侃电子的产品应用在汽车、照明灯具、户外设备和消费电子等各个方面，因此，需要及时收集行业的市场需求，更新并传递到产品的研发过程中。

落地需求的过程对需求进行了系统的分类，规范了需求的管理流程，使需求落实到研发的产品中，并根据实际需要在管理需求时可以暂停、终止或变更。

在产品的研发与市场的需求对接后，方案同时结合了产品配置功能。如果客户的订单发生了变化，也能通过 PLM 系统快速地整理出变化前后的差异，通知生产部门尽快变更，同时，也可以对市场需求做出快速的响应。

（3）管理工艺连接智造

承接研发的数据成果为后续的生产管理系统提供完善的 PBOM（生产物料清单），并支持未来的 MES 项目，是工艺信息化要实现的主要目标。

工艺信息管理包含零件加工工艺和装配等,主要是建立 PBOM 和对应的工艺路线。通过对工作中心、工序、工艺路线信息规范和编码实现数据的信息化，再将这些信息和 ERP 无缝集成，使 ERP 能从 PLM 端获取完整的 BOM 信息和工艺信息。

这样，通过 PLM 有效控制了数据源头，产品数据的一致性和准确性得到保证；同时，在研发系统规划和设计工艺阶段能够使产品更好地面向制造和生产。研发管理系统与生产管理系统间的数据传递如图 2.27 所示。

（4）管理问题沉淀经验

问题的管理不仅要通过对问题本身的跟踪得到问题的闭环处理，更加重要的是让问题的处理形成经验，一方面为其他用户的问题处理提供参考，另一方面通过对问题的统计分析锁定核心的问题和问题的相关因素，并分析原因，通过改善管理来减少后续类似问题的发生,使企业的研发管理呈现良性循环。

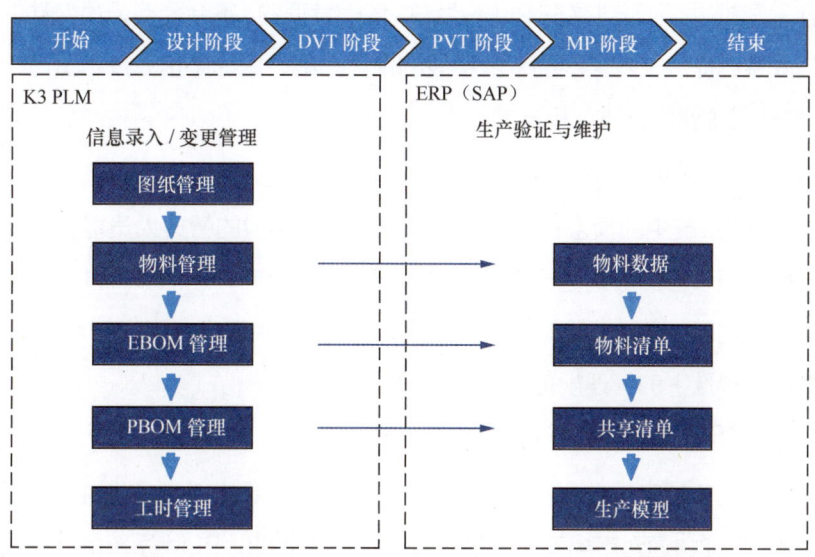

图2.27 研发管理系统与生产管理系统间的数据传递

## 4. 项目价值

PLM 系统的应用涉及企业的多个部门,对企业的设计、生产、管理经营都会产生不同程度的促进作用,从市场调研得出的结果来看,PLM 系统将为企业带来如下几个方面的可观收益。

(1)从设计研发入手降低了制造成本

集成系统能够提高设计资料的重复利用率,既节省了设计时间,又降低了设计成本和加工成本。系统的版本功能可使设计人员采用最新的数据,避免因为用错资料版本而造成损失。利用 PLM 的工程变更管理和产品结构管理,可以方便地知道哪些产品引用了某些资料和某个产品引用了哪些资料,从而提高设计与制造的准确性,减少不必要的损失。

(2)规范管理技术资料形成了企业的研发知识库

人工管理产品数据时,设计人员和管理人员的变化都会造成产品数据的丢失,同时也影响一些数据的利用。PLM 系统不仅能够记录产品数据本身,还能记录产品数据的产生、变更的历史过程，这样，其他技术人员即使没参加过产品的设计工作，也能清楚地了解它的来龙去脉。同时，因为资料是在 PLM 系统中统一管理的，不会受到人员变动的影响。而且，整个集成系统提供了多层次的、多手段的保护措施，保证了企业技术资产的安全性。

（3）提升了企业执行质量标准的能力

PLM 不只是一个应用软件系统，因为它包含许多管理思想，所以它还是一个管理软件系统。通过 PLM 系统中的项目管理和流程管理，技术部门的管理人员能很方便地对产品技术准备阶段按照项目的形式进行划分，并进行全流程控制，还能够在准确的时间追踪反馈准确的信息。同时，还可借助集成系统的实施，在企业中建立一整套符合 ISO-9001 标准（或其他国际标准）的管理规范和工作流程。

（4）缩短了研发对市场需求的反应时间

现在的市场竞争越来越激烈，争取更多的客户、得到更大的市场份额，是每个企业追求的目标。因此，能快速对市场变化做出反应是至关重要的。PLM 系统的产品配置管理功能可以根据客户的订单，快速、准确地配置出客户所需的产品。如果客户的订单发生了变化，也能通过 PLM 系统快速地整理出变化前后的差异，通知生产部门尽快变更。

## 三、客户感言

产品研发是产品数据的源头，是产品生命周期中最为重要的环节。只有从源头上规范了数据，由产品研发产生的一系列数据才能规范和准确，我们充分认识到了这一点。我们通过实施金蝶 PLM 系统，不仅规范了产品研发管理，还提高了产品研发的效率。研发部门的工作产生的数据会及时、准确地推送到生产、品质、采购等各个部门，从这个意义上看，产品研发部门成了企业运营的真正引擎。

——上海威侃电子材料有限公司研发部门经理　吴义

通过金蝶 PLM 系统，我们随时可以获取产品的技术资料，有利于及时处理产品的相关品质问题。金蝶 PLM 系统使产品的研发程序得以落地，产品研发过程的质量由此得到保障。通过需求管理来对接市场的需求，将市场对产品的质量要求在设计研发中落地，在产品生命周期开始时就管控产品的质量，从而减少品质问题，提高了产品研发、生产、检验的效率。

——上海威侃电子材料有限公司品质部经理　何忠友

在众多的PLM软件中我们选择了金蝶PLM系统,是出于两个重要的考量:一是必须选一个功能模块完善、充分支持功能拓展的系统;二是需要一个精英团队来设计和实施我们的产品研发信息化管理方案。经过认真地比较,我们最终选择了金蝶PLM系统。

我们的业务发展已进入快车道,产品研发管理的信息化为企业的智造提供了非常有力的支撑。信息化管理能快速响应市场的需求变化,制造出真正有竞争力的产品。此次和金蝶进行合作,我们感觉是幸运的,金蝶组建了精英团队来做这个项目,团队专业,工作非常踏实,工作态度让我们很满意。

——上海威侃电子材料有限公司运营总监　吴海燕

# 维科技术应用 PLM 落地研发数字化之旅

## 一、企业简介

维科技术股份有限公司（以下简称"维科技术"）是以新能源锂电池为主业，以 3C 数码电池和动力电池为核心业务的 A 股上市公司，是行业领先的集锂离子电池研发、制造、销售及服务于一体的新能源科技型企业，具备电芯制造、封装和系统整合方案一体化能力。公司以"为客户提供安全、可靠、稳定、高性能的锂电池产品"为己任，为移动智能产品提供最好的电池产品体验，致力于成为全球最优秀的电池供应商和二次能源电池整体解决方案专家。

维科技术锂电池业务以 3C 数码电池为核心，积极拓展动力和储能电池市场。维科电池是国内排名前五的 3C 数码电池，客户包括国内主流手机品牌、欧美主要通信运营商等，维科电池大量应用于笔记本电脑、平板电脑、教育电脑、个人穿戴等电子产品中。维科动力电池以维科电池十余年的锂电池生产技术为依托，可生产软包动力电池、铝壳动力电池等电芯产品，并可根据用户的不同需求，提供个性化的电池解决方案，应用领域覆盖乘用车电池、特种车辆电池、家电用电池、储能电池等。

##  二、项目介绍

### 1. 项目动因

（1）行业特点对研发管理的需求

维科技术属于高科技密集型行业，产品质量控制要求较高；其大客户中包含了联想、MOTO 等大型 3C 数码客户，而这些高端客户对供应商的质量体系控制有很高的要求，主要表现如下。

① 结构化的新产品开发流程，并通过标准开发流程固化管理各部门的工作和职责。

在应用 PLM 系统之前，维科技术缺乏标准的产品开发流程，各岗位分工不明确，流程和工作说明描述不清晰，开发过程不易控制。

② 研发各阶段有明确的交付物和阶段评审。

在应用 PLM 系统之前，技术人员往往只关注关键交付物的提交，不够重视流程过程按照质量体系要求的其他交付物，这不利于流程的规范化，同时也给产品质量带来隐患。

（2）管理模式对IT系统支撑的需求

随着企业的业务扩张，维科技术在宁波、深圳、东莞等地成立了分支机构。宁波和深圳两地的研发团队联合研发新产品，这样，一个项目就需要异地的研发人员协同进行；在小试和中试阶段，需要采购、生产等部门协同参与研发。

在此模式下，维科技术需要考虑如何进行异地协同研发，提高公司内部的协作效率，并共享技术资料。在应用 PLM 系统之前，异地之间的研发项目管控主要依靠手工，存在以下问题。

① 项目计划编制和审核采用手工方式，关键资源平衡只能依靠相关人员的经验，没有资源优化和资源平衡的保障手段；项目管理时效性差，难以控制进度；特别是在多地协同研发时，无法及时了解异地的任务执行情况。

② 信息沟通时仍旧需要大量会议进行信息采集，不能集中精力解决项目中的突出问题。

③ 计划的制订与现场实际的执行未能形成一个有效的闭环管理；没有全面的项目看板，很难全面了解项目的执行情况，难以进行资源平衡。

研发过程中会产生大量技术资料和数据，采用人工手工模式管理这些技术资料会导致大量的管理问题：

① 技术资料检索、查阅困难；

② 无法实现技术资料的阶段、版本管理；

③ 数据共享的实现很困难；

④ 无法形成基于知识与流程的高效新产品研发模式。

（3）研发/生产一体化需求

维科技术的生产组织模式兼具了离散制造业和流程型行业的业务特点，在产品研发过程中需要对新物料的产生过程进行严格管控，同时需要将 BOM 录入 ERP 系统中，在应用 PLM 系统之前，企业主要面临以下问题：

① 研发人员缺乏统一的物料库和物料信息维护工具，工作烦琐；

② 新物料承认流程依靠纸介质在研发、采购、质量各部门间传递信息，容易出现一物多码、物料描述不规范等情况；

③ 研发人员在技术文件中描述一次物料信息，又在 ERP 中重复录入物料、BOM 等数据，难以及时准备 ERP 系统所需的基础数据。

## 2. 项目应用亮点解读

（1）管理流程标准化

产品研发分工越来越细，企业各部门各自承担某一环节，流程固化是降低损失风险，保障企业或组织的各个流程正常运转的前提。流程的分解条件成熟、岗位说明书描述清晰，职责分明、便于操作是流程固化管理的基本条件。

维科技术使用金蝶 PLM 系统中的项目模板管理功能，在项目模板中将企业的业务逻辑和设计流程的程序固化，并将项目管理体系融入 PLM 系统项目管理中（如图 2.28 所示）。

① 针对不同类型的产品或不同类型的项目定义多种模板。

② 按照 ISO 质量管理体系要求，预定义标准的 WBS（工作分解结构）及时间计划。

③ 预先定义任务执行的串行、并行工作顺序。

④ 指定每个工作任务的交付物种类。

⑤ 提供交付物模板，方便技术人员按照模板编制相关技术文件。

⑥ 预先定义项目、任务及交付物的默认关联流程。

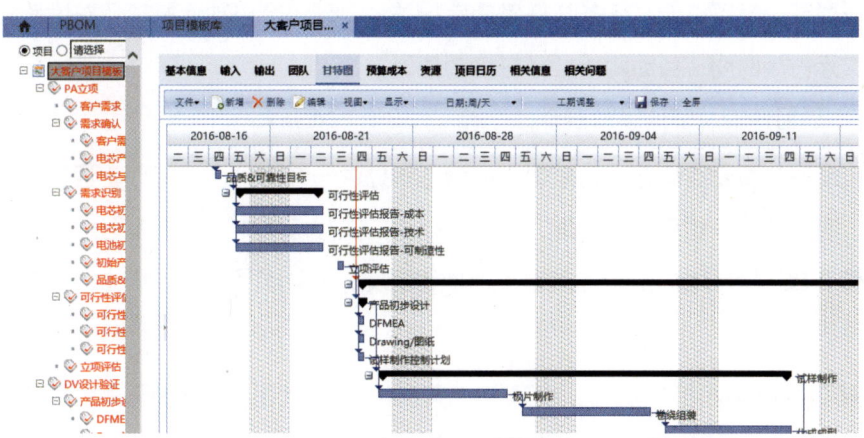

图2.28　项目管理界面

通过以上业务流程的固化，达到以下应用效果。

① 使管理在直线管理到矩阵管理的演变过程中保持原来的效率。

② 跨向制度管理，确保企业制度执行力度。

③ 规避风险，业务不依赖于个人表现。

④ 确保从全局查看、监督企业业务表现。

（2）有效控制研发过程

通过金蝶 PLM 系统，采取项目过程驱动产品数据管理思想，维科电池建立了遵循项目管理的产品协同开发环境和实时的项目协同交流环境及项目考核体系，实现电子化、自动化的业务流程，将项目组的各项业务活动纳入灵活、规范的电子化业务框架，以确保项目信息的实时、准确与完整。

由于维科技术的研发团队分散在宁波、深圳、东莞等位置，在一个产品研发项目中，团队成员由多地技术人员共同构成，通过金蝶 PLM 的 B/S 架构，可将工作任务分派给不同地域的技术人员，从而实现多地工作任务协同。

工程师接受任务后，即可按照任务要求开展工作。工程师可以将相关任务交付物关联到此任务输出中，并审核文档；在 PLM 系统中，可以定义任务的关闭条件为设计输出必须归档，这种模式能够有效地督促工程师严格按照 ISO 质量管理体系要求进行工作。

当任务满足关闭条件并执行关闭后，系统会自动记录任务的实际执行时间，同时按照预先定义的启动结束条件自动启动后续工作任务。在 PLM 系统中，既可以定义任务与任务的并行关系，又可以定义任务与任务的串行关系。系统会自动计算项目关键路径，并根据任务实际占用时间，自动刷新任务甘特图信息。

（3）项目监控及辅助绩效管理

项目管理的重要目标之一是为中高层管理者提供一个平台，使管理者通过此平台及时地对人、事、环境等信息进行管理。在维科技术的实际应用中，管理者可以通过管理驾驶舱（如图 2.29 所示），以最快的效率跟踪项目情况，并对项目执行过程中产生的问题进行跟踪和解决。

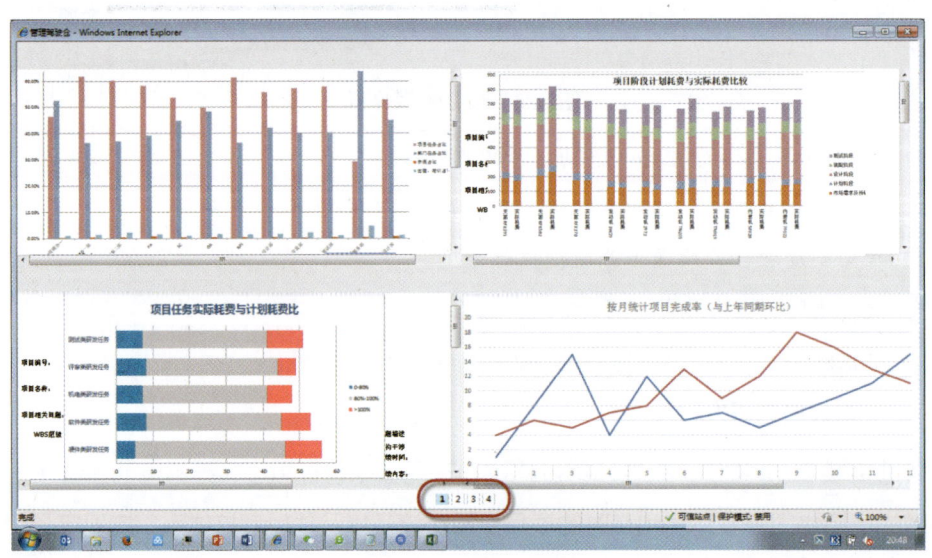

图2.29　管理驾驶舱

金蝶 PLM 系统中提供了多种项目监控手段，除了为高层管理者提供管理驾驶舱之外，还为部门管理者提供各种统计分析报表，辅助管理者对研发团队进行可量化的绩效考核。人员项目负荷如图 2.30 所示。

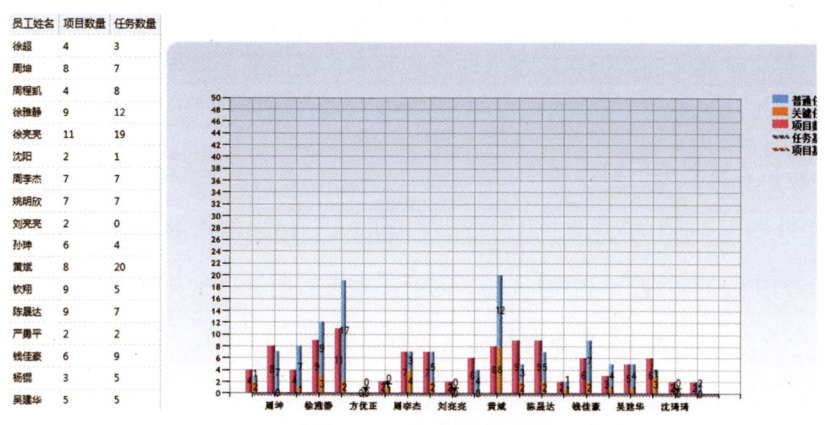

图2.30　人员项目负荷

（4）结构化数据存储

全面表单的应用。在维科电池的产品研发过程中，工程师每天要面对大量的业务单据数据，以往这些数据都只能浮于纸张表面，如果需要对其进行性能对比分析，就需要专人手工录入，工作烦琐并且容易出错。针对这种情况，我们在 PLM 系统中全面启用了表单管理的应用，工程师平时填写的各种表单可转入 PLM 系统表单填写，将所有数据保存在数据库中，便于查找，也便于进行统计与分析，如图 2.31 所示。

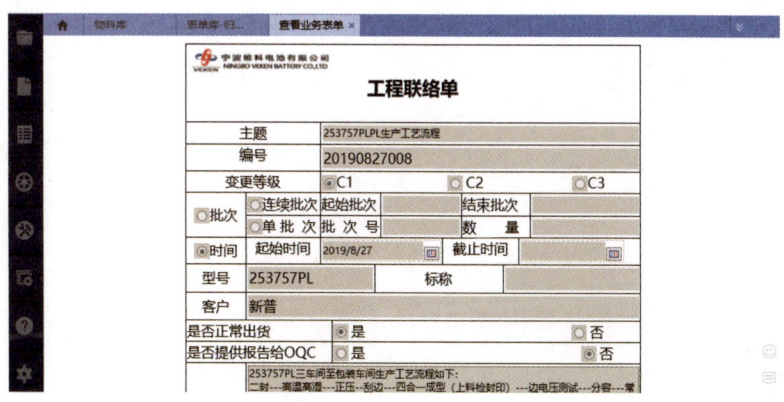

图2.31　E化的表单

表单与流程的完美结合。根据维科电池的研发特点，我们将研发流程与审批流程结合起来，全部业务通过一个大流程串联起来。在业务流程节点上，业务人员或工程师填写相应的表单；在审批流程节点上，各级主管审核对应表单。

表单数据的传递。在同一业务流程中，如果后续再出现已填写过的表单，就可以通过系统设置，将之前填写的数据直接读入后续表单中，既提高了填写表单的效率，又有效地避免了二次输入的错误。

（5）对技术资料进行有效集中管理

维科电池通过 PLM 系统对研发过程中产生的大量技术资料进行了有序的管理，通过创建以产品为主线的多种产品信息视图，对产品相关数据进行全关联管理，具体如下。

① 实现产品全生命周期中各种技术数据的集中和安全管理。

② 根据不同学科、部门等，实现对技术资料的分类管理。

③ 为不同类别的技术资料定义详细的属性，便于保存和按照不同条件搜索。

④ 通过 PLM 系统界面访问，保证技术资料在整个企业范围内安全共享，并且不受地域限制。

⑤ 不同专业技术人员能够了解和利用整个项目团队的最新设计结果，并行进行相关研发工作，避免了冲突和重复。

⑥ 记录文档与项目、文档与产品、文档与物料之间的关系。

⑦ 通过生命周期和工作流功能，进行技术数据的审查、发布、共享，保证技术资料的准确性。

### 3. 项目成效与价值

维科电池通过实施金蝶 PLM 系统，并经过近 4 年的应用，取得了一定的管理效果，PLM 系统为企业带来的价值主要体现在以下几个方面。

（1）提高了异地协同研发的能力

① 通过创建多地合作的虚拟项目团队，快速分配工作任务，提高了信息沟通的效率；

② 各地技术团队快速共享知识，提高了协同研发能力。

（2）建立完备的电子化资料室，提高了工作效率

产品数据资料的电子化管理的结果是建立起了电子化的资料室，基于以下原因，不但提高了设计的工作效率，而且明显提升了所有需要使用技术资料的部门的工作效率。

① 便于查询、参考、再利用；

② 保证了电子文档的准确性，实现了无纸化办公及数字化管理；

③ 加快了信息的传递速度。

（3）积累知识，实现知识管理。

企业要发展，必须既要有雄厚的资金来增添高新技术设备，又要拥有大量的具有丰富设计和制造知识经验的人才，这样才能跟上时代的要求，发展壮大。这需要企业具有一个行之有效的技术循环系统，这个系统不但能使整个企业有机地运作起来，顺利地组织生产工作，而且能总结每个项目中的经验和教训，为今后的工作提供参考，后来人通过学习前人总结的经验，就会有很大的进步，从而缩短新员工上手的时间，降低人员流失给企业造成的损失。

## 三、客户感言

金蝶 PLM 系统使我们的开发流程更加规范化，保证了新产品开发流程符合质量体系要求，提高了异地协同研发的工作效率，也提高了项目沟通效率；同时为客户验厂提供了更加方便的支撑。

—— 维科技术股份有限公司 CIO　周良华

# 华为海洋 68 天重构 184 个信息系统之路

## 一、企业简介

华为海洋网络有限公司（以下简称"华为海洋"）成立于 2008 年，2009 年开始以最核心的水下通信产品为出发点，通过持续的研发创新，整合国内外行业的合作伙伴，打破垄断，成为目前国内唯一一家能与国外厂家巨头正面竞争的中国企业。华为海洋在全球范围内提供高可靠性、高灵活度、高性价比、一站式的端到端水下通信系统交钥匙工程解决方案，已完成全球超过 60000 千米海底光缆的建设与交付，项目遍及全球 70 多个国家和地区，服务 60 多个客户。

## 二、项目介绍

### 1. 项目动因

海底光缆通信是数字时代最重要的基础设施之一，承载着几乎所有的洲际互联网信息传输。华为海洋作为全球领先的富有创新能力的海底通信解决方案供应商，业务遍及全球，其业务以项目为核心，具有多国、多组织项目运作及财务结算特点，对财务、研发、制造、供应链等业务的管控需求非常大，管理难度高，对 IT 系统的依赖程度高。

随着国内外竞争关系的变化,海底光缆业务成为国际关系角力的焦点之一。2019 年底,为了应对复杂多变的产业环境和国际形势,华为海洋进行了股权变更,为保障其核心业务的平稳过渡,解决原 IT 厂商授权场地协议限制问题,华为海洋 IT 平台急需在短时间内全面重构,覆盖 ERP/PLM/HR/MES、办公 OA、邮箱、基础网络、PC/ 服务器等各个 IT 领域,几乎覆盖其全业务场景。

华为海洋核心需求如图 2.32 所示。

| 保证华为海洋业务连续性 | 剥离并迁移业务数据 | 满足业务内控与协同 | 补齐缺失职能 |
| --- | --- | --- | --- |
| • 剥离并重构 LTC(Lead to Cash)、PTP、ITR(售后)、IPD(开发)四大核心业务流程<br>• 实现端到端的数据流转,夯实企业运营管理,承接优秀业务能力 | • 将华为海洋所有产品文档等数据资产完整、准确地迁移到金蝶 PLM、实现 PLM 系统顺利切换<br>• 供应商数据、销售合同、账务等业务数据的迁移存续 | • 通过云之家门户单点登录,实现跨组织审批查询等功能,保证了企业运营效率<br>• 重建供应商选择认证的、EDC、应付管理内关键业务的内控要求 | • 从华技财务共享、HR 共享中心还原,重建华为海洋完整独立职能<br>• 搭建华为海洋业务和财务一体化管理平台 |

图2.32　华为海洋核心需求

## 2. 项目内容

华为海洋原有 184 个 IT 系统,此次 IT 平台重构需要替换原有的 184 个系统,覆盖其全业务场景,时间紧、任务重。然而,华为总部、华为海洋、金蝶三方项目团队紧密合作,用 9 周时间奇迹般地完成了华为海洋新 IT 平台上线,重构了 238 个业务流程,用国产化系统重构了华为海洋的业务能力,覆盖全部 LTC、PTP、ITR、IPD 四大核心业务流程,确保了每一位员工在信息系统的连接下更高效的工作,保障了其业务的连续性。

华为海洋 IT 系统整体框图如图 2.33 所示。

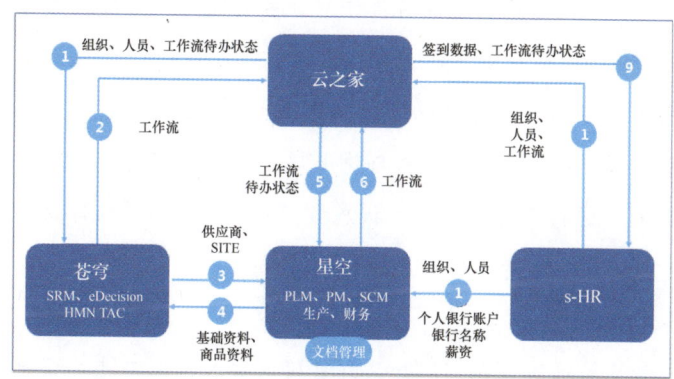

图2.33　华为海洋IT系统整体框图

（1）以工程项目交付实现客户价值为主线

华为海洋面向客户提供端到端的水下通信系统交钥匙工程解决方案，需要对每一个工程项目进行精细管控。应用金蝶云·星空工程项目管理解决方案，在华为海洋实现了以项目为核心的端到端的业务流程打通，将项目管理的日常业务与财务管控相结合，准确反映项目执行的实际情况，及时、精确地核算项目财务情况、盈利状况。

① 项目整体管理。
- 以实施管理为主线，以合同管理为中心、供应链管理为重点，以成本管理为核心，打通研、产、供、销、服、财一体化价值链。
- 基于PMI管理思想，管控项目过程，实现项目财务精细化管理，统一核算口径和管理维度。
- 以项目为维度实现项目所有业务的前后串联，实现项目数据的高度共享和复用。
- 实现项目管理业务与财务管控业务的一体化管理，实现业务与财务全面协同，满足项目管理业务需求的同时完成财务核算。

② 项目"四算"管理。
- 售前概算：将项目技术工作与项目成本测算工作分开，售前技术负责出具技术配置清单，成本由专门部门进行估算，各司其职，最终形成项目的概算。
- 合同预算：数据继承自项目概算，经过现场勘查和深化设计后，确认合同可执行的预算，控制后续的项目执行的依据。通过合同预算融合各个业务管控，实现采购业务控制、发货业务控制、资金支付控制、费用报销控制、分包和服务采购控制，从而达到以预算为抓手对业务的指导和监控，实现项目运营的精准管理，杜绝项目管理的不规范。
- 讨程核算：在项目执行过程中，以项目号为维度进行整体业务的核算，实现实时项目收入的确认，项目成本与费用归集，最终形成现阶段项目损益表。
- 结项决算：进行项目最终财务状态核算，核定最终的项目收入、成本、利润情况，进行项目整体情况的财务分析。

③ 项目财务管理。
- 通过8种收入确认方式，例如，到货确认收入、施工进度百分比、成本投入百

分比、验收进度等，实现内部不同的项目收入确认和成本结转。

- 父子项目管理：在实现父项目收入和成本归集的同时，能够清晰地核算每个子项目的成本和收入。

- 基于项目的收款和应收款管理，实现基于项目的账龄分析和统计，针对预期的项目应收款进行预警。

- 项目全成本的管理：将项目的材料成本、人工成本、项目发生的费用进行归集和分摊，包含项目费用的归集和分摊设置、人工成本的工时汇报、人工费率设置、人工成本的计算与分配，从而实现基于项目的成本归集和管理。

- 将项目业务的数据通过智能会计平台快速传递至财务，完成财务核算管理，实现财务以项目为维度的快速数据分析和归集，管理项目费用情况、资金平衡情况，明确项目实际执行情况，实现财务对业务的实施管理与控制。

（2）基于IPD的研发管理模式快速落地

1992年，最先将IPD（集成产品研发）付诸实践的是IBM公司，IBM公司实现了将产品上市时间压缩一半，在不影响产品开发结果的情况下，将研发费用减少一半的目标。IPD在各行业被反复证明是研发管理体系的最佳方案，华为海洋在IBM的帮助下开始实践，通过20年不断地进行IT投入构建了一整套信息化系统，使IPD的管理思想方法始终贯彻执行并不断完善。本项目通过金蝶云·星空PLM系统实现了华为海洋的IPD IT管理流程的快速落地，如图2.34所示。

① 产品市场管理。

IPD第一个重要思想是把产品研发作为一个投资行为，研发的目标是市场，技术是手段。因此，研发初期要对市场及客户需求、竞争对手、技术发展方向等进行深入调研，做好产品路标规划，选择正确的产品发展路线。

应用金蝶云·星空PLM系统中的需求管理模块，收集企业内外对产品市场、技术、供应、制造、安装、维护等各方面的需求，并对需求进行汇总、分析，跟踪需求落实过程；通过产品管理模块对产品平台、系列、版本的创建和更新进行有效管控。

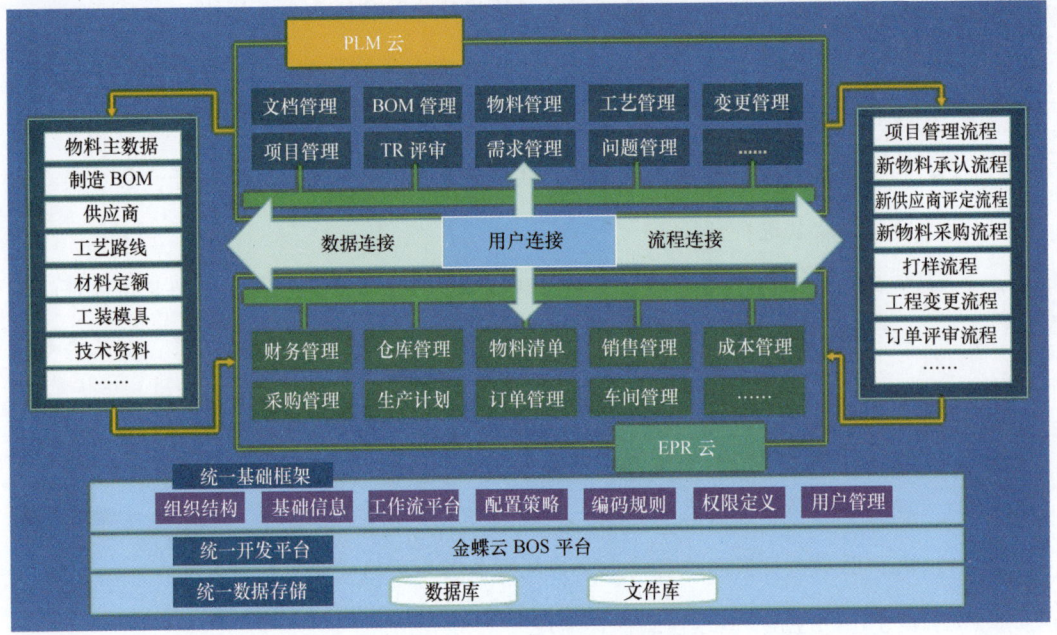

图2.34　PLM整体解决方案

② 产品研发管理。

● 研发项目管理。

找到正确的市场方向后，IPD提供了一整套方案来提高产品研发效率和质量。研发作为一个创新活动，必然会发生各种错误、走各种弯路，减少错误的发生，避免重复掉进同一个陷阱，减少返工次数是提高效率最好的手段。在金蝶云·星空PLM系统中，项目管理模块使客户IPD的结构化并行的研发流程落地在IT系统中，并通过将任务与研发交付件绑定，研发的实际业务与既定流程完全匹配，通过各阶段的技术评审实现设计控制闭环把控研发质量；通过构建47个跨部门各专业的工作流，使每个技术及业务评审得到充分有效的严谨决策，把犯错的概率降到最低；通过问题管理模块沉淀了历史上发生的问题及解决方案，形成设计准则及测试准则库，为新产品开发提供详尽的规范。

● 物料管理。

产品质量从控制每一个所使用的物料开始，IPD对物料从选用、认证、测试、使用、变更、替换到维护的全生命周期有详细的要求，其中还包括对物料品牌、生产工厂、供货商的技术认证、供应及服务能力进行确认的要求，另外，对影响产品可靠性的物料还要进行可靠性认证，以便确保物料在产品制造、使用、运维中可靠运行。正是这套系统使客户研发制造的产品可以做到 25 年高可靠地不间断运行。金蝶云·星空 PLM 系统通过物料管理模块、可靠性管理模块，构建了物料优选库，以控制物料品种增长，并通过 18 个工作流把与物料相关的业务流程落在 IT 系统中，使企业一半以上人员参与的跨部门物料决策过程严格、高效地运行。

- PLM+ERP 一体化。

项目交付性运行模式的客户对交期的要求非常高，需要在严格控制研发质量的同时尽可能缩短交付周期，还要兼顾成本控制。IPD 的并行开发流程使关注成本、交期、可制造性、可维护性的产品开发团队（PDT）尽早参与研发初期方案论证，避免了方案中可能发生的问题，提高研发一次成功率。通过金蝶云·星空 PLM 的物料优选模块，要求设计人员必须在物料优选库中选择物料，并通过 PLM+ERP 一体化，实时获得物料的成本、交期、供应、质量等方面信息，做出最佳选择。通过 BOM 多视图模块，在方案设计阶段完成一次 BOM 就可以下推到 ERP 对长周期物料进行采购和制造，在详细设计完成后的正式 BOM 再次下推 ERP 进行正式生产，从而实现了研发、供应链、制造的并行工程，缩短交货周期。

③ 图文档管理。

在研发过程中会产生大量的产品数据和过程数据，IPD 对这些数据有严格的质量管理要求和生命周期状态管理要求，以保证产品数据的准确性、完整性、一致性。通过金蝶云·星空 PLM 系统的文档管理模块，对所有的设计、工艺、制造、质量文件从提交到审核发布进行有效管理，并建立文档与物料之间的关联关系，在物料下推到 ERP（企业资源计划）、MES（制造执行系统）、SRM（供应商关系管理）系统中时，物料相关的技术文件也会依据权限规则随之下推给供应链、财务等，甚至供应商和相关客户，当发生设计变更时，最新的数据也会自动刷新并下推给这些相关人员，确保整个产业链产品数据的一致性。

④ 变更管理。

设计变更时有发生，为交期和成本都带来了压力，金蝶云·星空 PLM 系统的变更管理模块帮助设计人员在变更方案阶段评估本次变更涉及哪些产品、哪些产品数据，以及影响到的库存、生产制令单、采购订单、销售订单等数据，依据这些数据做出更合理的变更方案，并及时通知销售、采购、制造相关人员及时应对。变更方案还要对旧物料的处理给出相应的处理策略,这些处理策略会随着变更单的生效直接在 ERP 中得以执行,从而真正实现了设计变更到工程变更的闭环。

(3)智能制造,保障华为海洋25年零缺陷的生产体系固化

海底通信设备生产制造对质量要求非常高,为保障设备连续稳定运行,华为海洋构建了 25 年零缺陷质量保障体系。本项目应用金蝶云·星空 PLM+ERP+MES 一体化平台,覆盖华为海洋产品设计、生产计划、生产执行、发料供应、质量品质,实现全过程精细管控,确保华为海洋 25 年零缺陷质量生产保证体系的稳定(如图 2.35 所示)。

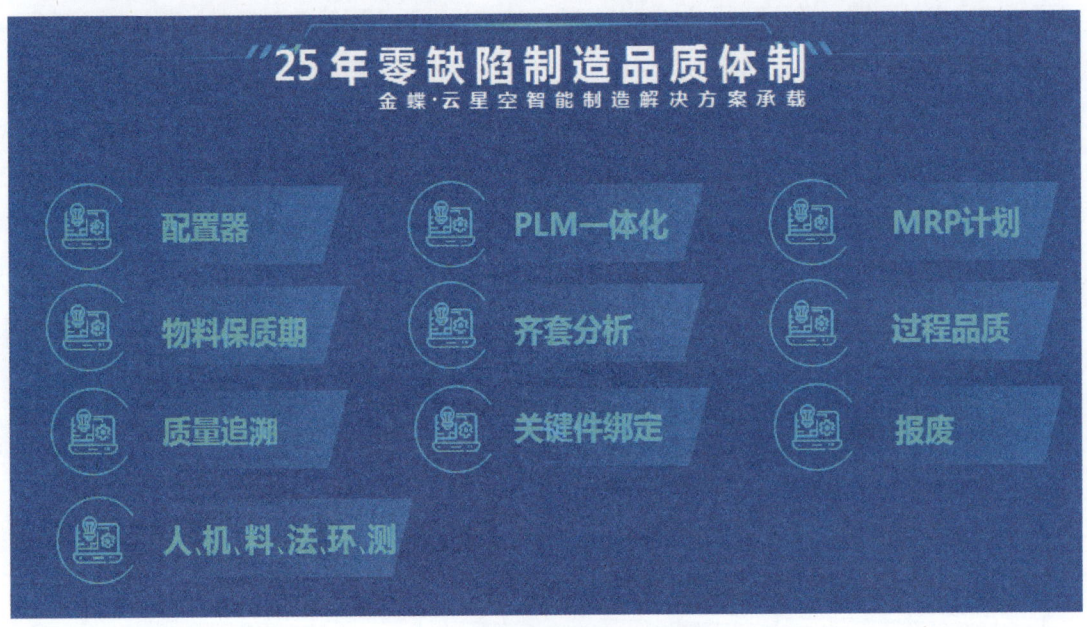

图2.35 智能制造整体解决方案

① 客户需求配置器产生报价 BOM 和产品 BOM,规范管理、提高效率。

② 物料、BOM 由 PLM、配置器自动传入 ERP、MES,数出一源,降低数据出错风险;PLM 的最新技术资料和 MES 的资料共享。

③ 物料需求计划由 MRP 系统化实现,采购申请、生产工单由需求产生,实现产供销协同,减少人工计算的工作量。

④ PMC 通过物料齐套性分析、缺料分析等智能工具进行生产前的物料准备,快速保障生产准备工作简单有序,同时减少生产过程中等料的浪费。

⑤ 质量检验覆盖材料检验、生产过程检验的全流程，检验结果统一实现电子化，并通过控制图表进行品质的监控。

- 来料检验精准记录批次、检验结果等信息，自动判定检验结果。
- 生产过程检测结果详细记录（手持移动终端（PAD）），通过与检测设备连接，大大减少数据采集工作量，同时保证了数据的准确性。
- 生产过程作业流程记录（PAD），规范了现场员工的操作性。

⑥ 实现材料、生产全过程的质量追溯电子化：一线生产、检验人员进行数据采集后，自动形成质量追溯记录，提供电子check-list替代纸质资料，方便进行全生命周期的管理。

⑦ 关键工序对关键件与成品进行绑定，记录对应的组成关系，为质量追溯提供依据。在此基础上进行管理提升，生产工序实现SN进SN出，将生产过程的关键数据集中在MES中。

⑧ 报废流程优化并固化在系统中，避免报废时信息不畅产生的浪费。

⑨ 生产现场人、机、料、法、环、测六大关键元素一体：

- 生产过程覆盖简单的生产任务，实现离散工序加工、产线装配一个流多种模式；
- 通过PAD、条码实现产品、关键件快速绑定，记录产品装配关系，在绑定的同时进行物料防呆；
- 通过安灯异常处理流程对现场异常实现过程管控和闭环；
- PLM中ESOP（电子作业指导书）通过PAD查看数据，最新文件版本与生产任务自动绑定，保证数据的及时性和准确性；
- 生产现场返修过程通过返修工艺编制、关键件拆除、关键件重新绑定等操作实现全流程管控和记录；
- 对现场温湿度进行监控，保证生产环境的稳定；
- 通过生产工时、间接工时采集、分析，给现场管理者提供项目改进的依据；
- 通过生产过程追溯查看每个产品在生产过程中涉及的人、机、料、法、环、测各个要素。

（4）智能财税，打造业务财务一体化平台

业财融合是近年来企业财务转型的方向，财务从以往的"账房先生"转变为业务的"合作伙伴"，财务人员从事前、事中和事后实现端到端的参与业务过程管理，将财务服务延伸到业务各个环节，服务于各角色的员工，为业务提供事前预测、过程风险管理及决策支持，财务真正成为价值创造者。华为海洋拥有多年的业财融合实践经验，在数字化转型中，金蝶云·星空财务云有效地支撑了其财务上百个应用场景，建设了完整的业财一体化的财务体系（如图 2.36 所示），承接了原来财务共享中心的财务核算工作，提供多个场景的财务报表满足业务需求，同时满足项目财务管理的需求。

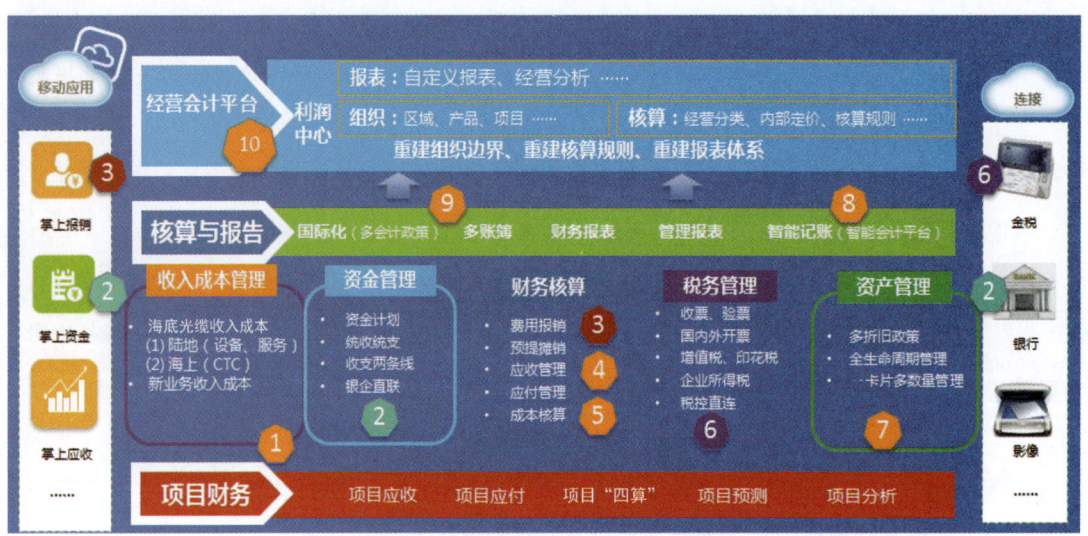

图2.36　业财一体化整体解决方案

① 人人财务，服务人人。

● 人人费用。

人人报销系统面向企业普通报销人员提供更加便捷、体验更好的服务，并且可实现与慧通等商旅无缝对接，提供更好的订票体验，公司统一结算，使员工可以专注于工作。

● 人人资产。

结合云之家移动端的应用，员工在手机端可查询自己名下的资产，并在云之家手机端进行资产转移等操作。

② 智能财务，降本增效。

- 智能会计平台。

智能会计平台在总账与业务系统之间搭建起桥梁，既实现了财务与业务的独立性，又能轻松建立连接，加大了财务与业务处理的灵活度，真正实现了业务随时发生，财务随时核算的管理诉求。

- 发票管理服务。

与税务系统直接连接，实现发票自动接收并验真验重及认证；实时进行发票的开具和打印，帮助企业财税人员提升效率。

- 资产减值自动处理。

每月按照方案自动计提应收账款坏账准备及存货跌价准备。

- 汇兑损益自动处理。

如果收到的发票时点与付款时点的汇率不同或开票时点与收款时点的汇率不同，则系统自动生成调汇单，调整汇兑损益。

- 自动付款。

按照付款计划到期日提前 $X$ 天自动生成付款申请单，避免人工忘记操作影响付款时效。

③ 多组织，多核算体系，多账簿。

满足多组织企业运营管控型企业，多个独立核算法人或责任单元在一个数据中心下统一、有机地组合和管理，实现财务报告和内部管理考核报告的分离与并行，一方面使企业内部财务核算与考核更趋于精细化，另一方面随时满足企业各种组织和业务变化的需要，对每个核算组织建立多个账簿，从而实现对同一经济业务按照不同的会计政策分别进行核算并出具财务报表。

④ 资金管理，提升效率。

- 灵活的资金计划。

通过计划编制、追加确保资金计划执行的可靠性、灵活性，同时在预置的转入、转出规则下确保资金调拨的安全、可靠。

- 资金授信及保函管理。

提供银行授信及保函管理，提升资金效率，降低资金风险。

⑤ 项目财务，精益管理。

- 项目收入成本核算。

按照不同的成本收入确认时点和确认条件在系统中呈现 10 多种业务场景的确认方式。

- 项目报表查询。

系统提供项目台账、项目履行状态、项目损益等情况的查询分析报表。

- 应收应付项目 & 合同维度查询。

应收应付管理的维度精细到主项目信息、合同信息维度，管理分析更加多维，使应收分析更加灵活。

⑥ 国际业务，灵活应对。

支持多国、多地区的会计准则的适用、多国币别的应用、多国科目表体系的建立，支持 90% 以上国家的会计日历的建立、多种语言的账簿，以及多准则财务报表、合并财务报表的编制，满足企业国际化战略对财务管理的要求。

## 三、客户感言

金蝶与我们利用 68 天的时间，替换华为海洋原来的 184 个系统，完成 238 个业务流程的全部重构，将不可能变成了可能。这些挑战不仅来源于数据迁移工作量、各个系统精益的方式，还来源于在新系统中实现业务价值流和战略意图。

——华为海洋 IT 部长　蒙方明

## 实践经验总结

电子电气行业应该是较早体会到外部环境由工业经济的大规模生产向数字经济的"多品种、小批量、短交期"转变的行业之一。面对这种挑战，行业创新者在度过短暂的焦虑后，更应该积极思考如何用数字化的手段去迎接数字化的变革。

上海步科作为自动化控制核心部件的专业供应商，最先洞察"多品种、小批量、短交期"的变化，开始进行创新实践的探索。2016年3月，步科和金蝶一起在德国汉诺威博览会上发布了中国第一套智能制造解决方案——KK智慧工厂解决方案，这套解决方案具有柔性制造的特点，进行了OT和IT的融合，被评为"最落地"的解决方案。2016年10月，金蝶云·星空的MES+工位屏（HMI）+步科智能立库的硬件解决方案在深圳步科上线，步科作为金蝶云·星空的ERP+MES一体化软件的原型客户，其一线生产工人上班后就打开放在工位的HMI，开始一天的工作：PMC确定的生产工单实时出现在HMI上，工人按单生产，保障生产的日清日结；加强对生产过程的管控；通过智能仓储物流按生产工单将物料配送到生产工位；用条码技术实现了对材料、半成品的全程感知；这些工作实现了柔性化、透明化、智能化的生产。同时在实现生产一线的数字化后，再与精益改善相结合，将生产工序的数字化形成的生产价值流图转化为精益改善的突破点，指导生产经营。这些改善提高了步科的经营质量，2016—2019年，在生产工人不增加的情况下，步科的产值增长接近100%，可以称为中小制造企业"上云、用数、赋智"的最佳实践。步科用低成本智能制造助力中小制造企业的经营能力提升。

光峰科技是一家拥有原创技术、核心专利、核心器件研发制造能力的全球领先激光显示科技企业，致力于激光显示技术和产品的研究创新，在不少国家级大型活动中，光峰科技的产品都让人体会到了美好的感受。光峰科技正在向数字化转型，其数字化转型的关键点是夯实基础，在集团进行规范统一；在重点业务领域用不同的管理系统强化管理，并通过 API（应用程序编程接口）实现 PLM、OA（办公自动化）、MES、BI（商务智能）和 BOSP（业务运营支撑平台）与金蝶云·星空的快速集成。这是光峰科技，一家具有核心技术的企业的数字化转型之旅。

广州亿航是无人机飞行编队世界第一的创新企业，其直接采用公有云部署，在满足亿航信息安全性、拓展性要求的同时，也使得跨地域业务一致；从销售订单到付款的一体化端到端应用助力亿航订单交付率的提升，强大而灵活的 BOM 功能支持亿航复杂的产品结构，实现了量化的缺料和损耗管理。灵活的生产管理模式非常适应亿航产品快速迭代的业务特点。

是什么让珠海迈科在 2019 年迎来了更良性的发展呢？是迈科花费数年打造的数字化管理工具：建立内部核算体系，形成有效的内部竞争环境，覆盖九大业务领域，数字化创新贡献形成规模优势；在按单生产的模式下，用 MRP、齐套分析、缺料分析实现不同层级的产供销协同，压缩交货周期；通过细分到责任组织和部门的预算，落实效率"责任"；通过移动手段，高层可实时了解经营数据，将整体库存和现金都保持在合理的区间。

具有标签技术的民营高科技企业上海威侃电子，以及以新能源锂电池为主业、以 3C 数码电池和动力电池为核心业务的 A 股企业维科技术，都选择了用金蝶 PLM 系统来强化研发过程管理，提高自己的核心竞争力。

华为海洋则是在极短的时间（68 天）内，与金蝶通力合作，顺利进行了原有国外 184 个系统的替换。国产化替代对国内软件供应商是机会，同时考验了供应商的担当精神、责任心及长期积累的综合能力。

电子电气行业的"上云、用数、赋智"之路是在大环境由工业经济的大规模生产向数字经济的"多品种、小批量、短交期"转变的情况下产生的，本章收集的案例是企业不断思考、不断突破、不断用工具落地的体系，这些企业进行的创新帮助它们在新的环境下，消除了生产经营中的各种浪费，提高了经营质量，同时带给读者新的启发。数字经济带来的变化正在发生，创新企业的探索也在继续，管理创新正在路上，我们有理由认为未来会有更多的创新产生，并倒逼数字化管理工具的创新和落地。

# 第 3 章
## CHAPTER 3

# 机械五金企业，传统行业"上云、用数、赋智"之路

# 新力五金工具的"屏 + 制造"价值构建之路

## 一、企业简介

兰溪新力五金工具有限公司（以下简称"新力五金"）成立于 2002 年 4 月，是一家主要生产冷挤压五金工具的制造型企业，主要产品有汽车工具、电脑工具、组套工具、螺丝批等，产品主要出口到欧洲、美洲、澳大利亚、东南亚、中东等国家和地区。

新力五金拥有众多国内外先进的自动化设备，如冷镦机、自动刻字机、机油离心式过滤机等，具备完整的生产与质量管理体系。园区内主要有冷镦车间、车床车间、磨床车间、电镀车间、五金车间、包装车间等设施。2007 年以来，新力五金进一步加大了技术改造和设备添置的资金投入，新建厂房一万余平方米，新增自动化生产线两条，产品荣获浙江省五金名品、金华市名牌产品、金华市著名商标、金华市科技型中小企业、兰溪市优秀成长型企业、兰溪市纳税大户等荣誉。

## 二、项目介绍

### 1. 项目动因：效率制胜

在手动工具行业中，国外品牌处于业界领导地位，其中史丹利和世达在市场占有率及品牌知名度上均大幅领先国内品牌。国内五金企业大多数以生产低端产品或者代工贴牌为主，高端产品和具有影响力的品牌产品不多，国内品牌的排名不稳定，整个行业的竞争比较激烈，要在激烈的竞争之中求胜，企业就必须有自己独特的生存技能，在企业转型这个命题上，新力五金一直都在思考。

（1）交期控制

手动工具的市场订单变化迅速，优先满足客户交期是第一要务，但在传统作业管理模式下，计划的制订与执行都依靠手工作业，不仅效率低，还极其容易出错，因为交期不准确而丢单的情况时有发生。

（2）工艺及数量管控

工艺路线与数量控制是现场管理中最难的部分，使用 Excel 进行数量汇总不仅费时费力，前后工序之间没有关联还导致前后产能不平衡。现场超计划生产或者漏单生产现象比较普遍，生产进度也不能实时获取，导致现场生产发生错误后不能被及时发现。

（3）库存控制

五金行业一般按单生产，但因为手动工具产品在部分规格参数上具有国际统一标准，所以可以视为"半模块化"的产品，为保证交期，工厂一般也会对常见规格的产品设置安全库存，但因为品类较多，所以靠手工进行库存管理易出错且数据的即时性及可靠性不足。

（4）少量多样的挑战

新力五金的产品线极其丰富，生产的产品共分为九大类 12 000 余种，70% 为定制化生产，常用物料 16 000 余种，是典型的少量多样生产模式。单次生产批量小，而且紧急插单、拼单生产的情况比较多，这对现场管理的灵活多样、柔性化提出了较高的要求。

（5）价格与成本的敏感性

作为劳动密集型产业，以外贸出口为主的五金工具行业极易受到大宗原材料价格浮动及汇率波动的影响，不断提高的关税会对企业经营造成极大的挑战，因此，降低管理运营成本，实行精益管理，通过信息化工具向企业经营要效益开始进入公司发展的战略蓝图中。

## 2. 新力五金数字化转型目标及成果

**目标：数字化转型，逻辑至上**

新力五金高层在意识到公司管理面临的一系列问题之后，对市场上的各种 ERP 及生产管理系统进行了比较，在经过反复对比以及走访了金蝶样板客户之后，最终于 2015 年选择了与金蝶进行合作，因为金蝶产品的柔性化和生产、业务、财务一体化等特性可以更好地支持企业的整体信息化建设，并为未来业务升级扩展留下空间。

根据业务需求的紧急程度，新力五金的信息化建设主要规划了 3 个阶段（如图 3.1 所示）。第一阶段的目标为实现车间生产进度的跟踪与计件工资的自动统计，这一阶段的主要诉求是解决现场失控的生产状态问题，使前后工序产能平衡，消除超计划生产浪费，消除订单遗漏，与此同时将工人计件工资与订单完成进度相关联，以此提高工人的生产配合积极度；第二阶段的目标为实现产供销一体化，此阶段的主要诉求是解决订单优先级问题，以销定产，确保交期，生产主管通过现场紧急工令单看板，依据订单紧急程度安排调配生产次序，通过现场生产进度及库存状态等信息查询功能，更准确地服务客户；第三阶段的目标为智慧终端自助报工，此阶段的主要诉求是将统计人员从繁重的数据统计录入工作中解放出来，使其职能由数据录入转变为数据监督，赋能员工提高现场管控力度，并使报工信息更加准确、及时。

图3.1 新力五金信息化建设时间轴

为实现新力五金的信息化目标，金蝶云·星空售前顾问老师对客户业务流程、现场工艺工序及各个部门进行了深入调研，梳理出了生产业务流程总图（如图3.2所示），并制订了详细的售前方案。

自2016年开始，项目开始有计划地分阶段实施，在此期间金蝶云·星空与客户一起成长，在合作的两年时间里金蝶持续为客户的产、供、销等环节提供信息化平台建设支持，取得了一系列成果。

### 成果1：重数据——打破部门壁垒，实现数据资产化集中

在落实信息化之前，业务前后没有太多系统化的关联性，导致各个部门之间"各自为政"，公司整体运行效率得不到有效的提升。

系统上线之后，订单信息和计划信息、生产信息、库存信息等完成了透明互通，每个部门的人不仅关注自身工作进度，还能看到与订单相关联的计划、生产、库存等信息（如图3.3所示），这种前后端工作的互联互通，打破了原来在部门沟通和协调上的壁垒，将各个部门与订单牢牢绑在了一起，大大提升了工作效率。

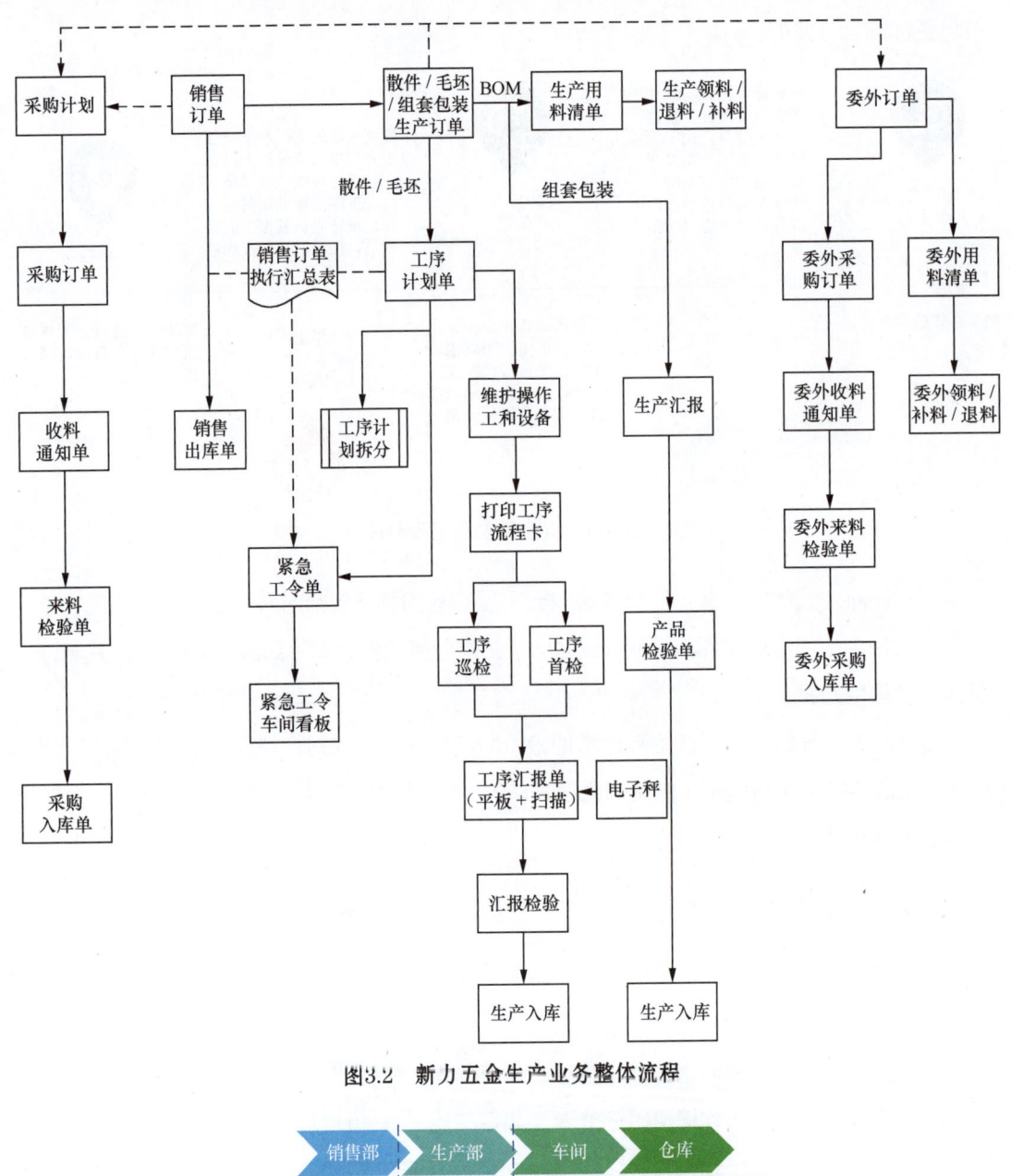

图3.2 新力五金生产业务整体流程

图3.3 多部门信息流协同

### 成果2：强结果——工艺数据化，订单条码全程跟踪

新力五金产品线极其丰富，70% 为定制化，常见产品共有九大类，常用组件和物料有 16 000 余种，产品的形状、规格、大小不同，产品工艺路线复杂，生产计划和现场管理难度极大。

应用金蝶云·星空后的变化如下。

（1）项目组对新力五金所有产品的工艺路线进行了仔细梳理，并与新力五金工艺和生产部反复讨论，最终形成了一套优化后的产品工艺流程数据库，并导入金蝶云·星空，实现了基础数据标准化。

（2）为新力五金建立了产品一体式跟踪单，集工艺路线、工艺参数、产品信息、加工尺寸基准、订单信息、作业跟踪为一体，并进行条形码标记。产品进入任一工序——开始加工或者完成都要扫码，实现了车间现场条码的全程应用，可以实现产品批次及生产全程跟踪管理，车间作业人员可以根据跟踪单随时检索生产需要的信息，极大地提高了生产现场的作业效率和数据准确性。

### 成果3：优计划——电子看板透明化履约体系

订单变更、紧急插单在新力五金的营销体系中是比较常见的情况，也是一直困扰业务部和生产部的难题。业务部一方面需要随时掌握销售订单的执行进度，同时面对紧急插单和订单变更还需要与生产部进行反复的沟通交流；而生产部也要时刻保持警醒，关注随时可能到来的紧急插单并给出应对方案。

金蝶云·星空为业务部和生产部搭建了一个基于数据化、可视化的沟通渠道，生产现场的数据通过智慧终端和车间条码及时采集到系统，结合生产计划管理系统，业务部可以通过报表随时跟踪销售订单产品对应的可用库存数量、未销售数量、订单数量、生产中数量、当前的工序等，生产调度员、车间主管则可以通过电子看板随时关注紧急工单的实时进度和交货倒计时预警等信息，及时进行现场调度优化以确保交期。磨床紧急工令单看板如图 3.4 所示。

| 当前时间：2018-10-23 09:16 | | 磨床紧急工令单看板 | | | | 第5页／共10页 | |
|---|---|---|---|---|---|---|---|
| 生产订单号 | 产品名称 | 规格 | 生产数量 | 最新工序 | 截止时间 | 倒计时 |
| 18定牌223 | 弹窝六角套筒 | 3/8×13×24.4 大直 | 18 500～16 448 | 毛坯发料 | 10-20 00:00 | 81时14分 |
| 18定牌225 | 弹窝六角套筒 | 3/8×13×24.4 大直 | 103 605～103 274 | 磨床 | 10-20 00:00 | 81时14分 |
| 18定牌226 | 弹窝六角套筒 | 3/8×13×24.4 大直 | 23 352～11 986 | 毛坯发料 | 10-20 00:00 | 81时14分 |
| 18定牌225 | 弹窝六角套筒 | 3/8×12×24.4 直 | 89 282～85 076 | 刻字CRAFTSMAN 艾沛克斯＋编号＋滚齿1.8m | 10-20 00:00 | 81时14分 |
| 18定牌226 | 弹窝六角套筒 | 3/8×12×24.4 直 | 23 352～20 315 | 毛坯发料 | 10-20 00:00 | 81时14分 |
| 18定牌225 | 弹窝六角套筒 | 3/8×11×23.6 直 | 89 282～71 786 | 磨床 | 10-20 00:00 | 81时14分 |
| 18定牌223 | 弹窝六角套筒 | 3/8×10×23.6 | 16 448～0 | 毛坯发料 | 10-20 00:00 | 81时14分 |
| 18定牌225 | 弹窝六角套筒 | 3/8×10×23.6 | 89 282～48 898 | 毛坯发料 | 10-20 00:00 | 81时14分 |

图3.4　磨床紧急工令单看板

### 成果4：挖价值——"屏+秤"激活车间现场数据价值

在应用金蝶云·星空前，新力五金车间现场面临以下问题。

（1）信息采集滞后、统计数据质量低：完工件数称重后，由人工读数、折算、记录，再由统计员定期收集并汇总，先后经过多次人工计算、记录、统计，数据准确性低，统计数据严重滞后（1天以上）。

（2）生产执行失控：由于生产处于手动管理状态，超计划生产、漏单生产情况频发，生产调度难度极大，导致生产无法准确按照调度指令进行，影响产品交期。

（3）产品积压、材料浪费：由于生产执行失控，生产用料浪费，产品在制和积压严重，生产成本压力巨大。

应用金蝶云·星空后，新力五金建立了一套完善的生产现场数据采集体系，结合智能称重系统，车间现场管理得到了有效的改善，具体表现如下。

（1）数据及时采集上报：现场布置工业屏和条码采集设备，现场作业的采集和上报全部由车间操作人员自行完成，员工刷卡登录工业屏后，快速扫描识别工单，并在工业屏上进行报工操作，报工数据直接进入金蝶云·星空后台数据库，系统报表和电子看板则马上可以刷新显示，数据流动更加及时和准确。

（2）秤与屏实现互联：车间现场主要的计数方式为称重，将工业屏与车间的台秤、地秤和吊秤设备进行通信集成，报工操作时自动读取秤的克重和总重数据，并自动进行计数折算，取消人工干预环节，极大地提高了报工效率和数据的准确性，如图3.5所示。

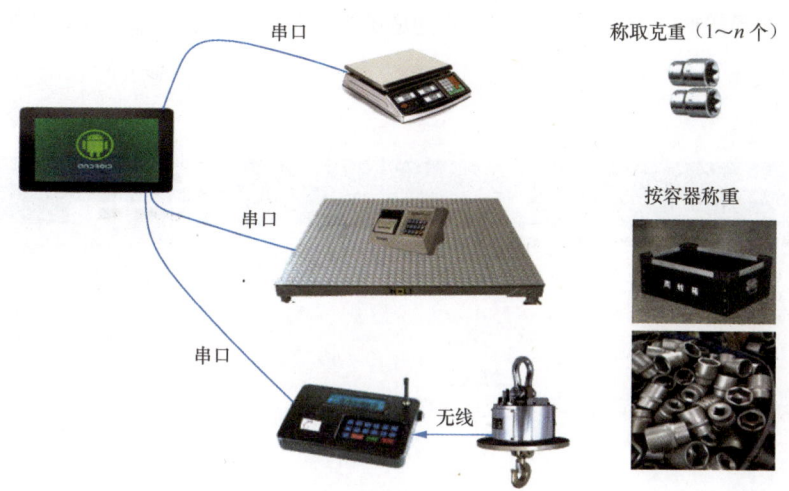

图3.5　与电子秤集成实现生产现场实时报工

（3）严格按计划生产：车间作业严格依据生产工单计划进行，同时考虑行业特点，系统可以设定超生产上限，生产用料严格按计划消耗，有效解决了生产的随意性问题，减少了现场浪费和产品积压。

### 成果5：深激活——计件工资激活员工经营意愿

金蝶云·星空也为新力五金建立了车间计件工资系统，可以提前设定计件工资单价和系数，系统会根据员工的报工数据自动计算出每个人的当日薪酬和绩效，实现完全自动化处理。

计件工资系统极大地减轻了HR薪酬主管的工资核算工作量，提高了工资数据的准确性，实现了每日计件工资的自动计算。车间操作工人则可以通过系统自助查询每个人的工资报表，对每日完成工资做到心中有数，工作的积极性提升了，进而车间整体的执行绩效也得到了提高。

### 成果6：防纠错——报工数据自动核对，大大降低数据差错率

原报工方式为现场手工报工，由人工称重并手工计算，报工数据不及时、不准确，数量虚报等导致前后工序数量/重量不匹配，差错率很高。在系统和称重仪器连接后，可实现自动计算产品数量，并与前工序进行自动比对计算，严格控制汇报数量，不允许工人随意报工，保障了数据的准确性，避免了人为造成的数据差错。报工数据自动核对界面如图3.6所示。

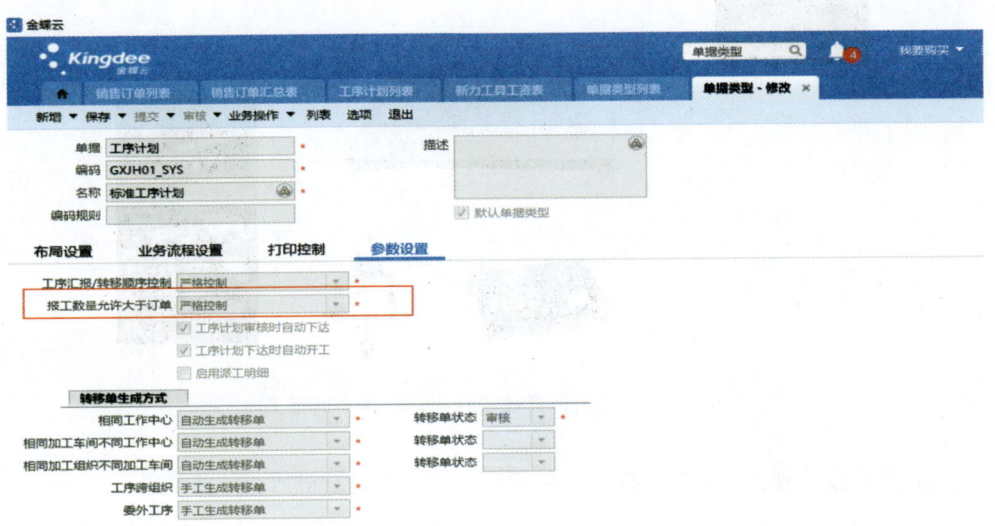

图3.6 报工数据自动核对界面

### 3. 数字化应用价值

（1）产能提升40%

新力五金自2016年应用金蝶云·星空后，整个工厂产能上升了40%，而管理更加轻松顺畅，这要归功于金蝶云·星空对现场生产的有效把控。各个部门之间流程的打通，使订单处理、生产计划、现场执行、上下工序之间都形成了链接。

（2）交期更加精准

① 紧急工令单看板的使用，减少了生产计划科与车间现场的紧急订单沟通时间，有效降低了沟通成本，紧急订单优先生产，不易遗忘。

② 销售执行汇总表的使用，实现了不同客户订单的相同产品的汇总、查询等功能，让销售订单的追踪变得一目了然。

（3）库存有效降低

五金工具属于半标准化产品，如果对生产过程没有精确的控制，生产很容易超计划从而造成库存的积压。与未应用金蝶云·星空时相比，同产量情况下，生产环节更易达成，公司整体运行效率得到了有效提升，周期缩短、生产数量精准可控，目前基本无库存积压情况。

（4）生产数据精准化

① 数据更加准确：现场工艺流程卡原来使用手工编制发放，很容易出错，而且生产过程中一旦出错，就不易发现；现在通过系统打印并跟随产品全流程，不容易出错。

② 称重仪的对接：原来现场采用人工记录换算的方式，产品数量统计环节极易出错；金蝶云·星空能自动采集重量并换算数量，大大减少了数据误差，有效避免了销售发货数不足造成的生产补数。

（5）生产流程更加高效柔性

生产系统具备非常高的柔性，通过系统可以方便地对生产订单及工序进行流程上的合并、拆分、并序生产、跳序生产等操作，最大化地适应了市场的快速变动。

## 三、客户感言

与金蝶的合作给我们企业带来的最大的价值是，企业管理者和现场工人对产品生产过程有了更进一步的认知。金蝶云·星空让大家协同工作，原本单一的工序被系统串联起来组成一个整体，让工人们深刻体会到前后工序的息息相关。这两年来在金蝶的帮助下，我们公司的产能总体提高了40%，这在原有管理模式下是很难实现的。希望新工厂能在未来3～5年里与金蝶一起走向辉煌。

——兰溪新力五金工具有限公司副总经理　蒋佳俊

# 方快锅炉的数据重构业务成功实践

## 一、企业简介

　　方快锅炉有限公司（以下简称"方快锅炉"）是一家研发、制造、销售清洁燃料锅炉和清洁燃烧技术锅炉的高新技术企业，目前拥有上海方快锅炉有限公司及方快锅炉安装有限公司等5家子公司，一个研发中心和两个制造厂区，厂房面积近10万平方米，拥有自主知识产权80多项，具有国内先进的清洁燃料锅炉制造技术，并与西安交通大学共同建立了清洁燃料锅炉产学研合作基地，是国内唯一拥有清洁燃料锅炉研发测试中心的企业，也是迄今为止中国最大的可视数控锅炉生产基地。方快锅炉热效率可达107%，已被国家列入特种设备节能目录。中国工业锅炉协会统计的数据显示，方快清洁燃料锅炉产销台数居行业之首。

方快锅炉依托自身在工业锅炉和自动控制方面的产品与技术优势，利用先进的物联网技术、移动互联技术、云计算技术、大数据技术和智能控制技术，与热源、热网、热用户高度集中形成了智能云端管控中心，真正实现了工业锅炉智能化。

方快锅炉集团以"塑造人品，创造精品"为经营理念，通过持续研究，不断提高产品的科技含量来贴近用户，以"做人职业化、做事精益化"为核心价值观，建立了有效的企业管理制度体系，通过了 ISO 9001 质量管理体系、OHSA 18001 职业健康安全管理体系及 ISO 14001 环境管理体系。多年来，方快锅炉凭借良好的公司信誉、雄厚的技术力量、完善的技术支持、过硬的产品质量和周到的服务赢得了众多客户的认同与信赖。未来，方快锅炉将抓住机遇，迎接挑战，充分利用拥有自主知识产权的专利技术，发挥产品差异化的优势，打造"中国清洁锅第一品牌"。

## 二、项目介绍

### 1. 项目动因：未来企业即数字企业

方快锅炉从 2003 年开始应用 ERP 系统，通过将客户化定制与专业财务软件、专业设计软件、CRM 软件相结合，信息化系统覆盖了方快锅炉的大部分供应链、生产、财务、成本管理、研发管理、客户关系管理。ERP 系统的应用获得了业务部门的一致认可，成为方快锅炉业务运行的重要支撑系统，为方快锅炉上一阶段的跨越式发展起到了有效的推动作用。

但随着方快锅炉业务及移动互联技术的发展，商业模式快速改变。方快锅炉发展成为一个拥有 5 家子公司的集团公司，对上下游供应链系统的优化，以及企业内部管理的精细化程度、数据准确性等有了高要求，传统分散的管理系统不能满足快速发展的企业业务模式的创新和改变。因此，方快锅炉向新型信息化转型迫在眉睫，需要建立一个新的数字化信息平台，通过 ERP、CRM、PLM、SCM（供应链管理）等信息系统互联互通实现业务支撑，通过信息化、工业化、自动化，实现营销、服务、物流、研发、制造、供应链的智能物联，完成研发再造、品质再造、管理再造、人才再造。

信息化成熟度模型如图 3.7 所示。

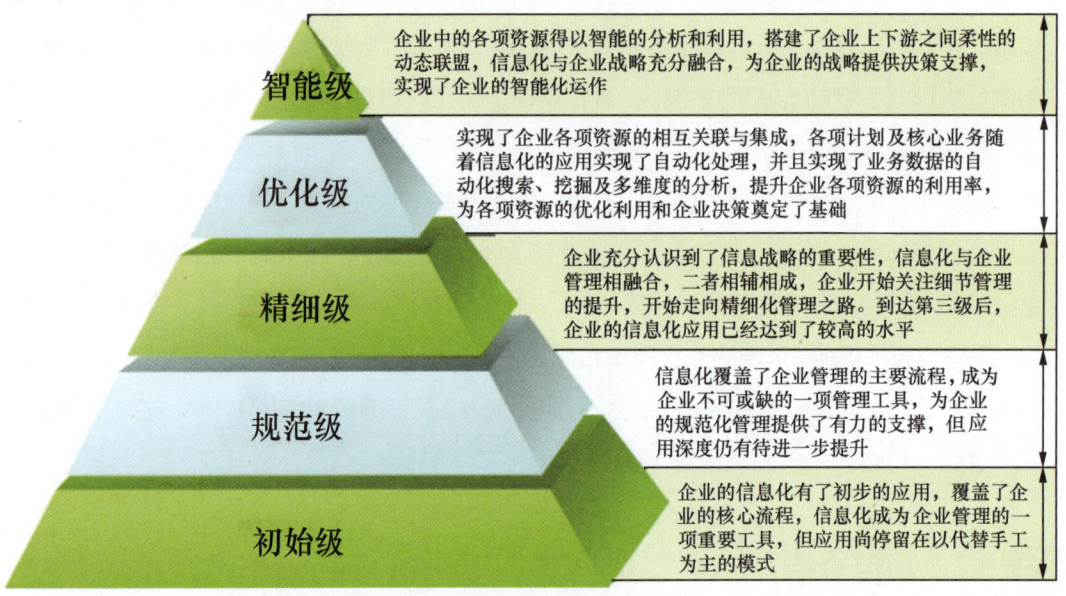

图3.7　信息化成熟度模型

## 2. 项目需求

经过近两个月的业务梳理及业务调研，方快锅炉确定企业信息化建设在以下几个方面有强烈的变革需求。

（1）集团业务与财务一体化

企业之前使用的业务系统和财务系统、CRM 系统是独立的 3 个系统，造成了信息系统孤岛。系统用户操作烦琐，重复工作量大，财务数据严重失真，管理成本高。所以在集团信息化工作一体化方面，需要财务系统与供应链系统、SHR（人力资源系统）等有效集成，实现集团经营信息共享，实现各业务系统中与财务核算相关的库存、存货核算、往来管理、收付款结算等业务信息与财务信息的集成，实现财务、业务一体化管理，打通业务流、信息流、资金流，同时实现对业务部门的独立核算。

（2）建立统一的信息化运营管控平台

方快锅炉各子公司信息化水平参差不齐，需要建立统一的信息化平台、统一的基础资料体系、统一的业务管理流程、统一的财务管理制度和统一的人力资源管理体系，从而打破信息壁垒，实现企业内部信息和资源共享，提高集团的运营管控能力。方快锅炉信息化比较健全，各业务领域已经使用了信息化系统，比如客户管理系统，PDM（产品数据管理）系统，SigmaNest 系统、BPM（业务流程管理）系统、一卡通等，新的 ERP 系统要支持与这些系统的集成，并能进行数据传递和共享。

（3）业务管理精细化

目前全国有 2000 多家锅炉企业，行业竞争十分激烈，方快锅炉凭借优质的产品品质和服务进入了行业前列，同时受国家节能环保、"煤改气"等政策的影响，方快锅炉面临巨大的挑战。所以，需要信息化系统来实现并加强企业业务管理精细化及核算精细化，满足企业实行全面预算管理，推行子公司、产品线、部门、业务组之间的阿米巴管理模式，实现降本增效。

（4）服务协同移动化

随着互联网技术的发展及企业供应链上下游柔性的动态联盟发展趋势，方快锅炉对供应商和经销商的供应链业务协同、财务对账协同提出了新要求。同时，移动办公兴起，方快锅炉需要建设满足日常业务及管理需要的移动办公与团队协作应用，帮助企业打破部门与地域限制，快速实现业务移动化、服务共享化，全面提升工作效率。

（5）生产车间智能透明化

方快锅炉作为国家制造业和互联网融合发展试点示范单位，从 2016 年开始，通过引进一大批相贯线切割机、焊接机器人等数字化高精尖设备，着手进行车间的物联网升级再造；希望通过 ERP 系统服务端云计算的分析和统计实现对生产管理五大要素的智能化识别、定位、跟踪、监控和管理，真正让车间变成信息无所不在、无所不通的全数字化、信息化智能车间。同时，可以满足企业生产安全监控、指挥调度与及时获取生产决策辅助信息的需求。

在方快锅炉信息化系统的选型过程中，金蝶云·星空凭借多法人、多利润中心、多核算体系的先天管理理念各业务领域强大的功能，以及产品对创新业务发展的支撑能力，获得了客户的认可。另外，本地化实施团队具有的良好业务水平、技术能力和沟通能力，这些因素使方快锅炉在众多厂商间选择了金蝶。

### 3. 云转型——数字化重构实践

（1）制造上云——数字车间及其价值

方快锅炉利用金蝶云·星空生产制造模块，结合一体机、云之家、员工 IC 卡等系统，实现计划人员 PC 端派工、车间操作工人在终端进行进度汇报、手机移动报修车间现场异常、车间工位上料防错，逐步建设成一个实时透明的车间管理体系。

① 工段级的工序管理。

方快锅炉根据锅炉的生产工艺，按工段设置工艺路线进行工序管理，不同工段使用生产订单进行管理，生产计划确定后，计划人员在 PC 端派工，指定执行生产的设备及操作工，并下达至生产车间。

② 现场报工，订单进度跟踪。

在方快锅炉生产现场，员工在终端刷卡登录，根据派工的任务进行开工汇报、完工汇报、查询等业务操作。金蝶云·星空根据员工操作自动开工、自动生成汇报单据，车间管理人员通过看板查看订单工序进度，更合理地进行计划跟踪和排程（如图 3.8 所示）。

③ 工作中心移动报修及服务跟踪。

方快锅炉基于云之家开发了移动报修轻应用，员工可通过扫码定位到当前发生故障的工作中心，自动定位申请人，报修信息自动通过云之家通知服务部门和维修人员进行接单、委派操作。服务管理人员通过服务进度看板进行监控服务进度，及时响应现场异常（如图 3.9 所示）。

④ 生产批号的全生命周期管理。

方快锅炉生产的锅炉设备是特种装备，需要严格的质量管理和全生命周期跟踪管理，其使用金蝶云·星空对每台锅炉不同生产阶段进行全流程跟踪和质量追溯。方快锅炉在系统中定义产品生产批号，不同生产阶段定义不同的序号（如图 3.10 ~ 图 3.12 所示），计划人员和车间员工根据产品生产批号可以了解车间现场生产的订单是什么项目、项目处于哪个生产阶段。

图3.8 生产订单现场看板

图3.9 服务单生产现场看板

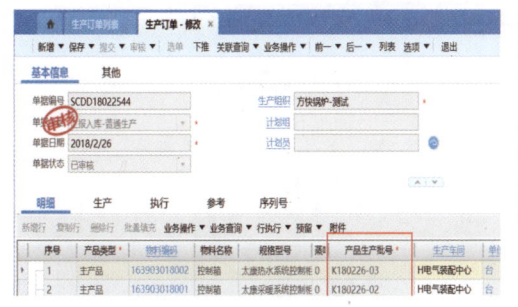

图3.10 生产订单—产品生产批号

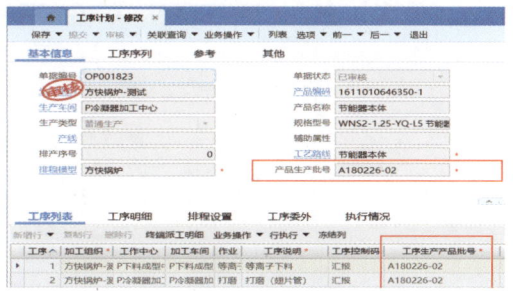

图3.11 工序计划—产品生产批号

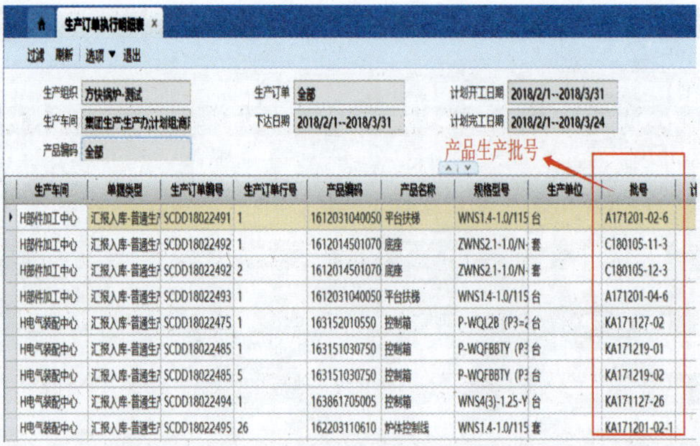

图3.12　订单执行明细表—产品生产批号

⑤ 批号、序列号质量追溯。

方快锅炉使用金蝶云·星空质量管理模块实现生产全流程批号和序列号全面应用，并对每个批号产品使用什么材料、这种材料用于何种产品进行追根溯源（如图3.13和图3.14所示），有力地支撑了远程监控和售后服务部门对客户的服务和产品品质的保期管理。

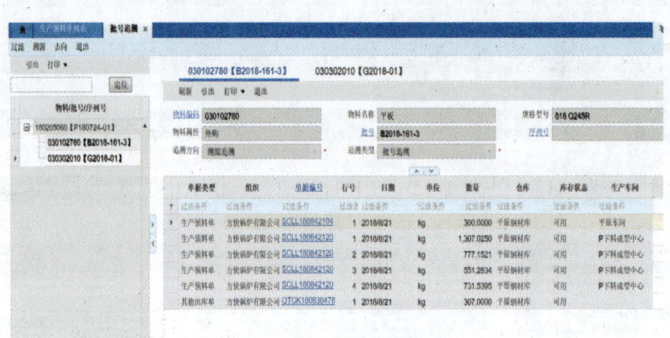

图3.13　批号追溯

图3.14　序列号追溯

（2）财务上云——赋能经营及其价值

① 数字赋能——满足业务特色的阿米巴管理。

根据企业考核要求，方快锅炉把销售、生产、采购、客服、售后等部门设立为阿米巴单元，自定义核算100多项核算项目，出具50多种阿米巴报表，直观地展示了各阿米巴单元的收入、费用、利润等明细，把企业盈亏、部门盈亏与个人收入挂钩，赋能个人，激活阿米巴单元活力。

② 数字经营——经营导向的全面预算管理。

方快锅炉借助金蝶云·星空预算管理模块，进行费用报销。预算环节实现了多组织的预算申报及编制，在预算调整环节均设有审批过程。通过系统控制费用报销业务单据，实现了预算的事中控制，严格把控预算流向，及时对预算做出适度调整。

③ 财务云环境——银企互联。

方快锅炉通过银企互联与当地建设银行合作，实现了银企平台银行账号收付款数据的相互传递。金蝶云·星空接收客户付款信息，在系统生成银行流水，用户根据实时流水关联应收单进行收款业务处理；财务收到采购发票后，在账期日根据采购发票在系统中下推采购付款单，付款单可直接提交给银行，由银行进行付款。

④ 财务云环境——发票云。

通过票无忧和金蝶云·星空对接，财务人员可手工批量接收采购发票，系统可自动检查发票真伪，并自动与采购应付匹配，减少了财务人员核对和确认发票的工作量；员工报销时，可以上传发票，也可以通过发票无忧助手选择发票，相关人员都可以查看到发票，提高了报销效率。

（3）供应链上云——数字供应链及其价值

① 数字即服务——套件销售&行业特性。

锅炉行业一般按项目进行销售，需要先到现场进行各种部件、组件的安装调试，然后再交付使用。金蝶云·星空套件功能实现了客户按项目接单，把锅炉作为套件父项，锅炉组件作为套件子项，统一发货或分次发货到客户现场，在现场进行安装调试等业务，最后和客户结算时按照套件父项进行结算收款。销售场景如图3.15所示。

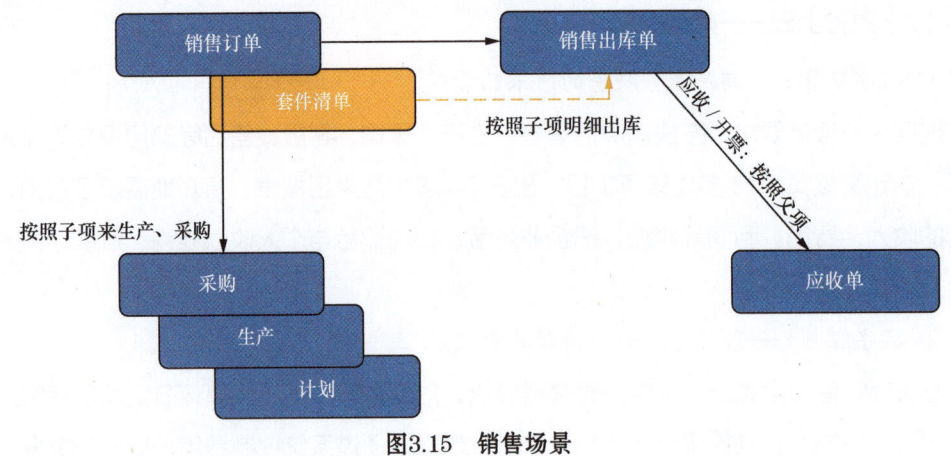

图3.15 销售场景

② 数字协同——供应商协同。

从最初询价到采购业务执行，再到财务对账，使用供应商协同平台与关键供应商进行业务协同，实现快速反应，加强业务紧密度，降低库存水平（如图3.16所示）。

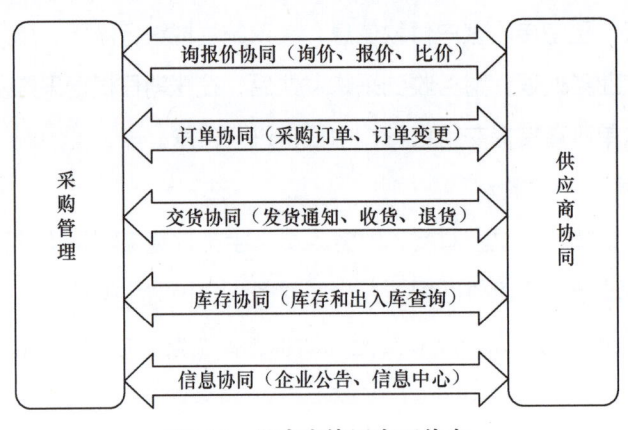

图3.16 供应商协同交互信息

③ 移动办公上云——数据赋能全场景。

通过金蝶云·星空和云之家的无缝集成，方快锅炉使用金蝶云·星空标准轻应用和二次开发轻应用替代了原有的OA系统。业务流程审批、公务审批等流程可全部通过云之家进行，审批流程从原来的一周缩短到1～2天，大大提高了审批效率。通过定时推送的经营分析、掌上资金等消息，管理者可实时了解企业业务经营情况和资金变动情况。

方快锅炉自定义启用了100多个业务监控方案，例如，安全库存预警、保质期预警、工作流审批超时预警、每日收款提醒、生产订单超时未入库预警等。监控信息可同时推送到金蝶云·星空和云之家上，管理人员可掌握实时预警动态，快速定位问题，及时找到异常原因并进行处理。

### 4. 客户价值

方快锅炉通过全面应用金蝶云·星空，实现了集团财务与业务一体化，各项企业资源相互关联和集成，加强了运营管控能力，实现了各种业务数据的挖掘和多维度分析，为集团推动组织深度改革、全面落实阿米巴经营和智慧工厂改造、智能分析及利用各种资源和数据奠定基础。一体化平台解决方案如图 3.17 所示。

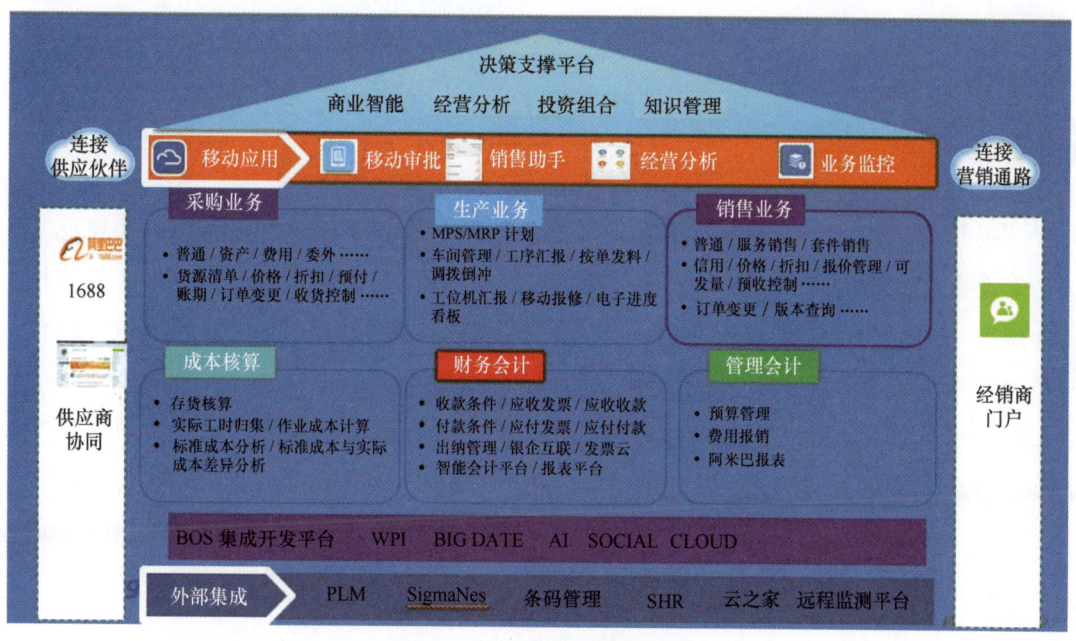

图3.17　一体化平台解决方案

（1）数据资产，集成统一

金蝶云·星空的开放性特点满足了方快锅炉对信息化建设的个性化需求，建设了满足方快锅炉集团化建设的信息化管理平台，并通过一个管理平台承载整个集团（包括子公司）的人力、财务、运营管理需求；通过一套信息系统满足销售、生产、采购、库存、物流、财务、人资、研发等多业务板块的业务需求；通过云之家平台一站登录金蝶云·星空。

（2）数字经营，组织赋能

随着方快锅炉管理模式的不断变革，其各业务部门都在向阿米巴单元方向发展。方快锅炉依靠金蝶云·星空，在不影响对外核算口径的前提下，实现了核算各业务部门的运营成本和利润，提升了公司对企业利润中心核算的能力及管控力，为后续实现多组织、多核算体系奠定了基础。

（3）数字驱动，深度应用

经过多年的信息化建设，方快锅炉已经积累了足够多的业务数据和财务数据。通过应用金蝶云·星空，实现了业务系统及财务系统的深度应用及整合，为数据的有效快速传递、深入挖掘和有效分析利用，提供了平台及技术支持。

## 三、客户感言

近年来，我们公司不断发展壮大，业务模式越来越多，对业务精细化管理也有了新要求，原有的落后的零散系统已经不能满足我们的信息化需求。所以我们选择金蝶云·星空来进行信息化升级，基于云端部署、多组织协同管理、阿米巴经营、移动应用、强大的集成和开发平台，实现了公司财务及业务一体化的项目预期，使业务流程更规范，数据获取分析更快捷。目前，我们公司正在推行组织利润中心改革，希望金蝶继续为公司利润中心的建设提供思路和解决方案。

——方快锅炉有限公司信息中心经理

CHAPTER 3　机械五金企业，传统行业"上云、用数、赋智"之路

# 解析倍杰特高速成长逻辑

## 一、企业简介

厦门倍杰特科技股份公司（以下简称"倍杰特"）是一家专业从事传统马桶盖板、智能马桶、花洒、水箱配件等卫浴产品的研发、生产和销售的高新技术企业。倍杰特成立于2006年10月16日，经过十多年的扎实经营，2016年12月，倍杰特成功进行股份制改造并在全国中小企业股转系统正式挂牌。倍杰特现已发展成为一家有1200多名员工的集团化股份制民营科技企业，并先后投资（全资或控股）厦门市华瑛实业有限公司、厦门倍洁特建材有限公司、厦门致杰智能科技有限公司、厦门新倍鑫模具有限公司。

倍杰特自成立以来重视自主创新，拥有产品开发、制程开发及产品验证等各类专业人才，研发力量强大，已取得数百项国内外专利。公司于2016年被评为"厦门市创新型企业""科技小巨人领军企业"；2017年被评为"厦门市工业设计中心""厦门市企业技术中

心""福建省知识产权优势企业",并顺利通过了"两化融合贯标""知识产权贯标"等各类贯标认证;2018年被评为"福建省科技小巨人领军企业""福建省工业设计中心"。公司秉持务实的创业态度,每年均保持稳增长,因此,也先后被评为"厦门市成长型中小企业""厦门市最具成长型中小企业"。另外,倍杰特还荣获了"民营科技企业""知识产权试点企业""纳税大户""工人先锋号""双爱双评先进企业"等多项荣誉称号。

## 二、项目介绍

### 项目需求及解决方案

(1)数字化是高速增长的原动力

倍杰特集团有多家子公司,涵盖模具、花洒、马桶盖、建材生产等业务。倍杰特的组织架构如图3.18所示。

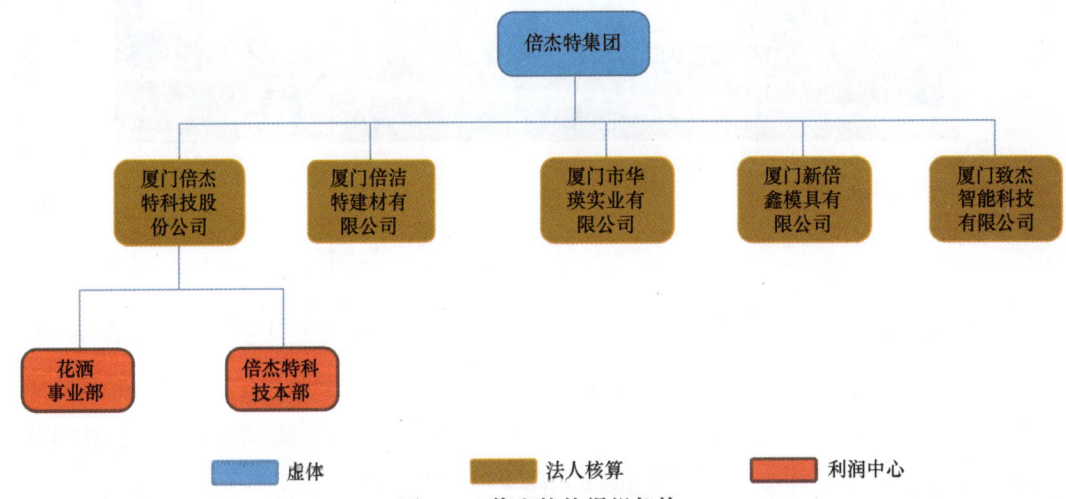

图3.18 倍杰特的组织架构

基于经营考虑,倍杰特采用事业部考核制,把花洒事业部和倍杰特本部独立出来作为利润中心进行考核,对应的管理则需要对应的考量,具体为如下几点。

建立统一的ERP管理平台及数据中心,连接各子公司及各事业部,消除数据壁垒;统一基础资料编码规范及业务流程,做到集团内各个子公司及事业部信息标准统一,流程统一,规避业务风险。

规范集团内各子公司及事业部业务协同流程,规范公司(组织)间交易结算制度,满足公司战略管理、绩效及财务管理需要,保障公司间业务交易的顺畅与及时性,做到一套业务满足不同维度的需求,减少大量的重复单据工作。

统一生产订单数据汇报规范及生产订单管理流程,满足生产管理决策分析(明确"料去哪了""人去哪了""钱去哪了"),通过系统信息化方式减少人工统计数据量,规范委外管理流程,建立委外协同管理平台,满足公司生产对委外加工进度及材料的管控。

(2)集中计划——实现多工厂下的产供销协同

为了实现工厂之间资源共享、权责分明,满足企业集团集中接单、集中采购、集中计划、协调生产的业务运作需求,基于金蝶云·星空,倍杰特规划应用了集中计划的模式(场景如图 3.19 所示)。

在计划方案中设置组织间的供应需求关系,并在产品 BOM 中设置好物料的参数配置,系统 MRP 计划运算后,产生倍杰特本部、花洒事业部、华瑛公司的生产计划订单,以及倍杰特本部的采购订单和委外订单,这就实现了一次计划使产品涉及的所有物料协同供应,避免因为物料、半成品的计划下达不及时,或生产、供应不及时而耽误交期;或者因生产数量过多而造成浪费。

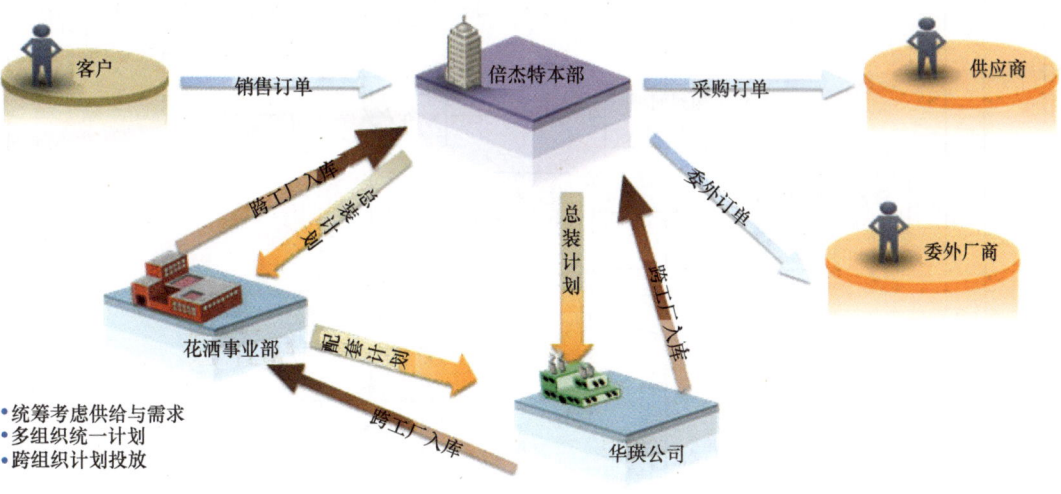

图3.19 集中计划场景

（3）跨组织协同——让准确成为习惯

在原有生产情况下，倍杰特委托华瑛公司生产时，需做委外领料、委外入库、受托加工材料收料、受托加工材料入库，加大了制单工作量，且容易出错。使用金蝶云·星空跨组织协同生产后，支持生产过程中协同物料的领用、入库方式，通过跨组织领料、跨组织入库，结算组织间加工费，实现一套单据两个组织使用，大大减少了做单工作量，降低了单据出错率。委托生产流程如图3.20所示。

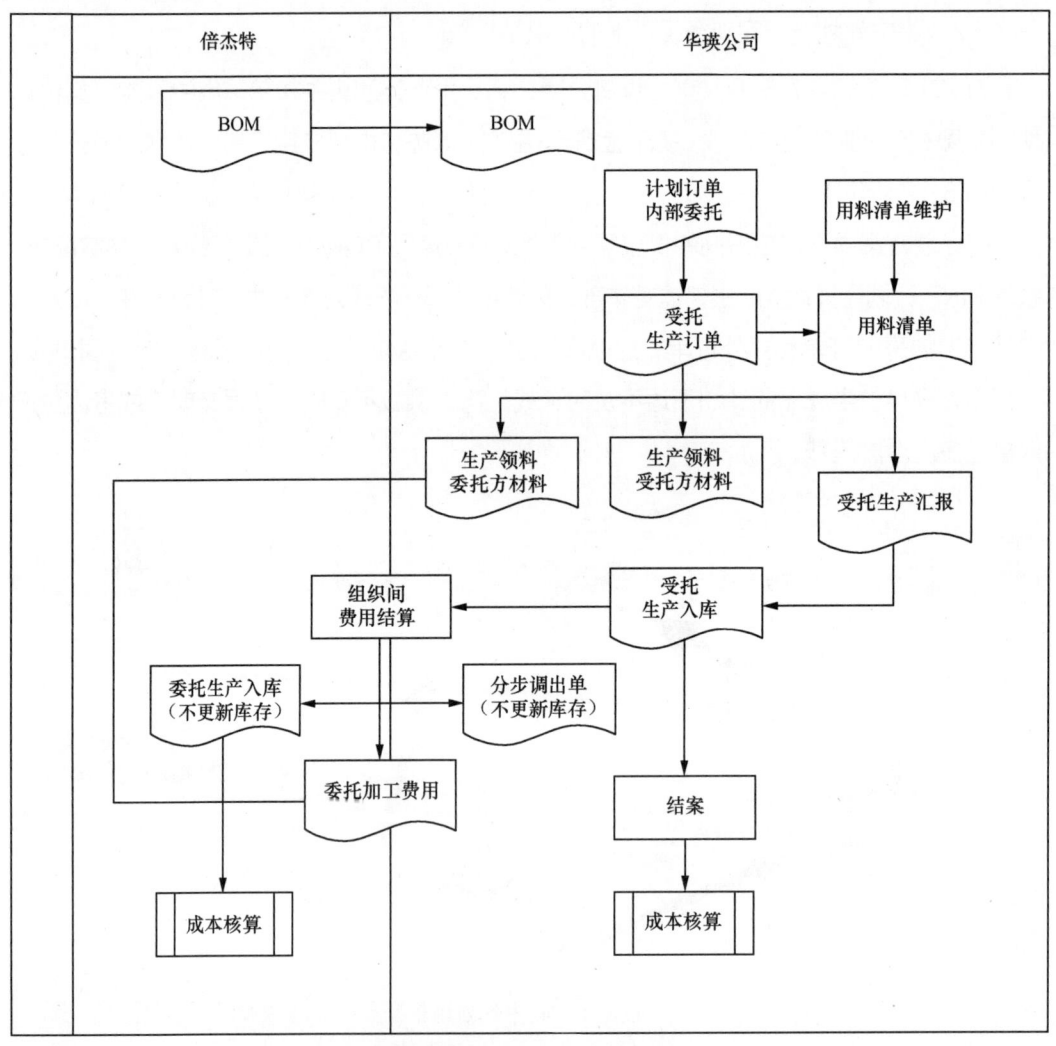

图3.20 委托生产流程

（4）与MES深度集成——智能制造的实现

通过金蝶云·星空与金蝶生态伙伴厦门乐石MES的集成（如图3.21所示），实现了生产现场的数字化，缩短了生产业务数据收集和分析时间，加强了信息联系和过程管控，有效节省了物资及管理成本，大大提高了生产效率。同时，进行生产过程管控的实时追踪，及时反馈质量问题，与金蝶云·星空生产管理模块进行数据互动，形成信息闭环。

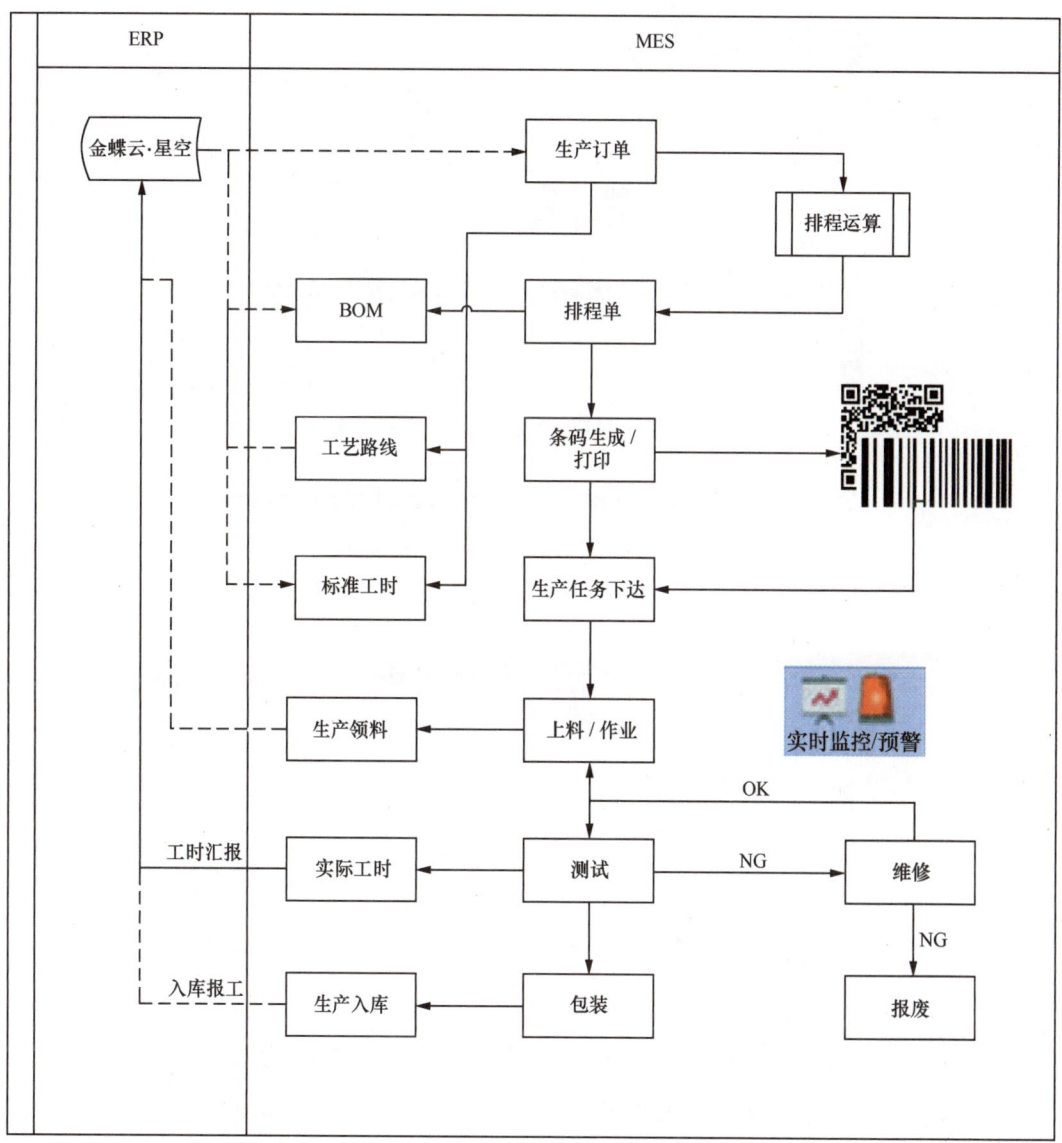

图3.21　金蝶云·星空与MES集成流程

① 与 MES 实现基础资料共享。

通过金蝶云·星空与 MES 对接，同步下载物料类别、BOM、客户、供应商等基础资料，如图 3.22 和图 3.23 所示。

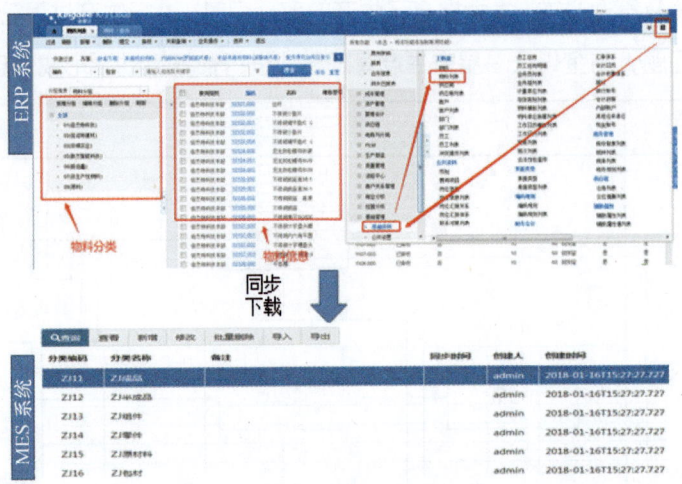

图3.22　金蝶云·星空与MES系统集成——物料数据

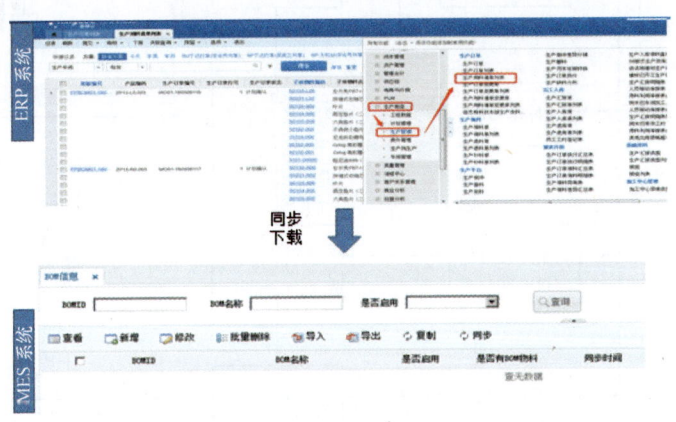

图3.23　金蝶云·星空与MES系统集成——生产用料清单

② 与 MES 实现来料检验同步。

通过金蝶云·星空与 MES 集成，采购员可以根据采购订单在系统录入收料通知单，仓管员在 MES 中可同步接收收料通知单，然后根据送货单实际收货情况填写数量，打印并粘贴条码，交由 IQC（来料质量控制）检验入库。收料检验入库流程如图 3.24 所示。

CHAPTER 3　机械五金企业，传统行业"上云、用数、赋智"之路

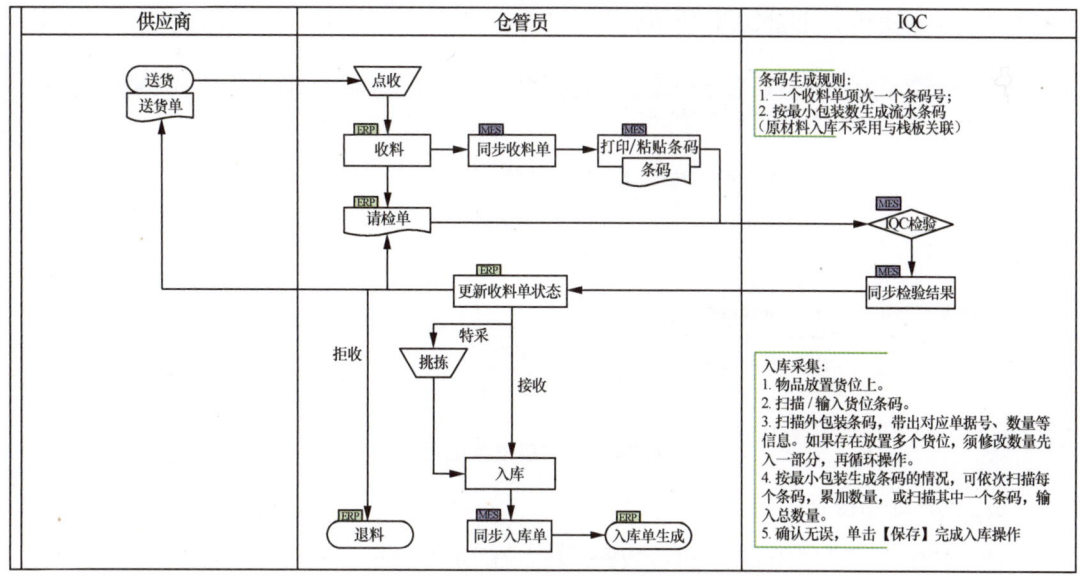

图3.24　收料检验入库流程

③ MES 生产排程。

通过 MES 下载金蝶云·星空中的生产任务单，在 MES 端对订单进行子件管理和工艺管理，生管员在 MES 端把任务单派工到相对应的工作中心，如图 3.25 所示。

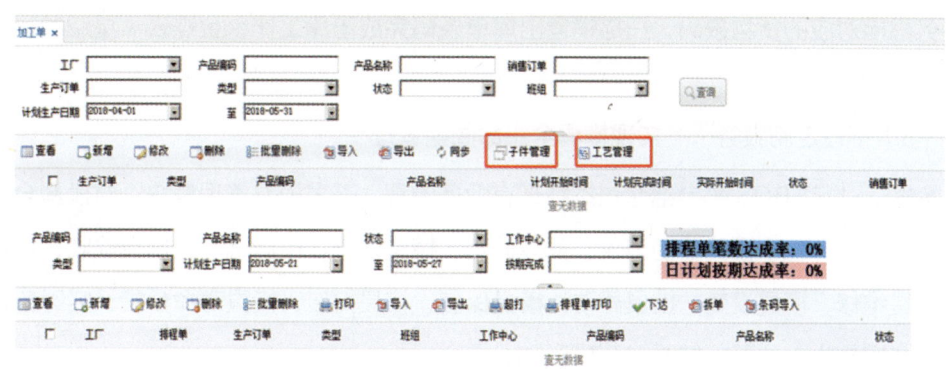

图3.25　MES系统子件/工艺管理

④ 与 MES 进行生产数据传递。

金蝶云·星空与 MES 的对接，实现了两者之间的数据互传，金蝶云·星空把生产任务单同步到 MES，员工在 MES 中根据条码进行汇报，MES 把任务单实际工作人数和实际工时回传给金蝶云·星空生产汇报单用以归集实际工时，实现了管理数据和生产现场数据

的下达和实时上传,如图 3.26 所示。

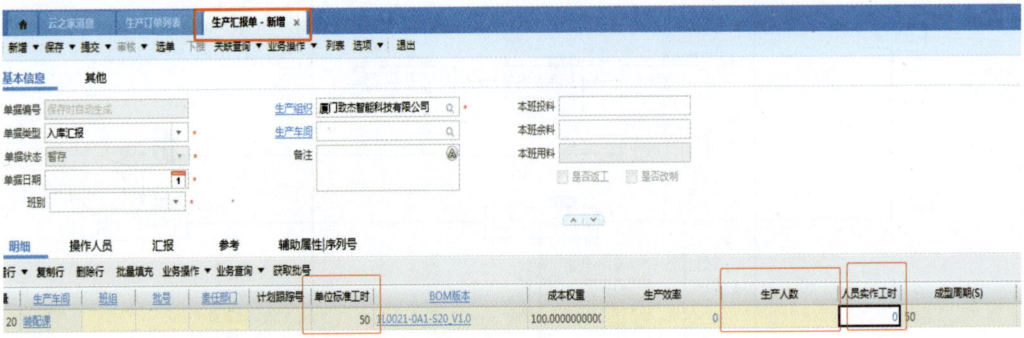

图3.26 PC端生产汇报

⑤ 生产过程检验。

倍杰特生产现场使用 MES 进行数据采集,在 MES 首检、PQC(过程质量控制)、采集界面,员工扫描需要检验的产品条码(自动携带加工单号、检验作业指导书等);根据扫描条码携带的检验作业指导书和检验内容录入检验结果,生成检验单。

⑥ 销售出库同步。

金蝶云·星空的销售出库单同步到 MES 的 PDA 端后,仓管员即可在 PDA 端根据出库任务扫描对应的货物条码,扫描销售出库单条码完成出库工作,金蝶云·星空的销售出库单可自动审核。

(5)平台定制服务——实现模具全生命周期管理

金蝶云·星空 BOS 平台结合倍杰特现有业务流程,开发模具管理模块,对模具全生命周期进行管理,包含模具期初录入、开模通知、模具试模、模具试产、模具验收、模具保养、模具维修、模具设变、模具异动、模具保养、模具报废、模具寿命预警、实时监控模具使用状况与当前位置,如图 3.27 所示。

模具管理系统界面如图 3.28 所示。

① 试模管理,记录试模结果、试模材料,确保每一次试模符合规范。

② 模具验收,验收合格的模具才能被生产订单调用。

③ 模具状态及寿命保价全过程管理。通过 BOS 平台快速开发的模具全生命周期管理系统对倍杰特重要的生产资源——模具进行了全过程管理,并对模具的使用、维修

状态、监控等生产过程实现了管控,保障了产品的品质。

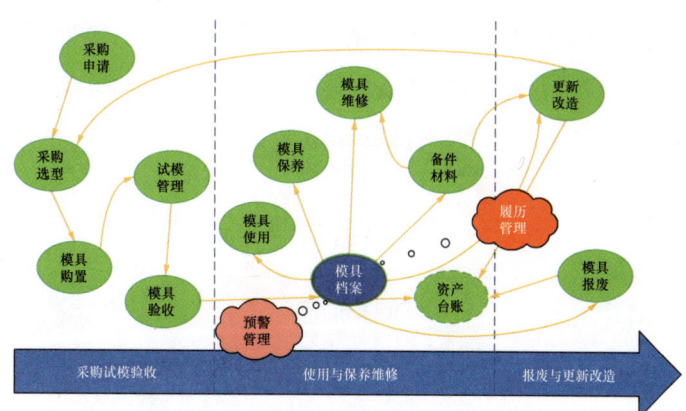

图3.27　模具管理整体功能

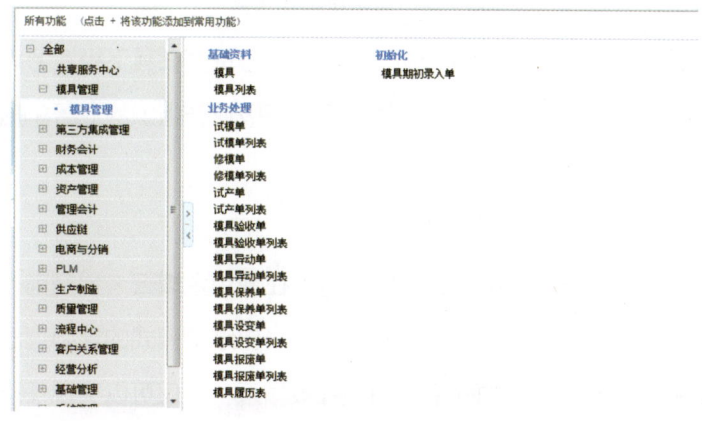

图3.28　模具管理系统界面

（6）多核算体系下精细的成本管控——构建成本领先能力

因量少单多并且面临 OEM（代工）行业利润率下降,为了保证营业利润,倍杰特对产品成本管控尤其严格,并且对不同期间产品成本进行分析,分析所耗用原材料、自制半成品、委外半成品的标准成本和实际成本的差异。使用金蝶云·星空后,倍杰特实现了多组织、多账簿的搭建,实现了公司的产品成本核算、跨组织业务集成管理,如图 3.29 所示。从法人核算体系层面及委托生产业务视角核算倍杰特和华瑛公司的成本；从利润中心核算体系层面及内部委托生产、内部跨组织销售视角核算华瑛公司、倍杰特本部、花洒事业部三者之间的成本,多维度、全局性地进行成本核算。

月度结账后，财务通过产品成本还原对比分析，可以从材料成本、人工成本、制造费用3个方面快速掌控产品的成本波动情况。财务通过成本还原可以快速向管理层提供准确、有效的管理改进方案，助力企业财务人员从核算会计职能向管理会计职能加速转型。

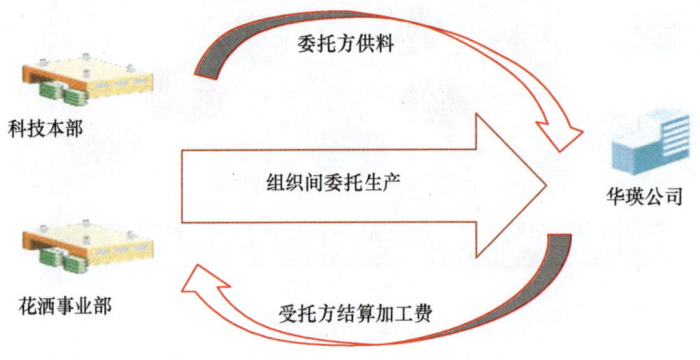

图3.29 跨组织核算体系

科技股份公司的法人组织下无实际业务单据，业务单据在其下级业务组织——科技本部和花洒事业部操作。法人组织可直接获取使用其下级业务组织的业务单据，实现了一套业务单据，两套核算体系计算成本。

（7）阿米巴经营管理——向组织经营要效益

为了激活组织，倍杰特开始引进阿米巴管理。在使用金蝶云·星空前，倍杰特每月核算部门利润都需花费较多人力，且易出错。基于阿米巴经营模式的核心理念，金蝶云·星空支持以部门、车间为利润中心的阿米巴利润考核体系，不仅可以实现任意业务管理报表的编制，还可以满足倍杰特逐步管理精细化的实际需求。通过实施阿米巴管理，按部门进行核算，通过实现设置好的模板方案，实现每月快速编制报表，满足企业对利润中心的考核需求。

## 三、客户感言

金蝶云·星空的应用，解决了公司的多组织协同问题，实现了跨组织销售、多组织协同计划生产、自动产生内部结算等功能；通过导入阿米巴模块，实现了全员参与经营，增强了员工的目标意识，实现了自上而下和自下而上的融合；通过报表门户，各级人员可及时了解相应信息,及早预防及处理各种问题。现阶段公司在信息化方面已取得第一步胜利,接下来还将与金蝶在PLM、智慧车间等模块进行深入合作,逐步实现工厂的智能制造。

——厦门倍杰特科技股份公司CIO 官建维

## 案例 4

# 汉印电子行业价值链重构实践

创印世界
打印未来!

## 一、企业简介

厦门汉印电子技术有限公司（以下简称"汉印电子"）致力于将"中华民族的印刷术"传递到世界的每个角落，是一家自主创新的民族企业。汉印电子涵盖了工业、商业、家用三大领域，以热敏、热转印、热升华技术为核心，自主研发生产了扫描设备、手持数据终端（PDA）、票据打印、条码打印、彩色照片打印、便携 A4 打印、证卡打印等多条产品线的产品。从数据采集设备——条码扫描枪、PDA，到多领域智能应用软件——汉码、汉小印、汉印美照，到云打印平台——汉印云，再到输出设备——汉印全品类打印机，汉印电子的产品线覆盖了从数据采集、数据处理到数据输出的全过程。

汉印打印整体方案如图 3.30 所示。

汉印电子旗下子品牌普瑞特，深耕机芯领域 15 年，十几年来，栉风沐雨，始终坚持研发先行，品质第一，致力于提升机芯的精密性、稳定性。对品质的坚持和追求，使汉印电子这个民族品牌也走向了国际。全球每卖出 4 台热敏打印机，就有一台的机芯出自汉印电子的 PRT。中日社（日本一家专业调查机构）统计数据显示，2018 年，PRT 热敏打印机芯销量超过 1600 万，位居全球第一！

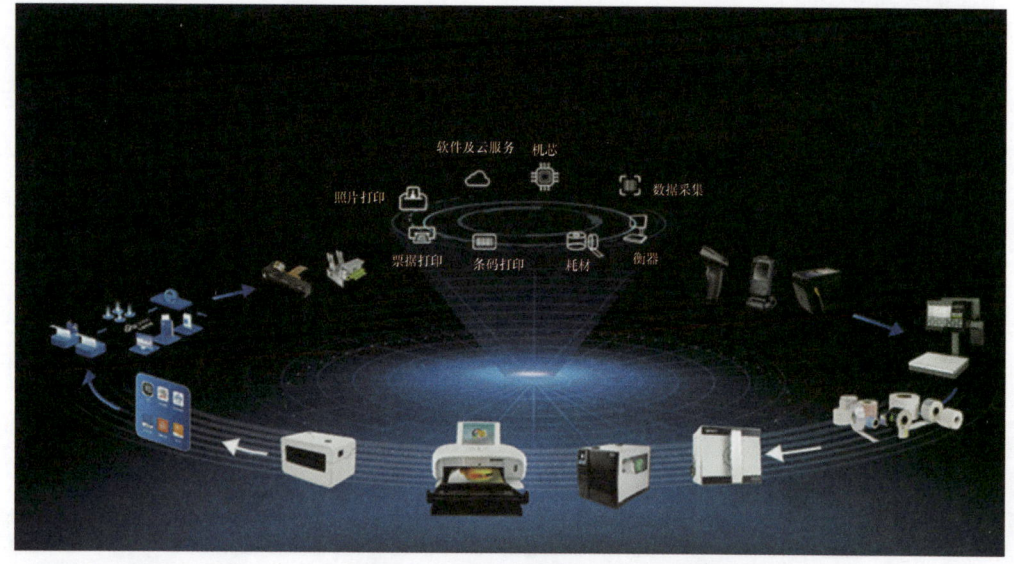

图3.30　汉印打印整体方案一览

## 二、项目介绍

汉印电子成立于 2004 年，成立之初深耕于打印机芯领域。随着移动互联网的兴起，公司业务重心逐步转向为用户提供整体的打印解决方案，包括为智能制造、电商领域提供数据采集、移动打印输出等工业级解决方案。随着业务不断的发展，原有规划的单组织的 K/3 WISE 管理系统已不再适应公司的管理需要，公司在 2018 年决定与金蝶再次深入合作，建设新一代的金蝶云·星空信息化平台。

### 1. 汉印电子信息化之路：因客而变

（1）2011 年，与金蝶开始合作，实施 K/3 WISE 系统；

（2）2015—2017 年，先后应用 MES、条码、电子货仓等系统；

（3）2018 年，全面启动金蝶云·星空、s-HR、云之家；

（4）2019 年，金蝶云·星空、s-HR、云之家全面上线，同时与 MES、电子货仓等异构系统实现无缝集成，为汉印电子提供整体的信息化服务。

主要管理诉求如下。

（1）集团组织重构，实现产销分离，剥离各公司生产部门组成新实业公司。

（2）通过多核算体系实现法人层面及利润中心层面的核算，解决财务整体核算框架问题，充分调动各组织的积极性和创造性。

（3）满足多工厂供应链协同及业财一体化管理需求，同时为成本核算及管理分析提供基础。

（4）重新梳理和优化各项业务管理流程，实现 ERP 系统流程化，通过统一平台实现 ERP、HR、CRM、SRM、OA 等功能，尽可能地减少异构系统及集成。

汉印电子整体规划如图 3.31 所示。

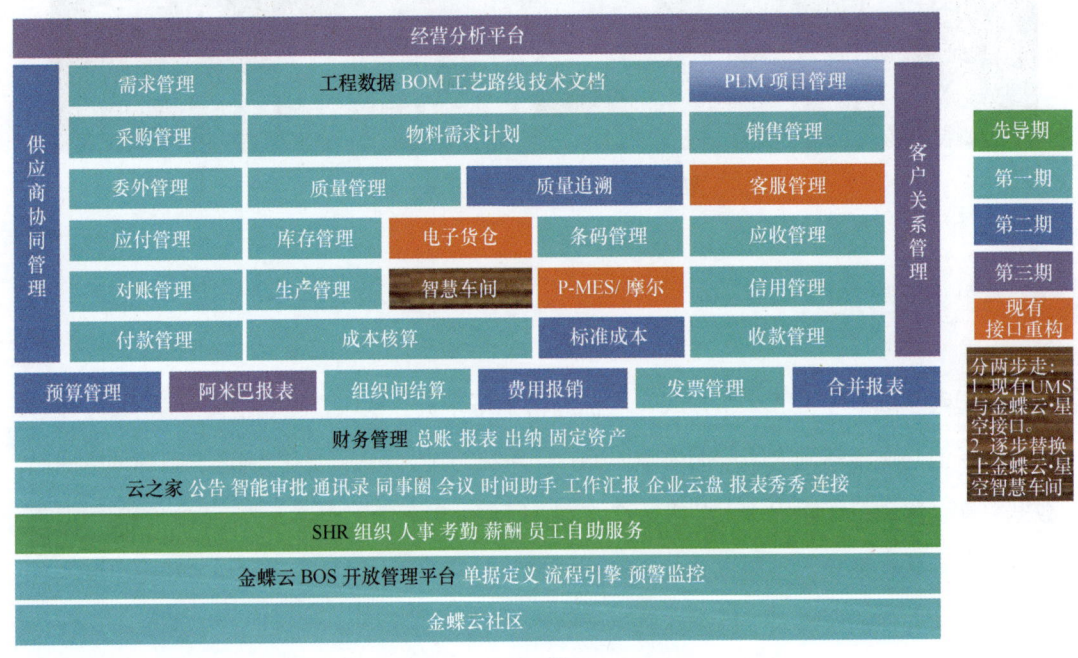

图 3.31　汉印电子整体规划

## 2. 项目内容

（1）组织能力重构

汉印电子经营管理层根据不断变化的市场需求，重构内部组织能力；充分利用金蝶云·星空产品各项组织职能，把内部各组织分为研发/销售型组织、供应链组织及生产型组织，以此充分明确各组织管理职能与管理目标，并以此实施经营会计。汉印电子新业务关系如图3.32所示。

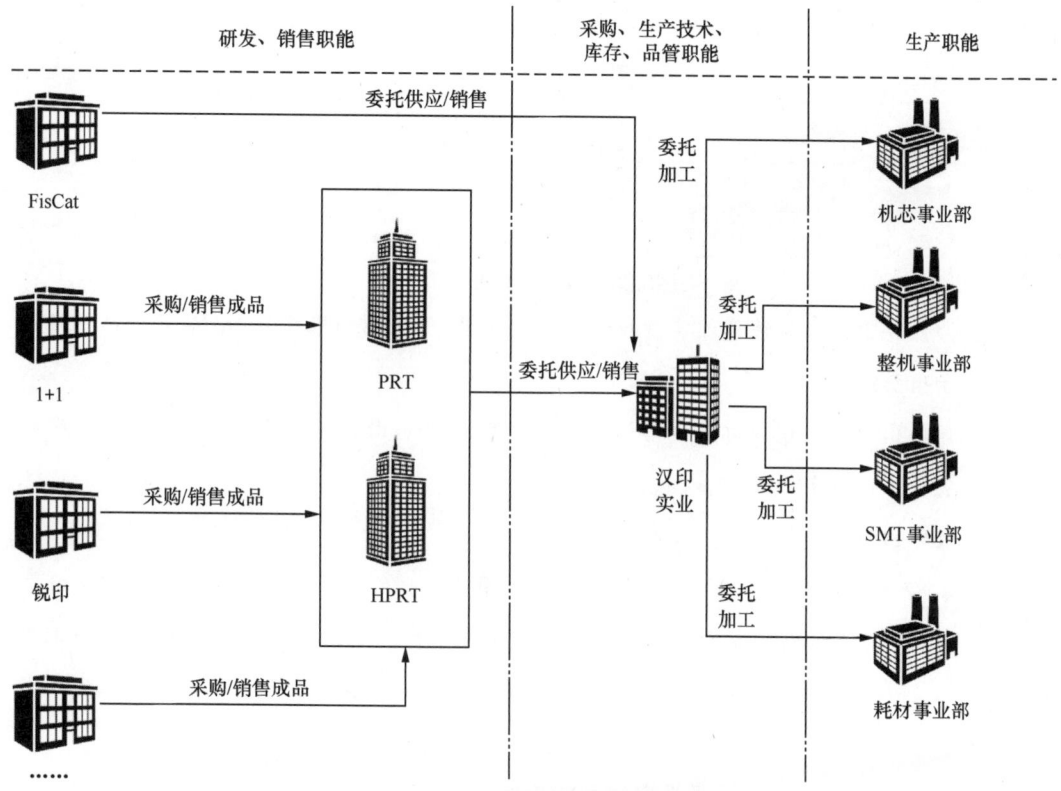

图3.32 汉印电子新业务关系

（2）专注业务，散件出口

散件出口业务相当于客户在中国采购零部件（利用中国整机厂的本地协同采购能力和物料低成本优势），在本国组装成品，这会为客户节省较大的成本。这就要求汉印电子按产品的散件出口给客户，散件出口销售订单出货后，提供给客户的清关资料需要体现成品BOM关键子项物料、数量及价格等明细资料，同时按整机进行开票结算，但由于最小包装的原因，不同出口批次的子项清单要随机调整，这给汉印电子销售和生产的业务连贯性带来挑战。问题的解决方案如图3.33所示。

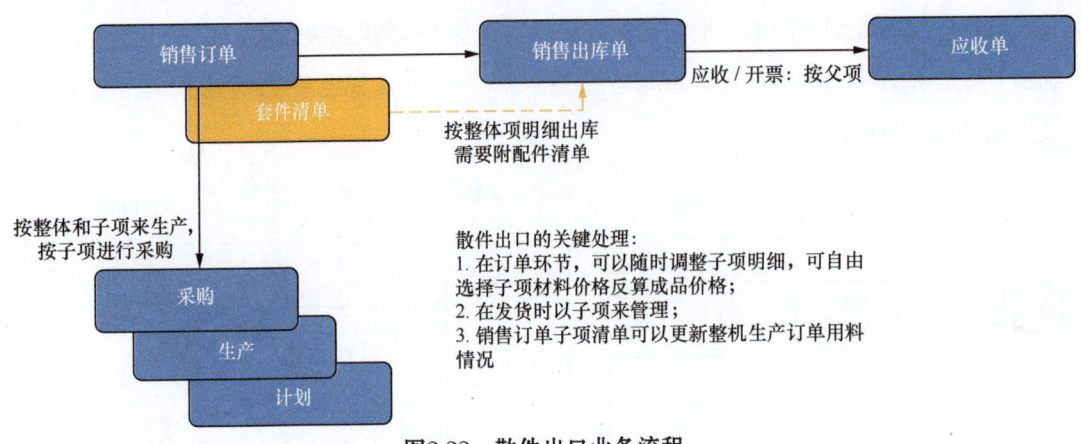

图 3.33 散件出口业务流程

① 为散件出口业务销售订单增加子项明细页签，子项明细根据 BOM 展开行详细记录子项明细信息。

② 散件出口业务销售订单价格计算：子项明细可自由选择是否参与计价，子项明细数量可以自由更改。

③ 散件出口业务销售订单排产：

- 在子项明细页签增加"更新生产用料清单"按钮，将销售订单上的子项明细信息（数量、增加或删除的子项）同步到对应生产订单的生产用料清单上，在未找到对应单据时系统进行提醒，且要生成对应的单据，生产订单业务状态为"完工""结案"或"结算"时不同步更新；

- 进行 MRP 运算时，根据生产用料清单上子项明细的数量进行供需运算，按照物料属性分别产生不同类型的计划订单（采购、委外和生产类）。

（3）制造本分，数字化协同

汉印电子采用集中计划模式，工厂计划部门集中处理各销售组织与生产组织的生产计划。通过金蝶云·星空帮助汉印电子实现多组织、多工厂间的业务委托及资源协同，增强多组织间的资源协同计划能力及跨组织协同生产能力。汉印电子集团经营组织业务交易流程如图 3.34 所示。

汉印电子计划的来源是销售订单、预测单，预测单一般是备货订单，采用 ATO 的生产模式，通过金蝶云·星空，销售订单成品和预测单半成品进行自动冲销后产生净需求。汉印电子生产计划业务整体流程如图 3.35 所示。

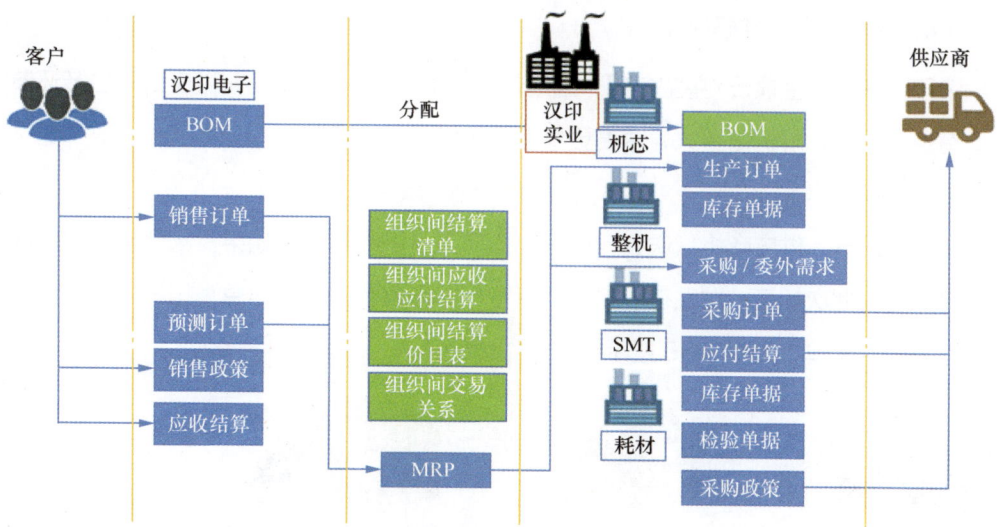

图3.34 汉印电子集团经营组织业务交易流程

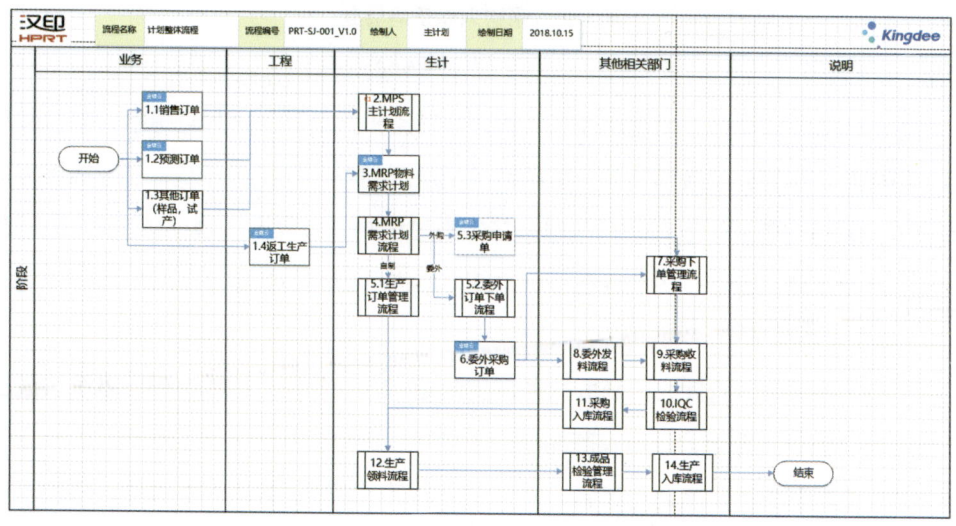

图3.35 汉印电子生产计划业务整体流程

在销售订单环节，业务员在不同销售组织下达订单，指定库存组织、供应组织。通过运算 MPS 计划和 MRP，系统根据 BOM 和计划方案的设置，分解出采购订单、生产订单、委外订单，并把这些订单分配到不同组织，实现从法人业务组织发货，法人企业委托下级利润中心生产组织进行生产，法人集中采购结算，下级利润中心分散收货的业务模式。

（4）智能物流，条码使能

汉印电子使用金蝶云·星空条码，选用最新的安卓 App 版本，在供应链和生产环节替换原有条码系统，解析量更大，速度更快，解决场景更丰富。

① 采购环节。

在采购环节，供应商将货送到仓库后，仓库人员进行检验，如果货物合格，则生成条码并打印物料批次标签，粘贴在货物上，库管员根据收料通知单信息，扫码入库，系统自动生成采购入库单，如图 3.36 所示。

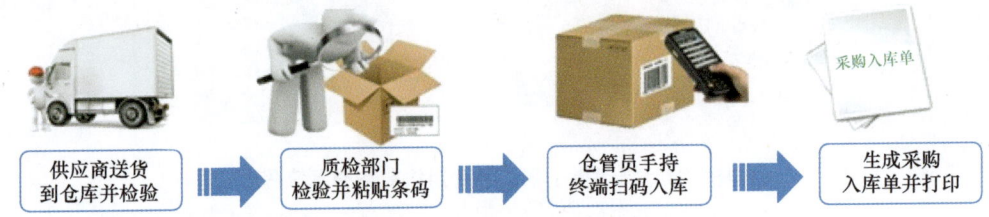

图3.36 采购入库条码场景

② 生产环节。

在生产环节，对于产成品使用序列号管理，在整机机身贴上序列号标签，整机装箱完成后，生成并打印箱码及装箱清单，装箱清单记录序列号，在打包环节，生成栈板码记录装箱清单，装箱清单记录所有装箱信息。在生产过程中，金蝶云·星空和 MES 进行条码的同步生产及存储，保证条码信息在任一系统可以进行追溯，如图 3.37 所示。

③ 销售出库环节。

在销售出库环节，仓库人员获取业务发货通知，仓库备货，扫栈板码，系统快速生成销售出库单，销售出库单记录所有产品序列号信息。通过金蝶云·星空条码，2~3s 内解析 3000 个左右的产品序列号信息，大大提升仓管出库作业效率和准确性，有利于产品序列号追踪，售后服务保障，如图 3.38 所示。

（5）质量溯源，集成服务

汉印电子以客户服务为中心，要求每一件产品在供应链及生产环节中都能溯源。汉印电子以金蝶云·星空为核心，利用其强大的集成服务能力，帮助汉印电子集成 MES、电子货仓系统、客服系统及 SMT 摩尔系统，实现产品数据全流程跟踪。系统集成关系如图 3.39 所示。

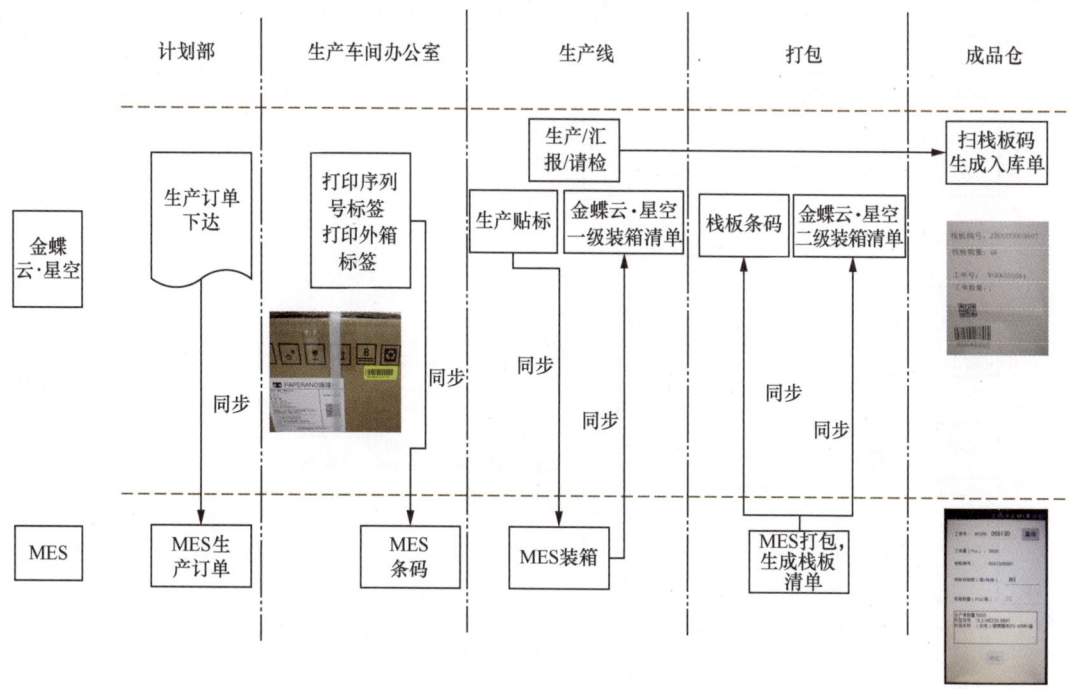

图3.37 金蝶云·星空与MES同步

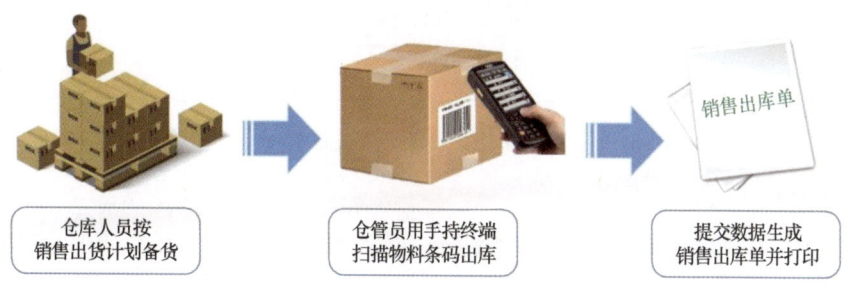

图3.38 销售出库环节

① 与 UMS/MES 集成。

汉印电子 MES 是自行开发的一套生产执行及质量追溯管理系统,通过集成,金蝶云·星空向 MES 推送物料主档、生产订单及生产用料清单,同时推送条码主档;在 MES 中生产完成并装箱打包后,向金蝶云·星空推送装箱清单,最终在金蝶云·星空中扫码完成产品入库。通过与 UMS/MES 的集成服务,完美地实现了基础数据向 MES 集成及 MES 的业务数据向金蝶云·星空集成的数字一体化,提升了用户体验及系统内控管理。

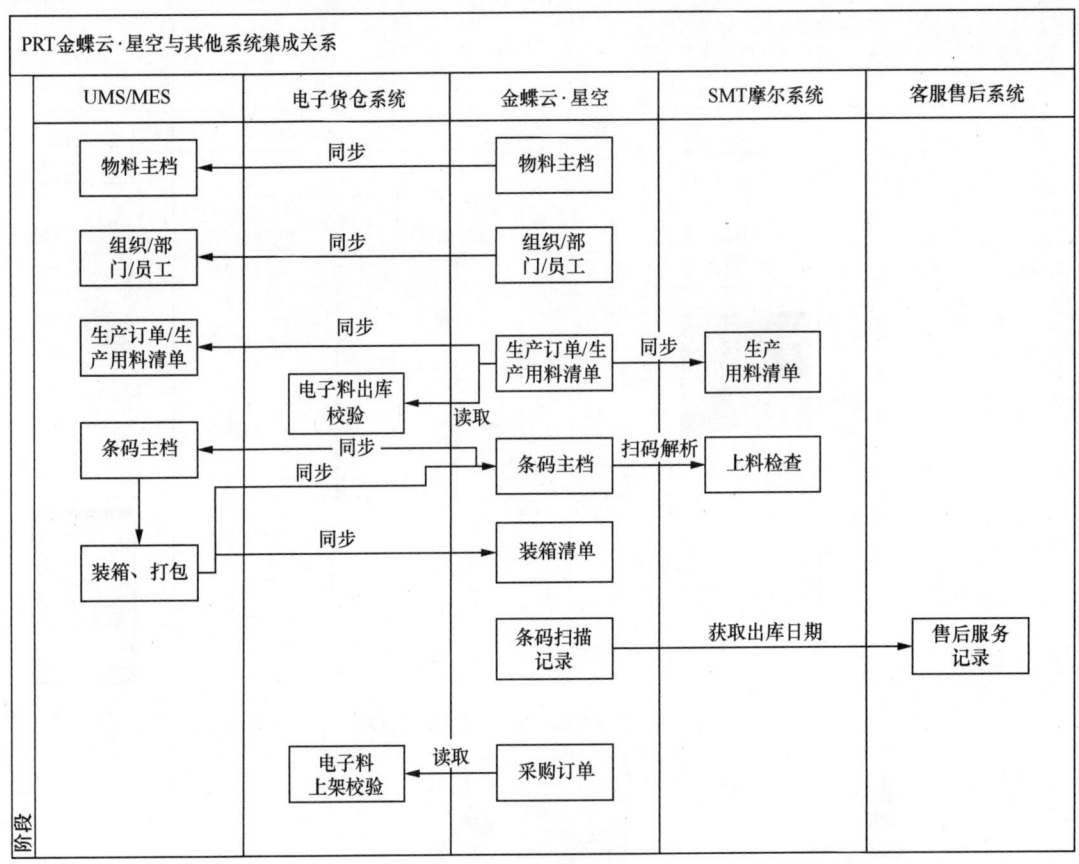

图3.39 系统集成关系

② 与SMT摩尔系统集成。

SMT生产车间使用摩尔系统，从金蝶云·星空读取、导入生产用料清单，在物料上料时，通过扫描物料标签条码（在金蝶云·星空中生成）实现上料防错。

③ 与电子货仓系统集成。

在电子货仓上料时，读取金蝶云·星空中的采购订单，防超收、漏收。出货时，读取生产用料清单，自动根据先进先出规则亮灯拣货，生成出库单。

④ 与客服售后系统集成。

在售后返修时，读取金蝶云·星空中的出库扫描记录，自动获取销售出库日期，实现保修期自动管理。

通过金蝶云·星空，汉印电子梳理各子公司业务职能，理顺多组织交易模式，通过销售组织及生产组织的重定义，进行组织变革，重新定义公司的管理模式和业务模式，提升集团公司运营管控能力，通过金蝶云·星空的多核算体系和成本管理系统，提升财务数据的准确性，为公司各项管理运营政策提供可靠的依据。

同时，金蝶云·星空与条码、MES、电子货仓、摩尔系统、客户系统、异构系统的对接，打破了各系统数据闭塞的现状，使相关数据信息在不同系统间同步传递和更新，提高了现场生产效率，给产品质量数据追溯提供强大的数据支撑。

## 三、客户感言

汉印电子作为一家民族打印品牌，从企业成立之初就一直与金蝶紧密合作。2018年，公司信息化全新升级，金蝶云·星空、云之家和SHR等云架构信息化软件与我们的管理和产品深度融合，帮助汉印电子转型再出发。汉印电子也从商业、工业打印解决方案延展到家用解决方案，"手机打印，用汉印"响彻中华大地。金蝶云·星空、云之家产品帮助我们的业务及管理在线化，使我们最新的家用级产品快速触达消费者。

感谢金蝶团队的大力支持，期待与金蝶团队的长期合作、深度合作、携手共赢。

——**营销总经理　王薇**

# 任达牵手金蝶16年，看成功背后的奥秘

## 一、企业简介

随着云计算从概念逐步推广到落地实践，中国正在加速步入"云时代"。在制造业方面，云计算已加速渗透和扩张，改变了传统的组织IT架构模式，直接推动了传统制造业的发展。

任达集团是一家大型的综合性集团企业，在与华为、艾默生等一流客户长期的合作中，任达集团在不断强化技术领先地位的同时，也努力学习客户先进的企业管理理念和数字化转型实践经验，切实感受到了信息化在企业管理中的能量，其始终坚持认为，高效、先进的管理能够事半功倍，提升企业的信息化能力、提高竞争实力是重中之重。

成立于 1991 年的任达集团，现已拥有任达电器、任达养老等多个具有社会影响力的产业集团，拥有员工 2000 多人，产业遍及钣金制造、五金冲压制造、高/低压配电柜制造、供电设备安装、装修、环保、物业、爱心护理院、果园山庄等领域，是珠江三角洲地区钣金加工及高低压开关成套设备制造行业实力最强、规模最大的企业之一。任达电器厂房面积近 9 万平方米，拥有世界先进水平的日本 Amada 数控加工中心、大型焊接中心和两条全自动喷涂生产线，以及其他先进加工测试设备，形成了完备而强大的钣金、机加工和喷涂、装配、布线等生产能力。

任达集团主要业务覆盖全国众多省市、地区，并通过与艾默生、富士康、华为、伟创力、易拓、比亚迪和寿力亚洲等知名公司合作成功打入欧洲、北美洲、非洲及东南亚地区等国际市场。任达集团始终坚持走科工贸一体化道路，企业技术实力得到了迅速提升，产业规模不断扩大，任达工业园占地面积达 10 万多平方米，拥有现代化的大型数控加工中心、柔性焊接中心和 4 条喷粉生产线，共 900 余台/套加工设备，具有强大的生产加工能力。

## 二、项目介绍

### 1. 项目动因

在企业发展壮大的过程中，外部市场竞争加剧，内部各种人工、管理成本增高，利润不断压缩，使管理价值越来越重要，管理体系和管理工具都需要有效升级。而旧的信息化管理系统已经不能满足现在的发展需求，且逐步成为阻碍企业管理升级的瓶颈，随着信息化管理系统的不断发展与成熟，任达集团迫切需要借助集团化的信息管理系统工具协助企业提升管理水平，增强市场竞争力。

（1）如何打破形成已久的以部门为据点的信息孤岛？

在任达集团工作了 15 年以上的老员工不在少数，他们虽然经验丰富，但普遍不擅长使用信息化工具。一直以来，无论是销售、采购、仓库领料、发料，还是生产计划，全靠人工手写编制业务单据，随意性高，准确率低，信息传递不及时，并且大量的信息流失于无形。而且，从各业务部门采集而来的数据经常不一致，这样数据就无法快速、准确、简洁地反馈给管理部门。核心业务数据流散于各部门内部，既未进行全面整理，又未打通部门间的信息传递，形成了一个个以部门为据点的信息孤岛，因此，打破这些信息孤岛成为难题。

（2）与华为等企业合作，项目化制造如何高质、高效地实现内外部协同

任达集团在与华为、艾默生等一流客户长期的合作中，有大量的订单是项目化类型的制造。订单先到达研发部并匹配组合 BOM，出报价单，经客户反馈后才能进入正式的生产环节，最后交付产品。该过程中存在大量的项目化管理及内外部沟通的协同，如何在保证产品高质量的同时，高效地实现这些协同，也成为最大的需求。

（3）如何构建有任达集团特色的智能运营管控平台

任达集团初期应用金蝶 KIS 系统产品来处理财务记账，后因财务管理及核算的需求，在 2006 年升级为金蝶 K/3 WISE，因此，财务部门的信息化程度相对其他业务部门要更高。业务部门由于信息化水平滞后，常常无法按时且准确地与财务部门进行业务数据交互，导致无法及时、高效地进行统计分析，这给财务的管理及核算带来了巨大的工作量和难度。原则上，按照集团要求，财务部门每月 15 日递交上个月的报表，但为了空出一周的时间与业务部门核对数据，财务部门只能将结转时间调整为每月的 25 日。

（4）物料品种多，编码混乱，物料清单不完整，成本核算难

任达电器的物料种类多达 260 000 种，产成品种类有 48 377 多种，原系统按账套区分单体组织，经常会因为人为失误导致物料种类、属性、名称或物料编码出现差错或一物多码，从而导致统计数据失真。也可能因为多个账套数据隔离导致 BOM 不完整，影响生产领料，导致产品成本核算无法准确归集到单件产品，因此，公司急需集团化、平台化的信息管理工作。

（5）急需养老产业集团信息的综合平台

任达养老以服务至上，以"老人第一"为宗旨，以解除老人和亲属困难为己任，以住、养、医、乐为中心，为入住者提供全方位的服务。养老业务的爆发式增长，导致信息流各个环节相互衔接不到位，服务品质无法提升。养老产业现有各类行业系统之间未能实现财务、业务数据一体化，导致效率低，工作量大，易出错。在此背景下，迫切需要一个综合的信息化管理平台来实现集团内外部综合管理。

## 2. 项目内容

（1）搭建集团化的管控平台

本次信息化平台的建设核心从以下 3 个方面着手。

① 信息。

统一信息化管理平台：基础资料数据统一，物流、信息流、资金流同步，信息流转高效，同时与第三方系统深度集成。

② 账实。

集团账实一致：业务财务一体化，加强会计数据准确性，兼顾管理核算与财务披露，支持多组织核算，提升会计效率。

③ 流程。

集团化流程管理：强化集团内部管控与协同，规范各节点的业务操作，优化现有业务流程，提升运营效率。

**任达集团与任达电器**

① 通过金蝶云·星空搭建统一的信息化平台，实现集团统一管控。

② 通过集团板块的信息化系统的应用，实现跨组织审批。

③ 打通金蝶与强鹏的数据集成，减少人员的重复劳动，提高效率，提高准确度。

④ 业务及财务一体化，提高财务的核算效率，实现对内部事业部的精细化考核，同时出具对外的法定报表和对内的管理报表。

⑤ 通过组织间的协同实现集中采购，形成集团规模优势。

⑥ 根据不同的事业部、不同的成本核算要求进行自动成本计算，通过对成本结构进行分析了解成本构成，有针对性地发现问题并改善，最终降低成本。

⑦ 搭建费用和资金预算管控体系，进行有效的预算控制，通过预算与实际的比较分析了解企业的运营状况，使企业向更加良性、有序的方向发展，通过预算管控更有效地考核公司各部门岗位的绩效。

⑧ 搭建品质管理体系，运用系统进行完善的品质管理，为客户提供高质量的产品与服务，也能更好地稽查采购、供应商、生产等各环节的绩效。

⑨ 通过经营分析平台对财务数据、销售数据进行多维度、多角度分析，为管理层决策提供有力的信息支撑。

**任达养老**

① 通过零售系统，供应链、财务系统实现业务及财务一体化，前端零售与后台 ERP 的集成统一。

② 通过会员管理、会员营销提升养老业务的会员黏度，实现会员的业绩创收。

③ 通过金蝶云·星空之家产品搭建基于移动互联网时代的任达集团移动工作平台，实现集团全体成员沟通、协作、移动办公一体化运作。

任达集团信息化管控平台如图 3.40 所示。

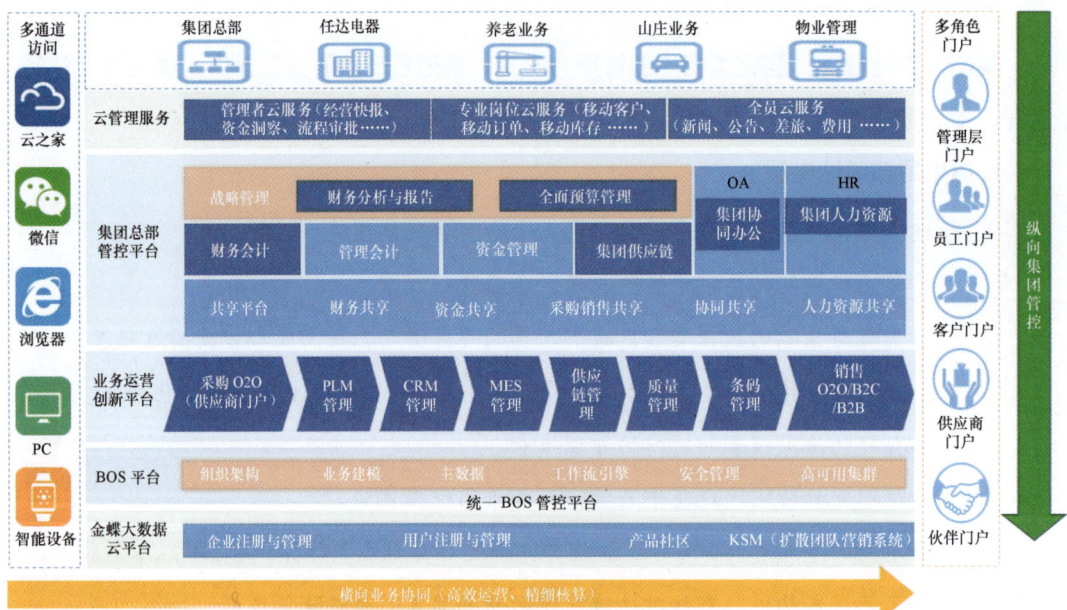

图3.40　任达集团信息化管控平台

（2）以金蝶云·星空为基础平台，构建任达特色的智能运营管控平台

任达集团业务全集成应用流程如图 3.41 所示。

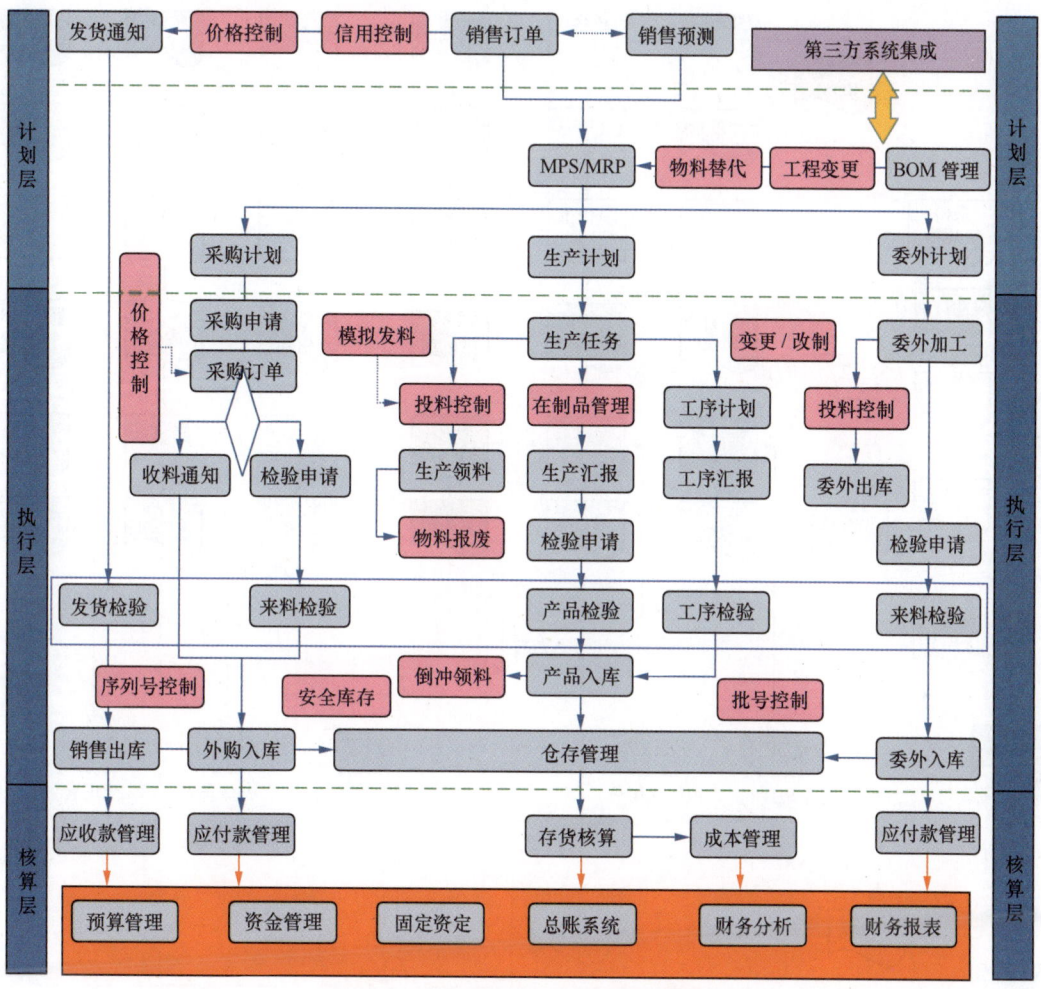

图3.41 任达集团业务全集成应用流程

（3）任达电器整体业务流程规划方案

任达电器采用金蝶云·星空管理旗下业务，依托金蝶云·星空多组织、多核算体系、集团化等特性，实现其业务处理模式的灵活性和扩展性，并通过金蝶云·星空的运用，构建多组织、多法人、多业态的综合管理平台，实现集团内基础资料共享、与第三方系统深度集成，供应链、生产、财务一体化管控。整体业务流程规划方案如图 3.42 所示。

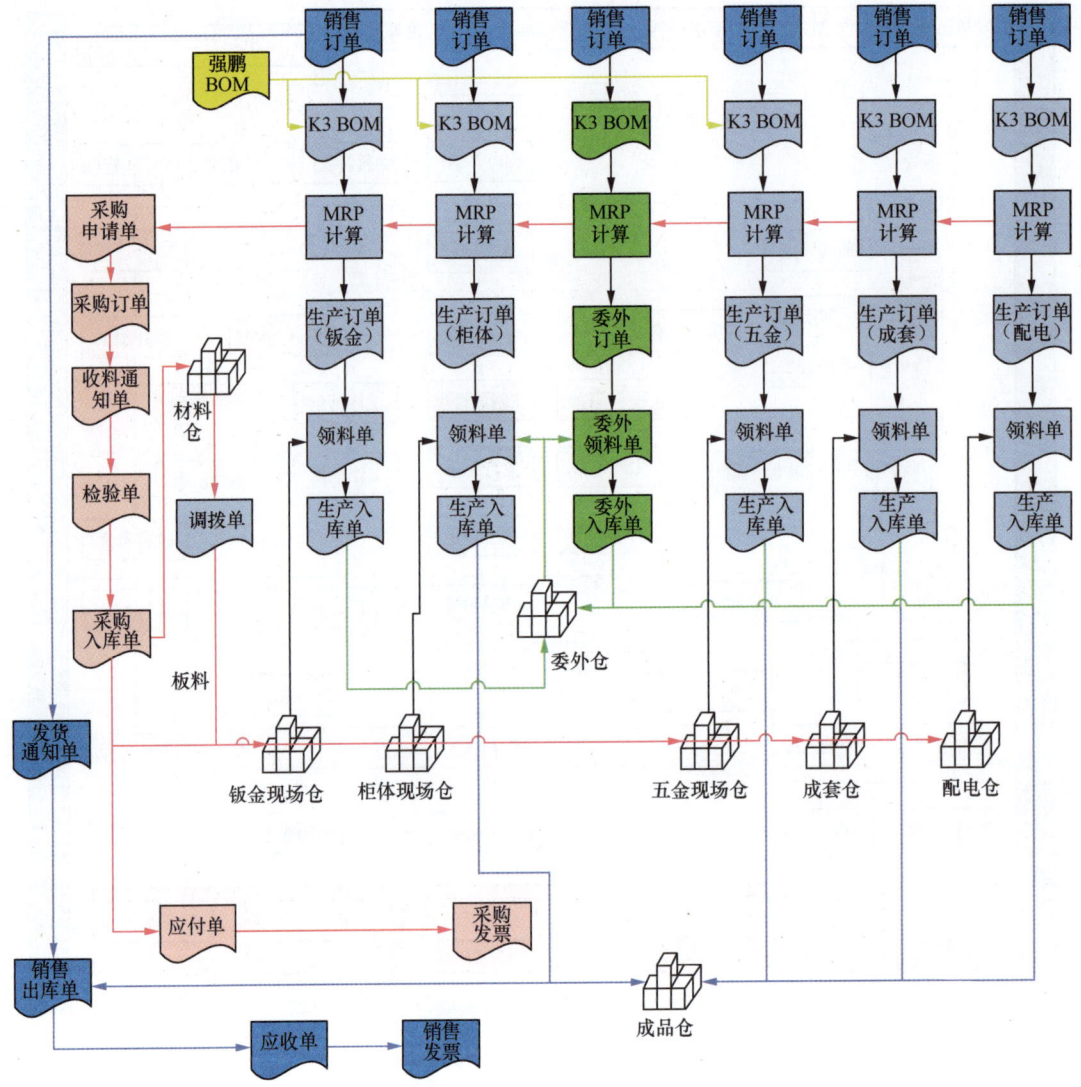

图3.42 任达电器整体业务流程规划方案

（4）任达养老整体业务流程规划方案

基于养老产业的行业特性，任达养老集团以金蝶云·星空为养老产业集团的信息化综合管理平台，用来管理旗下的各类复杂业务，依托金蝶云·星空多组织、多核算体系、集团化、全网会员管理等创新特性，实现了业务处理模式的灵活性和扩展性，并通过金蝶云·星空的深度运用，构建了多组织、多法人、多业态的综合管理平台，实现了养老集团内的会员、门店零售结算、供应链及财务一体化的集团管控中心。养老整体业务流程规划方案如图 3.43 所示。

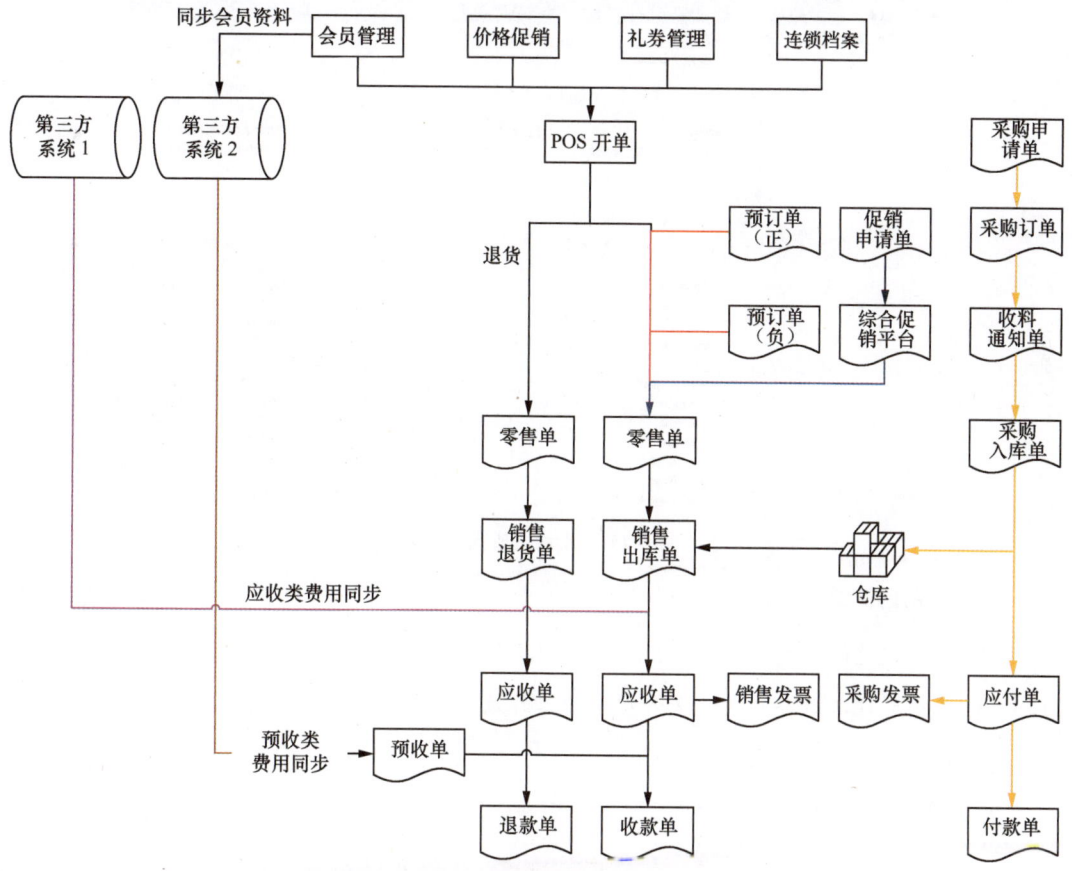

图3.43 任达养老整体业务流程规划方案

## 3. 核心应用价值展示

（1）以金蝶云·星空为基础平台，构建任达特色的智能运营管控平台

实现业务单据自动生成财务凭证，同时财务可反查业务单据的合法性，如图 3.44 所示。

（2）精准成本核算

① 提升成本核算精确度，满足成本差异化分析要求，有效控制及降低成本；

② 提升成本核算效率，提升成本分析时效性；

③ 一键式组织间结算，组织间交易数据清晰明了，减少大量人为操作。

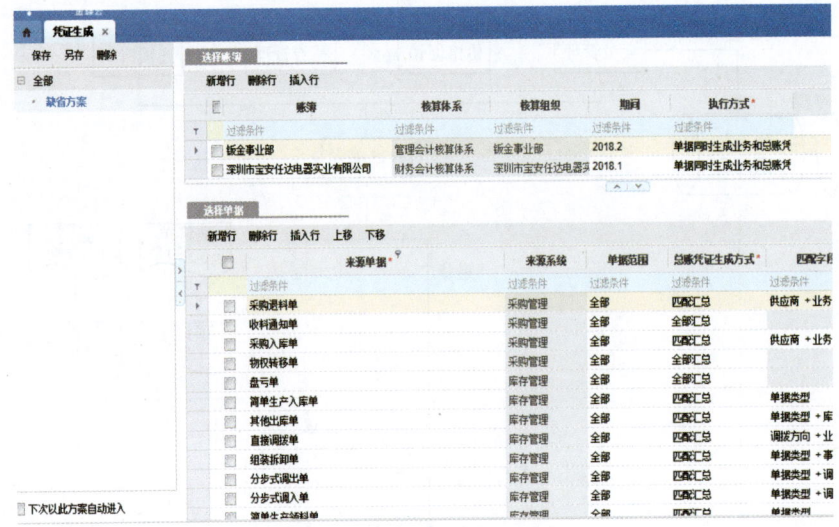

图3.44　自动生成财务凭证

（3）完善的费用管控

① 建立规范的费用报销制度，能对费用进行有效的控制；

② 费用管理与财务集成，提升财务的工作效率；

③ 即时费用分析，决策有据可依。

费用管控流程如图 3.45 所示。

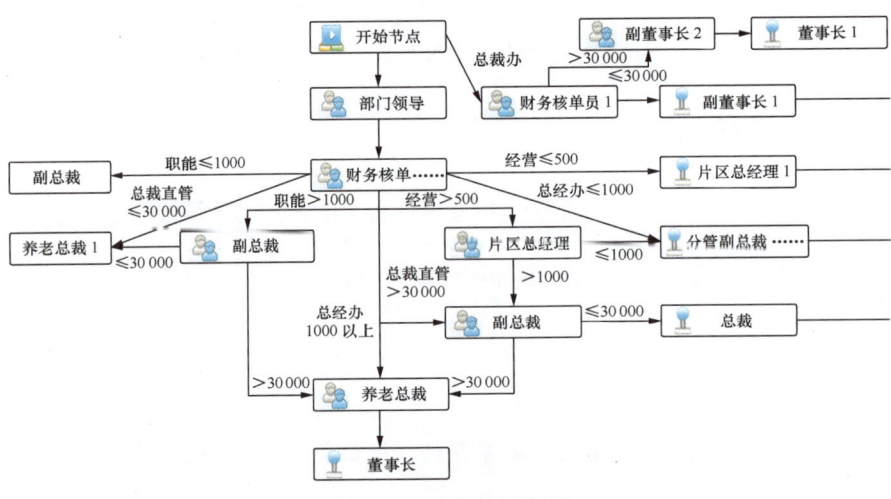

图3.45　费用管控流程

（4）养老产业的零售、仓储、财务一体化

① 实现零售和仓库商品的一体化管理，方便查询销售的商品出入库及库存情况；

② 实现零售和财务数据一体化管理，减少手工核算零售收入的工作量。

（5）养老产业构建会员管理及智能营销平台

① 实现对会员资料的集中化管理，会对后续的营销提供一定的帮助；

② 实现一站式查询会员的相关信息，减少重复查询工作；

③ 实现云之家 CRM 和零售会员系统的对接。

（6）移动办公，轻松高效工作

随时随地办公，效率大幅度提升。

（7）掌上经营，洞察秋毫

① 经营数据在线掌控；

② 精益经营，运筹帷幄。

## 三、客户感言

信息化的全面应用，为任达集团数字化转型夯实了基础，实现了人员素质的全面提升与业务流程的全面优化。金蝶云·星空在任达集团的全面推行，使任达集团重新焕发出勃勃生机，管理也更顺畅、更有章可循。此次信息化达成了我们设定的目标，感谢现场服务团队的辛勤付出和金蝶的大力支持，希望我们在未来的信息化建设道路上能有更深入的合作。

——任达集团 IT 总监　李中明

# 实践经验总结

机械五金行业是工业经济中最为传统的行业之一，我们来回顾一下这个行业"上云、用数、赋智"的经验。

新力五金是浙江一家做工具出口的传统企业，属于劳动密集型企业。面对多品种、小批量的挑战，企业二代管理者在学习参观其他企业的创新成果后，启动了智能制造的第一步：用云 MES 开启生产制造的上云之路。经过几年的建设，取得了以下成果：重数据，打破部门壁垒，实现数据资产化集中；强结果，工艺数据化，订单条码全程跟踪；优计划，电子看板透明化履约体系；挖价值，"屏+秤"激活车间现场数据价值；深激活，计件工资激活员工经营意愿；防纠错，报工数据自动核对，大大降低数据差错率。

方快锅炉拥有自主知识产权 80 多项，具有国内先进的清洁燃料锅炉制造技术，是迄今为止中国最大的可视数控锅炉生产基地。方快锅炉热效率可达 107%，已被国家列入特种设备节能目录。其用技术实现了"金山银山"与"绿水青山"的和谐发展。方快锅炉在向数字化转型的过程中，通过建立统一的信息化运营管控平台，实现了集团业务与财务一体化、业务管理精细化、服务协同移动化、生产车间智能透明化。同时，方快锅炉也积极探索制造企业上云之路：制造上云——数字车间及其价值；财务上云——赋能经营及其价值；供应链上云——数字供应链及其价值。

倍杰特是一家生产卫浴产品的企业，数字化能力是其近几年持续高速发展的原动力：通过集中计划实现多工厂下的产供销协同；通过系统工具构建了跨组织协同制造能力；通过智能制造的探索——MES 深度集成，实现了生产现场的数字化；通过平台定制服务快速实现了模具全生命周期管理；通过成本领先能力的构建，实现了在多核算体系下精细的成本管控；用阿米巴经营激活组织，将高层的经营传导到一线，向经营要效益。

汉印电子是一家专业从事微型打印机芯、微型打印设备、智能识别设备的企业，热敏打印机芯销量全球第一，它们的数字化转型重点是：集团组织重构，实现产销分离，剥离各公司生产部门组成新实业公司；通过多核算体系实现法人层面及利润中心层面的核算，解决财务整体核算框架问题，充分调动各组织的积极性和创造性，实现多工厂供应链协同及业财一体化管理需求，同时为成本核算及管理分析提供基础；重新梳理和优化各项业务管理流程，实现 ERP 系统流程化，通过统一平台实现 ERP、HR、CRM、SRM、OA 等功能，尽可能地减少异构系统及集成。

任达集团作为珠江三角洲地区钣金加工及高低压开关成套设备制造行业实力最强、规模最大的企业之一，通过把 ToB 的电器板块和 ToC 的养老板块用一套信息化系统进行固化，实现了对两套属性完全不同的数据的集成管理。在电器板块，通过搭建集团化的管控平台，实现了任达集团与任达电器的统一管控；通过金蝶云之家产品搭建的基于移动互联网的任达集团移动工作平台，实现了集团全体成员沟通、协作、移动办公一体化运作；通过构建任达特色的智能运营管控平台，实现自动凭证生成、精准成本核算、完善的费用管控，并在养老产业实现了零售、仓储、财务一体化，构建了会员管理及智能营销平台，通过移动应用，掌上经营，洞察秋毫。

我们看到国内机械行业的创新企业在学习工业经济的管理方式，由单体企业向集团企业发展，打造规模优势；强化研发管理，用研发创新作为企业的核心竞争力；用计划管理进行多工厂的协同，实现产、供、销的协同；财务与业务一体化管理，用数字体现执行的偏差。同时，我们也能看到它们在积极进行管理创新，采用公有云的信息管理工具，在生产执行环节进行智能制造的建设，在组织上采用阿米巴激活一线……这些创新和云化工具的结合，是传统企业上云的具体体现，代表了国内传统企业正在数字化转型之路上探索，也体现了国内企业的勃勃生机。

# 第 4 章
CHAPTER 4

## 食品餐饮企业"上云、用数、赋智",消费者美好生活的实现

# 海欣食品前端量化损益 + 后端全程供应链双螺旋之道

## 一、企业简介

"海欣"品牌创立于 1903 年,是业内享有盛誉的老字号,曾荣获"中国名牌产品"称号,被世界品牌实验室评选为"2018 年中国 500 最具价值品牌""2018 年亚洲品牌 500 强""2019 年亚洲品牌 500 强"。近十年来,海欣食品股份有限公司(以下简称"海欣")致力于用现代科技改造传统海产品加工业,将先进的食品工程技术、生物技术应用于海洋水产品的精深和高值化加工并取得突出成绩,拥有多项自主创新的发明专利技术。公司技术中心被认定为"国家鱼糜制品加工技术研发分中心",与中国科学院海洋研究所共建"海洋功能食品联合实验室"。公司发起并参与了行业标准《肉丸》(SB/T 10610—2011)的制定。近年来公司先后获得"农业产业化国家重点龙头企业""高新技术企业""全国农产品加工业示范企业"等荣誉称号。

目前，公司在福州金山市、浙江舟山市、漳州东山市和浙江嘉兴市设有 4 个生产基地，完成了从原料鱼采购加工到鱼糜制品研发制造的产业链搭建，建立了以 ISO9001 质量管理体系认证、HACCP 食品安全管理体系为基础的生产自动化、工艺标准化、品质控制规范化的制度化控制流程，实现了从采购、生产到销售全程密集的质量检验与控制，确保产品在每个环节都能符合食品安全卫生的严格要求。公司因此荣获"福州市产品质量奖""福建省质量管理先进企业"和"中国食品行业质量放心品牌"等荣誉称号。

在销售方面，公司在北京、沈阳、上海、广州、南京、武汉、成都等地设立了 7 家销售子公司，通过 7 个营销大区构建，形成了覆盖全国的销售网络。公司除与沃尔玛、麦德龙、华润万家、大润发、永辉等多家大型超市建立供货合作关系外，还与全国各地 800 多家农贸分销商建立长期合作关系，全国销售渠道建设总网点数超过 30 000 家。

## 二、项目介绍

### 1. 项目动因

近年来伴随海欣业务的快速发展，企业的营销网络和规模不断扩大，管理中陆续暴露出一些问题，外在压力也迫使海欣不断地提升其内部凝聚力及企业管理水平。现有信息化系统已不足以满足海欣细化管理的需求，一定程度上也影响着企业发展。海欣业务及 IT 诉求主要体现在以下 4 个方面。

（1）集团管控模式有待重新思考：伴随海欣业务的多元化和规模化快速发展，原有适用于单体企业的管理模式及信息化系统已无法支撑海欣的集团化发展。海欣亟须重新梳理其集团化管控模式，并构建集团管控信息化平台对其子公司业务进行有效管控。

（2）研、产、供、销价值链有待 E2E 打通协同：从采购生产到销售各业务流程环节有待端到端打通协同。集团内部研、产、供、销、人、财、物协同性不高，系统割裂。海欣信息化建设缺乏全盘思考及统筹设计，有待进行战略 + 模式 + 业务驱动的总体企业级架构的顶层规划，以支撑海欣未来中长期的战略布局。

（3）三大计划体系构建之需：销售、生产、采购这三大计划的预测、制订、分解和执行，缺乏一套系统的、科学的方法。

（4）需要支持实时决策分析：海欣亟需构建一个实时的决策分析平台，实现集团对各业务板块的知情、分析、管控和决策。现有系统无法满足当前的业务管理需求，也无法支持经营层及时了解各省区的经营情况，无法及时监控整个营销网络，无法为集团提供即时的决策分析支持。

在 IT 即业务，业务即 IT 的时代，海欣的业务流程有待重新梳理、组织架构有待重新统筹、权责体系有待进一步优化。海欣的数字化落地则承接了其管理理念，以满足企业管理需求为出发点，进行平台搭建。在这个关键阶段，金蝶协助海欣充分挖掘先进的企业管理理念，并最终通过金蝶云·星空这一先进的云平台建立了一个具有强大功能的企业运营管理平台，以提高公司的整体运营能力，降低公司整体运营成本，并及时为企业的"三层决策系统"（战略层、决策层、战术层）提供准确而有效的数据信息，增强海欣全产业链集团化"作战能力"。

海欣的金蝶云·星空一期平台于 2015 年 6 月正式启动，2016 年 1 月正式上线，包括集团本部及下属 4 个工厂共 5 个组织，范围涉及财务、供应链、生产、成本、质量、人力资源、多组织结算、合并报表等多个模块，拥有用户 150 多人。

### 2. 分项目损益核算

（1）利润是企业的生命线，损益细分核算到"项目"

利润是一个企业生存的根本。海欣在几十年成长过程中，根据自身行业的特点及竞争态势，形成了众多的销售通路：从线下到线上，从分销到直营，从零售到团购，从农贸批发到特通等。快消食品市场的复杂性导致海欣各销售通路的营销运营、渠道管理、市场开拓、主营产品等各具特点。例如，电商渠道需要更强的促销力度，农贸市场需要更多的返利政策，零售渠道更多地受品牌、广告的影响，且每个渠道对产品的需求特点也不尽相同。除此之外还涉及研发、财务等公共费用分摊的问题。如何准确按照不同渠道、项目出具损益分析，帮助管理层及时了解损益情况并及时决策意义重大。

最初的系统只能出具一个整体的损益表，各明细项目的损益表需要人工拆分、整理、核对，不准确、不及时，也更加耗费人力。项目组在海欣现有业务的基础上实现了自定义、费用分配的整体解决方案。系统可以一键分配本期费用并得出"项目"损益表，可以按集团或组织及时察看汇总的损益数据。每一明细收支都已按不同通路、项目进行了自动拆分，每一个项目的每一项收入、支出都清晰明了，是亏是盈明确无误。同时系统自动量化损益又免去了人工加工的过程，大大减轻了原有的财务工作，提升了集团经营分析的效率。

（2）智能仓储管理

仓储在企业的整个供应链中起着至关重要的作用，如果不能有效管理来料、库存及发货，将会导致库存失准、效率低下、管理成本增加、服务质量难保证等问题，从而影响货物运转效率，进而导致企业竞争力下降。近年来随着海欣的市场快速扩张，其业务量也呈几何式增长。传统简单、静态的仓储管理已无法保证海欣各种资源的高效利用。当前海欣的仓库作业和库存控制作业已十分复杂化、多样化，除了常规的出入库之外，还有退换货、调拨、生产、装车、批次、上下架、保质期等管理要求，仅靠人工记忆和手工录入，不但费时费力，而且容易出错，给海欣带来巨大的隐性损失。

金蝶云·星空的 WMS 对仓储各环节实施全过程控制管理，对货物货位、批次、保质期、配送等实行条形码标签序列号管理，并对收货、发货、补货、集货、送货等实施全流程的规范化作业。前端业务发生时，相关业务人员在金蝶云·星空录入业务单据，后端 WMS 根据业务单据触发过程管理，如收货、上架、回传等，确保每笔业务及时地得到处理。同时将条码引入仓库管理，省去了手工书写单据和后续再次输入的工作，消除了库房信息滞后的弊病，无论物品流向哪里，都可以自动跟踪。条码技术与信息技术的结合帮助海欣合理有效地提升了仓库利用效率，并形成了一个快速、准确、低成本的仓库管理体系。

（3）智能发运管理

作为快消食品的龙头企业，海欣每天的发运业务繁重。承运、备货、装运、对账（运费）一直以来都有专门的人员负责协调，工作量大且烦琐、容易出差错。月底和月初的对账工作更是一个巨大的挑战。

海欣在金蝶云·星空 BOS 平台上通过业务拓展建设了一套全新的发货业务体系，具备承运通知、出库、调拨、装运、对账的一体化功能，解决了原来棘手的难题。承运单作为承运商的衔接单据，将"干线""单价"等相应的核心信息回填给发货通知单，装运单汇总发货订单再进行装运汇报。同一个承运商在承接不同干线货运任务时按照不同的单价计算运费并汇总整张装运单的运费，业务衔接顺畅，对账明了简单。发运流程如图 4.1 所示。

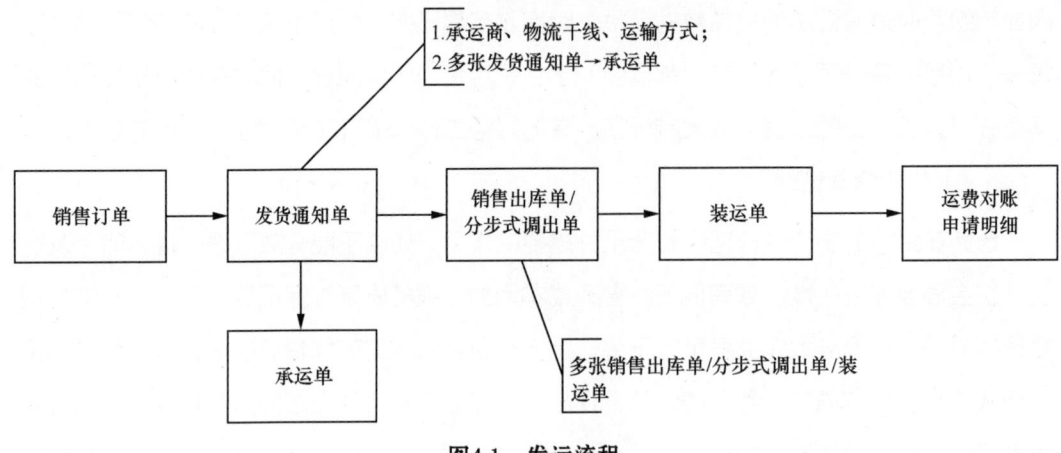

图4.1 发运流程

（4）智能生产排程

生产效率是企业的核心竞争力。从小作坊中成长起来的中国企业往往更关注如何利用高新设备、机器来提升产量、占领市场高地、建立品牌效应，但它们往往忽视了生产制造流程中自身效率的提升，这导致先进的设备、高端的人才、研发资源并没有被充分利用。这个问题在早期市场竞争不充分的时候并不突出，但近年来，随着大众对鱼丸类鱼糜食品需求的增加，行业竞争逐渐加剧。速冻鱼糜制品产业发展到今天，已进入行业洗牌阶段且马太效应逐渐显著。如何增效提能、提升竞争力成为海欣等众多企业不可回避的难题。

宏观市场压力及企业内部成长困局均对海欣生产环节的信息化建设提出了新的需求。金蝶云・星空－海欣项目组开始思索在内外环境下如何通过重新梳理海欣的生产环节帮助海欣食品实现降本增效及生产关键流程节点的有效控制。通过一一排查、审视，项目组把焦点放在了生产调度优化上。作为海产品加工企业，生产计划是否合理，设备、人员、配套等资源是否高效利用直接决定了产品在市场上的竞争力。

基于金蝶云・星空 BOS 并结合海欣生产特性的生产排程解决方案在项目组的努力下成功应用。方案将车间、班组、设备、岗位等与工序有效结合，订单半自动排程随需调整，排程后的生产计划再从产品维度进行进一步的排程，形成排程明细，明细按早、中、晚班关联了相关资源，各岗位人员按计划到岗。相应职责分工明确，产品、工序一目了然，各岗位按职责参加生产，工时计入方便。一个计划执行完之后可以按产品、工序展现排程结果,如产品、排产数量、设备机台号、主操作人员、辅助操作人员等。金蝶云·星空生产排程(如图 4.2 ~ 图 4.5 所示)改变了海欣原来生产计划混乱的状况,生产效率得到了显著的提升,为海欣进一步开疆拓土奠定了坚实的基础。

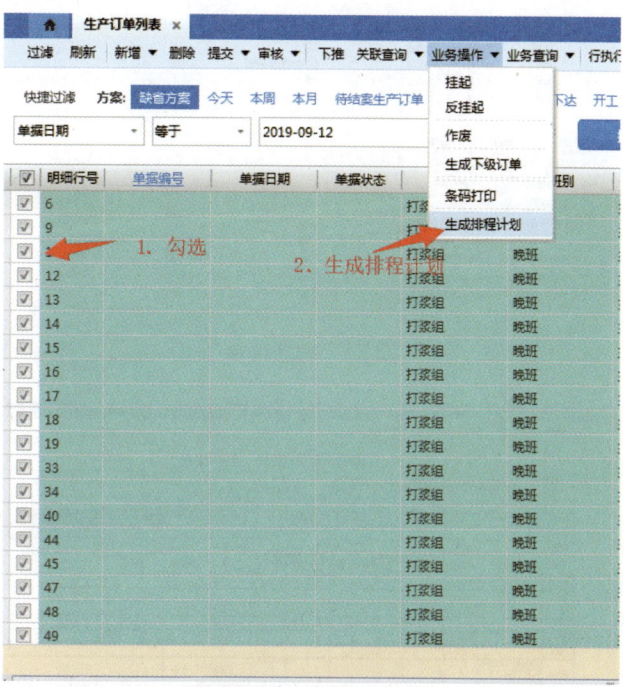

图4.2　生产订单排程

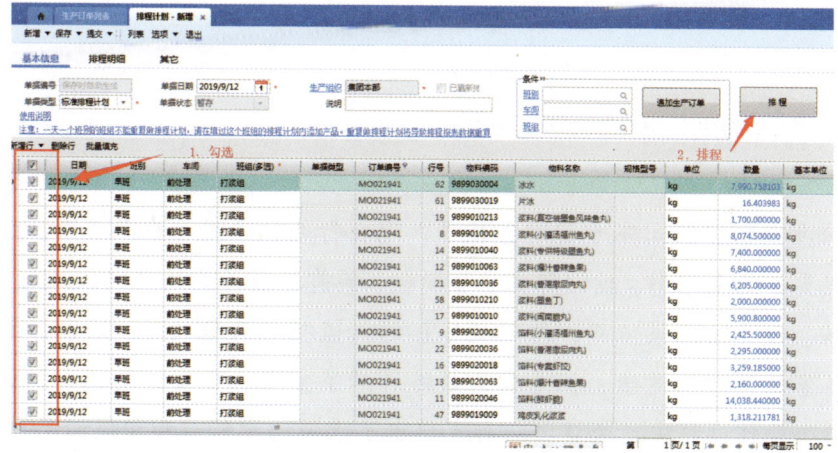

图4.3　选单排程

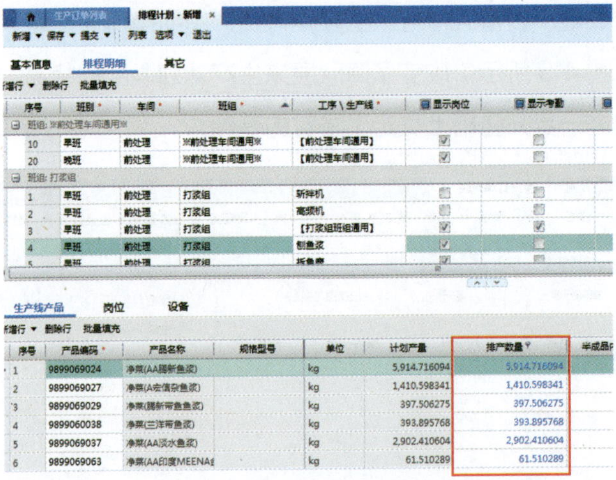

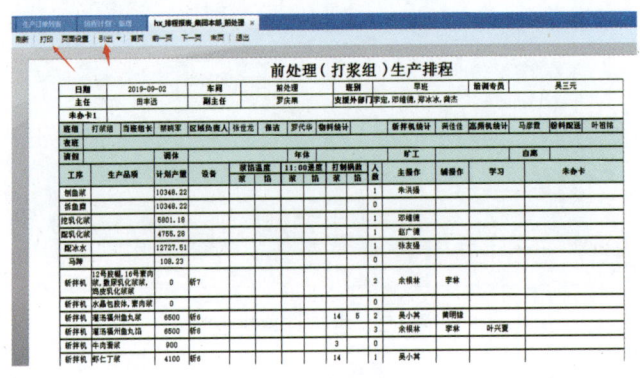

图4.4 计划排程

图4.5 排程报表

### 三、客户感言

2008年以前，公司不重视财务核算，现在行业竞争进入白热化阶段，对企业经营管理要求越来越高，我们需要全员融合、事前算赢并为高层提供及时、准确的经营数据，以作为决策依据，所以数字化的价值就越来越大了。在招投标的过程中，有多家软件厂商竞争，但是我们最终选择了金蝶。事实证明我们的选择没有错，在整个合作过程中，金蝶团队都表现出了很强的责任心和积极的态度。

——海欣食品股份有限公司财务总监　郑顺辉

# 案例 2

# 海鸿运营数字化后的阿米巴经营实践

## 一、企业简介

兰州海鸿餐饮管理有限责任公司（以下简称"兰州海鸿"）成立于2001年，是跨区域多业态经营的餐饮企业管理公司，主营中餐、快餐、西餐及酒店，是综合型餐饮酒店集团管理公司。旗下现有五大品牌共21家连锁店（兰州狗不理酒店、呼和浩特菜根香酒店、花园快捷酒店、银色烙印、和家和中式营养快餐）；目前有员工2500余人，年营业额在6亿元左右，是甘肃餐饮行业龙头企业，目前已打造成为全国5D厨房示范店。

在"与你同行，真诚相伴"核心价值观指导下，公司引领员工为社会和消费者创造更多的价值，让顾客口口相传，为成为中国专注大众消费的产品服务提供商而奋斗。

## 二、项目内容

### 1. 餐饮运营标准化后,激活的力量是什么

近年来,兰州海鸿全面应用金蝶云·星空数字化平台,在中央厨房管理上引进金蝶云·星空 PLM 及智能制造方案,为菜品创建配方,管理出成率;中央厨房通过智慧终端生产,实现生产现场数据采集零距离交互,解决餐饮加工数据录入困难与不及时的问题;同时在集团层面构建了三十多个核算组织,涉及兰州、呼和浩特两市十多家门店;改变了财务职能,由原来的核算职能变成了为门店赋能提供财务分析,帮助门店及时发现经营问题,让数据提供者和门店经营管理的审计者得以改进解决策略。

上述信息化系统的应用解决了餐饮管理的痛点问题,包括成本控制难、食材保鲜难、口味统一难、供应链管理难的几大核心难题。在与金蝶合作完成财务与业务一体化的过程中,兰州海鸿完成了企业组织流程再造、标准化建设之路,为企业未来发展奠定了数字化经营和决策的基础。

但一个现实的问题是:餐饮行业员工的素质普遍不高,传统的培训效果不明显,原有的 KPI 考核机制遇到瓶颈,贡献难评。同时创始人希望员工幸福,因此,提高员工积极性成为企业急需解决的问题。如何让员工体会到企业的初心、清晰企业的战略,让员工心甘情愿地跟着企业一起走,走到哪一步,这些都是管理者需要深入思考的。餐饮业的服务对象是人,人的满意度是由标准的流程提供可靠的产品,以及本身满意的员工传递的。

### 2. 让员工具备经营者思维

在兰州海鸿的理念中,人才是培养出来的:对管理人员的用人理念是"大将军机制",坚持能上能下,优胜劣汰的原则,大将军一定要有优秀的业绩成果,还有能带出优秀的团队;对员工和技术人员的用人理念是"鲁班机制",不断改进,不断创新,没有最好只有更好。因此,合适的机制能更有效地运作,激活团队,激活个人,兰州海鸿将阿米巴推上餐桌,衡量小经营团队的业绩和贡献,通过算账,让员工连接市场。

阿米巴经营的表象是组织划分、独立核算、高度重视经营的结果。然而,阿米巴经营

更加强调经营会计的目的和意义在于提升经营者的思考能力，经营会计注入的是经营的绩效管理思维，释放现场活力和不断循序改善。阿米巴经营强调经营哲学的根基，通过哲学共有来紧紧抓住员工的心，通过从计划到过程、结果的充分授权来激发员工的潜能，实现全员参与经营，如图4.6所示。

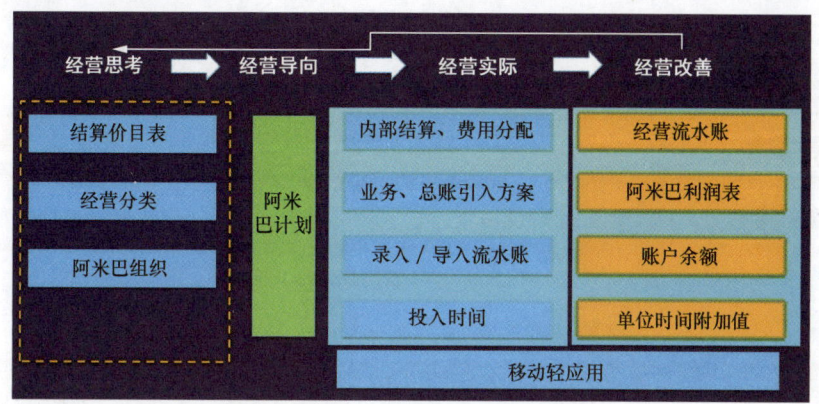

图4.6　阿米巴经营

兰州海鸿先进的经营管理机制，在金蝶云·星空经营会计中得到落地，真实、及时、透明地反映每个经营过程。通过组织经营数据的出具，以市场驱动的内部组织实现自我驱动，激活每一个个体、单元，让他们为自己的经营负责，提升组织活力、提升人员能力，让每个人都能够自己管理自己，让每个人都是"企业经营者"；经营会计融入管理的理念，也是精益管理理论体系的体现，实现企业增收降本；同时将企业经营数字化，帮助高层进行经营决策。

### 3. 在法人体系外构建经营体系

传统的法人核算体系由于会计政策等要求，难以满足企业诸多场景下管理的需求，例如，内部定价传导、核算范围等，而在传统数据基础上加工出具的报表也往往存在数据滞后、数据扭曲等局限。

金蝶云·星空以灵活、平台化的业务架构设计，跨地域、跨终端的云平台系统，同时支持多核算体系，在法人、税务体系等企业信息系统核算机制外构建利润中心体系，便于企业实现不同的管理目标；支持经营单元灵活设置、柔性组织；支持不同颗粒度、多重划分维度阿米巴单元之间的协同工作及内部交易价格；支持销售及库存的灵活定义；以独立核算为基础的数据透视帮助阿米巴循环改善,帮助员工从被动执行转变为主动创造,激活个体,成就组织。

整体平台框架如图4.7所示。

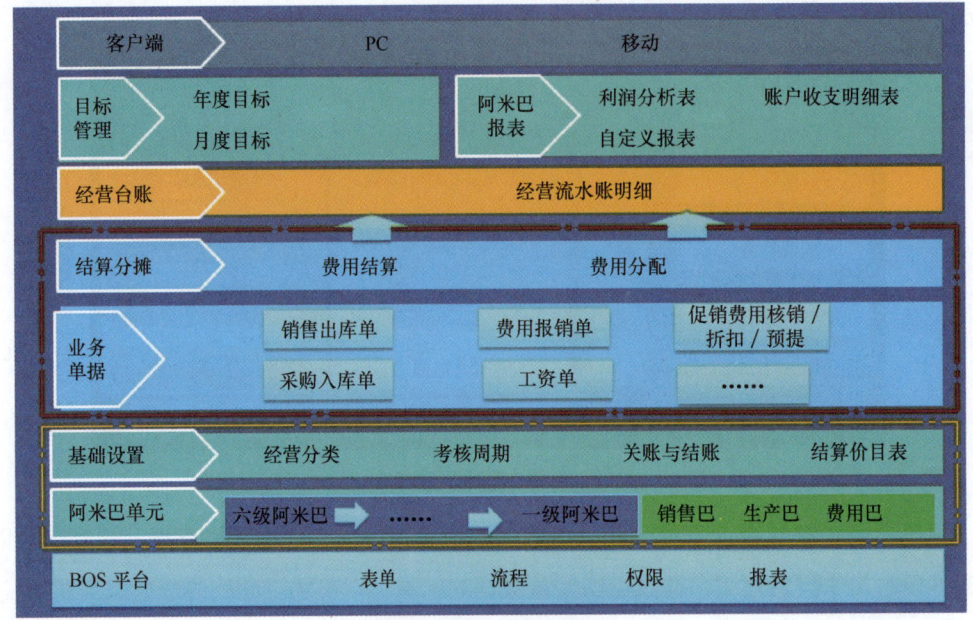

图4.7　整体平台框架

## 4. 划小核算单元,导入经营会计

阿米巴经营会计是将组织细分成小的组织,通过与市场直接联系的独立核算进行运营,培养具有管理意识的领导,让全体员工参与经营管理,从而实现"全员参与"的管理方式。

兰州海鸿董事长提到,在落地阿米巴的过程中,前期划分了很多小巴,让每一个小巴在经营的过程中能够进行独立核算,及时核算出数据和相互之间的交易关系,这是阿米巴落地的难点和痛点。因为有了详细的核算规则、组织划小、组织定价,并且每个工序、流程都能够即时结算,所以有了经营核算的基础;而阿米巴经营核算是即时性的,核算的困难就是劳动强、工作量大;核算的高难度困扰着很多企业,因为工人解决不了即时核算问题,必须借助信息工具,金蝶云·星空为兰州海鸿解决了这些难题。

兰州海鸿在集团层面构建的三十多个核算组织基础之上再次进行细分,结合金蝶云·星空的经营会计功能,将门店、部门、工厂、车间作为独立的经营单元,丰富地展示了各阿米巴单元的收入、费用、利润等明细,把企业盈亏、部门盈亏和个人收入挂钩;每个小组织被委以经营权,独立核算运营(如图4.8所示),所以各级巴长会产生"自己也是经营者一员"的管理意识,于是便会努力去提高业绩。小组织经营者时刻检查企业计划和现有的组织是否适应,针对市场的变化,灵活地调整阿米巴组织,迅速做出应对。

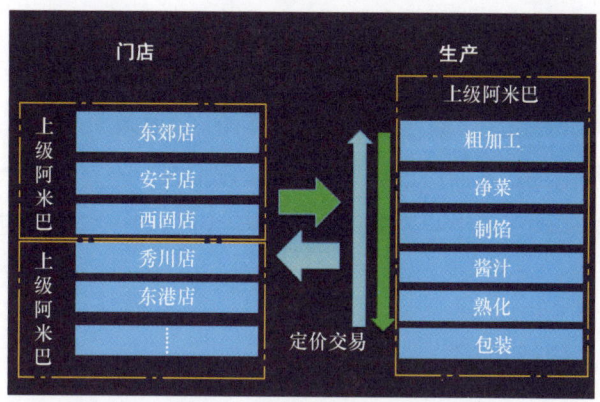

图4.8 独立核算经营

### 5. 定价即经营,传导市场

阿米巴单元之间的内部交易,明确区分并界定这些资金的归属,清晰地体现各个阿米巴单元的成本、费用、收入;针对实体交易,对每个加工厂的车间进行内部定价和内部交易;针对服务类交易,按服务项目定价,进行内部交易;通过金蝶云·星空实现内部交易自动结算,通过计价内部交易,自动实现阿米巴单元的独立核算,传递市场竞争压力;兰州海鸿经营者认为经营会计应该是一个交易系统,通过组织间交易的价值体现、价值的传导、企业经营分析、决策系统,实现内部市场化。

### 6. 将经营意志转化为数字及逻辑

在开展阿米巴经营的过程中,重要的是准确掌握各个阿米巴单元产生的销售额、生产和经费开支、时间等真实数据。但对于每个小组织的经营者而言,让他们去理解借、贷是较困难的,所以经营会计应不拘泥于传统的会计模式,通过通俗易懂的报表,清晰地通过数据还原经营现场,知道组织的问题在哪里,客观评价组织的贡献,让每一位员工实际感受到自己的工作与业绩数据之间的关系,进而形成良性循环,共同持续提升。

结合兰州海鸿的阿米巴实际状况及金蝶云·星空信息化落地，阿米巴单元产生的收入、费用和其他转账业务通过经营会计流水账记录，经营会计流水账区分收入、支出和转账 3 种类型；经营流水账尽可能地来源于业务数据，无法从业务单据取数的，可通过总账生成，经营流水账可以联查业务单据，数据更真实可靠；费用可通过业务单据、手工录入、总账科目导入等方式自动按设定的权重分配到相应阿米巴单元。

兰州海鸿企业考核要求把门店、部门、工厂、车间等部门设立为阿米巴单元，成本核算到每一个工艺节点，并且除了原材料、加工成本外，还考虑库存成本、质量检验成本等，让成本核算组成更加精细。出具超过 50 多种阿米巴报表，丰富地展示了各阿米巴单元的收入、费用、利润等明细，把企业盈亏、部门盈亏和个人收入挂钩，赋能个人，激活阿米巴单元的活力。

### 7. 经营会议，分析改进

阿米巴经营模式的落地不可能一蹴而就，必定会在实践中根据实际需要进行调整，建立符合当前情况的最优化组织。灵活的组织调整，适应企业组织不断的变化需要；灵活的数据提取，指导经营；对于决策者，有利于战略计划的下达；对于操作者，能清楚了解作业过程中的经营绩效及不足，并进行改善。

阿米巴是透明经营、打造培训经营人才的道场，可形成公开、透明、开放，争创高绩效的企业文化氛围；企业每天公布前一天的业绩数据，让全体员工都能了解订单情况和生产业绩等，通过确认每天的业绩数据，每一位员工可以实际感受到自己的工作与业绩数据之间的关系，这可以把全体阿米巴成员的力量凝聚到一起，有助于实现集体的目标。

通过经营会议找到经营中的问题，并找到责任人，快速解决问题；阿米巴经营的核心能力之一是帮助每个阿米巴组织不断找出问题、解决问题，不断精进；兰州海鸿通过精进指标来提升评估组织能力，结合内部定价、内部结算，定义对利润增加的考核；精进指标是实际完成与目标计划的对比，让企业在不断的成长中前进，同时也培养了员工。

构建灵活的阿米巴经营单元，建立多核算体系下的组织间结算关系及结算价目表，通过组织间结算使各组织的成本费用更清晰，实现阿米巴自负盈亏分析，直达市场，了解客户需求，从而满足客户需求。金蝶云·星空不仅为兰州海鸿提供了一套快捷方便的管理工具，更是对兰州海鸿先进管理模式的适配。

对于操作者，对于操作者，按服务项目计价，交易清晰，成本确认原则明确。

对于经营者，清楚经营计划、目标，掌控实时状况，从而精进指导。

对于决策者，了解各个产品线、组织的利润，横向对比分析，了解企业组织的瓶颈。

对于企业，在不断的精进过程中，成本、费用不断减少，人员在成长，组织在进步。

## 三、客户感言

金蝶云·星空将企业财务及业务信息资源纳入一个管理平台系统中，帮助企业在各项决策中快速调取数据，提升了决策的准确性和可执行性。全过程、全方位的解决方案打通企业各个业务环节的信息通路，通过各模块底层数据，为企业适应市场变化、结构化调整财务系统及业务奠定基础。

特别感谢金蝶为我们提供的优质服务，不断地为我们提出的新需求提供及时、有效的解决方案。

——兰州海鸿餐饮管理有限责任公司董事长　肇先

# 青岛万福集团"从源头到终端"信息化解读

## 一、企业简介

我国是全球生猪生产和消费大国，生猪存栏量、出栏量及猪肉产量均居世界第一。

青岛万福集团股份有限公司（以下简称"万福集团"）是一家以农副产品加工出口及国内销售为主的国家级农业产业化龙头企业，主要从事蔬菜制品、肉制品、调理食品、优质饲料等300多个品种的生产和优良品种猪的繁育、饲养及畜禽产品的深加工等。产品畅销国内几十个大中城市和日本、韩国、中东、东欧等十几个国家和地区，在国际市场上享有良好声誉。

万福集团先后被国家农村农业部、对外贸易经济合作部、科学技术部等部委评为国家级农业产业化龙头企业、全国园艺产品出口创汇示范企业、全国农产品加工示范企业、全国农产品加工出口示范企业、国家级星火外向型龙头企业、全国食品工业优秀龙头企业、中国肉类行业50强。

## 二、项目内容

### 1. 项目动因

（1）全产业链布局

万福集团旗下的法人及利润中心共 29 个组织，一个本部及六大事业部，分别是蔬菜事业部、养殖事业部、肉联事业部、调理品事业部、地产事业部和三产事业部，涵盖蔬菜种植加工，优良品种猪的繁育饲养、宰杀及畜禽产品的深加工等上下游全产业链，同时还有地产、物业、商贸、投资等多个业态。发挥上下游产业协同的优势，真正打造"从源头到终端"的食品全产业链，实现全产业链协同优势与食品安全的全管控，是万福集团的重中之重！

（2）数字化差异赋能全产业链

因不同产业在运营与管理方式方面的不同，各业态板块信息化管理的重点存在巨大差异。

① 蔬菜事业部，信息化管理的重点是生产管理及成本核算、多组织的协同业务处理。

② 养殖事业部，信息化管理聚焦于猪场的成本核算、饲料厂的生产管理及成本核算、多组织的协同业务处理。

③ 肉联事业部，信息化管理诉求是异构系统中收购及生产数据对接导入、降低工作量、熟食的生产管理及成本核算、上线后提升月末结账效率。

④ 调理品事业部，信息化管理的核心在于调理品及熟食品的生产物料管理，以及成本核算的准确性及效率，物料的批号、保质期管理。

⑤ 地产事业部和三产事业部，信息化管理侧重于"行业软件 + 财务核算"模式。

集团希望搭建统一的信息化平台，满足集团化财务、供应链、生产管理及成本核算的统一管控需求，实现异地多组织业务的协同，出具合并报表。同时还需要划小单元，考核每个事业部的经营绩效情况。

面对多业态业务模式且差异较大的信息化重点，在统一平台上构建万福集团的数字化管理运营平台是极大的挑战！原有的产品存在操作系统风险，年结、编码不可改，以及老式单体组织软件管理松散的弊端，再加之内部往来多、对账工作量大，早已跟不上业务发展的步伐,信息化转型迫在眉睫。

金蝶云·星空支持多组织、多核算体系,根据企业需要构建法人核算体系、利润中心管理体系,保证记账的合规与准确;支持企业多组织、多工厂、多地点之间的无缝业务运作;强大的 BOS 平台能够更方便地进行业务配置,满足企业个性化、行业化定制需求。

同时,万福集团在信息化建设的推进过程中,对金蝶项目组的项目管理、方案设计和交付能力也提出了更高的要求,要求金蝶兼顾多种业务的特点,厘清规划思路,分板块、分事业部、分模块来逐步开展,同时把握整合难点,找到业务间协同的边界,实现各子公司间、子公司与集团总部间的信息系统数据互联,实现产业链上业务协同,发挥资源整合优势。万福集团信息化架构如图 4.9 所示。

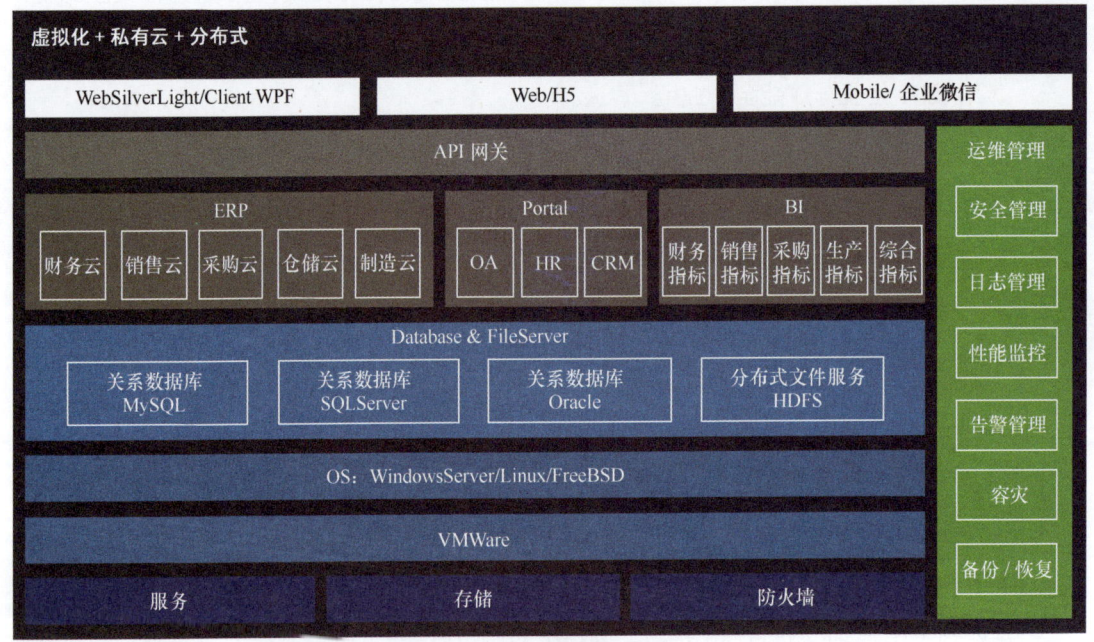

图4.9　万福集团信息化架构

## 2. 数字化赋能实践

(1)数字资产集中管理

由于各板块业务不尽相同,粗放式的基础资料管理易导致数据繁杂、业务流程不规范,形成信息孤岛,难以管控。

万福集团通过金蝶云·星空搭建了统一的信息化平台,整合多业态板块,统一集团内的物料、BOM、供应商、客户和员工等主数据,基础资料的规范化进一步增强了企业的精细化管理,集团内信息共享更准确、透明,为后续发展打下坚实的基础。

(2)业务财务新实践

① 科目不只服务于法人核算。

万福集团通过金蝶云·星空搭建了统一的财务管理平台,并提出了统一的会计政策、核算方法和会计科目来规范整个集团的财务核算,其中系统内自定义的会计科目多达900多个,既满足了各法人及利润中心独立应用、按事业部单独核算的需求,又满足了集团财务管控的需求,能够实时监控各个公司的财务及资金数据,及时、准确地反映集团及下属公司的经营过程和经营结果。

② 精细化的成本管控能力。

各分子公司上线成本核算后,将以往粗放的按"产品"归集成本改进为按"成本对象 + 生产批次"的方式归集成本; 按产品类单独核算生食、熟食成本,业务更加清晰。金蝶云·星空成本核算系统通过与供应链、生产制造、应收应付、资产管理、总账等系统的无缝集成,大幅提升了成本核算的效率及准确率,财务人员能快捷、准确地进行成本对比、销售毛利的对比、材料及费用的对比,以及标准成本与实际成本的对比。

另外,按存栏量、死淘量、养殖周期结转成本,使其更符合畜禽养殖行业特性的成本核算,实现更精益化、全面化的成本管理,也加强了财务人员对生产及成本核算的认知。

③ 利润中心阿米巴经营。

万福集团根据自身业务板块将集团内的法人组织划分为多个事业部,在金蝶云·星空上将每个事业部设置成利润中心,出具每个利润中心的报表。因此,各利润中心的绩效看得清、摸得着,能够更合理、更准确、更全面地进行考核。

在阿米巴经营模式下,每个利润中心都相当于一个创业公司,都在追求"收入最大化,费用最小化"的极致经营效率,让企业更具有活力。这种"人人都是CEO"的机制背后,实际上是责、权、利的统一,促进员工的意愿与利益和企业的文化与机制相统一,不仅为员工建立了一种公平的内部晋升渠道,还能帮助企业找到"想干、敢干、能干"的人才。

④ 报表助力掌控经营状况。

万福集团实现了线上出具全集团合并报表,极大地提高了财务工作效率。金蝶云·星空基于企业不同的报告目的,建立了多套并行的合并方案,出具法人合并和管理合并,满足企业内外报表合并需求。通过合并层次的确定,灵活地实现平行合并和逐层合并,而向导式的合并控制管理,让财务人员在一个管理界面完成一期合并报表的编制。

在合并控制中,自上而下的流程向导式菜单可帮助财务人员完成个别报表的收集、调整、权益、往来、交易等内部会计事项的核对与抵消,汇总、合并报表的编制还能通过合并构成,能够清晰地看出每个合并数据的编制痕迹和数据来源。

⑤ 提升资金利用效率。

万福集团通过资金调拨单记录集团与分子公司之间的资金拆借业务,有利于检查和监督资金的使用情况,评估资金的使用效果,不断提高资金利用效率。

⑥ 生物资产管理。

根据畜禽养殖行业特性,种猪为畜类生产性生物资产,因此,在固定资产模块中通过建立资产卡片进行相应的管理。

（3）数字化大供应链体系

① 多组织协同。

万福集团内组织交易往来频繁,存在大量的委托采购、委托销售、跨组织调拨、跨组织领料、委托代收、委托代付等业务。系统上线后,将之前由财务代录的业务推进至采购、销售、生产相关业务部门,使责权分清,业务协同更灵活、准确、高效。

委托采购：猪场委托饲料、蔬菜分厂委托事业部、肉联熟食委托生食采购等。

委托销售：蔬菜分厂委托事业部销售。

跨组织调拨：蔬菜、养殖、肉联等各事业部内部的组织间实现跨组织协同调拨。

跨组织领料：蔬菜、养殖、肉联等各事业部内部的组织间共用物料库、药品库等,实现跨组织协同领料。

委托代收：蔬菜分厂委托事业部代收、各事业部委托集团总部收款等。

委托代付：蔬菜分厂委托事业部代付、各事业部委托集团总部付款等。

在多组织业务的基础上，金蝶云·星空根据企业内部跨组织的物料、资产、费用、服务等业务，结合组织间结算关系、结算价格，月底自动生成组织间的对账清单（应收应付清单），大幅减少以往单体账套内部交易需重复录入及对账的工作量，有效降低了人工复核的差错率，助力万福集团打造产、供、销一体化平台。

② 食品安全全程管理。

食以安为先，食品安全的重要性不言而喻。万福集团借助金蝶云·星空提升了供应链和生产的管理水平，为企业的食品安全保驾护航，主要体现在以下几个方面。

- 批号、保质期管理。

严格按照国家法律要求，对系统中的物料启用批次管理、保质期管理，方便后续根据批号快速定位该批号产品的原材料、供应商等信息及质量追溯。

- BOM 管理。

系统的 BOM 管理，不仅提升了各分子公司 BOM 数据的规范性、准确性、及时性，还可根据 BOM 反向检查并完善物料的准确性，真正实现数据间的相互协同及约束，业务更加清晰。

- 库存管理。

在系统中，各分子公司启用了车间现场仓，将库存管理延伸至车间；将肉联事业部过去的手工保管业务全面电子化，实现了即时库存，规避了库存漏洞；实现了将肉联事业部的毛猪采购入库业务从青花瓷系统自动导入，大量节省了人力。

- 寄售管理。

万福集团下的协和、鲜安福等分公司采取寄售模式，金蝶云·星空有助于企业对寄售的客户信息、库存产品进行独立管理，能快速获取不同客户处寄存的库存余额。

（4）经营数据资产化

以往手工编制统计各类 Excel 报表，不仅工作量大、易出错，展现方式还很单一，缺少必要的对比、分析、预警，时效性也很差，决策层不能及时查看关键核心数据，最终导致企业的经营缺乏可操作性、可视度和可扩展性。

通过对金蝶云·星空底层数据的抽取和梳理，串联采购、生产、销售等各业务环节，准确挖掘数据背后的价值，让万福集团的管理者可以实时洞察运营风险，为决策提供强大的数据支撑。

BI 数据分析满足了集团自定义报表的个性化需求，同时也能在手机等移动端查看报表。移动技术丰富和服务了数字化应用场景，帮助管理者实时掌握企业经营动态。配合前端报表的多种展现形式、多重色彩搭配和多种维度数据，不仅能呈现醒目酷炫的图形化数据，还能穿透、联动查询，为使用者快速定位业务的问题所在。

## 三、客户感言

在技术变革日新月异的数字时代背景下，企业迫切需要提升运营效率，全面唤醒业务数据价值，实现数字化转型。

金蝶云·星空为万福集团提供了有力的产品和技术支持，帮助万福集团与时俱进，适应精细化管理的趋势，将多组织业务协同、业财一体化、集团财务管控和阿米巴经营等管理思想落到实际工作中，向标准化、集团化企业管理又前进了一大步。从长远来看，更能帮助企业积累数据价值财富，构建品牌价值、推动企业健康可持续发展。

信息化的落地不仅大幅度优化、规范了各分子公司的主要业务流程，还改变了过去部门权限不够严谨、上下游管理过于松散的问题，特别是成本管理模块的上线，得到了各分子公司的良好反馈，同时也将结账时间从过去的 10 天缩短到 5 天，并最终从 5 天到现在可以按上市要求在每月末结账。这不仅在效率和准确率上有所提升，达到了快速响应、业务协同、企业管控的目的，还为管理决策提供了强有力的数据支撑！

项目的顺利完成离不开双方项目组智慧的碰撞与交融，相信在金蝶云·星空的助力下，在双方的积极配合下，万福集团未来的转型之路会越来越顺畅！

——青岛力福集团股份有限公司董事长　史蕾

# 幸福西饼的"城市合伙人"发展+"数字化"管理

## 一、企业简介

深圳市幸福西饼食品有限公司（以下简称"幸福西饼"）是一家集蛋糕、下午茶等烘焙食品的研发、生产、销售于一体的"互联网+蛋糕"企业，创立之初即坚持"百分百新鲜现做"的经营理念，为消费者提供健康、安全、绿色的五星级烘焙食品。幸福西饼以"用心，传递幸福"的企业使命不断超越自我，完善服务。

2013 年，在互联网浪潮的推动下，幸福西饼率先转型 O2O 模式，已发展成为国内著名的 O2O 蛋糕品牌，同时积极进行商业模式创新，启用"城市合伙人"战略，首创卫星工厂生产模式，全程自营冷链锁鲜配送体系，全国覆盖范围内保证 2～5 小时送达。截至 2018 年 6 月，幸福西饼已布局超过 200 个城市，成立 400 多家卫星工厂，日均客单量近 4 万。幸福西饼也有望成为第一个全国范围经营的烘焙品牌。2017 年 12 月，幸福西饼迎来新的市场大爆发，完成 9600 万元人民币 A 轮融资，2018 年 6 月，获得华兴资本领投 4 亿元人民币融资，创烘焙新零售领域纪录。

## 二、项目介绍

### 1. 项目动因：商业模式的创新——为高速发展预置确定性

保证新鲜、控制食品安全是食品企业发展的前提；而快速整合资源、复制并将上述价值传递给客户才是幸福西饼成功并超越同行的关键。

幸福西饼的跨区域发展创新采用"城市合伙人"投资建厂的方式，快速整合了社会资源，极大地提升了扩张速度，但也增大了食品口味甚至安全出现危机的可能性，因而需要一整套的运营创新模式来应对。

一套能够集中控制、数字赋能、高效运转的数字供应链体系是关键：所有的生产中心必须统一从总部采购原材料，幸福西饼通过云服务（金蝶云·星空）的 MRP 来计算各生产中心的订单数量，得出需要多少原材料，进行统一采购，集中源头控制，确保产品质量。同时，"城市合伙人"机制确保快速的复制发展，保障了在全国开展的 200 多个城市的消费者的一致体验。

### 2. 数字化转型路径及价值

（1）数字供应链——幸福的标准，食材全国统一

蛋糕是一种低频次、软刚需的消费品，在竞争激烈的市场中，如何在快速扩张的同时，保质保量地完成"新鲜口味"的交付，是幸福西饼面临的一道难题，而"新鲜现做"又是

幸福西饼的每位员工心中不变的准则，是幸福西饼对消费者许下的承诺，而要做到这一点，就必须借助渠道和伙伴的力量来实现供应链的高效率运转。幸福西饼的商业模式如图4.10所示。

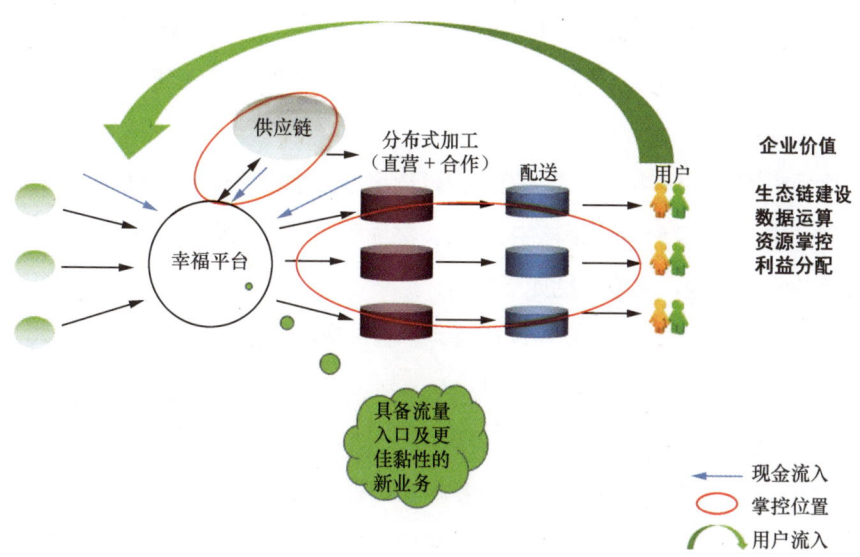

图4.10　幸福西饼的商业模式

幸福西饼深知蛋糕品质的好坏主要取决于食材的优劣。因此，为保障品质，幸福西饼严格控制上游供应链，对各卫星工厂承载的订单量与原料采购进行精确匹配，严格规范城市合伙人采购食材的质量。基于此商业模式及经营理念，给出如下整体方案。

充分利用金蝶云·星空高度一体化的全渠道解决方案，将终端消费者的需求由线上网店按照下载策略转化为金蝶云·星空的销售订单，再由总部分配给各卫星工厂，各卫星工厂按单生产，并完成最终配送，粉丝集中经营，服务全程可控；同时合作伙伴通过分销门户发起原材料采购申请，幸福西饼根据数据分析核定需求并进行集采分发，做到以销定采，盘活库存，既保障了产品品质，又降低了经营风险。

收到原料后，由各卫星工厂完成验货，签收后系统会自动将状态反馈给集团本部，立即更新产能，实时调整派单策略，为消费者提供最优选择，同时降低运营成本。

各城市根据自己门户上的签收记录与幸福西饼进行结算与分成，降低了沟通成本和财务处理的复杂度，简洁高效地完成对账工作。

### （2）利益共同体——将商业架构在移动之上

由于幸福西饼合作伙伴的工作人员的年龄多数偏大，很多人不会操作计算机，但基本上每个人都会操作手机，所以幸福西饼采用金蝶全渠道云发布的"掌上分销"轻应用完美地解决了这个问题。将轻应用发布至微信公众号，合作伙伴就可以选择通过微信公众号"幸福商城订货平台"进行预订，界面风格简洁，操作步骤简单，极大地减少了幸福西饼对合作伙伴的培训成本。

当幸福西饼的合作伙伴使用"幸福商城订货平台"小程序提交订单后，在金蝶云·星空中就会自动生成BBC订单（审核中状态），然后就可以在金蝶云·星空中进行发货、配送、应收等业务的处理，主要包括如下场景。

① 浏览商品：提供按商品分类过滤商品、查看商品详情和商品定价等功能。
② 快速订货：提供购物车方式下单、按商品直接下单、按订单再次下单等功能。
③ 跟踪订单：提供订单物流信息跟踪、执行情况跟踪等功能。
④ 订单签收：提供客户对订单进行签收确认的功能。
⑤ 价格管理：订货时商品实时取价、实现价格管控。

掌上轻应用满足了幸福西饼的移动订货需求，实现了订单管理目标，提高了订单准确率，提升了沟通效率，支撑了未来市场的快速发展，给合伙人带来了更具温度的移动体验。

### 3. 项目价值：在路上——第一家全国经营的烘焙企业

幸福西饼利用创新的城市合伙人模式，革新了烘焙行业的商业模式，同时，将数字化、移动化融入供应链经营中，使经营更具效率，使城市合伙人享有更大价值，使最终客户感知蛋糕的品质。

（1）金蝶云·星空的多组织架构，柔性地满足了幸福西饼合伙人快速复制的需求，实现供应链的集采与分销，提高了响应速度，保障了食材的质量。

（2）通过成本管理实时了解产品的实际成本，方便管理者灵活调整生产、促销策略，精准地管理利润空间。

（3）通过手机端订货的人数已经达到了80%，业务实现了移动化，使整体的运作效能更快、更具效率。

## 三、客户感言

金蝶云·星空的"多组织、多工厂"的业务分工与协同模式帮助我们实现了对200多个城市、400多个卫星工厂的品质管控与成本控制,实现了前端业务数据与后台财务信息的有效连接,帮助我们完成线上对线下的赋能,实现了裂变式扩张。

——深圳市幸福商城科技股份有限公司董事长　袁火洪

# 涪陵榨菜数字化运营创新实践

## 一、企业简介

重庆市涪陵榨菜集团股份有限公司(以下简称"涪陵榨菜")是一家以榨菜为根本,立足于佐餐开味菜领域快速发展的农业产业化企业。依托涪陵榨菜原产地的地域优势,经过 20 多年的快速发展,公司年生产榨菜、泡菜达 20 万吨,是中国农产品深加工 50 强、农业产业化国家重点龙头企业、全国轻工业先进集体、金砖国家领导人厦门会晤食材供应企业。

涪陵榨菜拥有 1600 多家忠实的一级经销商,销售网络覆盖全国 34 个省市自治区,产品远销欧盟、美国、日本、中国香港等 12 个国家和地区。在全国范围内,由 8 个销售大区、67 个办事处组成的专业营销团队对经销商进行植入式指导和管理。通过对渠道的精耕细作，已建立起多层次、长短渠道相结合的销售网络，公司产品畅销沃尔玛、家乐福、大润发等全球知名连锁卖场，以及全国各大超市、便利店、农贸市场等零售终端。

##  二、项目介绍

### 1. 项目动因

（1）传统工艺的自动化

乌江榨菜的加工工艺是独有的，是国家级非物质文化遗产，它在传统涪陵榨菜加工工艺的基础上不断改进和充实，更臻于专精和完善。从选料、晾菜、三腌、三榨，到天然香料的添加、调料的配置，再到包装、杀菌、存储等数十道工序，大多由全自动生产线设备加工完成，严格确保产品品质，实现了传统工艺的生产自动化。

（2）管理的数字化是一种逻辑

在生产设备自动化的同时，乌江人认为，管理也需要同步升级，从而全面提升企业的竞争力。企业管理要求急需解决以下问题，以全面迈入数字化时代，这些问题的解决，就是价值的源头。

① 公司间账务分离管理。

集团与子公司在不同的账套处理，工作量大且数据匹配难，未形成集团化架构，并且账套内财务与业务并未完全实现一体化，存在部分业务凭手工录入的情况。财务与业务数据分离，增加了核算、统计和对账的难度，难以满足集团化全面管控的要求。

② 业财传递不及时、不准确。

多系统间数据不能进行有效传递，信息割裂、无关联；各个组织间数据不能共享，形成信息孤岛；线下业务签批造成业务处理时间严重拉长，影响业务进度。

③ 销售业务管控薄弱。

未对销售发货地址、开票地址、基地库存情况、客户信用情况形成有效的管控，销售发货与出库间存在信息断层，未形成完整管理闭环。

应该统一制订规则、流程，统一管控，严格执行，避免人为因素造成的经营风险和财务

风险，数据要完整、准确，业务、财务、税务之间以及各子公司之间的数据要匹配，各经营单位可以实时掌握自己的经营数据，管理层可以及时掌握整体经营情况及各维度的业、财、税相关数据。

以上管理变革要求用合适的工具去实现，而这一工具就是信息化系统——金蝶云·星空。

### 2. 项目内容及价值

（1）集中数据资产

企业运行在财务、业务及散落各处的数据将是企业重要的资产，对这类资产的集中管理有助于优化既有的业务，提升运营，但前提是集中管理。

① 母公司与多个子公司在同一个数据环境中处理业务。

集团可以在信息化系统中轻松掌握所有组织的实时数据，并且可以根据需要按照不同维度进行分类汇总查询、数据互通、高效匹配，方便集团进行数据分析，提高决策质量。

② 集团集中管理基础资料信息。

规范基础资料控制策略，实现基础资料共享、分配、私有。对于物料、客商信息等，对原有的各公司间不同编码、不同名称实现重新整合，统一编码、统一名称、统一管理，使数字资产可以在全集团复用。

③ 集团统一规范财务信息。

对原有的各子公司科目不一致、报表不一致的情况进行规范，实现集团下统一核算体系、统一科目表、统一报表模板，为未来基于财务的经营透明化提供前提。

（2）协作产生价值

企业的价值在协作中产生，对内涉及不同部门，对外涉及供应商、经销商。通过协作提升效率；通过协作共享信息，降低波动产生的风险，因而涪陵榨菜在数字化进程中，首先建立了全范围、广覆盖的数字协作体系。

① 95%的凭证自动生成。

跨组织业务流程如图4.11所示。

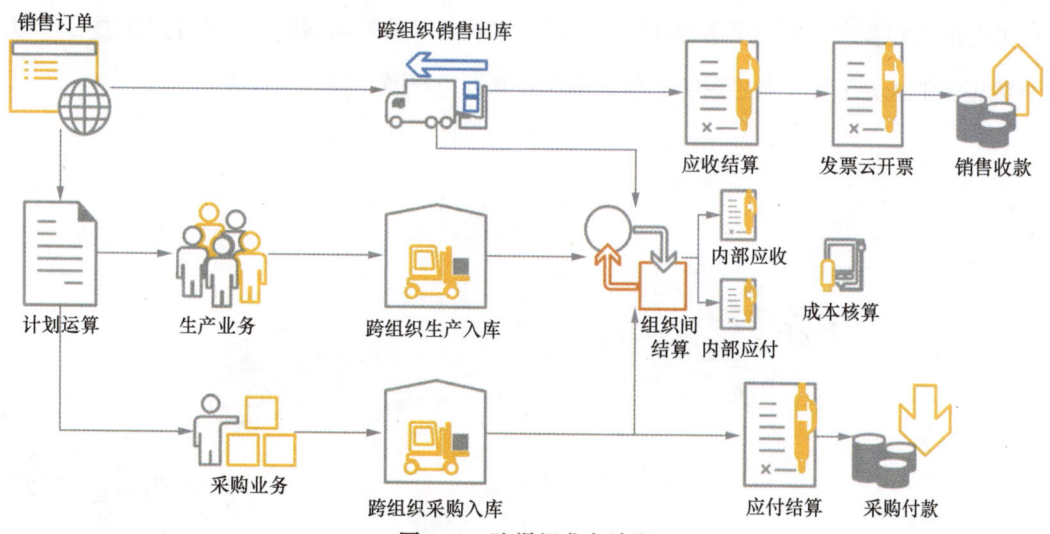

图4.11 跨组织业务流程

目前所有数据均通过业务数据传至财务，实现了真正意义上的业务指导财务，财务控制业务，一定意义上减少了财务人员的工作量，同时也提高了账务处理的效率。本次信息化严格地将销售、采购、生产、库存、成本核算、往来、收付款、发票管理、记账、报表等业务结合于一体，形成闭环，实现了95%以上的凭证来源于业务单据，既减少了财务人员手工记账的工作量，又方便业财对账，为企业的内控体系提供了技术支持。

同时，由于金蝶云·星空与金税系统无缝对接，增值税发票的开具、作废、打印等直接在发票管理模块中操作即可，且发票明细数据与业务模块销售出库单数据一一对应，自动生成，确保业、财、税数据相匹配，符合金税三期的相关要求。

② 跨组织供应链生产体系。

跨组织供应链生产体系如图4.12所示。

在数字化建设中，涪陵榨菜实现了所有组织间业务通过跨组织交易模式实现（其中包括跨组织销售、跨组织采购、跨组织调拨、跨组织生产），通过一张单据内不同的货主组织、业务组织、结算组织等，系统自动生成对应组织的销售出库单、采购入库单等单据，并且可以一键式生成对应组织的应收单和应付单，并进行内部结算，取代了之前各组织采用手工进行销售出库、采购入库业务，大大减少了工作量，提高了工作效率。

③ 业务线上审批，提高效率，规范业务。

以前的线下纸质签字的业务审批模式变更为线上流程节点审批模式，是管理变革无纸化办公的客观要求，提高了审批效率，也减少了企业经营的沟通成本。更重要的是，可以避免过多的人为干预企业经营的现象，确保业务规范严谨，降低经营风险。

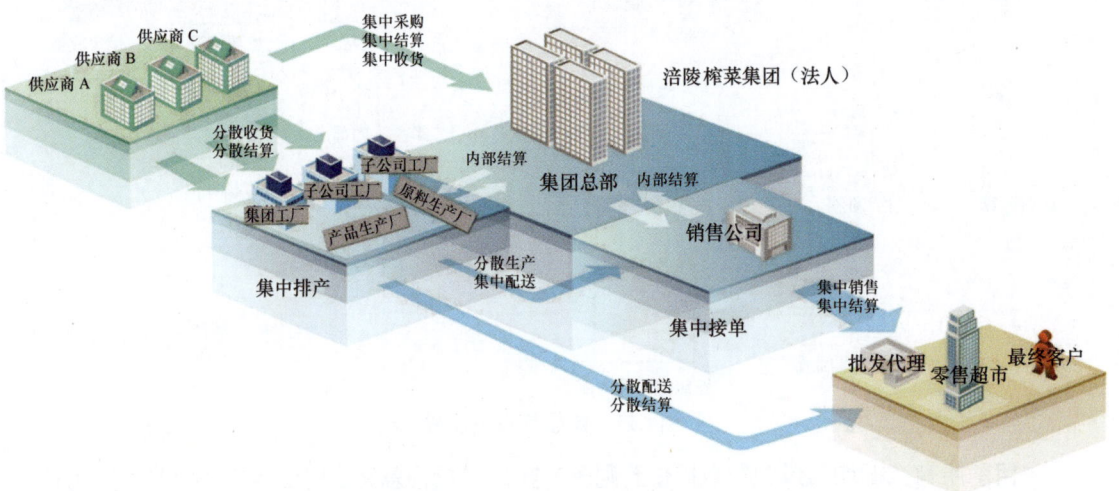

图4.12 跨组织供应链生产体系

（3）数字平台——全方位智能发运

随着数字化技术的发展，在PaaS（平台即服务）的支撑下，企业可以灵活定义自己的业务。涪陵榨菜利用平台完成了全方位的智能发运体系，构建了业内领先的智能发运系统。

优化1：可发量+优先级控制。

在后勤部门开单时，系统根据当前集团三大基地的可发量进行智能优先级发货，同时完成拼箱及装箱重量控制，在很大程度上解决了客户出现呆滞的问题，同时也解决了货运超载的问题。

优化2：自动排单+账户余额控制。

在销售员开单后，销售后勤人员在发货时，系统会严格控制当前各大基地库存的可发情况（会考虑之前要货时占用的部分），同时也会考虑当前客户可发金额，最终在满足所有条件后才能完成开单。

优化3：要补货自动运算。

计划部门根据系统提供的当前所有的销售订单、生产订单情况，综合考虑当前需求量，最终根据计划运算完成排产，同时将计划分发至各子公司。

优化 4：地磅系统无缝集成。

地磅系统集成如图 4.13 所示。

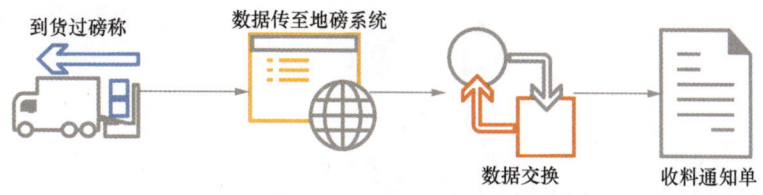

图4.13　地磅系统集成

货车到厂后过地磅秤，对应的到货重量会在地磅系统中被记录下来，生产人员将对应的物料、仓库数据录入地磅系统后会形成记录单，记录单通过接口传至 ERP 系统生成收料通知单，关联采购订单。

（4）数字及分析

丰富的数字分析应用助力各场景下数字潜藏价值的可见需求，实现销售业绩的实时考核，实时掌握各大经销区域的销售情况，满足了管理的要求。

## 三、客户感言

通过金蝶云·星空实现了集团化架构的管理模式，同时随着集团业务的快速发展以及公司规模的扩增，这套开放的 ERP 系统实现了我们在业务上的个性化需求、多样化系统的对接以及管理层的报表分析。

经过双方的共同努力，我们实现了多组织架构和集团的统一管控，财务与业务一体化，业务组织间的协同，理顺了财务、生产、供应、销售、成本 5 条业务主线，为涪陵榨菜的快速发展夯实了基础。

——重庆市涪陵榨菜集团股份有限公司董事、董事会秘书、副总经理兼财务负责人　韦永生

## 解码祖名豆制品数字化与核心竞争力对标建设之路

### 一、企业简介

祖名豆制品股份有限公司（以下简称"祖名"）经过 22 年的发展，已经发展成为一家集研发、生产、销售为一体的全国大型豆制品企业，旗下拥有扬州、安吉、上海三家全资子公司，2016 年 3 月，祖名作为全国首家登录新三板的豆制品企业，正式挂牌上市。

祖名主要生产生鲜豆制品、休闲豆制品、豆奶饮品，产品不但进驻各大国际型连锁超市，同时还出口美国、英国、加拿大等发达国家。

祖名自成立以来，就一直以"做健康食品，关注人类健康"为企业发展方向，始终坚持"质量第一"的企业使命。每年投入大量资金提升生产工艺，包括对技术和设备进行提升改造；定期邀请杭州市民与媒体人员参观祖名的生产工厂，让消费者近距离体验、监督生产过程；在 2016 年 4 月，祖名成为中国杭州 G20 峰会官方指定的独家豆制品专供企业,并在峰会期间提供了33个品种、11个批次,共4533箱各类高品质豆制食品。祖名凭借"'生鲜极速'背后的秘密——传统豆制品行业的云端转型之路"入选2018年度企业上云典型案例,成为豆制品行业唯一获此殊荣的企业。

发展至今,祖名已连续多年被评为浙江省名牌产品、浙江省农业龙头企业、浙江省企业技术中心、中国豆制品著名品牌企业20强。祖名并没有骄傲,而是用自己的真诚,去逐步实现立足长三角,面向全国,走向世界的宏伟目标。

## 二、项目内容

### 1. 项目动因

食品安全大过天,特别是生鲜行业,更要注重食品安全问题。祖名豆制品的原料均为国产非转基因大豆,董事长更是对生产人员下了死命令,即便是国家允许的限量添加剂,也绝对不添加,这样就更加缩短了产品的保质期(这样生产出来的生鲜产品保质期一般在1~3天)。然而董事长依然要求当天绝对不留生鲜产品,当天生产的产品必须当天全部销售出库,这也就对生产及发运环节的工作提出了更高的要求。必须做到生鲜产品零库存管理,这也是对生产人员最重要的一项考核指标,同时也对软件功能及性能方面的支撑提出了更大的挑战。祖名在数字化的过程中,除了基础的供应链之外,着重向物流要效益,同时积极利用移动技术来改造生态内的关系,从而可以从源头确定生鲜的极致绩效。

### 2. 祖名数字化转型路径

**转型1:小客户的数字化**

祖名拥有4家子公司,因为生产、销售的生鲜豆制品种类繁多,但每种产品的单价又不是很高,所以每个公司每天的订单量接近1000单,单小量大;同时,祖名的客户大多数是农贸市场上年纪较大的人,这些客户每天使用电话向祖名订货,因此,需要专门的订货小组负责接电话、下订单,电话铃声每天从早上8时到晚上9时从不间断。有时因客户描述不清或忘记某种产品,导致订货组内人员下错单及漏单的情况发生,等客户发现收到的货不是自己想要的,便会直接投诉。

应用金蝶云之家作为应用软件可支持安卓及 iOS 手机免费下载使用的特性,将金蝶云·星空中的"移动下单""掌上订货"两个轻应用发布至云之家,让祖名的订货方式从专门的订货小组电话订货转变为业务员或者客户自己在手机端订货,使订货更轻松、更快速、更便捷。

"移动下单"轻应用主要供企业的业务员使用,帮助自己的客户下订单,例如,业务员外出拓展业务,与客户达成一致后,便可以在客户面前直接下订单。操作起来也很简便,先选择自己的客户,然后选择客户所要订购的产品,加入购物车,选择好数量后,点击"立即下单"按钮即可,操作界面如图 4.14 所示。

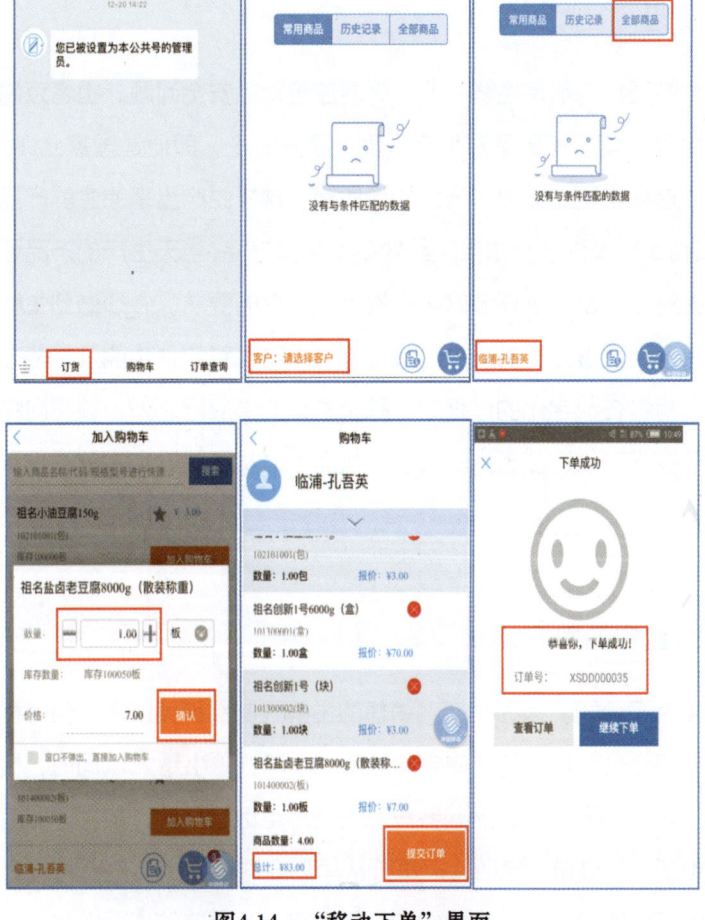

图 4.14 "移动下单"界面

祖名的业务员使用"移动下单"轻应用提交订单后,会自动生成金蝶云·星空中的销售订单(审核中状态),然后可以在金蝶云·星空中进行后续分货、发货、配送、应收等业务的处理,主要包括如下场景。

浏览商品:提供按商品分类过滤商品、查看商品详情和商品定价等功能。

快速订货:提供购物车方式下单、按商品直接下单、按订单再次下单等功能。

下单控制:根据每辆车的发车时间,在发车前2小时不允许订货。

跟踪订单:提供订单物流信息跟踪、执行情况跟踪等功能。

订单签收:为客户提供对订单进行签收确认的功能。

价格管理:订货时商品实时取价,实现价格管控。

促销管理:客户下单系统支持自动匹配促销政策、实现促销管理。

掌上订货轻应用主要供企业的外部客户使用,支持产品分类、产品图片显示、订货方案的设置,金蝶云·星空BBC"掌上订货"满足了祖名的移动订货需求,实现了订单管理目标,提高了订单准确率、提升了沟通效率、支撑了未来市场的快速发展,给企业的销售管理带来了质的飞跃,关键业务流程如图4.15所示。

祖名的客户使用"掌上订货"轻应用提交订单后,会自动生成金蝶云·星空中的销售订单(审核中状态),然后可以在金蝶云·星空中进行后续分货、发货、配送、应收等业务的处理。

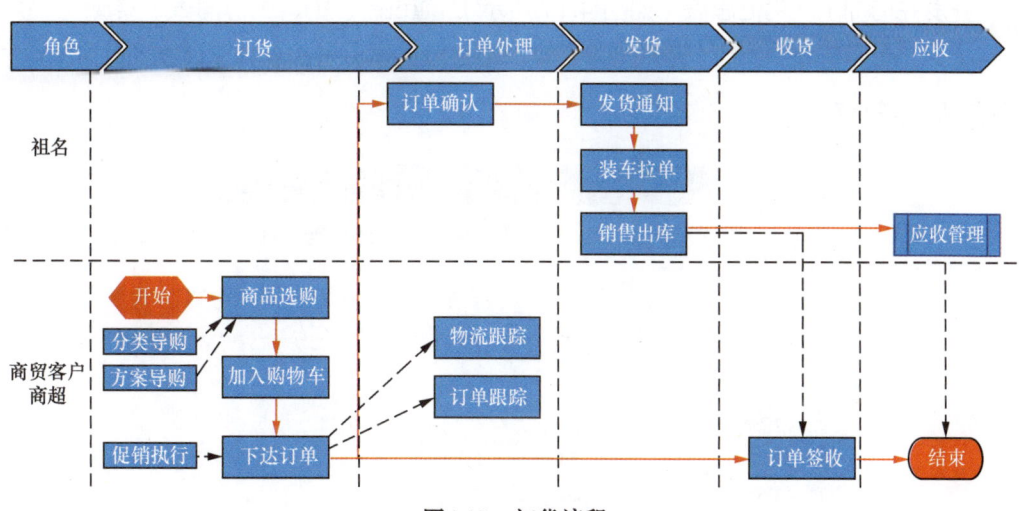

图4.15 订货流程

最后，基于金蝶云·星空与云之家的连接，祖名将所有业务的审批工作都迁移到了云之家，包括费用报销、添加物料、添加客户等一系列的审批工作都由原来的 PC 端操作转变为移动手机端操作，大大地提高了各种业务的审批效率。同时，所有人员的签到、工作汇报也都在云之家进行，将所有人员的碎片时间合理地利用起来，具体应用如图 4.16 所示。

图4.16 移动审批

### 转型2：产销协同，数字化提升效率

为了从销售源头严格把控生产和配送，祖名应用金蝶云·星空 BOS 平台的万能报表功能，开发并增加了产销汇总表（如图 4.17 所示），通过产、销、配协同表，实现产、销、配一体化，实时共享产、销、配的数据，产、销紧密协同，大幅提升了效率，真正实现了生鲜产品的零库存。

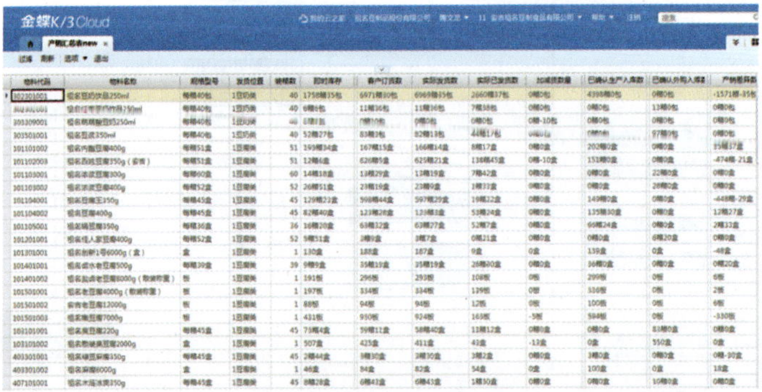

图4.17 产销汇总表

## 转型3：向物流要效益

祖名全程采用冷链配送，拥有专用的冷藏配送车辆及大型冷库，从成品出仓、储藏以及运输，到产品最终到达消费者手上，都保证了食品在相对恒定的低温下。同时，祖名根据客户的地理分布，规划出每辆车的运输线路及发车时间，并把每个客户设立为一个站点，以此降低因配送产生的费用。每辆车都有固定的线路及固定的发车时间，发车时，每辆车必须装配好该条线路上所有客户的货品。一条线路上可能有二十几个客户，发货员要将货品从冷库搬运到发货窗口，由于冷库到发货窗口还有一定的距离，为了提高发货员的工作效率，需要将一条线路上所有客户的货品按物料名称汇总，以方便发货员发货。货品被搬运至发货窗口后，发货员再按照每个客户的订货明细分装到车内，具体业务流程如图 4.18 所示。

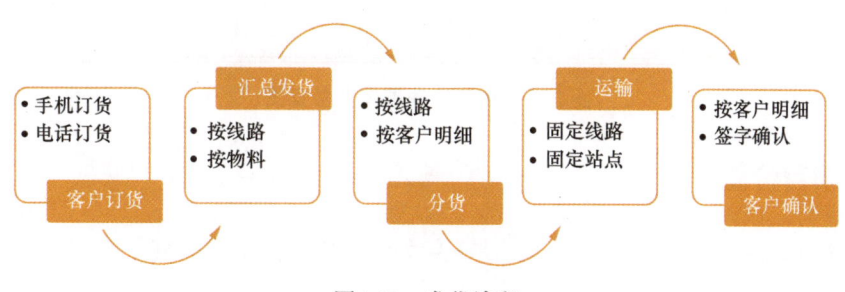

图4.18 发货流程

祖名基于金蝶云·星空灵活的底层及业务架构，给出了整体解决方案，如图 4.19 所示。

方案充分利用金蝶云·星空 BOS 平台简单易操作的配置型开发，在金蝶云·星空中增加线路、站点等基础资料，并在客户基础资料及销售订单、发货通知单、销售出库单中增加线路、站点等字段，方便按线路汇总生成数据；并在标准销售流程（销售订单—发货通知单—销售出库单）的基础上，增加装车单。根据发货通知单按线路及物料汇总生成一张装车单，解决了发货员快速发货的问题；根据一条线路上的销售出库单，解决了分货员根据客户明细将货品分装到车内的问题。

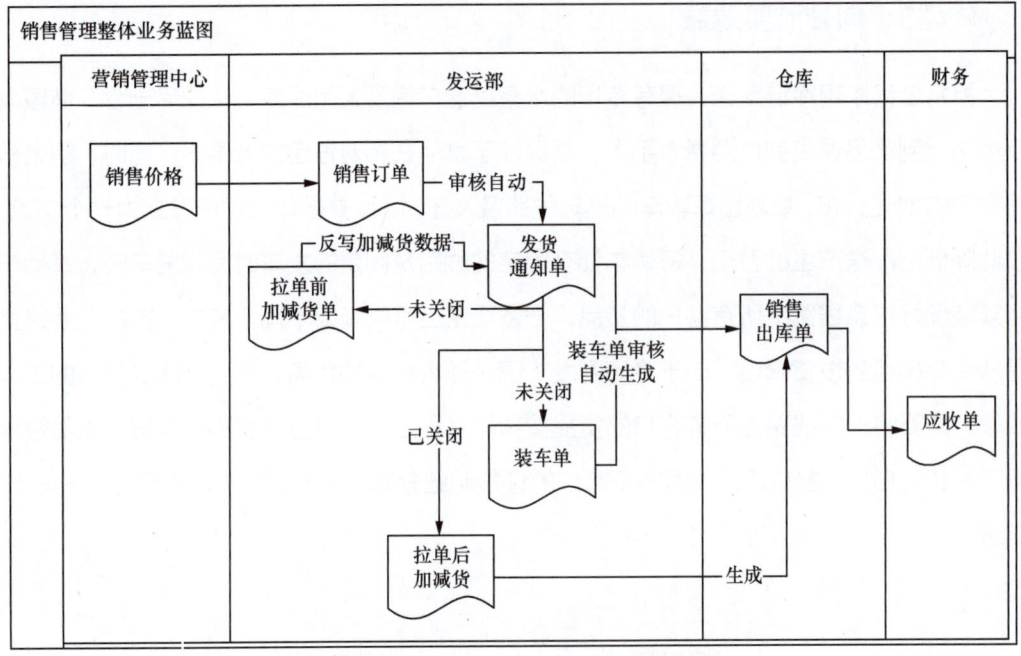

图4.19 销售管理整体业务蓝图

### 3. 项目价值

（1）简单二次开发的"三单一表"（三单为装车单、拉单前加减货单、拉单后加减货单；一表为产销汇总表）实现了当天接订单、当天生产、当天销售出库的管理需求，对销售、采购、生产、配送所有环节进行实时监控，所有环节可追溯。

（2）二次开发的拉单前加减货单和拉单后加减货单结合实际管理模式，实现了对生鲜品的零库存管理。

（3）客户通过手机端订货人数已经达到了80%，大幅提升了效率和服务体验，减少了人工电话订货成本。

（4）供应链库存管理提供月末关账功能，在进行期末盘点及期末做账时，保证供应链的业务数据不再变更，使库存数据完全准确。

（5）金蝶云·星空的多组织架构实现了将祖名4个组织的数据存储在同一数据中心，使报表查询更加方便、快捷。

（6）原PC端审批费时费事，通过金蝶云·星空与云之家的连接，相关人员可利用碎片时间，快速处理审批工作。

（7）61个阿米巴单元激发生产效率，单品产出率提高2.78%，一年新增利润430万元。

（8）经营业绩提升，2018年销售增长10%，利润增长50%。

（9）2018年减少非生产人员43人。

## 三、客户感言

金蝶云·星空通过其快速配置、快速应用、快速见效的BOS开发平台，用"三单一表"高效地实现了当天接订单、当天生产、当天全部销售出库的产销业务紧密协同，并通过移动下单、掌上订货、移动审批，使我们踏上了数字化转型之路。

——副总经理　高锋

# 实践经验总结

食品和餐饮行业是人类社会最古老的行业，移动技术的应用，实现了利润透明，吸引更多的资本和新力量加入这个行业，传统的行业经营者和新力量一起用新的管理方式、管理工具推动食品和餐饮行业进行数字化转型，实现食品餐饮行业的"上云、用数、赋智"之路。

海欣食品作为速冻鱼肉制品行业的第一家上市公司，定义了快消行业竞争力的模型：前端量化损益＋后端全程供应链双螺旋。前端关注利润，将损益细分核算到"项目"，实现销售前端损益的数字化；后端进行全程供应链的优化。通过智能仓储管理，控制食材的保质期；通过智能发运，实现运输过程的冷链管理；通过智能生产排程，保障生产的有效性。

兰州海鸿在实现运营数字化后进行阿米巴经营实践："以人心经营人心"，在餐饮运营标准化、数字化后，通过阿米巴给员工赋能，使员工具备经营者思维；并通过在法人体系外构建经营体系，划小核算单元，导入经营会计，利用定价、经营会议等方式，传导市场压力，将经营意志转化为数字及逻辑，实现持续分析改进。

青岛万福作为以农副产品加工出口及国内销售为主的国家级农业产业化龙头企业，旗下有蔬菜、养殖、肉联、调理品、地产和三产六大事业部，其打造了"从源头到终端"的食品全产业链，实现了全产业链的协同优势与食品安全的全管控。青岛万福用"虚拟化＋私有云＋分布式"部署信息系统，对不同事业部的不同管控重点进行管控，实现了产业链上的业务协同，发挥了资源整合优势。青岛万福进行了数字资产的集中管理、业务财务的创新实践，建立了一个数字化大供应链体系以实现多组织的协同，并对食品安全进行全程管理；同时，通过经营数据资产化和数字化，实现了对业务的实时、准确、高效管控，大大提高了经营的可控性。

　　幸福西饼用互联网思维在传统的烘焙行业进行商业模式创新，实现了线上线下的融合，提出并落地了"好蛋糕，新鲜现做"的承诺。幸福西饼持续进行管理创新，并提出了"城市合伙人"发展＋"数字化"管理的新举措，用预置确定性的信息工具来支撑商业模式创新：通过数字供应链建设，建立幸福西饼的标准，实现食材全国统一；引进生态伙伴，建立利益共同体，通过移动应用、小程序实现全渠道的信息共享、订货处理；通过精准的利润管理，用数字为经营赋能。

　　涪陵榨菜拥有国家级非物质文化遗产的加工工艺，在进行加工工艺的自动化改造的同时，也在进行数字化运营的创新实践，包括集中数据资产，将多个子公司业务在同一数据中心进行处理；对内进行部门协同，对外进行供应商、经销商的协同，协作产生价值；构建全方位智能发运数字平台，提升发运水平；将运营数字化，帮助企业进行持续经营优化。

　　祖名将云计算、移动化、数字化与实际场景相结合，实现了"豆腐"的12小时生鲜极速配送：通过数字化构建按单生产的高效响应机制，实现产、销高效协同；冷链车按需配送，保障运输过程的高效。祖名豆制品用数字化建立起自己的核心竞争力。

　　食品安全大于天，传统的食品和餐饮行业为了满足人们对美好生活的向往，在进行工业化、自动化建设的同时，利用云计算、移动化、智能化的工具进行信息系统的建设，对传统工艺、技术进行创新，实现数字化转型。未来这个行业的创新场景会更多，2C的消费者数据和2B的供给数据终将互通，并通过云计算、大数据、人工智能提供的算法、算力，为生产、产品赋智，为给不同消费者生产个性化的产品打下基础。

# 第 5 章
CHAPTER 5

# 医药医疗,"上云、用数、赋智"——逆行英雄们的工具保障

# 安图生物借力数字化使能商业新能力建设

## 一、企业简介

安图生物是国内首家在上海主板上市的体外诊断生产企业。安图生物创立于1998年，专注于体外诊断试剂和仪器的研发、制造、整合及服务，产品涵盖免疫、微生物、生化等检测领域，同时也在分子检测领域积极布局，为医学实验室提供全面的产品解决方案和整体服务。

## 二、项目内容

### 1. 项目动因

安图生物致力于医学实验室技术的普及和提高，经过20多年的努力，在郑州、上海、北京等多地建立了生产、研发、营销基地，市场领域的快速扩张给企业带来强劲的动力，同时也给公司的经营带来了挑战。

（1）如何服务经销商，与经销商共成长

客户数量逐渐增长，经销商规模不断扩大，管理难度也在不断加大。

（2）如何提升集团运营水平，提升集团绩效

针对多元化多地域的集团结构，须进一步优化管理流程，提升协同效率。

（3）如何贯彻行业标准，提升质量管理能力

因国家对医疗器械生产和经营企业质量管理信息化的要求不断提高，企业在提升硬件实力的同时也需要增强软件管理水平。

（4）如何创新商业模式，加速成长

安图生物在服务方面加大投入，新商业模式对企业数字化也提出了新的要求。原有单一组织应用的 ERP 系统已无法支撑新的业务模式，也制约了企业的发展。因此，安图生物选择金蝶云·星空对集团数字化进行升级，构建新的集团数字化管理平台，如图 5.1 所示。

| | |
|---|---|
| 单个分公司 | 流程规范、运行高效、数据准确、监管有力（运营层面）<br>• 优化业务流程，既提升了企业运营效率和管理流畅性，又让企业责权清晰；<br>• 通过财务、供应链、生产、质量等核心系统重建，提升信息化管理水平；<br>• 通过一体化系统建设，实现财务与业务一体化，设计与生产一体化，异构系统集成，提高信息系统间数据与流程的传递效率，规避信息孤岛；<br>• 搭建工作流程、审批流、智能预警平台，实现"事找人"，提升企业运营及监管效率 |
| 公司整体 | 集中管控、横向协同、统一标准（管理层面）<br>• 通过本次信息化建设强化集团集中管控能力，统一核算与管控体系，规范企业政策；<br>• 逐步建立覆盖安图生物产供销、决策支持信息化管理，提升安图生物办公效率和信息化管理水平；<br>• 通过移动工作平台提高员工与员工之间的协同性、员工与业务之间的联动性，提高办公效率 |
| 决策层面 | 数据分析、决策支持（决策层面）<br>• 多维度并及时、准确地提供管理报表和业务数据供领导层查看，并为业务决策提供相关依据；<br>• 重要审批流程、预警信息及时传递至领导层或关键人员，加速审批和决策流程；<br>• 系统具备数据分析和追溯功能，可以对历史数据进行深入分析，形成企业管理利器，为安图生物各项能力的持续优化提供足够的源动力 |

图5.1　数字化管理平台

## 2. 转型实践

（1）起式：数字资产，集中管理

数字即资产，安图生物通过金蝶云·星空的应用，打破原来单一组织的管理模式，将

分子公司纳入一个数据中心进行管理。从集团层面统一物料、客商等主数据，规范科目、业务流程，实现对企业人、财、物等资源的有效整合，匹配集团管理制度，为企业绩效考核和经营决策提供有力支持。

基础资料控制类型管理如图5.2所示。

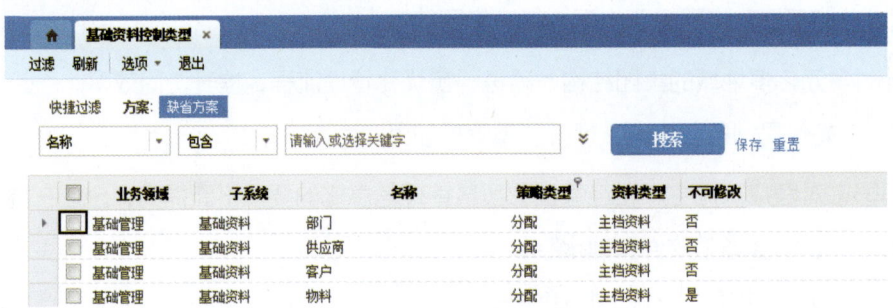

图5.2　基础资料控制类型管理

（2）市场拓展力：经销商能力提升计划

由于医疗器械行业比较特殊，经营渠道较为分散，管理困难。安图生物采取"经销为主，直销为辅"的销售模式，大规模整合渠道并与超千家经销商合作经营。

借助金蝶云·星空布局安图生物经销商管理平台。通过平台，经销商可线上上传、下载公司及产品的证照、资质证明材料等，简化经销商加盟流程，同时便于安图生物对经销商的资质进行审查和管理；经销商通过平台，查看可销商品及可购数量，在线下单，并与金蝶云·星空紧密联动，实现库存、订单等信息实时共享；实现了在线合同管理、在线对账管理等，提升了经销商的协同效率和满意度。

（3）合规化、数字化护航产品生产全程

安图生物努力为医学实验室提供性能价格比、品质价格比均优的产品与服务。医疗器械企业的经营活动需要符合医药医疗器械管理规范（如图5.3所示），需要在管理系统中对企业的证照、产品质量、养护过程及结论等进行管理。

通过金蝶云·星空的GSP（药品经营质量管理规范）模块，安图生物优化了经营管理、出入库质量管理、存储与养护、运输管理、质量信息管理、GSP台账等功能，不仅满足了国家市场监督管理总局对企业监管的要求，还全面实现了安图生物内部管理需要。GSP管理模块应用如图5.4所示。

图5.3 医疗器械管理规范

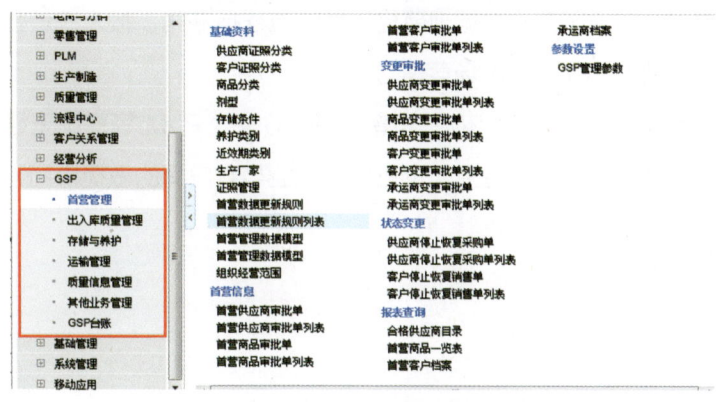

图5.4 GSP管理模块应用

安图生物的试剂类产品需要全程冷链运输，相关法规也要求企业对试剂类产品在流通环节中的冷链运输信息进行管理。为了更好地保障产品质量，追溯产品运输路线和实时物流信息，安图生物借助金蝶云·星空实现智慧物流，通过仓储管理、冷链记录管理、发运线路及车辆、司机管理等，实现物流的精细化过程管理。

（4）智能，为了更好地赋能

安图生物对产品的保质期、货架期、存储环境的温度和湿度要求非常严格，如何快速获取产品在采购、生产、库存、运输等环节的相关数据是信息化的重点。

① 近效期预警。

通过金蝶云·星空预警平台的应用，实现对物料近效期的个性化预警。

② 货架期预警。

从物料生产日期开始计算，如果货架期超过一定时间，则需要及时跟进。通过金蝶云·星空的应用，实现对物料货架期的个性化预警，有效控制了企业物料的库存占压并降低了呆滞率。

③ 温/湿度预警。

安图生物在仓库安装温度和湿度测量仪器，通过数据集成将仓库的温度和湿度实时传递至金蝶云·星空，通过系统预警平台实现仓库温、湿度动态预警。

### 3. 客户价值

安图生物基于金蝶云·星空搭建了 ERP 管控平台，从集团层面规范了财务、供应链及生产管理业务流程，实现了基础数据规范化、业务流程标准化、报表统计智能化，进一步提高了组织间协同效率，提高了市场竞争力。

金蝶云·星空与订货平台、CRM、设备管理、GSP、PLM 等系统无缝对接，打造信息共享平台，实现了企业内部、企业与供应商、企业与客户间的敏捷协同，提升了安图生物数字化应用价值。

## 三、客户感言

通过应用金蝶云·星空，安图生物实现了全面的信息化管理，打通了与客户、供应商的协同壁垒，实现了对内外部供应链的流程化、规范化管理，提高了工作效率和准确率，实现了信息共享；通过 PLM 系统，公司实现了重大研发项目的规范管理，并实现了研发中心工作的精细化；云之家移动工作平台使员工沟通、业务协同、管理洞察更加便捷、高效。金蝶云·星空已成为支撑公司发展和管理优化的不可或缺的重要平台。

——安图生物信息技术部经理　籍擎

CHAPTER 5　医药医疗，"上云、用数、赋智"——逆行英雄们的工具保障

# 广西田园产业价值链转型实践

## 一、企业简介

广西田园生化股份有限公司（以下简称"广西田园"）是一家经营领域涵盖农药、药肥、智能农业机械、城镇有害生物防治及园林植保营养、品牌农产品等的企业集团，核心业务定位是"为农业产业链提供产品和服务"，合作的批发商有4000多个，零售商约5万个，销售服务网络覆盖20多个省市。其中水稻、甘蔗用农药在国内的生产和销售规模最大，在农药制剂30强中位列第三（内资企业位列第二）。

## 二、项目介绍

### 1. 项目动因：大变局，大机遇

农药行业是典型的资金、技术密集型行业，行业整合是发展到一定阶段的必由之路，有利于行业健康发展。目前，国内农药行业企业众多，市场分散，集中度较低，企业规模较小，整体呈现"大行业、小企业"的格局，在国际市场尚未出现有影响力的龙头企业（如图5.5所示）。国家相关产业政策大力推进农药企业兼并重组，培育重点大型农药企业，提高产业集中度；优化产业分工与协作，促使农药工业朝着集约化、规模化、专业化、特色化的方向转变。同时，随着人们的环境保护和食品安全意识的不断增强，国家对农药的使用实行严格的管理制度，加快淘汰剧毒、高（剧）毒、高残留农药，推动替代产品的研发和应用，鼓励使用高效、低毒、低残留农药。未来农药市场将逐渐绿色化，农药企业的生产方式由传统生产方式转向绿色生产方式，推进农药生产智能化、绿色化转型将成为主流趋势。当然，农药企业的绿色化转型离不开创新，必须能够有效地促进资源合理配置、生态改善、环境友好、降低各种消耗等。纳米制剂技术、控释技术正在农药制剂应用方面不断升温。药械结合的技术、药肥结合产生的高工效农药技术已展现出广阔的前景。随着行业竞争的加剧及环保标准的提高，我国农药行业正进入新一轮整合期。

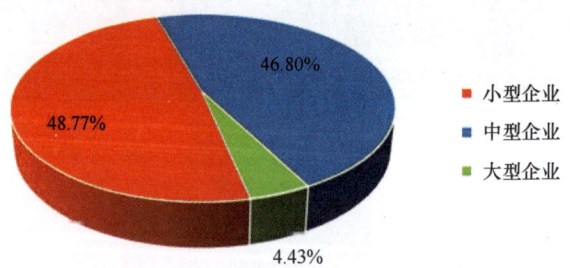

图5.5 2018年农药行业企业规模

面对当前严峻的行业形势，广西田园与本行业的其他所有企业一样，首先希望自己能生存下来，同时也期望自己能再上一个台阶。公司的发展战略是从"农药制剂企业"向"农业产业链服务企业"转型，具体措施为：向下游进军，提供"一揽子"方案；聚焦于产前、产中环节；优先发展农药和化肥板块，创新发展智能农药机械业务板块，巩固发展城市害物防治及园林植保营养业务板块，打造品牌农产品业务板块；带领经销商、零售店向服务转型。

### 2. 项目需求：重塑边界，重塑管理

随着公司发展，为快速响应和服务市场，广西田园成立了一家销售公司，并在各销售区域建立了 30 多家分子公司，已建成运营五大生产基地，加上总部研发中心、采购中心及其他职能部门，对各单位内部管理、组织和部门间统筹协作的要求越来越高。

广西田园自 2006 年起，逐步建设 ERP、MES、计划排程（APS）、研发产品生命周期管理（PLM）、营销管理（CRM）、办公自动化（OA）等系统。ERP 为单组织架构，按经营实体分别部署。不同时期、不同组织根据"点"的需求，引入的各部门/领域级信息系统、数据标准、技术规范各异，集成难度大、成本高、异常多，仅能实现少量集成。缺少整体规划，独立部署的单组织 ERP 系统，部门/领域级系统割裂，随着规模扩大，以下问题更加突显。

（1）制度规则落实困难：信息系统承载公司的政策制度、流程、规则，现有系统扩展性差，难以完整落实在系统控制上，加上各组织分别配置、执行、监控，导致落实难度大、成本高。

（2）系统应用效率低：一条端到端的业务需要跨越多个账套，部分功能重复操作，上、下游多个环节需要在系统外核对、汇总，容易出错，效率低。

（3）难以支撑运营管理：受架构和功能限制，很多计划、预算未应用信息系统，业务运作执行情况看不全，系统外统计分析时效性差，以及可信度、口径不一等问题导致无法发挥数据价值，难以支撑运营管理。

基于行业趋势，广西田园借助金蝶云·星空开放平台、大数据等数字技术的成功实践，以公司筹备上市的管控治理要求为契机，与金蝶携手以数字技术为抓手，重塑边界，重塑管理。

广西田园的整体目标不仅是优化现有的业务，或是一个短期的项目及计划，还要创造新的客户体验，打造新的智能化、数字化服务，重塑企业的运营模式，整合供应链资源，汇集经销商、零售店等渠道数据，精确定制客户服务。

广西田园在管理上要求具有纵向管控能力，整合管理链条，划小管理颗粒；在机制上要求保障组织单元间业务协同，达到纵向到底、横向到边的管理能力；形成客户驱动、战

略驱动、产品驱动、服务驱动、创新驱动的模式，增强广西田园的核心竞争力。广西田园的管理框架如图5.6所示。

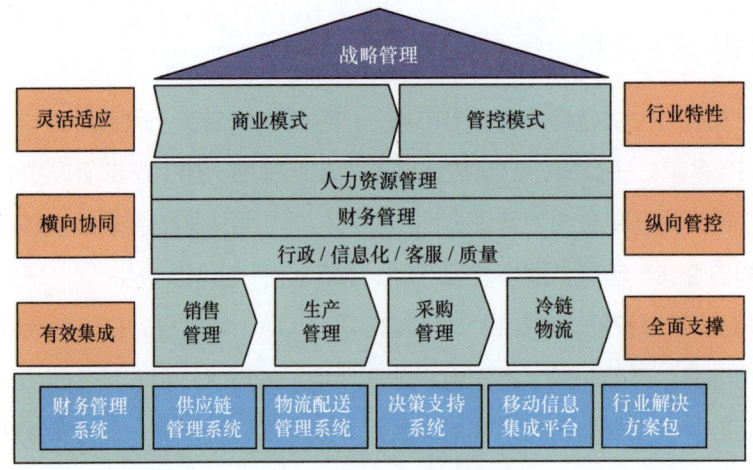

图5.6　广西田园的管理框架

### 3. 价值链重构转型

金蝶深入分析广西田园的战略管理、运营管理及上市需求，基于金蝶云·星空的多组织结构，以灵活的BOS平台满足企业的标准化、精细化及个性化管理需求，能够灵活适应业务模式、管理模式的变化，为广西田园提供了完整的解决方案。从满足功能性需求向满足结构性需求过渡，数据在一个平台上有效共享、集中部署，将各个产业、供应链业务与数据协同集成；涵盖农药、药肥、智能农业机械等业务的信息化需求，符合农药制剂产业链的管理特点。决策者可以第一时间了解一线情况，有效控制风险，助力广西田园在农药行业的竞争中获胜。解决方案总体架构如图5.7所示。

（1）可量化，方可管理

① 制度、流程规范化。

制度、流程的建立与完善程度代表了一个公司的管理水平，而制度、流程的执行程度代表了一个公司的管理效力与风险管理水平，广西田园建立统一的管理制度，并将制度落实到各项业务流程中，通过信息化承载各项流程，实现了业务流程数字化。一方面，通过固化控制防范风险，另一方面，流程各环节均可追溯查询，业务运营效率得到了较大的提升。

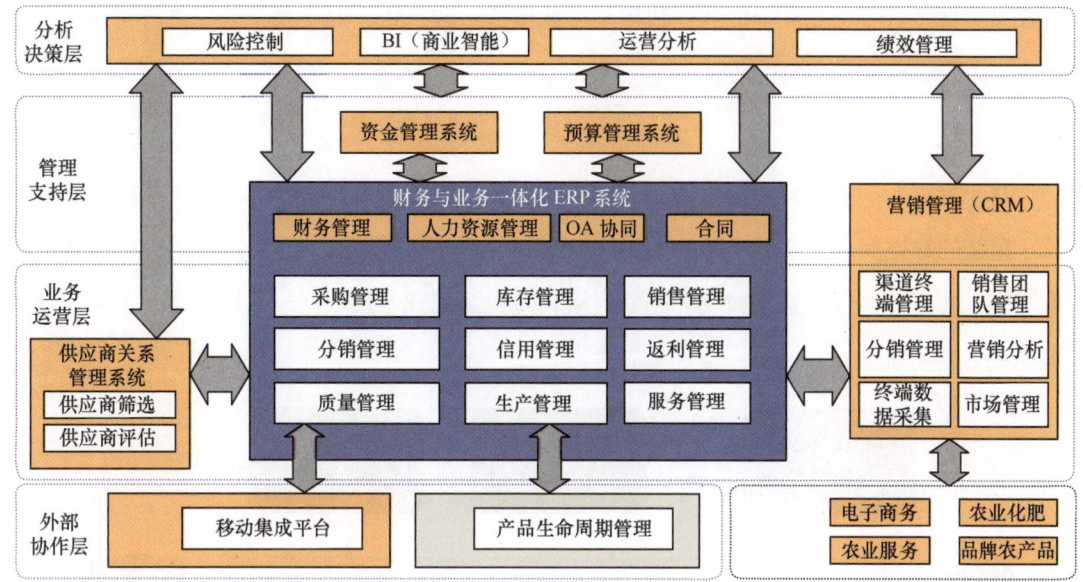

图5.7 解决方案总体架构

广西田园流程设计如图5.8所示。

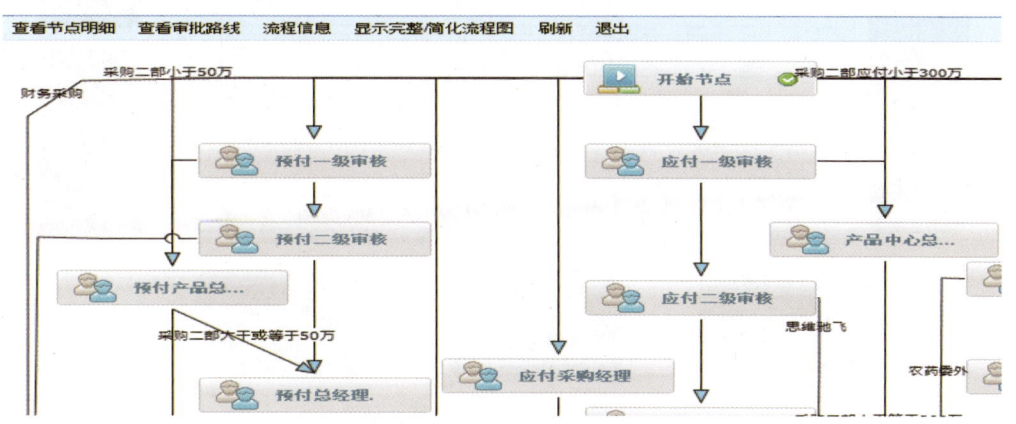

图5.8 广西田园流程设计

② 基础资料标准化。

建立统一的基础资料管理平台，物料、产品、客商、员工实现统一标准，统一维护，避免以往的模式导致信息失真和效率低的情况；建立资料管理规范制度，对各个环节的信息进行集中、统一稽核；建立互相纠错机制，避免以往多系统维护错误造成的流程返工。

公司及下属子公司横向和纵向会计科目与核算保持一致，统一对下属子公司进行管控。

（2）数字资产，集中管理

① 产供销一体化。

基于金蝶云·星空开放的接口，实现排产系统、排运系统、MES及SHR系统与金蝶云·星空的数据集成，实现了对业务闭环数据的跟踪，管理更加精细；规范各业务系统数据逻辑，实现了各业务系统数据的无缝对接，减少数据冗余及数据录入工作量。多系统集成如图5.9所示。

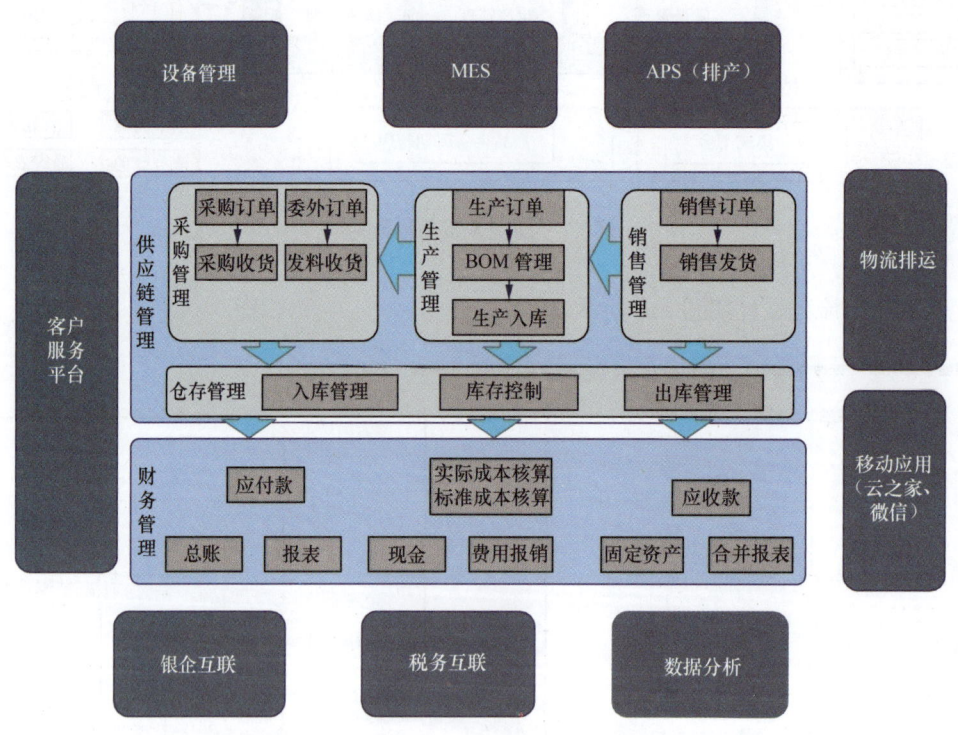

图5.9　多系统集成

② 共生共赢，强化营销网络。

广西田园安排市场人员收集各级经销商的商品流向，以此计算经销商、零售商返利和业务人员业绩。这种传统的数据归集方式耗时、耗力，且后期数据清洗工作量极大。

按照金蝶的整体方案，项目第二阶段规划应用金蝶云·星空全渠道营销平台，各级经销商、零售商在平台上下单、收发货、对账，实时产生高质量流向数据，节约人力。在平台推广过渡阶段，基于平台开放特性，提供数据接口和简单易用的数据导入功能，供客户、市场人员使用。全面启用商品序列号（串码）管理，帮助规范市场，防窜货，也便于客户进行仓储盘点管理。

接下来，广西田园计划投入资源，与各级经销商、零售商一道，深入分析业务辐射区域的农业布局、需求。一方面，巩固现有业务，赋能客户，准确评估市场所需产品、数量、时间，减少客户的滞压、缺货。准确的市场要货数据会减少退货，更重要的是，这些数据传递到后端能使广西田园更合理地安排生产、采购，客户可获得采购成本降低、争取更好返利政策的好处。另一方面，依托准确的市场洞察，与经销商、零售商建立共生共赢网络，共同向"农业产业链服务"转型。

未来，在金蝶云·星空全渠道营销平台上，构建市场人员、经销商培训，经营指标和销售活动，客户服务等应用，并探索链接到最终客户。为构建产业互联网，向农业转型贡献力量。

③ 生产资源，科学利用。

基于金蝶云·星空多组织共享生产资料、全局供应数据，实现集中计划、集中排产。根据用工状况、产线设备情况、产品特点、环境因素，按需求灵活调整供应路径，调配生产能力，解决产能瓶颈工序、用工荒、设备和人力闲置问题。借助金蝶云·星空智能制造，选择最优的生产基地、投产批量，均衡生产，使整体效益最优。

从保护已有信息资产及应用习惯的角度出发，并减少因一次性项目实施范围太大对业务造成的冲击，金蝶云·星空的开放特性实现了现有 APS 和 MES 的集成。金蝶云·星空的生产、质量管理促进了数据一致性，实现了计划、指令、生产过程、检验放行的数据贯通，计划、生产、质量、现场作业人员同步掌握生产情况。通过数据沉淀及对比分析，为管理改善、工艺改良提供准确的数据支撑。

（3）促进财务组织转型

业财一体化的过程其实就是"业务牵引财务，财务支撑业务"的过程。一方面，业务的日趋复杂会不断驱动财务发展，另一方面，财务的发展也规范并有效支撑着业务的经营。业务、财务的"双轮驱动"促进了企业的价值创造。

通过金蝶云·星空的智能会计平台（如图 5.10 所示），广西田园重新梳理了集团化的会计科目体系、核算规则，实现了95%的业务自动核算、系统自动对账，大幅提升了核算质量，减少了工作量。

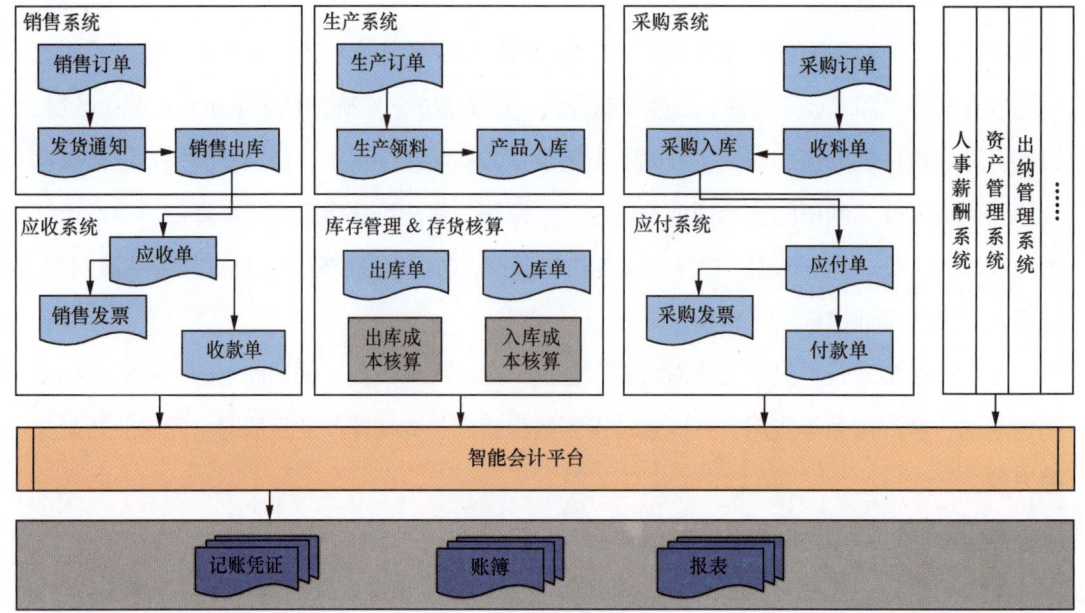

图5.10　智能会计平台

应用银企直联可在支付线节约人力。在回款这条线上，系统按规则匹配，将银行流水生成收款通知，减少回款认领确认，及时核销，业务及时闭环。

建立集团资金池，统筹支配整个集团资金。根据客户、供应商收付款条件及各项费用预算，安排资金计划，盘活资金，平衡内部和银行借贷，降低资金使用成本。

在较好地应用金蝶云·星空多组织的购销协同、资金往来、费用往来、智能会计平台之后，广西田园启用系统合并报表，参与合并凭证的前端业务可追溯，合并规则、合并处理过程可追溯。在大幅提升效率的同时，较好地满足了对外报告、审计的要求，增强了与股东、未来资本的互信。

广西田园财务人员的工作重心已向经营财务转型，以更好地解析政策法规、支撑服务业务、预算管理、利用资金、分析投资收益。

（4）平台，数字融入业务

灵活的BOS平台可满足客户的个性化需求。

① 促销返利分级管理。广西田园采用的是销售经理片区承包制,现有的促销方式有以市场经理计和以客户计两种。以市场经理计方式是以市场经理为单位,只要市场经理符合要求即可享受促销返利;以客户计方式是以客户为单位,只有客户符合要求才能享受促销返利。以往这些促销方式依靠营销统计员手工进行计算,需要耗费大量的时间,还容易出错。基于金蝶云·星空BOS平台,广西田园构建了市场经理、客户两个维度匹配政策,促销统一通过客户促销政策维护,不单独维护市场经理给予的返利。通过销售出库单匹配市场经理与客户享受的返利政策,并根据产品、时间段匹配不同的政策,通过报表查看市场经理享受的返利政策和客户享受的返利政策是否对应,有效减少了营销统计员的工作量。

② 经销商多级共生管理。公司给经销商发货,经销商再把商品转发给零售商,通过建立客户、二级客户信息的关联,实现了一级经销商到二级经销商的数据自动归集与统计,公司收取经销商或者零售商的货款,并为各级经销商计算返利,从而使公司具备为多级经销商服务的能力。

③ 物流排运系统。广西田园的客户涉及经销商及农户,运费在销售费用中的占比较高。公司在运营过程中发现运费中存在浪费的现象,货物配送过程中存在线路重复的现象,缺少协同,货物的装卸安排不合理,配送效率低,这些成为广西田园本次数字化转型迫切要解决的问题。广西田园基于金蝶云·星空强大而灵活的BOS平台开发了物流排运系统,根据销售订单,形成排运单数据传到排运系统;排运系统选择最佳客户路线,按照路线、价格选择最佳承运商;承运商根据产品包装规格、是否为易碎品、卸货的顺序等安排货物装车的先后顺序,提高物流安排合理性,并且通过集成物流系统,实现物流数据跟踪,实现了整个物流环节的降本增效。

(5) 移动办公提升效率

① 移动下单,赋能业务。广西田园的销售人员主要分布在各销售区域,日常工作主要以外勤为主。为了赋能销售人员、提升业务人员的效率以更好地服务客户,公司为业务员构建了移动端微信报货,业务员可以通过微信下单自动生成金蝶销售订单,并对客户信用进行双重控制。公司对业务员与客户都有授信额度,首要的是对业务员的信用进行控制,其次是对客户的信用进行控制。客户通过微信确认收货,从而

实现销售业务处理移动化,提高销售员的报单效率,节约与客户沟通的时间及成本,提高业务员使用体验感。

微信报货流程如图 5.11 所示。

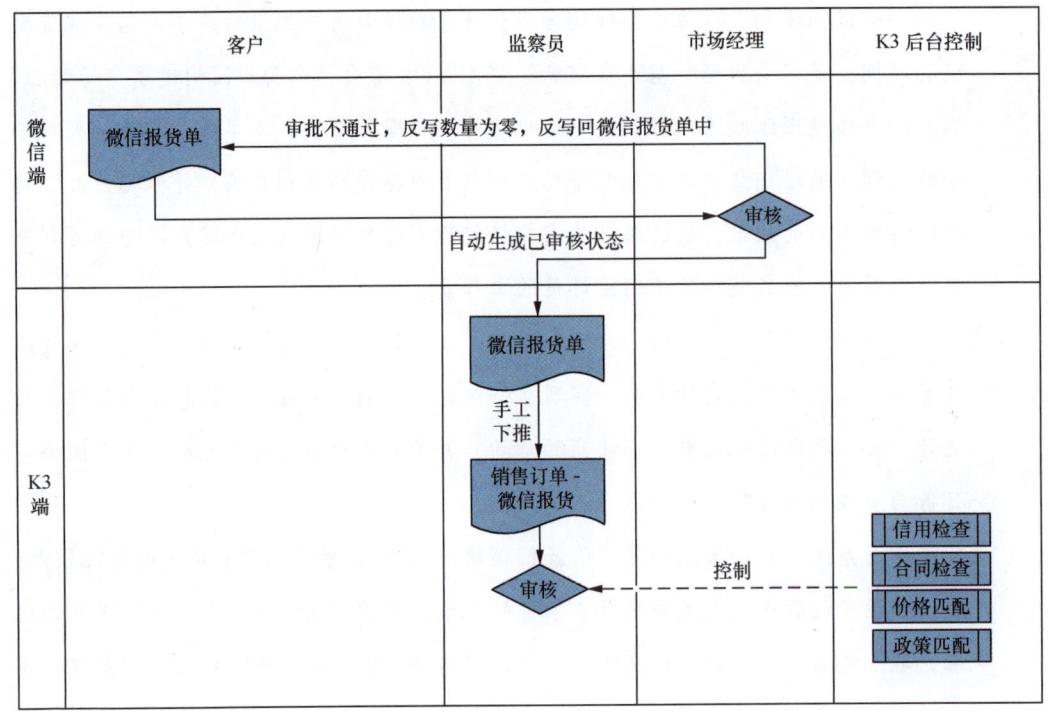

图5.11　微信报货流程

② 费用报销个性化、移动化。云之家的使用全面实现了公司费用报销业务(日常报销、工程项目报销、采购报销等)移动化,公司人员通过在云之家上填写报销单来实现流程移动审批,提高日常办公效率。同时,因广西田园实行销售经理片区承包制,每位销售经理配置一名推广员,由销售经理统一向公司借款,款项可由销售经理与推广员同时使用,推广员报销时系统自动冲减对应销售经理的借款,减少了借款冲减盘查工作量,降低了借款收回风险,业务处理灵活便捷。

最后,广西田园的数字化进程并未止步于已取得的成绩,智能制造、阿米巴经营会计是其下一步的规划,通过数字化提升工艺制造水平,降低成本,提高效率,激活组织,培养更多的经营者,使公司具备行业竞争的核心资源和能力,从而更好地生存下去。

## 三、客户感言

在探索信息化和数字化建设的过程中,我们经过反复的对比,选择了金蝶公司作为战略合作伙伴。从信息化 1.0 时代各业务系统割裂到信息化 2.0 时代实现了信息化管理的集成化、平台化、移动化、产供销一体化、生产排产自动化、业务与财务一体化、业务应用移动化,虽然有困难,但是广西田园和金蝶公司精诚合作,一起扫除了变革实施中的障碍。企业数字化转型过程中能够找到优秀的、合适的、可长期合作的伙伴至关重要,期待未来广西田园与金蝶公司继续携手并进,努力成为企业管理的典范。

——广西田园生化股份有限公司副总经理　许瑞

# 解码武汉健民数字化转型三位一体模式

## 一、企业简介

健民药业集团股份有限公司（以下简称"武汉健民"）以发展中医药为核心，以儿科产品为特色，已成为全国重点中药企业和小儿用药生产基地。武汉健民为中华老字号企业，拥有"健民"和"龙牡"两大品牌和"叶开泰"老字号品牌，综合实力跻身全国医药企业百强之列，并设有企业博士后科研工作站和儿童药物研究院。

## 二、项目介绍

### 1. 项目动因：新管理、新业务、新资产

随着武汉健民由单体发展为多组织，其原有系统应用已经在原来的一个账套的基础上不断扩大，目前包括集团总部、制造中心、营销、各分子公司等在内的分子公司及事业部多账套。因此，现在急需将武汉健民的各个组织统一到一个平台上。

同时，随着新品大量上市以及营销模式的创新，在总部、制造事业部、叶开泰国药之间将会有更多的调拨往来，以后每月的结算对账工作也将更加繁杂，并且容易出错。

此外，原来系统的版本过于陈旧，生产、采购、质量、成本还原等功能难以实现，而且多年未升级，与此同时，现有的信息系统缺乏主数据管理，数据不能共享和传递，系统处于割裂状态。由于没有建立统一的平台，武汉健民的信息系统相对落后于同行业。

武汉健民在 2015 年选择金蝶云·星空作为新的信息平台，应用了新技术及激活了新的管理形式，最终形成新的资产数据，以数据驱动经营。

一体化云平台：实现财务、运营一体化多级次管控平台。

多维度统筹管理：实现战略、人力、财务、采购、价格等的统筹管理。

生产运营精细化管理：生产计划管理、质量管理、成本核算管理使生产精细化、标准化管理成为可能。

业务流程优化：面向市场、面向业务，实现业务流程优化，目标是快速响应、快速交单，使规模效益最大化。

支持快速决策：通过多级次管控平台及在平台纵深级次设置的数据监测点，实现关键数据的快速展现，为决策支持提供辅助工具。

武汉健民的整体方案如图 5.12 所示。

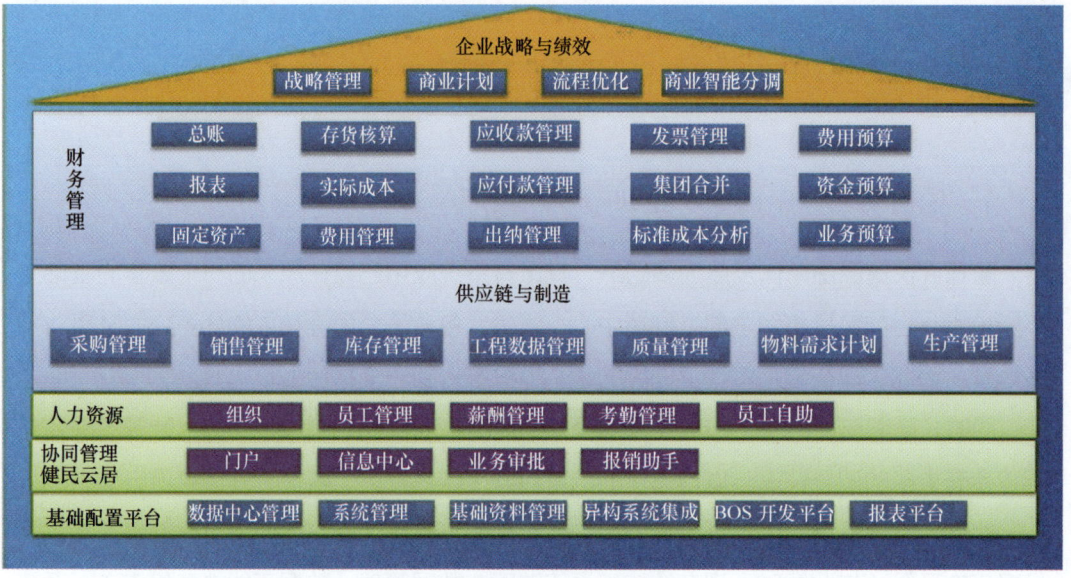

图5.12 武汉健民的整体方案

## 2. 解码武汉健民药业数字化路径

（1）移动释放，以人为本

武汉健民利用数字化的成果提供碎片化的服务，在提升数字化水平的同时，服务不同角色的数字化应用场景。

管理者云洞察：经营分析、费用查询、人才盘点、人力简报，管理者能够实时掌握企业经营动态，全方位查询分析，快速做出判断决策。

全员云服务：新闻公告、流程助手、费用报销、差旅服务、员工自助、请假发起、薪酬查询、团队祝福，全员使用移动应用，数据采集更加及时、准确，减少中间环节数据传递的人工参与和工作量。

公司政策咨询、企业通讯录让员工了解企业大事件，找人更方便，沟通更顺畅。

轻应用连接各个业务系统，实现业务审批移动化，提升业务处理效率。已实现预算调整单、采购订单、其他出库单、费用报销单等的云之家审批。

轻应用连接费用报销，实现移动费用预算管控。手机报销助手查看开票信息，发布报销政策，进行手机填报，进行手机拍照和附件上传查看，并进行预算的校验。

（2）预算驱动，管理激活

为了更好地激活发展，落实发展责任主体的经营责任，在武汉健民内部，围绕业务需要进行了将业务责任主体转化为财务指标的全面预算的应用。预算业务模型如图 5.13 所示。

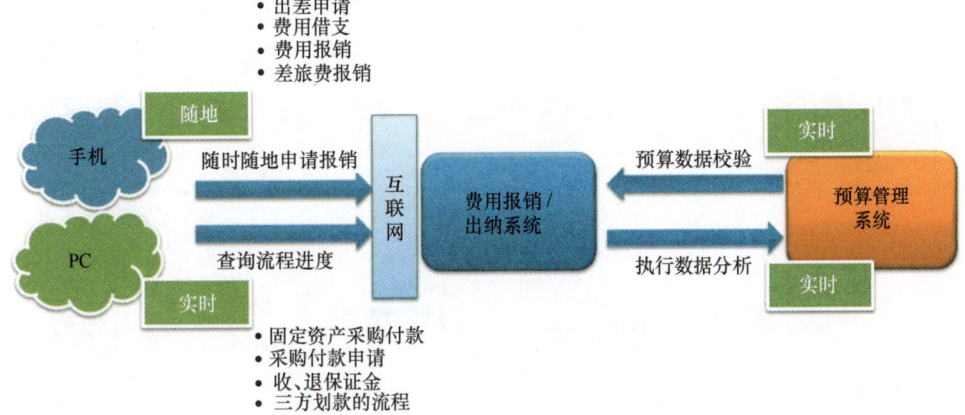

图5.13　预算业务模型

① 费用项目业务化：业务口径的费用项目由业务与财务共同使用。

业务系统与财务系统采用同一套基础资料，采用易于理解的费用项目名称，业务人员无须具备财务专业知识即可轻松选取。数据源唯一，业务与财务预算管理口径一致。

② 预算管控前置化：严格执行先预算，后支出，进行业务流程管控。

系统对流程前端的业务单据进行管控，避免为前期增加无意义的工作量，降低沟通成本。对业务人员从提出申请、报销到费用支出的各环节进行严格控制，如有超额，及时提示，减少费用的不必要增加及资金的不合理流出。

③ 审批过程可视化：明确查看审批信息，预算使用、剩余额度一目了然。

可以查询预算管控的业务单据审批信息。制单人可以查询审批人及处理时长等，审批人可以查询当前项目的预算额度、可用剩余额度等，信息查询便捷。

④ 预算费用清晰化：促进预算责任部门管控，预算与业务更加贴近。

随时查询预算原始数、调整数、即时数及业务流程各环节的预算执行金额和进度，并可以联查数据的源头单据,责任部门可以更全面掌握预算情况。预算数与实际数对比展现，清晰明了。

⑤ 数据展示专业化：预算报表展现形式专业化，便于信息使用者查看。

期末以预算报表的形式统计当期的预算数与实际执行数，包括预算资产负债表、预算利润表、预算现金流量表等。使预算管理的整体流程更加专业化，数据展现采用通用的财务报表形式，便于内外部信息使用者理解。

（3）数据资产，驱动经营

① 销售分析模块。

从高开和底价两个分析纬度，对不同事业部、区域销售的占比进行分析，如图5.14和图5.15所示。

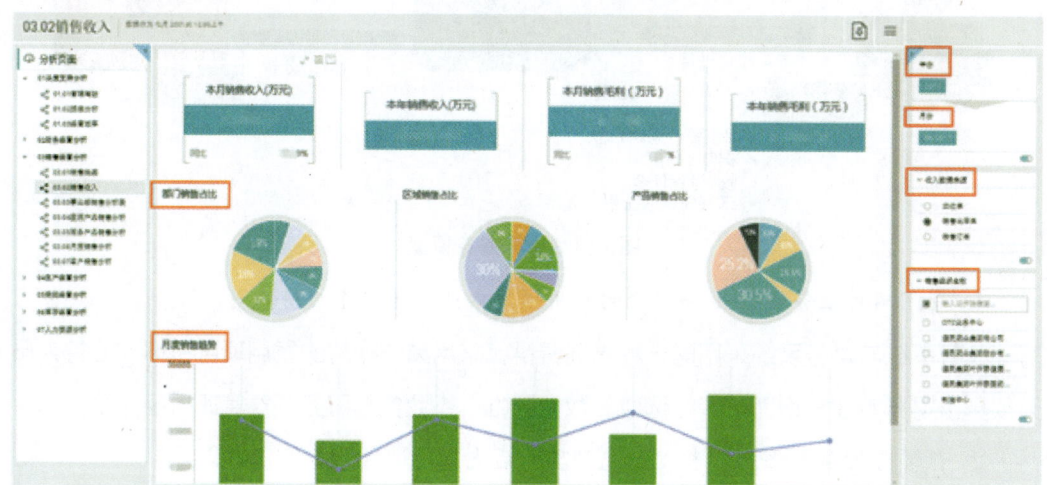

图5.14　销售收入分析

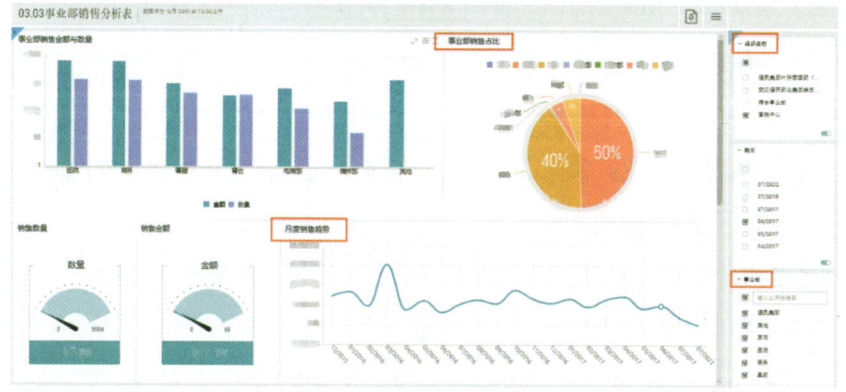

图5.15　事业部销售分析

客户销售分析如图5.16所示。

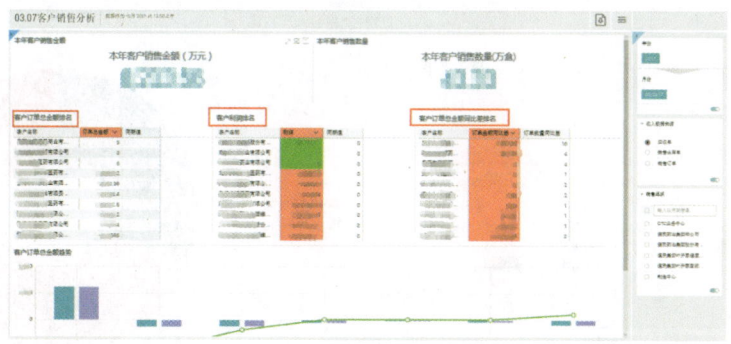

图5.16 客户销售分析

② 采购分析模块。

采购分析如图5.17所示。

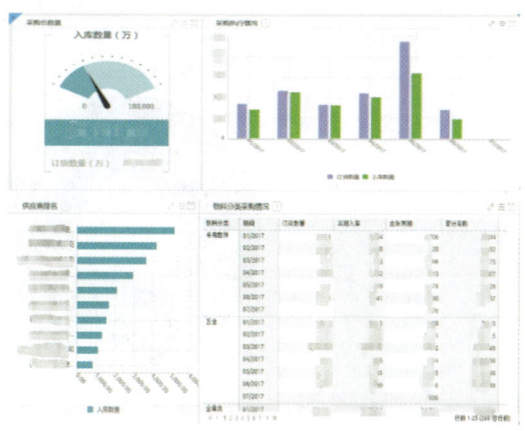

图5.17 采购分析

③ 生产分析模块。

检验入库周期走势分析、检验入库时间分析、产值统计分别如图5.18～图5.20所示。

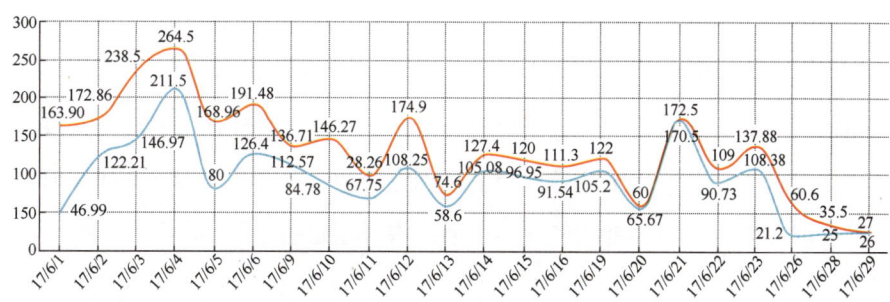

图5.18 检验入库周期走势分析

253

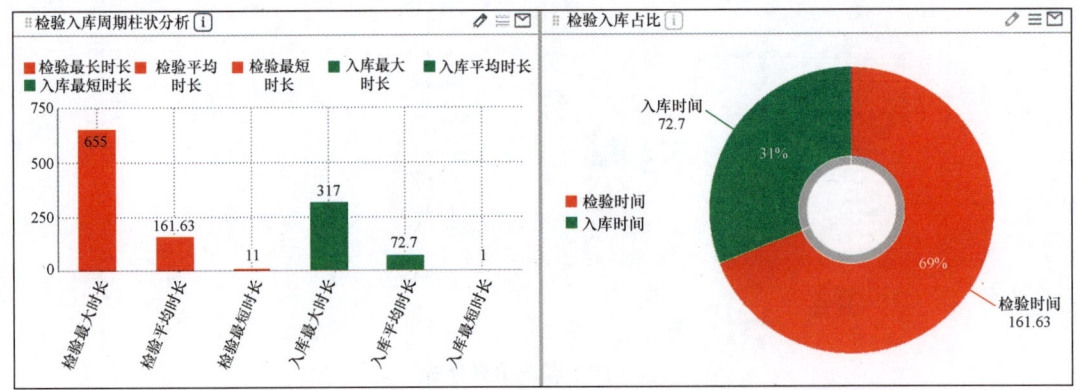

图5.19　检验入库时间分析

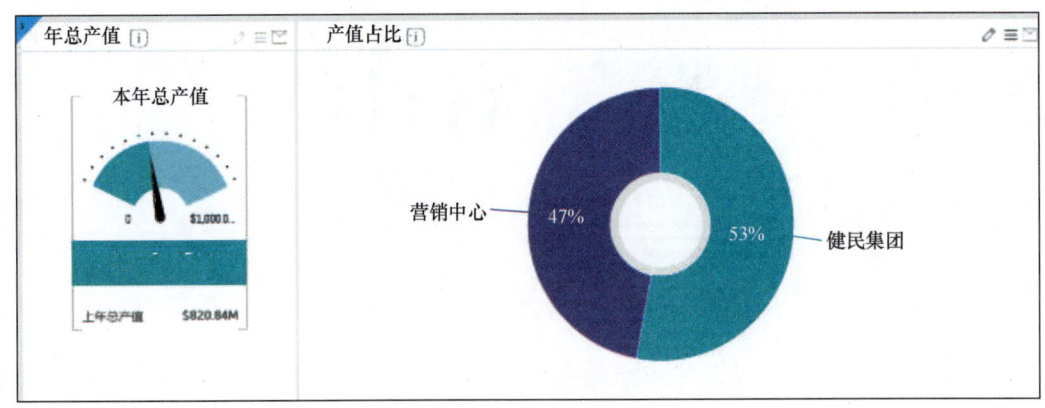

图5.20　产值统计

④ 人力资源分析模块。

员工结构分析如图 5.21 所示。

（4）数字时代，集成服务

与很多企业一样，武汉健民在数字化建设过程中，面临各种各样的异构系统，有些是不同的厂商，有些是历史阶段或者特殊目的的独立应用。金蝶云·星空集成平台有效地帮助武汉健民完成了数字化整体能力的建设，系统集成图如图 5.22 所示。

CHAPTER 5　医药医疗，"上云、用数、赋智"——逆行英雄们的工具保障

图5.21　员工结构分析

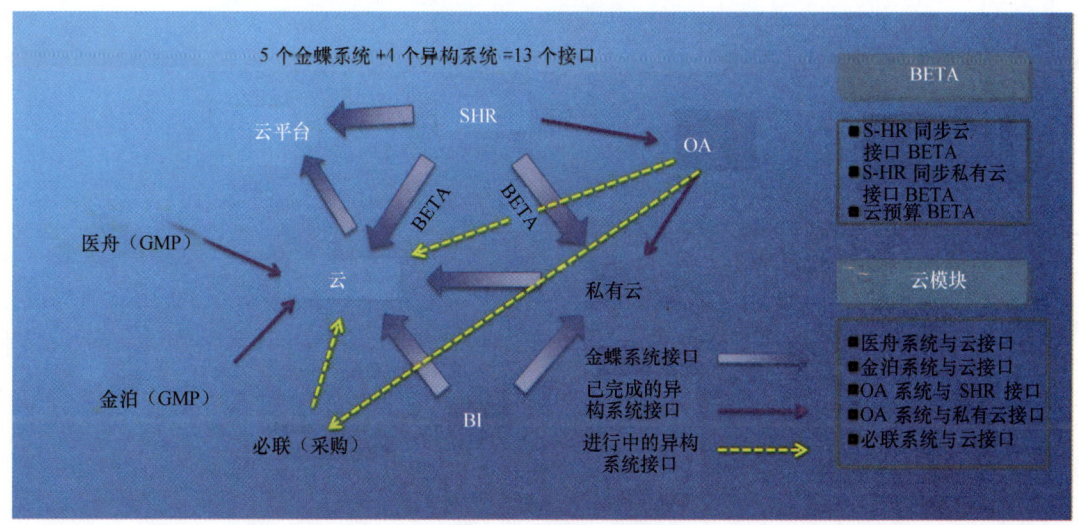

图5.22　系统集成图

## 三、客户感言

武汉健民这次选择ERP系统的一个重要的原因就是必须在移动互联时代继续保持信息管理的先进性，这让我们最终选择了金蝶云·星空管理平台。同时我们的业务在快速发展，公司的规模和架构、业务模式、产业布局都会不断变化革新，只有开放的ERP系统才能快速调整，响应变化。经过双方的共同努力，我们实现了多组织架构和集团的统一管控、财务与业务一体化、业务组织间的协同。以建立武汉健民集中管理为核心，理顺财务、生产、供应、销售、成本、HR 6条业务主线，为武汉健民的快速发展夯实基础。

——健民药业集团股份有限公司信息部部长　吴隆海

CHAPTER 5　医药医疗，"上云、用数、赋智"——逆行英雄们的工具保障

# 解码亚宝运营管控的 5 个维度

## 一、企业简介

亚宝药业集团股份有限公司（以下简称"亚宝药业"）成立于 1978 年，2002 年在上海证券交易所 A 股上市。公司集药品研发、生产、销售、物流及中药材种植于一体，下设五大中心，拥有分子公司 23 个，员工 6000 余人。亚宝药业是高新技术企业，是工业和信息化部认定的"中国医药工业百强企业"；创新力居 20 强，是"中国医药研发产品线最佳工业企业"。亚宝药业在北京、上海、太原、成都、贵阳、运城等地建有九大生产基地，在北京、苏州、运城等建有四大研究基地，在新疆、运城建有两大中药材种植基地。九大生产基地全部通过了国家 GMP 认证，其中，6 条原料药生产线、2 条制剂生产线和 1 条

塑料瓶生产线通过了美国、德国、日本等国家的认证。

亚宝药业的主要产品有中西药制剂、原料药和药用包装材料等300多种，涉及儿科用药、内分泌用药、心脑血管用药、贴敷剂和大健康产品五大产品集群。

亚宝药业拥有完善的营销网络，现有各类营销人员3000多人，销售网点遍及661个市（区、县）。亚宝药业秉承"诚信做人，用心做药"的核心价值观，牢记"与健康携手，创生命绿洲"的企业使命，积极承担社会责任，关注社会热点问题，先后开展了"精准扶贫""丁桂天使基金""春播行动"等多个公益项目，荣获"国家级扶贫龙头企业""中国最具责任感企业"等荣誉称号。在"世界亚宝，百年亚宝"目标指引下，亚宝药业专注于医药健康事业的发展。研发投入超过行业平均水平，构建起了一支国际化的专业研发队伍，并建有国家级企业技术中心、博士后科研工作站、院士工作站、透皮给药系统山西省重点实验室，拥有发明专利、外观设计专利、商标证书等知识产权近700项。

未来，亚宝药业将以"健康中国"战略为引领，不忘初心，利用世界前沿的科技培育核心竞争力，致力成为"中国最具创新能力的制药企业"的优秀代表，成为中国大健康产业的领导品牌及中国制药行业迈向国际化的典范。

##  二、项目介绍

### 1. 项目动因：且集且团，卓越运营

亚宝药业初步形成了药品的生产、经营、研发全产业链覆盖，上下衔接、协同的业务格局，并通过财务、供应链、人事等关键环节的集权、整合、监督，实现了以医药为核心产业的企业集团型运营管控。但相对落后的信息系统与亚宝药业的发展不相适应，主要表现如下。

（1）小马拉大车：原有的两个主要的管理软件系统，无论是财务系统还是销售系统，其设计的目标客户均为中小型单体企业，对大型企业集团的支撑能力不足，造成亚宝药业的很多业务不能在系统内兼容处理，比如集中计划、集中采购、财务合并报表等。

（2）信息孤岛和部门墙：亚宝药业原有的两个信息系统均是为了满足某个部门或业务

板块的应用需求建立的，因此，其只顾及本部门范围内的问题，如财务系统和库存管理系统相互独立，会造成数据在两套系统重复录入，形成"信息孤岛"。

（3）先进的管理软件使用率低：采购系统、费用管理系统、预算管理系统、生产管理系统、成本管理系统、计划管理系统都未得到使用，业务大多通过 OA 或手工单据处理。管理工具的落后，必然使管理水平提升缓慢，企业竞争力降低。

为了使企业能够更好地参与到未来的市场竞争中，提高公司的整体经营质量和经济效益，逐步扩大市场占有率，必须有规范化、科学化的企业管理水平和进行快速信息反馈及决策的能力。而实现这一切的首要环节就是加强企业的数字化建设，为企业的决策提供及时、准确、有效的数据信息，以便其对市场做出迅速反应，提升企业的核心竞争力。因此，亚宝药业需要一个集团化、运营管控型的数字化管理平台。

### 2. 项目内容：卓越运营的5个维度

结合自身管理需求及未来发展的战略，亚宝药业对其数字化转型进行了整体规划和梳理，通过金蝶云·星空搭建战略管控型的系统组织架构，实现与各业务组织采购、销售、质量管理、生产、财务管理的无缝连接。亚宝药业数字化整体功能框架如图 5.23 所示。

（1）财务集中核算——卓越运营的基石

金蝶云·星空多会计核算体系、多账簿、多会计政策的特点，能为管理层提供准确、及时和完整的会计信息，加强财务管控，支持亚宝药业的整体发展。

①搭建亚宝药业的3层架构（如图5.24所示）：集团公司、独立核算法人公司、生产经营主体（分公司）。其中，集团公司作为法人公司报表合并的主体，不涉及具体业务；独立核算法人公司有亚宝药业集团股份有限公司、山西医药经销有限公司、四川制药公司等；集团管理本部及4个独立核算主体：一分公司、三分公司、风陵渡工业园、芮城工业园。

②支持对各厂车间进行独立核算及考核，落实各车间的利润及相关责任，从根本上解决成本损耗的精细化管理要求的相关问题。

③支持各子公司按多个账簿合并查询，加强财务的集团管控。

④支持账表、凭证、业务单据穿透查询，通过智能记账中心，真正实现业财一体化。

⑤以集团数据中心为核心搭建的集团 BI 系统，适时推送各种报表，使各级管理者实时了解公司的关键业绩指标，增加管理决策的透明度。构建 Web App 模式，以最快捷有效的方式把企业数据推送给管理者和决策者，创建了企业数字化管理的新模式。

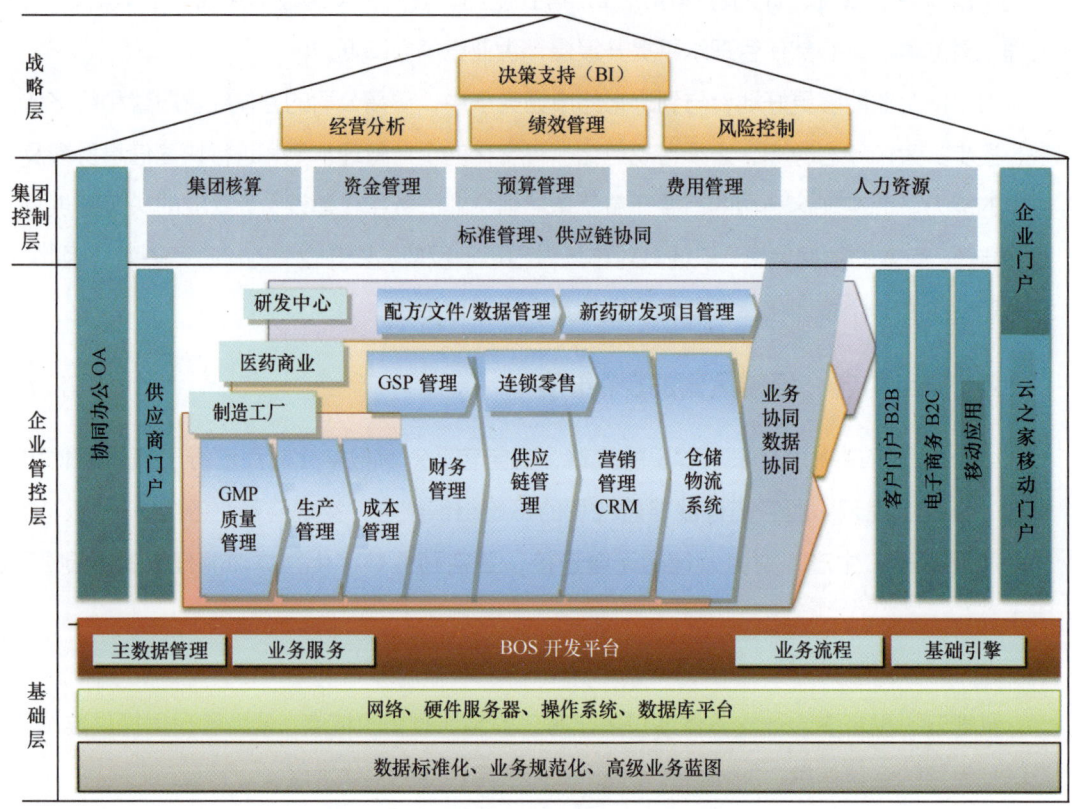

图5.23　亚宝药业数字化整体功能框架

（2）全面资金与预算管理——卓越运营的抓手

通过金蝶云·星空的预算管理模块，实现对覆盖企业业务、费用、资金的从编制、变更、执行控制到分析的全面预算的管理，帮助企业更合理准确地编制预算，进行更直观的事前控制的预算执行，实时准确查看预算执行情况。

通过金蝶云·星空的资金管理模块，全面监控或集中管理全集团的资金，实时掌握各分子公司账务的资金金额，集中使用企业资金，加强资金的计划管理，提高资金的使用效率，降低企业的资金风险。

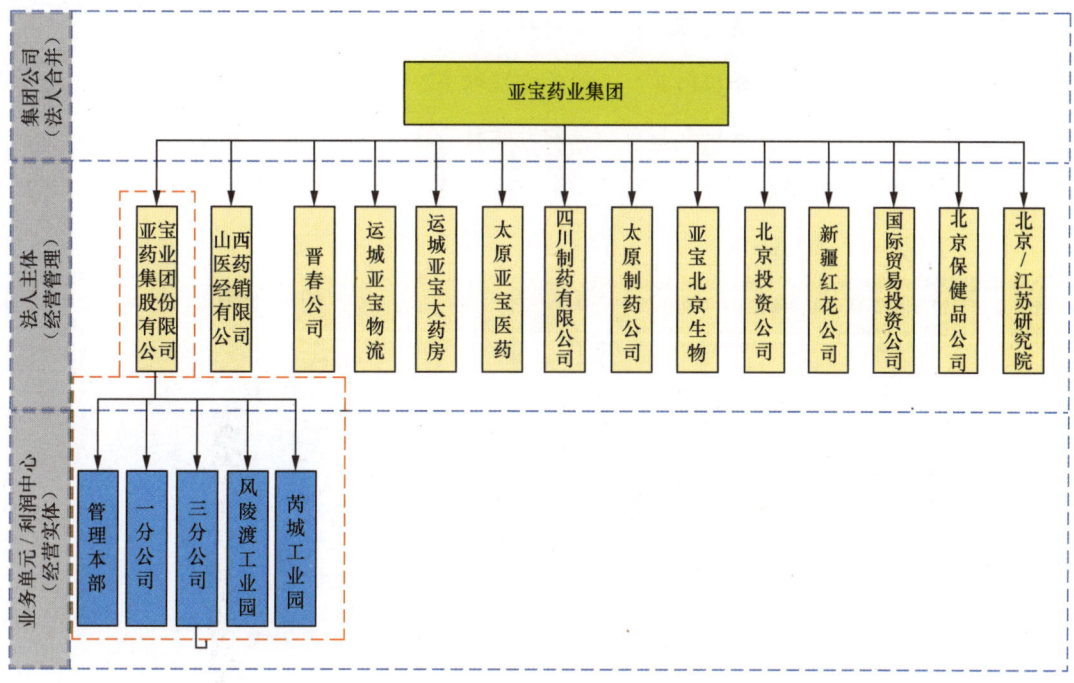

图5.24 亚宝集团组织架构

目前亚宝药业的资金利用率提高了5%，利润提升了1%，财务效率提高了30%～40%，管理费用下降了0.03%。数据集成性也得到了提升，报表更准确、及时，提高了决策能力。

（3）库存高效周转——卓越运营的指征

亚宝药业的仓储中心用来进行药品的入库检验、在库存储、药品维护、分单打印、出库拣货、药品拼箱复核、批号调整等首要作业。由于药品的特殊性及国家对药品的批号操控严格，医药流转订单中的小单据比较多，因而药品的仓储管理不仅要求作业精细，还需要有较高水平的信息化体系支撑。金蝶云·星空的库存管理实现了完整的库存管理流程，如维修出库、低值易耗出库、工程用料出库等业务；支持库存量及可用量控制；能够随时随地查看库存情况；与采购、质保、财务的有效协同极大地提高了库存的管理效率（库存管理应用如图5.25所示）。

① 随时随地查看物料的即时库存。

② 完整地支持所有物料的出入库业务流程。

③ 支持对物料的库存量及可用量的管理控制。

④ 与采购、质保、财务协同管理,提升管理效率。

⑤ 提供丰富的仓库管理报表,对仓库的呆滞料、存货周转率进行分析。

⑥ 支持库存的预警功能。

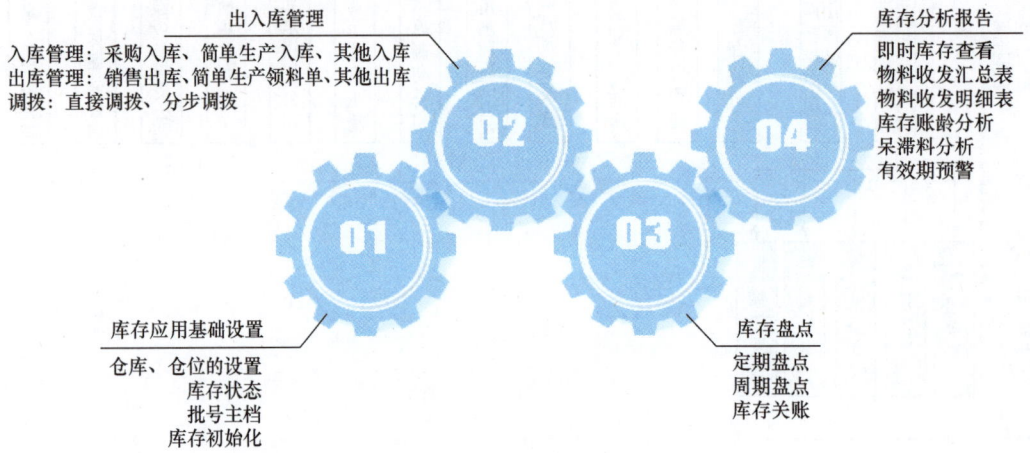

图5.25 库存管理应用

金蝶云·星空的库存管理模块解决了采购管理、储运管理的问题,达到了降低库存、提高物料采购及时性和准确性的目的;另外,运用业务数据自动生成报表,大大提高了工作效率,使集团业务运转速度大幅提升,采购周期缩短了10天,生产排期得到了优化,月末账务核算日期缩减到2天。

(4) GMP(生产质量管理规范)的融合——卓越运营的行业性

著名的管理专家桑德霍姆教授说:"质量是打开世界市场的金钥匙。"制药企业的质量管理尤为重要,亚宝药业通过金蝶云·星空强大的BOS开发平台,按照自身特点和质量管理要求,开发出一套完整的GMP管理系统,与ERP业务完美融合,有效提升了运营管理效率。

① 供应商管理:建立供应商档案,包括评估情况、资质证明、质量管理体系情况、购买合同等。

② 质量取样、检验:所有材料采购到货后必须检验合格后才能入库,产品在放行前必须经过QC(质量控制)检验,检验放行数据要随时可查。

③ 留样管理：在质量环节增加取样环节，在报检单生成取样单，取样完成后，生成检验单和留样单。

④ 物料批次管理：批次管理贯穿采购、接收、仓库、发放的全过程，同时支持按批次追踪，能够清晰查询批次的流向。

⑤ 生产过程的完整控制，包括准产、转移、检验、放行等环节，有效提升了各部门的协作管理水平。库存需要及时收料待检，质保需要及时检验，出具检验结果并放行，以避免影响生产领用。

⑥ 生产批次的追踪。

质量管控规范如图 5.26 所示。

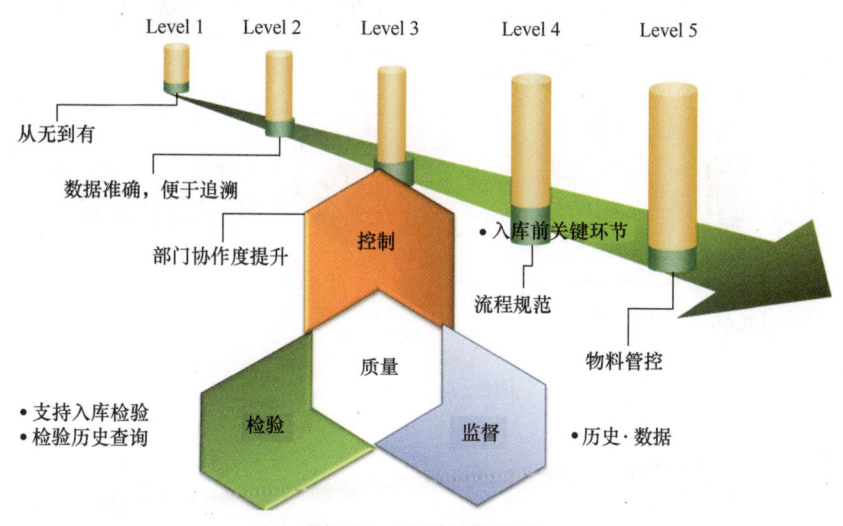

**图5.26　质量管控规范**

（5）科学采购——卓越运营的源头

金蝶云·星空的采购流程支持亚宝药业不同类别的采购业务，包括耗材及辅助材料采购、原辅包装材料采购、设备采购等，能够及时跟踪、有效管控耗材的采购，为内部管理提供保障；原材料的采购通过各子公司申请，集团集中采购的方式进行，提高管控、协同的同时体现了系统带来的便捷与实效性。

① 通过金蝶云·星空的费用采购流程，实现了耗材及辅助材料采购，主要用于生产检验仓库所需要的易耗品等，如滤芯、洁净服、手套、垃圾袋、玻璃器皿等。

② 通过金蝶云·星空的标准采购流程，实现了原辅包装材料采购，主要用于生产所需

要的原料、包装材料和 QC 实验所使用的试药试剂、标准品。

③ 通过金蝶云·星空的资产采购流程，实现了设备采购，主要用于各公司生产所需要的各种仪器、设备等。

目前，亚宝药业的原材料采购效率提高了 5%～15%，备品备件采购效率提高了 10%～15%，原材料库存降低了 5%，备品备件库存降低了 15%。

项目价值如图 5.27 所示。

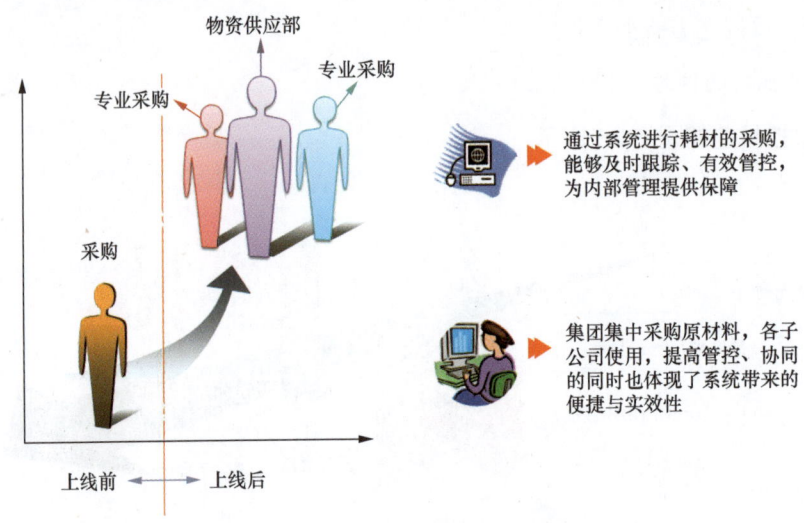

图5.27　项目价值

## 三、客户感言

金蝶云·星空 ERP 系统集财务、供应链、生产制造、供应商和客户关系、分销、人力资源、企业绩效、商业智能分析、移动商务、集成引擎及行业插件等业务管理组件为一体，以成本管理为目标、计划与流程控制为主线，通过对目标责任的明确落实、有效的执行过程管理和激励，帮助企业建立人、财、物、产、供、销科学完整的管理体系。

国家对医药行业的监管政策日趋严格，亚宝药业为了保证药品的质量和满足精益化管理的要求，注重生产管理的过程控制。金蝶云·星空 ERP 系统结合了国家的政策制度及亚宝药业自身的管理要求，使生产管理和行政管理的全过程区域流程化、合规化，从源头上保证了产品的质量。ERP系统提供的业务流程具有便利的业务自动查询功能，保证了业务的追溯查询。

金蝶云·星空ERP系统对基础资料采用了集中管理、分配使用的管理理念，实现了亚宝药业下属公司的所有基础资料集中化管理，既方便了各公司使用，又使系统基础数据的管理区域规范化，避免了数据错误和重复，为业务的操作提供了可靠的基础。

金蝶云·星空ERP系统的财务管理、供应链管理及生产制造管理的使用，使亚宝药业实现了采购、储运、财务一体化，将物与财有序地关联起来，呈现出来的是链条化的管理模式。业务的规范流程决定了业务操作的系统化呈现，业务数据决定了财务的账务处理，同时财务的账务处理规范了业务的操作，一体化的管理系统使得财务和业务清晰可见。生产管理的批生产管理和批成本计算，更加精细地呈现了生产管理的批次记录，从而使财务的成本计算更加细化。为企业的经营分析提供了更加详细的基础来源。

金蝶云·星空ERP系统多组织的系统管理使亚宝药业各公司的业务数据集中在一套系统中，统一的业务流程使亚宝药业的各业务流程趋于统一，并清晰可见，打破了以往的信息孤岛。集中的基础资料和业务数据既保证了数据的安全，又为企业的经营分析提供了规范的数据来源。

这次ERP系统顺利上线并平稳运行的核心就是打破僵化的思维模式，将企业的生产管理流程进行固化的同时，打通各业务部门间数据壁垒，各类业务数据实时共享，为企业决策层及员工提供准确的数据分析。加强了各业务部门的沟通和联系，避免了各自为战的工作方式，减少了重复的工作，弥补了缺失的工作。金蝶云·星空ERP系统使亚宝药业的信息化建设成功转型，符合了企业发展的战略要求。产、供、销的系统整合，提供了灵活高效的个性化、数字化的产品和服务。ERP系统的成功上线和运行代表了亚宝药业真正意义上变革的开始，是亚宝药业迈入第四次科技革命的见证。

亚宝药业未来的应用系统建设将以ERP系统为核心，利用金蝶云·星空ERP系统，不断深化应用，进行个性化开发，继续整合和升级，聚焦业务，追求卓越，提升内里，创造价值，融入更加先进的管理理念，为亚宝药业的发展保驾护航。

——亚宝药业集团股份有限公司总裁　任伟

# 生物酶王者溢多利的"倍速发展"之道

## 一、企业简介

金蝶云·星空给快速增长的溢多利带来了复杂管理架构下的治理工具，实现了总公司管控下的多法人、多工厂的财务管理模式，更加完美地匹配了集团管理需求，轻松实现了企业的各种组织业务流程协作，有效提高了总部法人和分子公司的业务协同，实现了全集团大供应链的贯通，最后，多维度精细成本管理和经营报表分析，为公司发展提供了有力支撑。

广东溢多利生物科技股份有限公司（以下简称"溢多利"）是应用现代生物技术，致力于生物医药、生物酶制剂、微生物制剂、绿色功能性添加剂等产品研发、生产和销售，并向客户提供自然、安全、高效、环保整体解决方案的生物技术企业。

溢多利成立于1991年，总部位于广东省珠海市南屏科技工业园。经过多年发展，公司产业规模不断扩大，现有25家控股公司，1所博士后科研工作站、1个集团研究院、3

个科研中心、5 所省级工程中心、15 个生产基地。公司在国内建有 25 个直销办事处，在欧洲、美洲、亚洲的 60 多个国家和地区建有完善的营销网络，在国内外拥有 2300 多家优质直销客户。溢多利是中国生物酶制剂行业首家上市公司、首批高新技术企业之一、亚洲最大生物酶制剂企业和全球极具竞争力的甾体激素医药企业。

溢多利在发展的过程中积累了雄厚的技术资源，形成了独有的技术创新优势，目前拥有 123 项发明专利、11 项核心技术，并拥有基因工程技术、酶工程技术、生物工程技术、液体发酵技术、固体发酵技术、复合酶协同技术、制剂剂型技术、高分子絮凝技术、酶制剂产品应用技术及甾体激素合成等诸多创新型核心技术，这为公司高速成长及持续发展奠定了扎实基础。

溢多利秉承"全球布局，联动发展"战略，以现代生物工程为主体，以特色生物医药和新型生物制品为两翼，构建生物医药、生物农牧、生物工业和生物环保四大生物核心产业的"一体两翼四维"战略格局，以领先的生物技术革新传统工业、引领未来工业，解决人类发展中生态危机、环境污染、资源短缺、健康安全四大难题，推动绿色循环经济和生态工业的发展。

## 二、项目介绍

### 1. 项目动因：核心科技+资本倍增，发展双引擎模式

随着资源短缺、环境污染、食品安全等问题的不断加剧，医药、食品、能源、环保等诸多领域面临着十分突出的全球性发展难题。信息技术的快速发展及人类认知水平的提升，全社会对生态平衡、环境保护的意识越来越强，市场对生物技术的需求愈发丰富、繁多。在机遇与挑战并存的环境下，占领先机才能赢得更广泛的市场和认可，调整缓慢或判断失误就会丧失进一步发展的机会，甚至可能被淘汰。溢多利自诞生以来就专注于生物技术的研究与应用，始终坚持环保创新的理念，持之以恒，从不跨界。作为国内生物技术领先的企业，近年来溢多利当仁不让，着力生物制药、生物农牧、生物环保等多个领域，投资和收购了众多相关工厂、公司，专注"技术＋资本"整合，助力企业迅猛发展。

市场领域的快速扩张在给企业带来强劲动力的同时，也带来了巨大的挑战。一方面，

客户大量增加、订单持续增长；另一方面，面对多元化的集团结构，先前的管理方式显露出过于简单、协同效率低、品质波动、服务理念弱、分子公司协作难等问题，企业发展坠入体量增长的"虚胖"境地。

溢多利管理层很快认识到了当前面临的危机状况，并迅速做出了反应和部署，在强化团队建设、加强执行力的落实、稳定品质等多个方面稳扎稳打，企业转型初现成效；同时管理层也意识到传统的意志和人治不是治本之策，要想让企业进一步成长壮大，必须牢牢把握人才，发挥好每个人的优势，只有先进的管理工具和理念并举才能打造坚固的企业"航母"。

此刻，服务溢多利多年的金蝶珠海分公司及时把具有阿米巴管理、量化分权、多组织协同、移动办公等先进的管理理念的金蝶云·星空介绍给了客户。金蝶云·星空的多组织协同、多核算体系、移动互联等优点深深打动了溢多利，金蝶云·星空成为溢多利转型落地的利器。

### 2. 项目内容：溢多利管理重构解码

（1）激活+协作，由一个金蝶云·星空来实现

溢多利－金蝶云·星空一期上线后，各分子公司原业务操作人员办公地点不变，B/S 架构使分散的组织间业务协同运行，数据集中管理，形散神聚；系统灵活的基础资料控制策略，方便从集团层面对基础数据进行规范，需要集中控制的数据由集团共享给各个组织使用，需要放松管理的就由集团分配后各组织在允许的范围内进行修改调整，各组织可以自己创建个性化的基础资料；在账务上，系统既隔离各组织间的账务数据，又天然地支持多组织协同业务的凭证处理，确保各组织间财务核算清晰，集团账务合并也方便；金蝶云·星空按照角色进行授权，不同的用户通过角色的分配行使业务功能，权限管理清晰明了。

多个组织、一个数据中心的信息共享、数据安全管理更加便利，业务人员在不同的组织间切换更加人性化。同时多组织下的核算体系关系处理更加灵活，随时支持组织关系的变更，"激活"+"协作"的模式为溢多利近年来快速的业务拓展提供了有力的保障。

（2）掌握核心科技，PLM云助力研发数字化

创新是溢多利保持市场领先的关键，多年来溢多利一直坚持探索先进的技术管理方法

来确保产品迭代的持续性，利用先进的管理工具驾驭整个研发体系。金蝶 PLM 作为先进的全生命周期管理工具，帮助溢多利研发团队在项目进度管理、基础数据管理、新产品结构管理、历史文档管理等方面提供可视化、可追踪的便捷操作方式；以流程驱动为核心的过程模式使研发协同更高效，避免了传统模式下的人找人，同时将已形成阶段成果的文档资料进行归档，其他研发人员不仅可以共享现有成果，还可以通过改进升级版本进行知识的传承；基于甘特图的项目推进模式有利于研发人员协调并进，共同推动项目的进度。

（3）客户是最重要的资产，金蝶云·星空+云之家赋人以能

随着移动设备的快速发展，移动互联势在必行。溢多利以直销为主，是否能够及时、准确地反映客户需求决定着企业的输赢。金蝶 CRM 将客户与企业连接在一起，销售人员可以通过 CRM 手机平台随时随地管理客户信息，查询业务处理进度、现场拜访记录；及时和客户沟通并通过系统反馈最新需求，总部的业务员可以及时了解现场业务情况并根据需要做出业务调整，进一步拉近企业与客户的距离，把客户的满意度提升到更高的水平；企业决策者可以通过 CRM 随时随地查看各地区直销人员的经营实况，现场直销人员通过 CRM 的现场拍照、定位，与周计划进行匹配来完成工作任务，针对特殊情况可以实时沟通反馈，实现信息互通。

此外，所有的移动应用都部署在云之家上，云之家打破了集团内部的沟通壁垒，清晰的部门架构确保基于云之家的金蝶云·星空工作流驱动模式的移动业务顺利拓展。通过云之家，及时知会业务流程审批，加速企业信息流转，管理者可以利用移动流程审批实现移动办公，提升决策效率，赢得主动权；更重要的是，工作流驱动和云之家的结合颠覆了原有的工作模式，配合消息推送、提示等功能把业务协同贯穿到了极致，实现了业务找人。

（4）数据驱动成功，数据给企业赋智

随着移动通信、物联网等技术的兴起，人类的生活逐渐步入一个多元的智慧时代。溢多利近年来在快速扩张的过程中开始面临业务数据几何式增长、新产品研发发展迅速、市场有效信息难以捕捉等情况。虽然金蝶云·星空将各分公司的业务、财务凝聚在一起，但市场瞬息万变，如何有针对性地对内部进行调整成为高层面临的难题。

金蝶云·星空数据分析平台基于溢多利的原始业务、财务数据，借助系统提供的分析

模型进行数据抽取、分析，形成企业关注的精简数据图形。绘制了成本分析、产量结构对比分析、采购定额对比分析、销售分析等一系列可视化的分析图表，这些图表与传统的密集型报表相比更加简洁、精小，更能有效利用数据为企业的经营赋智。

　　成本分析（如图 5.28 所示）既能通过钻取存货成本数据帮助企业分析现有库存成本结构，又能将成品成本结构进行分解展示，帮助成本会计动态掌握当前的成品成本结构情况，为企业进行库存成本控制、产品成本结构分析提供了可靠的参考依据；产量结构分析（如图 5.29 所示）从存货产量和产品产量两个方面进行纵横组合对比，可以及时反映各工厂的产量结构状况，帮助企业根据市场需求调整产能；另外，采购、销售等对比分析图表正逐步将各事业部、各部门管理人员从繁重的数据中拯救出来，通过简洁清晰的图表、少量的精准分析数据帮助关键人员提升决策效率，降低误判的风险。

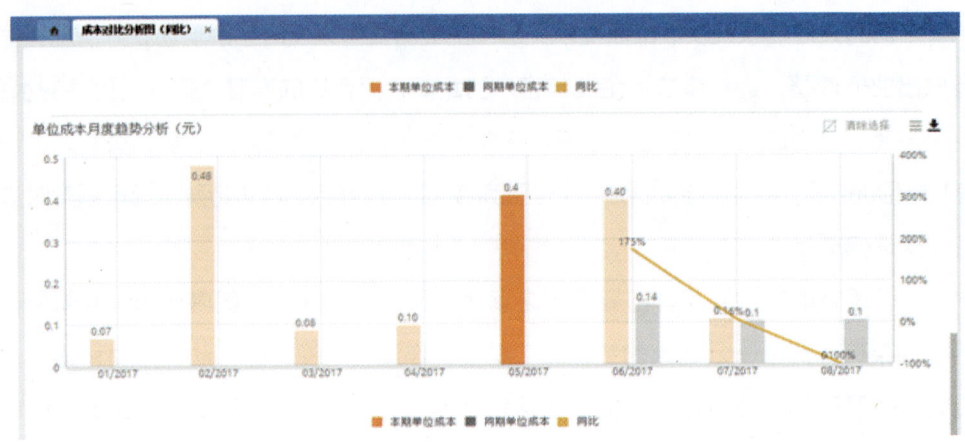

图5.28　成本对比分析

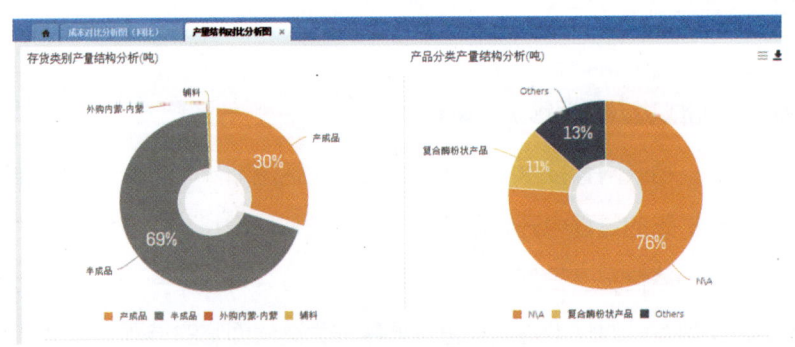

图5.29　产量结构对比分析

## 三、客户感言

我们是金蝶的老客户,一直以来金蝶为我们公司的快速发展提供了有力的支撑。特别是近年来公司发展迅猛、业务多样化,金蝶云·星空给了我们更好的拓展平台,希望我们并肩同行,共创未来。

——广东溢多利生物科技股份有限公司董事长　陈少美

# 实践经验总结

为了抗击新型冠状病毒肺炎疫情，英雄的医务工作者冲锋在一线，为他们提供"武器"的是医药医疗行业。本章收录的案例中有老字号的传统企业，也有新兴民营企业，还有以新兴技术作为核心竞争力的企业。它们面临由单体企业向集团化发展，以 GMP、GSP 为代表的严格行业管控，以及由制药企业向产业链服务企业发展等诸多挑战。

安图生物是国内第一家在上海主板上市的体外诊断生产企业，其专注于体外诊断试剂和仪器的研发、制造、整合及服务，同时也在分子检测领域积极布局，能够为医学实验室提供全面的产品解决方案和整体服务。安图生物创新的重点是提供统一的平台给经销商赋能，为超千家经销商提供合作经营的统一工具。并为医药流通 GSP 管理提供落地的工具，对近效期、货架期等重要数据进行实时预警，全力保障医药行业的严格管控落地。

广西田园是一家经营领域涵盖农药、药肥、智能农业机械、城镇有害生物防治及园林植保营养、品牌农产品等业务板块的集团企业，其核心业务定位于为农业产业链提供产品和服务。广西田园的发展战略是从"农药制剂企业"向"农业产业链服务企业"转型，其"上云、用数、赋智"的重点有产供销一体化、共生共赢、强化营销网络、科学利用生产资源等，来用移动技术为在外工作的销售人员提供方便的工具。

武汉健民大量开发新品并对营销模式进行创新。通过移动技术，用数字化提供碎片式的服务。为了更好地激活发展，落实发展责任主体的经营责任，公司进行基于业务责任主体转化为财务指标的全面预算管控，还将信息系统积累的各种数据从各种维度进行展示，方便了各级经营者对经营的业务过程进行调整，保障了经营目标的实现。

亚宝药业"上云、用数"的实践重点包括进行财务集中核算、进行全面的资金与预算管理、保障库存高效周转、符合 GMP 的融合、进行科学采购。

溢多利应用现代生物技术，致力于生物医药、生物酶制剂、微生物制剂、绿色功能性添加剂等产品的研发、生产和销售。其发展迅速，利用新技术进行了管理重构：用一个云平台实现了集团对子公司的激活和有效的协作；掌握核心科技，通过 PLM 云助力研发数字化管理；采用云平台赋能客户，用数据驱动成功，用大数据赋智企业。

医药医疗行业默默为我们提供健康保障，在疫情期间更是担负起保障社会稳定的重任。"台上一分钟，台下十年功"，医药医疗行业企业平时在管理上花费的工夫，为英雄的医务工作者提供了有效的保障，使"上云、用数、赋智"的成果得到充分的检验。

# 第 6 章
## CHAPTER 6

互联网创新企业如何用
"上云、用数、赋智"
进行经营要素创新

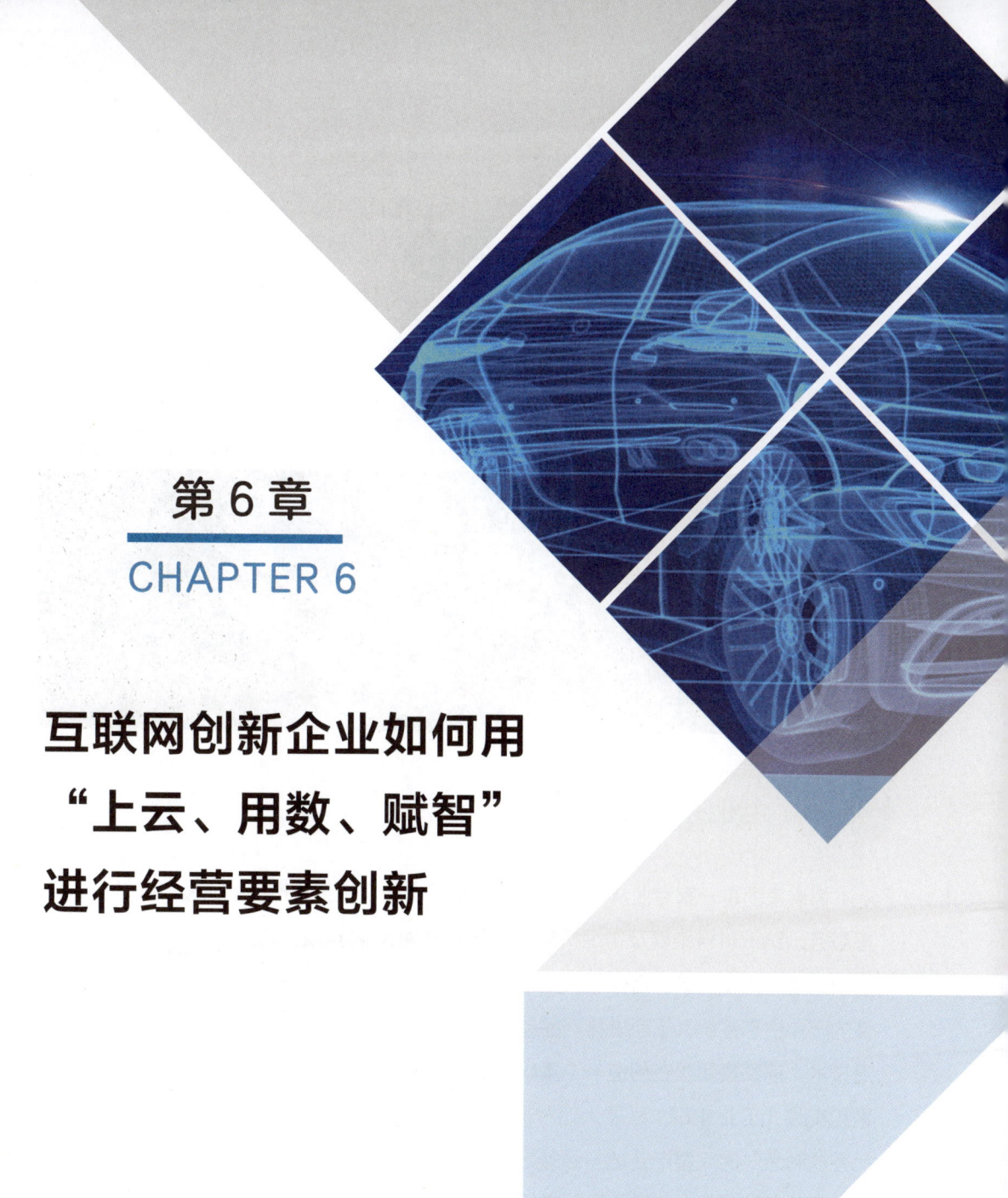

# 信泰集团数字化转型支撑成长之道

## 一、企业简介

信泰集团是一家专业从事鞋服纺织新材料生产及可穿戴产品的研发、设计、生产和销售服务,纺织材料染整及纺织机械生产的互联网+高新技术企业。自 1999 年创立以来,信泰集团即主张开放、合作、共赢,与合作伙伴共同创新、扩大产业价值,形成健康、良性的产业生态系统,不断进行产品创新和服务改进。同时,利用物联网、个性化定制等前沿技术,信泰集团正在创造一个集研发、技术、客户供应于一体的大数据平台,并积极探索和实践"工业 4.0",延展人们对现实和未来的感知,为全球客户提供从"纺纱"到"成品智能制造"的完整产业链与服务方案。通过多年的经营和发展,信泰集团已经成为国内最具竞争力和创新力的鞋服高新材料和整体解决方案的提供商之一。

信泰集团先后荣获"国家级高新技术企业""国家级科技创新贡献奖""福建省企业技术中心""福建省工业设计中心""福建省知识产权优势企业""福建名牌产品""福建省科技小巨人领军企业""福建省科技型企业""海峡杯工业设计银奖""福建省非公企业建设海

西突出贡献奖""慈善世家"等百余项荣誉。

## 二、项目介绍

### 1. 项目背景

2009 年,面对经济危机的挑战,信泰集团作为"第一个吃螃蟹的人",从德国引进经编提花设备和技术,沉下心来摸索。历经近 3 年的时间,信泰研发的经编贾卡产品得以在市场上量产,并得到业界认可。到了 2013 年,信泰集团成立成品研发团队,并且进行跨界资源整合,对皮革、胶水等鞋企供应商进行整合。通过技术融合和提升,信泰集团从网布供应商转变为鞋面供应商,帮客户把多个供应商变成一个供应商,给客户提供一整套的解决方案。

互联网对制造业的冲击越来越大,信泰集团的商业模式也在发生转变,从为客户提供产品,到为客户提供市场调研、市场分析、研发、设计、生产一体化产品 + 服务解决方案。为了提高集团未来十年的竞争力,信泰集团提出了要进行"制造业 + 大数据"数字化转型,从生产、技术、研发、销售 4 个方面建立大数据平台,不断完善集团数字化建设,实现生产自动化、产品智能化、管理信息化、制造服务化,达到对生产、市场的快速反应,为企业创新之路保驾护航。

基于上述要求,信泰集团对 ERP 平台的要求除了标准功能外,更加注重产品的开放性、平台化等柔性能力,目的是为未来建立产业链大数据信息化平台提供保障。

面对物联网、数字经济时代的复杂性和不确定性,企业唯有主动进行变革,打造未来的核心竞争力,利用新技术将自己打造成适应能力更强的"新物种",才能避免降维打击。信泰集团的信息化分为如下阶段。

第一阶段:创业期初,各业务环节通过传统手工方式进行记录。

第二阶段:2005—2014 年,在信息化 1.0 阶段,公司快速发展,引入 ERP 信息管理系统和行业软件。

第三阶段:2014 年,信泰集团进行资源整合,利用金蝶云·星空进行信息化建设,全面覆盖各个产业链,实现了从鞋材生产(纺纱、染纱、经编、染整、飞织、速织、梭织、电绣）、成鞋制造到智能鞋的研发生产及平台运营的信息化。

2018年，信泰集团启动数字化战略，构建数字化运营平台，通过大数据进行数字化运营，改善流程，优化供应链决策，支持集团供应链和商业模式创新。

2019年，信泰集团启动工业物联网平台建设，与中国电信、华为、中兴通讯、大华等多家优秀企业进行跨界融合和战略合作，共同打造物联网生态，通过物联网、大数据、人工智能、5G等技术打通产业生态圈横向和纵向的互联互通，完成对万物的管、控、营一体化及全链条数字化贯通，助力企业、产业发展。

### 2. 项目内容

（1）产业价值链重构实践

经过多年发展，信泰集团已经成为一个集团企业，设立了鞋材制造板块、整鞋制造板块、工业互联网板块三大产业群。信泰集团的经营活动覆盖除化工外的运动鞋全产业链，以金蝶云·星空为核心，探索及构建鞋服行业产业互联网平台。

① 统一数据标准，集中数据资产。

在使用金蝶云·星空之前，信泰集团缺乏一套统一的ERP软件，只有财务和供应链使用了K/3 WISE，生产业务全手工处理，缺乏信息化的支撑，各工厂也单独建账套进行管理，缺乏数据传递，准确性和统一性都不严谨，信息严重失真。

通过应用金蝶云·星空，各个工厂由统一的数据中心进行管理，共用基础资料由集团分配使用（如图6.1所示），使用组织可以自定义更改个性化设置，组织间的信息可以相互传递和共享，打破信息孤岛，构建信息共享桥梁，进一步实现数据标准化、统一化。

② 流程与数据双轮驱动，构建全产业链业务协同能力。

目前信泰集团鞋材制造板块下设8家工厂，这8家工厂按纺纱、染纱、经编、染整、梭织、速织、飞织、电绣八大产业链进行分工，既可以单独接单对外销售，又可以在集团内部进行产品交易；成鞋板块下设有成鞋工厂、智能鞋工厂。

原有的单组织系统下的管理模式已经不能满足信泰集团的精细化管理要求，与此同时，信泰集团也深刻地意识到，多组织下规模效益的建设需要管理的同步提升，因此也就涉及信息系统的升级，即从单组织系统应用向多组织集团化管理应用的升级。在金蝶云·星空的支持下，信泰集团实现了对8家工厂生产计划协同、制造过程精细化管理和控制、企业精细化成本管理,既满足了 8 家工厂独立生产、独立经营的需要,又通过组织间结算满足了信泰集团内部产业协同的业务处理及财务核算。

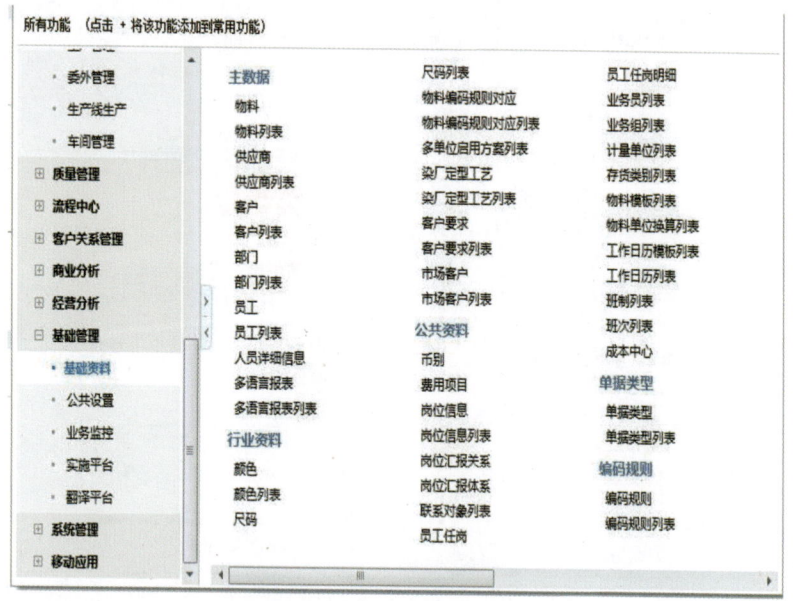

图6.1 基础资料统一维护

③ 多语言平台,海外拓展能力。

信泰集团响应国家"走出去"和"一带一路"倡议,在越南投资办厂进行生产经营活动。信泰集团借助金蝶云·星空的翻译平台,将系统语言由中文翻译成越南语,实现一个数据中心同时支持多种语言的应用,方便不同国籍人员的沟通与协作,使海外市场同国内企业之间沟通顺畅,助力企业的全球化布局。

④ 移动赋能,数据融入场景。

借助金蝶云·星空,信泰集团自定义了 14 个应用,实现了手机端移动审批。日常各项业务执行状态、监控报表都可以在手机端实时查看,指标类的报表不仅提供当期指标,还有环比增长、同比增长的数据。这些报表不仅可以以传统方式展示,还可以通过各类图表的方式展示。移动应用如图 6.2 所示。

⑤ 数字车间,制造智能化。

基于金蝶云·星空 BOS 平台,信泰集团开发了 MES,结合设备厂商,帮助信泰实现了生产车间执行控制、安灯呼叫、设备联网的应用。信泰集团计划人员在 PC 端通过排单系统下达生产订单，将生产订单信息和工序信息传递到现场终端，现场通过条码进行工序报工，PC 端可自动进行工序转移和报工，同步更新排单系统中订单的状态。

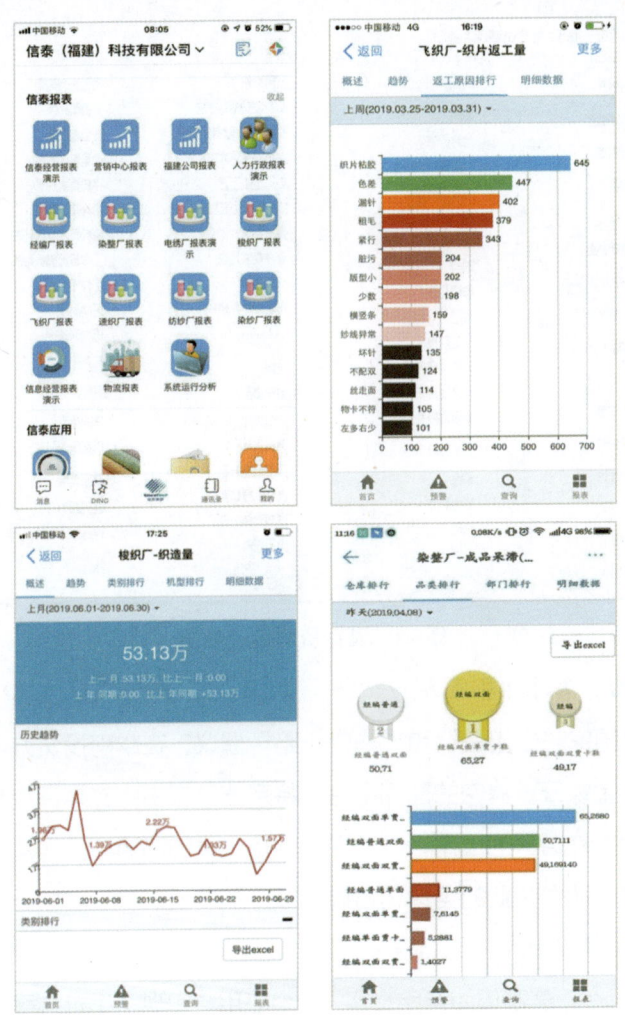

图 6.2　移动应用

另外，信泰集团的生产现场是机器生产，现场安装传感器和数据盒子，数据盒子自动采集设备状态和生产订单工艺等信息，并将信息传递给现场终端，同时将数据反馈至金蝶云·星空，现场设备的状态信息也可实时传递到设备状态 App，通过 App，车间主管可以实时看到设备状态、再生产订单及工序信息。管理人员通过 App 可以看到生产现场的进度及设备异常预警信息，可及时处理异常，保障生产正常。生产实时监控如图 6.3 所示。

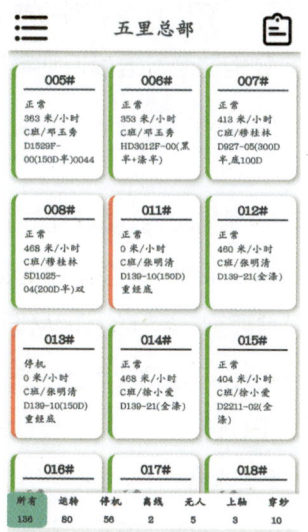

图6.3 生产实时监控

（2）唯有行业化和数字化才能助力业务增长

① 物料多维度组合管理。

相比于其他行业，鞋服行业产品采用多维度管理（如图6.4所示），如尺码、颜色、规格等，常规的 ERP 软件无法满足需求。信泰集团应用金蝶云·星空 BOS 平台，使用动态表单创造性地设计了物料多维度组合录入及管理功能，满足业务人员从销售录单到现场生产、库存管理、销售发货等全流程的产品和材料多维度管理，大大提高了业务人员的工作效率。

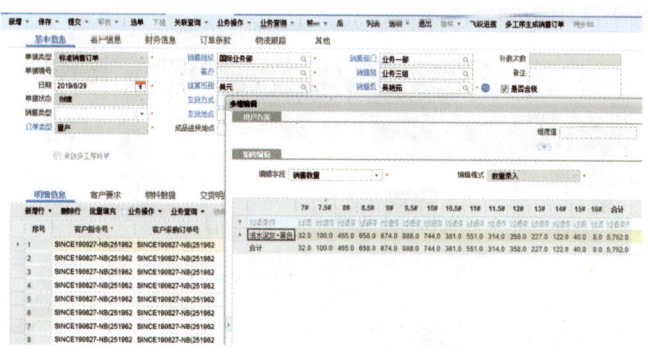

图6.4 物料多维度管控

② 行业条码应用。

结合鞋服行业特性，信泰集团基于金蝶云·星空 BOS 平台，打造了一套适用于行业应用的条码管理系统。在生产过程中，从原材料接收到生产流程，再到最后的成品，依托条码管理系统可以实现信息数据与实物相结合，准确识别物品信息，跟踪物品流向，实现更加快捷、高效、准确的工作模式。

③ 工艺单的多表头动态扩展。

传统的 BOM 是树形结构，不同规格和属性的产品需要增加不同的 BOM。信泰集团涉及鞋材行业八大产业，囊括产业链上下游，每个企业的工艺 BOM 都有区别，并且尺码、规格、颜色等的不同造成 BOM 异常繁杂，标准的 BOM 已无法满足信泰集团的业务需求。信泰集团通过金蝶云·星空 BOS 平台，巧妙地使用多表头等技术，在标准 BOM 上进行扩展，形成符合企业特殊需求的工艺 BOM。

④ 满足信泰鞋服行业的生产管理系统。

信泰集团的产品门类齐全，销售存在两种模式。第一种是按单生产，由客户在信泰集团提供的产品范围内选择，提出定制化要求，然后由信泰集团按客户要求安排生产。第二种是按单设计，信泰集团接到客户的图纸要求后，先经过订单评审、材料选配、设计打样、客户确认的流程，然后才能进行大货生产。在这两种生产模式的基础上，信泰集团在金蝶云·星空上基于 40% 的标准产品 +60% 的定制开发，完成了纺纱、染纱、经编、染整、梭织、速织、飞织、电绣八大产业链的生产全流程业务处理平台建设，涵盖物料、工艺单、生产算料、生产指令、生产排缸、生产试色、生产领料、发货转移、设备分配等业务，实现对任一产业工厂采购—生产—销售的全流程畅通处理，使物流、信息流、资金流信息准确共享。信泰智能生产线如图 6.5 所示。

图6.5　信泰智能生产线

## 3. 项目价值

**（1）实现信泰集团各业务组织财务与业务一体化**

金蝶云·星空目前已覆盖信泰集团的 20 个业务单元，人力资源、营销、生产、采购、物料、财务都在金蝶云·星空内运行，实现了上下游业务的全流程跟踪，各业务组织之间业务信息和财务数据按要求隔离和共享。

在金蝶云·星空 ERP 信息化的实施过程中，共梳理业务流程 366 个，目前在金蝶云·星空中规划应用 288 个，占比 80% 左右。初步实现信泰集团业务中台的建设，为下一步深化数据中台应用和敏捷前台建设打下基础。

**（2）关键业务管控点实现预警**

信泰集团的理念是"以市场为导向，以客户为中心"，强大的制造能力、品类齐全的产品门类、企业产业链资源的整合能力是其核心竞争力。在金蝶云·星空 ERP 信息化的实施过程中，共统计出 76 个管控点，其中数量类 23 个、交期类 9 个、质量类 5 个、价格类 8 个、库存类 15 个，共 60 个。基于这些管控点，企业各业务部门能够快速做出反应，保障产品质量，使企业生产顺畅进行，提高客户满意度，另外，后续也将通过金蝶云·星空对耗用、安全等进行管控。

**（3）灵活实现信泰集团鞋服行业特征业务**

信泰集团借助金蝶云·星空业务平台，利用 BOS 平台开放性等特点，深度应用 BOS 开发平台，二次开发量达 60% 以上，在一年半的时间内打造出适合鞋服行业的信息化业务管理平台，解决了传统 ERP 软件不能处理鞋服行业问题及行业软件无法处理企业财务业务的难点，创造性地解决了鞋服行业物料多维度、多单位管理和核算难题，为信泰集团的业务发展提供了支撑，也为鞋服行业的数字化转型探明了道路。

## 三、客户感言

感谢金蝶提供的稳定又兼具灵活特性的金蝶云·星空，该平台支持信泰集团打造具备行业特性且适合企业多组织、多维度发展的信息化服务软件。我们相信，在不久的未来，我们将和金蝶继续携手，共同书写信息化、数字化新篇章。

——信泰集团执行总裁　许金升

# 记中国最大美术颜料生产基地的"多彩梦想"

## 一、企业简介

河北青竹画材科技有限公司(以下简称"青竹画材")是专业生产美术绘画材料的厂家,青竹牌系列产品有水粉画颜料、丙烯画颜料、中国画颜料、油画颜料、水彩画颜料、油画棒、休闲画颜料、美术画材等 30 大类,1900 多个单品,其中,水粉类产品市场占有率达 60%,2019 年销售增长率为 20%。

## 二、项目介绍

### 1. 青竹画材十年信息路

青竹画材的信息化道路始于 2010 年,最先开始使用软件系统的是财务部门。2016 年因业务发展需要引入金蝶 ERP 系统 K/3 WISE,开始了财务与业务一体化的进程。尝到信息化甜头之后,在公司业务进一步扩张——朝着多工厂、多组织发展的阶段,青竹画材的信息化建设步伐开始加快,除了将原有系统升级为金蝶云·星空以覆盖原有的财务供应链生产制造之外,还引入了营销业务、预算管理、HR 等模块。另外,青竹画材还应用了移动互联网时代必备的移动办公系统,开启了企业全面信息化建设的新篇章。

### 2. 转型实践

画材让这个世界多姿多彩,装点了无数人的家,也照亮了无数人的创意与梦想。我们普通人看到的是画材在艺术家和设计师们的灵巧双手下勾勒出来的五光十色,但对于从事画材行业的人而言,这个行业如同艺术大师的画作一样有着自己独特的个性。销售端、生产端、财务端都存在一些棘手的问题,这些问题充分考验着每一个管理者的智慧。

(1)个性化营销需要个性化服务

青竹画材的首要问题在营销端。由于青竹画材既有传统线下经销商,又有线上电商平台,客户下单的金额和数量较小,但订购的频次比较高;而且同一种颜料存在袋装、瓶装、管状等各种不同的包装形式,多种颜料彼此搭配又形成各种不同的套件,因此给销售订单的处理带来了很大的挑战。同时销售端也存在各类销售渠道常见的管控问题,如经销商信用管理、费用管理、防窜货等。

① 行业首创色卡订货平台。

仅仅靠产品名称是无法准确判断实际产品颜色的,所以订货时一般靠色卡,客户在一张色卡或者一本厚厚的色谱中翻找自己需要的颜色,然后根据货号进行订货。青竹画材原来采用传统的电话订货模式,跟单员手工记录,然后整理汇总成 Excel 表提供给计划部门。听、写、汇总等诸多环节的人工失误导致的错误经常发生。

金蝶云·星空的经销商订货平台在实施过程中，根据客户需求专门开发了色卡订货的模式。客户仅需要在色卡上选择自己需要的颜色，输入数量即可方便地完成订货，并且平台还会自动记忆历史订单，常用的货物可以一键复购。这在提高效率、降低错误的同时，也提升了客户的满意度。

② 快速询报价为销售赋能。

信息系统的实施过程也是重新梳理管理流程和直接落地管理规范的好时机。青竹画材的客户原来采用传统手工报价方式，销售部门需要向工艺部门、生产部门、采购部门进行询问，从而得出产品报价，费时费力，单次报价需要3～4天。在实施金蝶云·星空期间，项目组对一些标准产品的报价规则进行了逻辑梳理，选择颜色、数量、包装等信息后即可自动计算价格，即时询问、即时报价。非标产品通过标准化系统流程进行报价，各部门逐级评估，报价效率提高了50%。这套查询报价系统上线以后，订单响应迅速及时，大大提升了销售人员对客户的服务质量，得到了内外部用户的一致好评。

③ 信用机制有效管控经销商。

在传统赊销订货模式下，经销商为确保自己销售的颜料货源充足，会习惯性地提高自己的销售预期，各级经销商逐级放大需求后会导致"牛鞭效应"。供应链的需求端波动较大，真实需求不易掌控。另外，经销商的汇款状况也无法用手工管控的方式进行及时跟进和有效记录，最终导致回款慢、拖欠款的情况时有发生。通过经销商信用管理平台，企业可以准确地为自己的经销商逐个设定信用额度，各项单据提交过程中系统便可自动检查交易对象的授信额度，大大降低了赊销风险，强化了企业的资金安全。

④ 条码驱动下的防窜货管理。

条码给不同地区、不同经销商的颜料赋予了不同的"标记"。市场监督人员通过扫描颜料的条码便可及时、准确地知晓颜料的销售区域、经销商等信息，一旦发现与实际销售地点不符便可及时向公司通报，为公司的各种防窜货管理规范的落地提供了有力的数据保障。

⑤ 电商对接开启O2O时代。

随着移动互联网的爆炸式发展，全民网购的热潮席卷全国。青竹画材的颜料在电商渠道上十分畅销，销售份额逐年攀升，但随之而来的便是电商渠道的订单处理问题。通过电商接入平台，青竹画材可以轻松汇总各大电商平台的订单信息并同步财务信息；通过物流信息的接入，还可以实时跟踪发运货物的物流信息。在金蝶云·星空的帮助下，青竹画材轻松拿到了开启"O2O"时代大门的钥匙。

（2）个性化需求呼唤柔性生产

颜料的生产有其独特性：劳动密集，自动化程度不高，劳动强度较大，现场工人不需要有过多的专业知识。由于原料具有不稳定性，因此，生产过程的工艺不能严格参数化，一些环节仍需人工进行主观判断。不同颜料的比重不同，同样容积的产品重量不同，产品粘稠度不同都会导致最终得率不同……所以青竹画材的生产现场管理面临巨大的挑战，生产成本与品质的波动性也都比较大。针对这些生产特点，金蝶云·星空的实施团队与客户一起打出了一套现场管理的组合拳。

① 产能平衡模拟排单。

颜料生产设备的通用性较强，现场生产模式为多品种混流生产，加之包装形式多样化，这些对计划提出了较高的要求。计划部门希望在计划下达之前就能模拟出各个工序的任务量，防止因瓶颈工序而耽误交期。金蝶云·星空实施团队为客户专门定制了排产试平衡单（如图6.6所示），使计划的准确性得到了极大的提高。

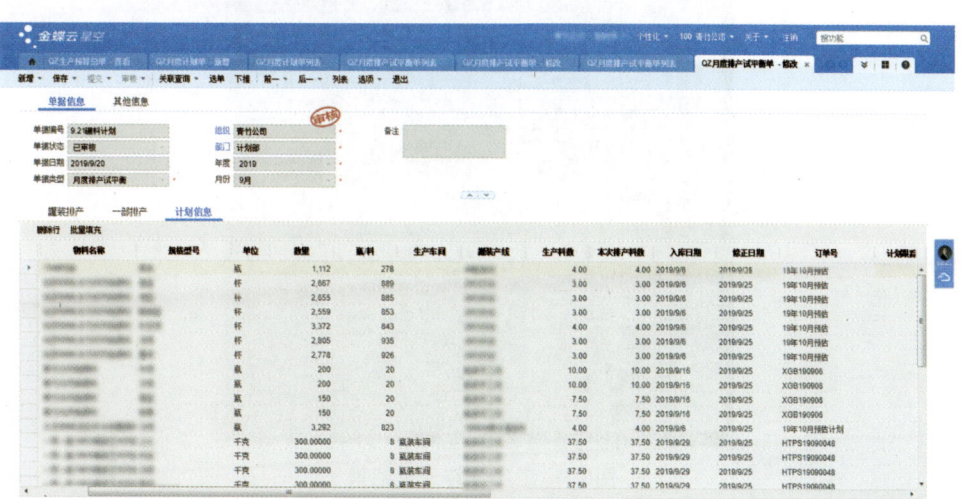

图6.6　月度排产试平衡单维护

② 系统下沉直达车间。

传统的车间管理是通过工人汇报到纸档上，然后由班组长或者文员统计到Excel表中，最后再生成各种生产的报表。这种方式费时费力，效率很低，而且容易出错，最重要的是时效性无法满足管理的需求。青竹画材车间通过产线布置的工位机可以实时汇报当前的产量信息、不良信息等,也可以进行领退料、质量检验等业务流程,大大缩短了车间与办公室的"距离",使现场生产情况实时可见。同时也节省了大量的统计工作,历史数据真实可查,报表数据实时生成。

③ 工序汇报一马当先。

通过一张工序流转卡,青竹画材串起了整个工艺流程。每道工序的工人只需要扫描流转卡便可知今天的任务量,产品完成之后再次扫描卡片汇报实际重量,在工序汇报单上还可以汇报设备、班次班组等信息(如图6.7所示),另外,通过电子秤连接,还可实现自动将重量填写到系统中。

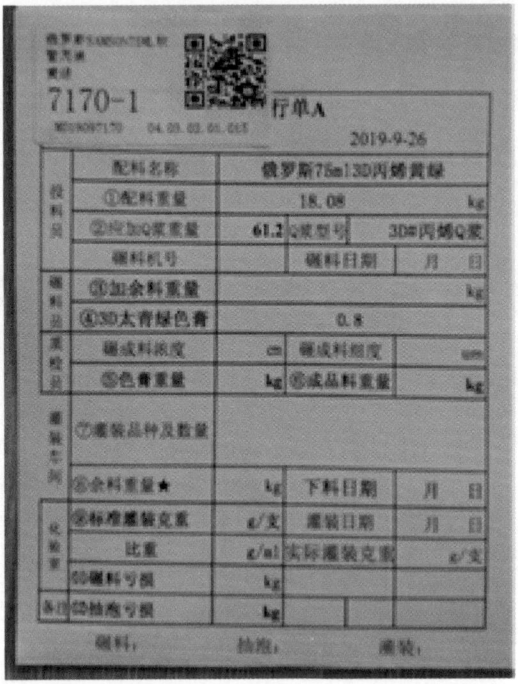

图6.7 工序流转卡及汇报

④ 智能计量屏秤互联。

在传统的称重方式下,工人先读取电子秤的读数,然后手工输入系统进行报工。由于生产现场的触控屏大小受限制,在屏上直接输入会有些不便,另外人工输入还很容易出错,效率也不高。针对这一问题,项目组开发了屏称互联模式,电子秤上的数据可通过串口直接传递到报工的触摸屏上进行报工。由于现场盛放颜料的容器有多种规格,每种容器的重量各不相同,细心的实施人员还为不同的容器设计了不同的皮重,以方便工人们快速选择去皮重量。屏称互联使得称重报工更加高效、简洁,极大地提高了报工效率(如图6.8所示)。

图6.8 称重汇报

⑤ 计件工资实时可见。

青竹画材的计件方式与普通计件方式有所不同。除了按照数量、工序、产品来计算工价外,每个工人都有基本工资,每天都有基本任务量,但每种产品的基本任务量不同。当工人一天生产多种产品,而每种产品产量又不同时,这种计算逻辑便会变得十分复杂。依靠传统人工计算的方式非常容易出错。金蝶云·星空上线后,项目组将这一套复杂的计算逻辑设计到了系统中,只要工人报工完毕,系统后台便会依据复杂的计算规则生成对应的工资,工人们登录自己的系统便可查询自己的工资。系统上线后不仅节约了大量的人力,还大大提升了员工的满意度。

⑥ 考勤记录一目了然。

青竹画材没有使用复杂而重型的HR系统来统计考勤,而是依靠金蝶云·星空强大的灵活扩展性,在BOS上开发了一个考勤报表来管理员工日常出勤,不仅简单、快捷,还节约了成本。

⑦ 积分制度奖罚严明。

青竹画材的积分系统同样是基于BOS搭建开发的。该积分系统将公司各项奖惩制度简单便捷地固化了下来，奖罚分明的制度设计使员工的行为更加规范，积极性也得到了提高。

⑧ 货不落地秩序井然。

青竹画材的每一个车间的运行都稳定有序。规范的系统管理使得工人操作也规范得当，虽然在库商品很多，但整个仓库却井然有序，并且每种货物都放在移动托盘上，增加效率的同时也保证了货物的干净整洁。在条码系统的辅助下，查找货物、进出库与盘点都极其高效。

（3）个性化财务需要个性化统筹

销售端和生产现场的复杂性导致很多数据的错误率较高，且反馈时效性差，财务报表很难反映真实经营状况。加之多工厂、多法人的组织架构，报表的合并及生成工作烦琐，财务人员的工作强度也很大，且效率不高。此次信息化使得原来以记账为主的财务人员真正实现了向管理转型，节省了大量统计工作，实现了向企业管理的转变。

财务规划的第一步就是预算，通过预算机制来管控企业运营是很多成功企业的经营秘诀之一，青竹画材也不例外。依托金蝶云·星空完善的全面预算管控体制，青竹画材在采购、生产、销售三大主要环节均实现了全面预算管理。

① 采购预算。

采购的需求源于生产，传统采购方式的手工环节出错概率较高，且采购无法与生产很好地衔接，项目上线以后，采购工作变得更加高效。供应商价格变动可以通过审批流进行审批，采购货物到货以后会有收货通知，向供应商询报价和交期控制在系统中都可以得到很好的管控，并且各类报表可以实时输出。

② 生产预算。

生产预算的推行使生产费用得到了有效控制，通过生产现场的及时报工，财务统计的即时性也得到了提高。金蝶云·星空帮助青竹画材实现了产品级别的成本核算和工序级别的核算。

③ 销售预算。

通过对销售预算进行管理，每个销售人员的销售额一目了然，同时销售预算的申报也倒逼业务员加强自己对市场的了解程度，做到心中有数，这样才能及时采取对应的销售措施。通过对销售预算进行管理，预算前置、业务费用及报销都变得更加通畅。

④ 网银直连。

网银直连系统上线前，青竹画材负责往来对账的财务人员有8个，系统上线以后节约了2人。

### 3. 小结

青竹画材项目是衡水本地团队的重要项目。为了更好地给客户提供场景化、贴身化的服务,项目团队在实施过程中提出了很多创造性的想法,并通过系统——落地实现。在项目实施过程中,团队工作到凌晨是常态,大家就是在这种艰苦奋斗的过程中实现了项目的出色交付。

因为表现出色,青竹画材被当地政府列为数字化改革的标杆。青竹画材和我们的团队仍然还有很多规划和梦想尚未实现,二期的规划已经在路上,我们都对未来充满信心。

## 三、客户感言

金蝶云·星空项目是青竹画材2020年最重要的项目,我们积极响应河北省工业与信息化厅"万企上云"的工作要求,积极推动系统上云、智能制造,促进"两化融合"快速发展。金蝶云·星空上线后,帮助企业实现了各部门的流程再造和数据优化,工作效率得到了提升,促进了企业创新发展。后期我们会与金蝶公司深入合作,助力青竹画材做大做强!

——青竹画材科技有限公司管理本部副总经理　王淑芳

# 人、机、客户、伙伴"四维"数字化建设实践

## 一、企业简介

友元办公联盟（天津）股份有限公司（以下简称"友元集团"）成立于 2013 年 6 月，致力于为客户提供优质高效的纸品，业务领域涵盖各类文化印刷用纸、多功能办公用纸、静电复印纸等高档纸品的生产制造、市场开发、产品销售和仓储物流等。

友元集团建成了华北地区最大的纸张改裁加工基地，是国内首家实现滚刀生产各种尺寸复印纸的厂家，年加工复印纸达 10 万吨、文化印刷纸改裁达 12 万吨，能够为客户提供高品质的定制化加工服务。友元集团引进芬兰科尼纸卷自动化仓储管理系统，建成了先进的自动化原料仓库和成品库，仓储面积超过 3 万平方米，能够满足客户对各类纸品的需求。

友元集团 2016 年通过了 ISO 质量管理体系认证、ISO 环境管理体系认证、ISO 职业监控安全管理体系认证和 FSC（森林管理委员会）认证。依托现代 ICT，全面实施 ERP、

OA 和 HRS（人力资源管理系统）等企业管理信息系统，持续推进公司的业务流程优化和管理规范化水平。

友元集团秉承"诚信、共赢；协同、创新"的经营理念，注重与业内优秀企业协同合作，持续创新客户价值，不断加快纸类产品的市场开发，创新纸类产品的供应链服务。

##  二、项目介绍

### 1. 创业路上的信息化陪伴

友元集团多年来诚信经营，一点一滴累积客户并做好服务，事业规模不断扩大，2016年正式开始筹备公司上市，目前年营业额已经超过 20 亿元。

友元集团的发展历程如图 6.9 所示。

| 2000 年 | 2010 年 | 2013 年 | 2015 年 | 2016 年 |
|---|---|---|---|---|
| 天津亨元商贸有限公司，从事办公用纸贸易业务 | 北京木村纸业有限公司，提供纸类产品的市场开发、生产加工和仓储物流服务 | 友元办公联盟（天津）股份有限公司，提供优质高效的纸品服务全面解决方案 | 正式成立友元集团下设北京木村纸业全资子公司和青岛木村纸业控股子公司 | 2016 年正式开始筹备公司上市业务 |
| 多年来诚信经营，一点一滴累积客户并做好服务，事业规模不断扩大，并着手规划向北京地区发展 | 迅速成为国内知名纸制品生产商太阳、华泰、晨鸣、博汇、新亚等企业在华北地区的主要分销商和合作伙伴，产品销往北京、天津、内蒙古、河北、广东、山东等 17 个省区 30 多个城市 | 业务领域涵盖各类文化印刷用纸、多功能办公用纸、静电复印纸等高档纸品的生产制造、市场开发、产品销售和仓储物流等 | 当年营业额突破 10 亿元 | 目前年营业额已经超过 20 亿元 |

图6.9　友元集团的发展历程

友元集团非常注重企业信息化建设，在公司筹建期间就采用了金蝶 K/3 WISE 系统，实现了公司的财务、供应链、生产和成本的信息化管理。随着友元集团的快速发展，原有的单体法人架构系统已经无法满足其多法人、多工厂、多地点经营，集团运营管控的管理要求，同时随着业务模式的不断发展与创新，新业务转型也对信息系统提出了新的管理需求。

友元集团项目团队经过多方考察比对，最终选择了金蝶云·星空的集团化运营平台方

案。多年来使用金蝶产品，对金蝶非常信任。金蝶持续提供服务、满足成长型企业发展的信息平台产品是友元集团选择它们的原因。

### 2. 友元集团全面信息化实践之路

（1）统一平台，高效协同

在应用金蝶云·星空之前，各分子公司均通过 K/3 WISE 系统进行独立管理；现在各分子公司之间存在业务往来，由于每个账套数据相对独立，因此，内部业务往来通过手工方式分别在每个账套进行单据处理，大量频繁的单据操作让业务人员的工作量非常繁重，同时也给财务核算带来了巨大的核算工作量。

友元集团依托金蝶云·星空的集团化多组织平台，建立了统一的数据中心，并通过组织对数据进行相关隔离和管控，通过共享、分配、私有等多种管控策略，满足集团不同业务的管控要求；对所有的基础数据进行系统的梳理和规划，重新制订编码规则和共享策略，最终实现了基础数据、财务控制策略、业务控制策略的集团化统一管理（如图6.10所示）。

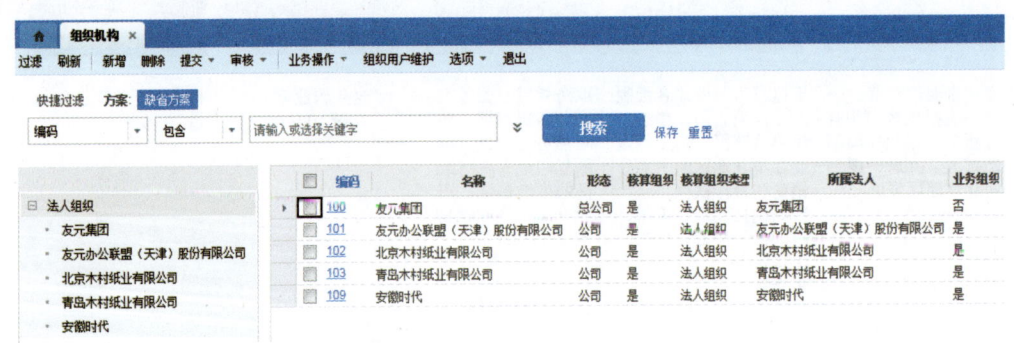

图6.10　基础数据管控策略

基于金蝶云·星空组织间协同的解决方案，友元集团分子公司之间的业务往来通过组织间协同进行连接，需求公司的采购订单会下推形成供应公司的销售订单，月底通过组织结算功能进行跨组织的内部交易往来结算，并自动形成双方的往来核算凭证，最大限度地简化了业务和财务人员的系统操作流程，有效保障了往来数据的准确性。组织间交易如图 6.11 所示。

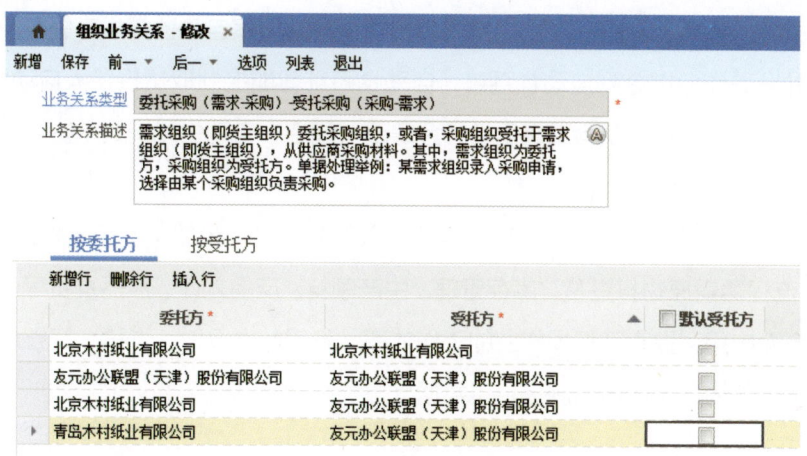

图6.11 组织间交易

（2）行业特色，个性定制

纸品制造行业有很多特性。在项目实施过程中，结合行业特性和友元集团的管理要求，项目组利用金蝶云·星空 BOS 开发平台进行深度行业化扩展，注入行业特性信息，并通过配置业务流程和工作流程，满足行业和企业的个性化需求。

（3）连接设备，智慧作业

在信息化建设过程中，友元集团一直致力于通过信息化系统的智能性和集成性来不断提升工作效率，计算机能完成的工作尽可能地交由系统和设备来完成，从而尽可能地解放作业人员和管理人员，让他们有更多的时间去思考创新和提升管理。

① ERP 与纸卷自动仓系统集成。

友元集团投巨资引进了芬兰科尼卷纸自动化仓储管理系统，建成了先进的自动化原料仓库和成品库，原料卷纸的采购入库、库存盘点、位置调整、生产提货出库等所有作业均由自动仓系统智能调度，通过机械臂全自动操作。金蝶云·星空集成自动仓系统，实现了采购入库、生产提料数据的互相传递，极大地提高了领料计划员和仓库作业人员的工作效率和数据准确性。

采购入库：金蝶云·星空采购收料通知单生成条码后传递到自动仓系统，由自动仓系统识别条码信息完成自动入库。根据自动仓系统入库返回的信息自动生成 ERP 系统的采购入库单，减少人工操作，防止数据错误。

生产提料：金蝶云·星空根据用料清单和物料基础档案自动计算生产领料所需要的纸卷卷数，并发送作业指令到自动仓系统，自动仓系统智能控制取货机器人自动提货出库。完成材料出库作业后，自动仓系统反馈给金蝶云·星空，自动生成调拨单。

② 条码采集深度应用。

友元集团在供应链和生产管理环节全面引入了条码管理系统（应用流程如图6.12所示），采集流程覆盖原物料进货、库存管理、生产领料、产品入库、产品发货等环节。物联网技术的全面应用，提高了现场作业的工作效率，确保数据及时、准确、完整地采集进入金蝶云·星空，为产品质量追溯提供了数据支撑。

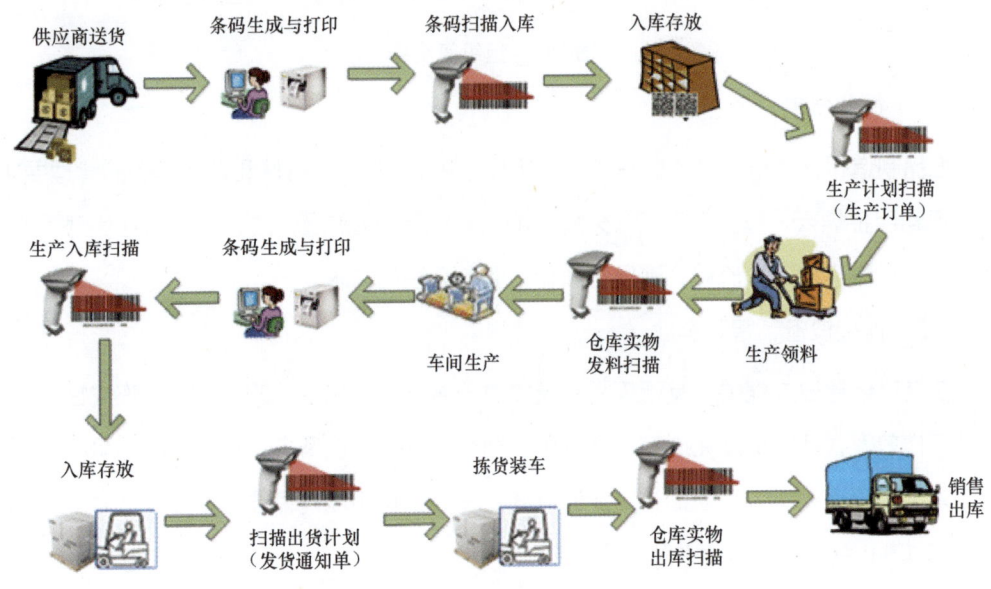

图6.12　友元集团条码应用流程

（4）连接用户，智能服务

早期纸品加工厂商的销售渠道比较单一，随着移动互联网在各个行业和领域的逐步深入应用，友元集团也一直在思考和探索新的销售模式，以通过移动互联网来助力集团的营销转型。友元集团除了拥有众多经销商业务外，也在推行区域直销配送服务，目前在北京进行了试点推行，推出了小箱（50包）起送业务，配送次日达，实现了无盲点配送。

友元集团管理层想要的营销模式为：开放相应权限给核心伙伴，实现直接下单、网上对账，并且查询即时库存、生产进度、出库明细、应收、数据分析等。出于对金蝶云·星空的认可,友元集团在第一阶段就购买了 10 000 个 BBC 用户许可。友元集团 BBC 总体框架和业务流程分别如图 6.13 和图 6.14 所示。

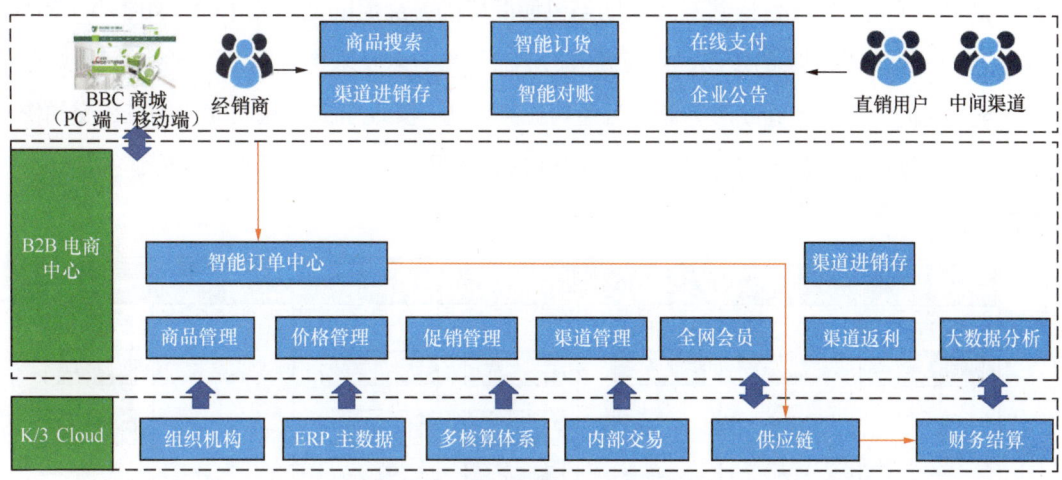

图6.13 友元集团BBC总体框架

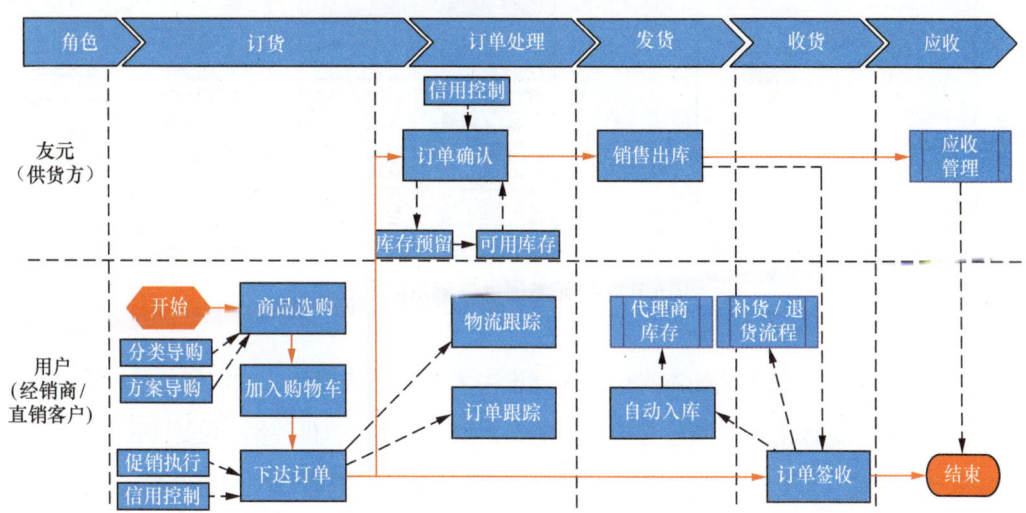

图6.14 友元集团BBC业务流程

经销商和用户可以通过手机随时进行在线下单,在线订单由友元集团智能订单中心统一接收和管理,组织配仓和配送作业。通过价格管理、促销管理、返利管理直接对不同的客户和客户群进行差异化营销,通过全网会员管理建立统一的用户会员数据库,为后续深化差异化营销积累数据。

297

（5）连接伙伴，供应协同

与供应商伙伴的持续合作及业务协同也是友元集团信息化规划的重要一环。通过金蝶云·星空供应商协同平台搭建友元集团与供应商协同、交流的信息化平台（如图6.15所示），实现采购信息的实时发布、供应商报价信息采集，以及采购订单物流、资金流、财务流的全面协同；支持全面动态的信息互通与业务互动，实现全流程和自动化的在线交易协同，极大地提高了供应商与友元集团在战略和战术层面的配合度，提高了供应链的整体运作效率。

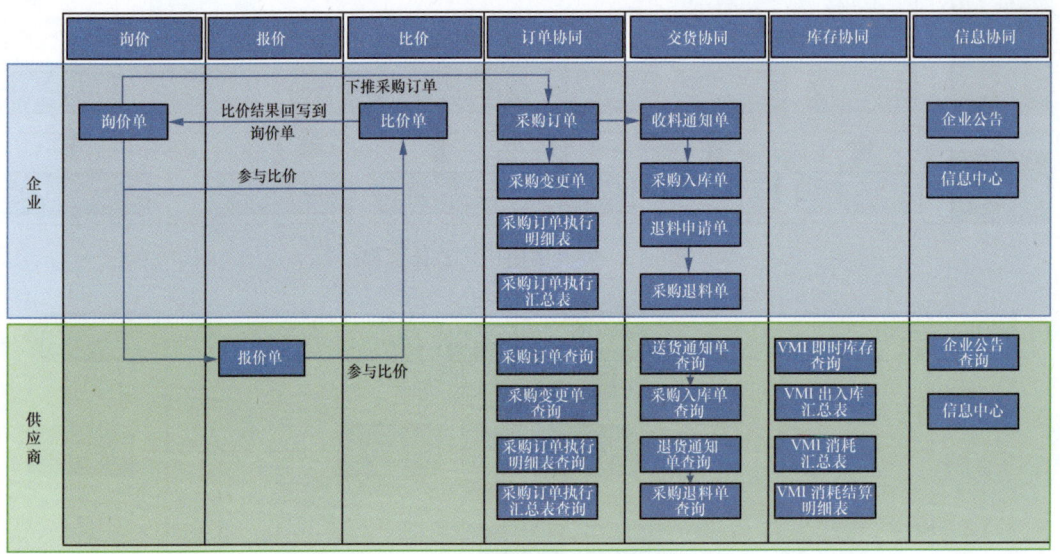

图6.15 友元集团供应商协同平台

（6）移动办公，互联互通

移动办公也是友元集团在本次信息化建设中大力推动的重点，金蝶云·星空深度集成云之家，利用云之家的移动特性连接集团的人、财、物、产、供、销，实现ERP管理平台业务全面移动化。利用手机端的移动化特性，可以随时随地查看待办信息并进行审批处理，充分利用碎片化时间，提升了相关业务审批和费用报销的流转速度。

（7）清晰洞察，轻松决策

友元集团通过金蝶云·星空经营分析平台的自助式图形化分析平台提供的经营数据和各种业务分析报表，打造了数据联动、多维度钻取等强大的数据分析能力。管理者能随时随地通过多种方式查看企业最新的经营数据，透明、实时的实际经营数据能有效辅助管理者进行战略和管理决策。

### 3. 项目成效和应用价值

**集团管控**：实现了业务和财务管理的集团化管控，统一基础数据管理、统一财务政策和业务政策、统一信息化平台，做到既集中管控，又分散应用，有效规避了业务和财务风险；全局掌控库存，提升了库存准确率。

**多组织协同**：适用多组织、多地点、多工厂的应用模式，实现了集团化采购、计划和销售协同，通过组织间业务协同和组织间财务结算，将跨组织业务工作效率提高了至少50%。

**新营销转型**：建立全渠道营销管理体系，实时促销、会员、返利与BBC模块相结合，实现了全渠道营销管控，方便多级经销商订货和进行库存管控。

**生产过程管控**：根据生产投料单自动完成领料作业，把原料从原料库调拨到车间库，生产完成后自动倒冲车间库原料。实现了余料的自动批量调回和差异分摊，做到了车间库按照每个班组当日清零，减少在制人员数量。

**全面集成**：ERP与自动仓系统深度集成，全面应用条码管理系统，由ERP完成计算、调度和数据采集工作，节省大量的人力，减少操作误差，提高了工作效率和数据准确性。入库发料自动处理，完全无须人为干预，效率提升60%。

**移动办公**：通过云之家的全面应用，友元集团搭建了全新的互联网沟通平台，随时随地进行沟通交流、业务审批，查看企业经营情况，充分利用碎片化时间，提高了工作效率。

## 三、客户感言

从2009年开始应用金蝶K/3 WISE到2017年升级到金蝶云·星空，从木村纸业发展到友元集团，金蝶ERP系统始终陪伴着我们。全面升级后的金蝶云·星空实现了友元集团的多组织协同管理、自动仓与ERP集成化管理、产品条码化管理、全渠道营销管理和移动办公等。金蝶云·星空已经成为支撑友元集团业务发展的基础管理体系，也是友元集团逐步实现精益化管理的助推器，更是友元集团持续创新商业模式的动力。感谢金蝶团队的大力支持，期待与金蝶团队的长期合作、深度合作、携手共赢！

——友元办公联盟（天津）股份有限公司总经理　李建友

# 爱依瑞斯构建"深度定制"的核心竞争力

## 一、企业简介

爱依瑞斯家居用品有限公司（以下简称"爱依瑞斯"）于1995年5月28日创立于北京，是中国软体家具时尚品牌，全国十大软体家具品牌之一，旗下拥有布艺沙发、真皮沙发和智慧睡眠三大系统五大系列产品。爱依瑞斯起源于理想创造未来，依托爱的传递，承载创新、责任、诚信、共赢的企业精神，赢得了全球中、高端客户的认可，成就了中国软体家居领域的名品地位。

目前，爱依瑞斯在中国拥有几千家专卖店，形成了以意大利设计师设计研发、中国工厂为制造基地，分销网络遍布美国、迪拜、法国、俄罗斯、加拿大等30多个国家和地区的专业家居用品供应体系，全球数百万个家庭正在使用爱依瑞斯提供的产品。

## 二、项目介绍

### 1. 项目背景

近两年,由于受到地产行业的深度影响,家具行业营业额整体下滑,行业经济形势不容乐观。国内家具行业市场门槛低,压缩成本、降低售价成为许多新进入市场的小厂家的杀手锏,再加上目前消费降级,普通消费者对产品价格敏感,使降本压力增加,市场竞争形势严峻。在目前的市场环境下,首要任务是确保营业额不下滑。目前,家具行业普遍面临以下问题。

① 由分散布局向集中布局转变,由成本优势型向自主创新型转变,由数量规模型向成本效益型转变,由单纯制造型向复合发展型转变,由粗放经营型向集约发展型转变,由店面销售为主转向互联网、新零售和无界销售转变。

② 低端产品产能过剩、同质化、市场饱和、竞争加剧,中高端产品供给不足、创新不够。

③ 个性化、多样化的产品供给不足,绿色环保、防治污染是产业的要求。

在软体家具细分行业中,爱依瑞斯瞄准了私人定制,将为终端客户提供深度软体家具个性化定制作为核心竞争优势。其他品牌的定制一般是有限定制,而爱依瑞斯的定制范围更广,定制选择更多,无限贴近客户的最终个性化需求,同时拥有高品质的用料和做工,以及意大利设计师的时尚前沿设计。深度定制化、灵活性极高,使交期较长,也造成了产品成本居高不下,生产端很难,供应链端也很难。

### 2. 项目内容

爱依瑞斯的整体方案框架如图 6.16 所示。

爱依瑞斯的项目实施一期主要任务是搭建价值链的数据基础,包括财务、供应链、生产等模块。

从门店端下单参数报价双向确认到下达生产,通过金蝶云·星空门店端与业务端、生产端的直接对接,信息传递时间明显缩短,一笔订单的订货周期减少 3 天,并且保证了信息的统一性、准确性,以及信息的可追溯、归档。同时,爱依瑞斯以销定产,必须在货款到后才下达生产。过去,全国近千家经销商采用的传递银行电子回单的形式很麻烦,现在,财务与近千家经销商的资金往来对账已实现自动化,平均每笔订单的对账时间压缩了3～4天。

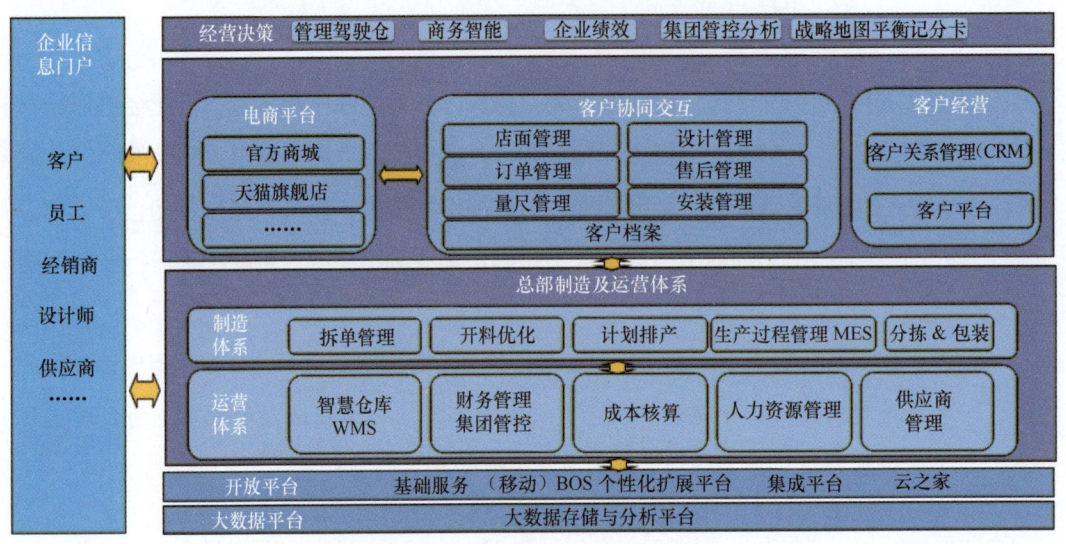

图6.16 爱依瑞斯整体方案框架

另外,软体家具区别于板式家具、实木家具的关键点是出材率和定尺(改尺),板式家具可以给出明确的标准尺寸,通过合理化排版就可以排出最优利用率,理论上出材率可以无限接近100%,而软体家具的用皮用料是有弹性的,面料尤其是皮料的利用率能达到70%就算很高了。爱依瑞斯的定制化产品占总业务的80%以上,更换面料的等级、颜色、配色及尺寸等都会直接影响原材料的利用率,想要精准核算非常困难。目前,金蝶云·星空已经做到关键物料和定额物料按单领料,涉及出材率的物料的领料准确率可接近80%(以前以倒冲形式以存计耗,且成本分配不准确)。系统按单控制,不断调整BOM的准确性,实际领料与BOM的计划领料的差异准确率在90%左右。系统上线后半年,材料成本和人工成本降低了5个百分点。

(1)协同能力,降本增效

爱依瑞斯将销售与生产从组织架构中分离出来,而将业务在组织间有效协同起来。集团公司进行整体的财务、研发等职能集中管控,事业部为利润中心,产业基地及工序制造部为成本中心。按法人公司、利润中心、成本中心、部门分别进行预算、核算、分析及考核，实现灵活的多组织预算、核算、结算。爱依瑞斯组织架构如图 6.17 所示。

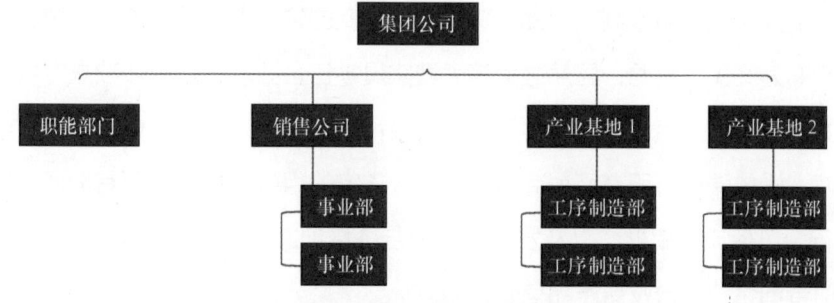

图6.17 爱依瑞斯组织架构

① 产业价值链建设先行。

清晰的客户履约流程将有助于数字化建设的全局规划及分期建设。通过金蝶云·星空，门店订单能够与前端生产对接，构建产、供、销一体化的 C2B 闭环通道，整合提升企业与经销商及终端客户的协同效率；实现了对经销商的严格管控，对门店下单的约束，根据下单参数说明计算组件价格，由于不同等级的经销商组件结算价格有所不同，且信用额度、信用等级不同，因此，下单金额和发货金额也是不同的，这些都在系统中进行设置。如果超过信用额度，系统则拒绝接单。对于符合信用额度的订单，系统在接单后，业务部会根据订单中的客户需求参数核算成本，并在系统中生成报价，然后门店店员即可向客户报价，客户确认价格后，即可在系统中下达排产。生产计划会根据 BOM 的原材料即时库存情况生成采购订单进行采购，实现产、供、销协同。整体业务流程如图 6.18 所示。

此外，在售后服务环节，售后人员会根据产品实际问题在系统中生成维修单或补修单，下达排产，实现售后服务与生产的有效协同。

② 财务是巩固能力的关键。

建立统一的集团信息化平台，将各事业部、门店、产业基地、工序制造部等组织部门的业务数据与财务数据紧密串联，消除信息孤岛。定制家具订单数据量大，数据核算分析更加精细化，金蝶云·星空业财一体化方案提升了核算的及时性和准确性，并且可以按照数据分析的需求，从不同的维度进行核算。

（2）文化，大家是同一个家

① 连接经销商

爱依瑞斯以经销商为主要销售渠道，配以电商平台进行销售。由于爱依瑞斯在行业中的产品调性和价格定位是比较高的（属于单价值较高的中高端产品），销售量较小，且同行业其他品牌很少接受产品定制，因此，其对于经销商的软硬件要求很高。目前，爱依瑞斯的主要经销商为红星美凯龙、居然之家等大型家具零售企业及一些单体独立专营门店，另外还有少数家具城批发商代理等。为了对这些经销商进行有效管理，使经销商对产品有更深入的了解，爱依瑞斯将所有经销商纳入企业云之家的组织架构中，所有沟通、协调都在云之家进行，包括流程审批，以及发布消息公告、培训文档等。云之家实现了沟通及时，且可以随时查询企业公告及新产品信息。

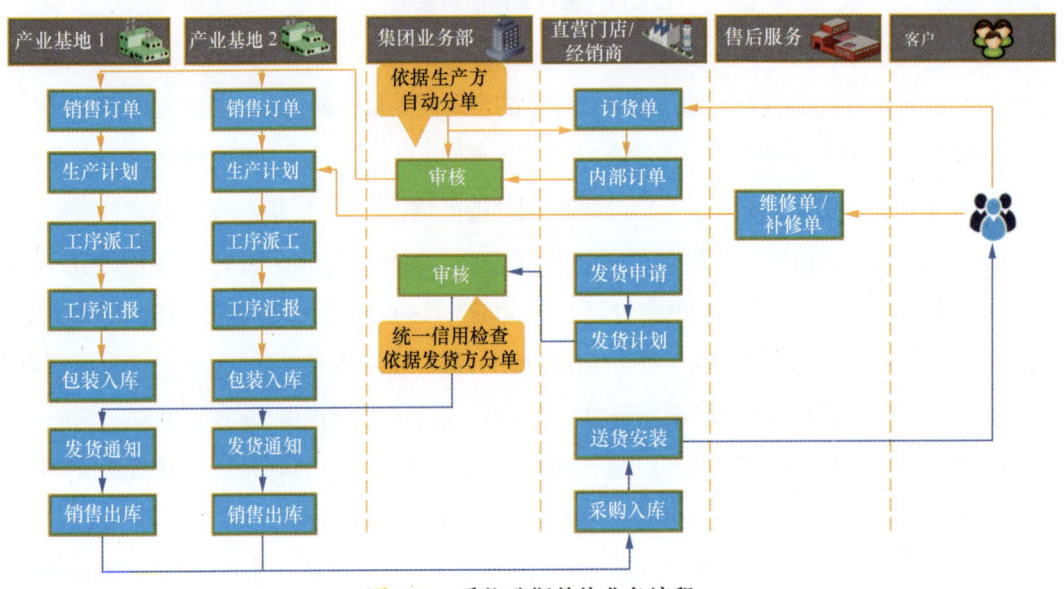

图6.18　爱依瑞斯整体业务流程

② 连接员工。

员工作为企业生存发展的血脉，同样需要及时获取企业信息和新产品信息。爱依瑞斯在云之家定期发布企业最新动态、企业文化活动、培训文档和员工学习分享等内容，丰富员工的工作、生活，使员工更快融入企业文化，鼓励员工不断进行自我提升，为员工搭建实现人生价值的舞台。

（3）赋能，数字使"经营"更具价值

及时、准确地获取各类数据，以供各层级经营管理者及时进行分析决策。这些数据包括单品销量、单品毛利、区域销量、标准品销量、改尺量、改色量、订单交期、库存周转率、畅销排名、滞销分析、各类同比、环比分析等。

另外，爱依瑞斯利用金蝶云·星空简单灵活的 BOS 开发平台开发了一些定制家具高价值业务分析报表，业务人员可以快速准确地查询产品在生产流通环节的各项关键数据。

① 完工进度查询：产品生产进度情况查询、半成品完工汇报、产成品入库汇报，如图 6.19 所示。

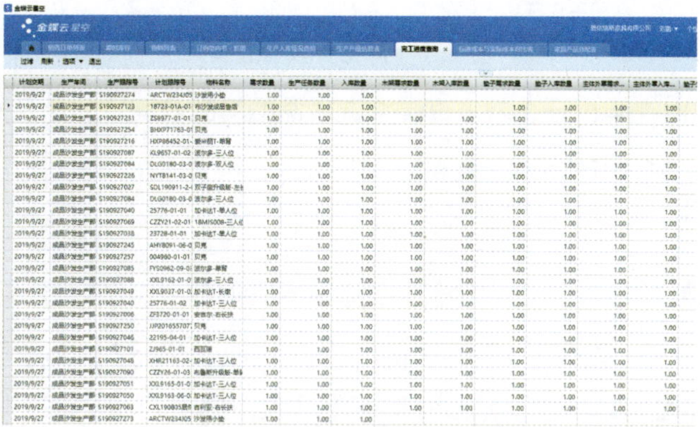

图6.19 完工进度查询

② 家具产品分配表：家具配套产品为备货生产、外协生产及采购，周期较长，家具产品分配表提供了家具产品备货的数据分析，如图 6.20 所示。

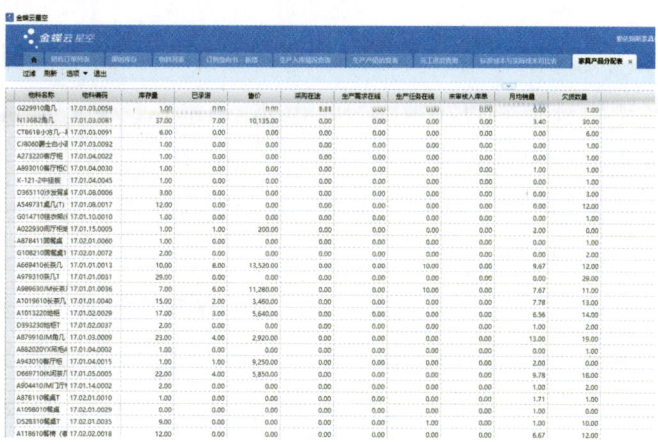

图6.20 家具产品分配表

③ 待交货数据查询：为业务发货提供数据查询，包括经销商订购产品是否发货、订购产品生产状况、生产返单状况、该类产品库存状况等数据，如图 6.21 所示。

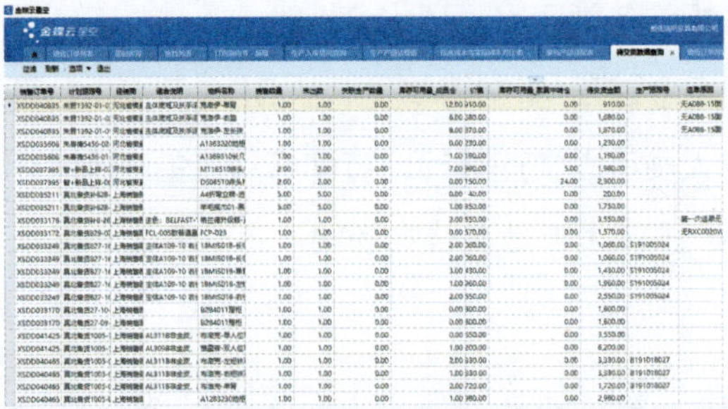

图6.21 待交货数据查询

数据使用者可以在手机云之家上直接查询所需的实时数据,利用金蝶云·星空的报表秀秀以图表方式展现会更加清晰、直观。

(4)数字展望

项目一期的财务、供应链、生产等的实施为爱依瑞斯的信息化建设夯实了数据的基础,并且在连接、赋能、降本、增效等方面也取得了一定的价值成果。接下来,爱依瑞斯将与金蝶继续深度合作,分别将生产端和营销端在系统中进行深度应用。生产端包括PLM、WMS、MES、智能制造(与设备对接)、产品生命周期等;销售端包括全渠道、CRM、终端客户管理等。

## 三、客户感言

自2018年8月与金蝶公司合作以来,其一直秉承为客户着想,为客户服务的宗旨,为企业实现物料编码的准确唯一,BOM的准确变更、记录等;实现了财务核算和成本核算;订单处理周期平均缩短3个工作日,虽然是短短的3天,但是在日益激烈的市场竞争下能起到提高客户满意度的作用;原有的库房管理混乱,发货不及时、不准确,备货难等问题也迎刃而解。金蝶公司在短短的5个月实现了其他软件公司需要8~12个月才能完成的工作,保障了项目的顺利上线,为企业经营提供了至关重要的决策分析支持。本期项目的实施为后期产品深度应用和持续优化奠定了基础,接下来我们将与金蝶公司在PLM、MES、WMS、全渠道营销等领域继续进行深度的合作。

——廊坊爱依瑞斯家居用品有限公司CIO 张良

CHAPTER 6　互联网创新企业如何用"上云、用数、赋智"进行经营要素创新

# 图书行业标杆企业，成功构建互联网运营平台

## 一、企业简介

北京字里行间文化发展有限公司（以下简称"字里行间"）是凤凰出版传媒集团旗下的全资子公司，旨在为有知阶层提供图书及相关文化生活用品，结合咖啡美学与人文分享空间，打造最具人文与生活之美、助益心灵提升的复合式文化休闲空间。

从 2010 年 7 月在北京慈云寺开第一家店起，字里行间就提出了一个理念——人文类的复合式空间，这意味着字里行间要把无形的文化服务做成产品。勤恳笃实的经营和对每

位顾客、会员贴心周到的服务，使字里行间逐步由青涩走向成熟，字里行间的每个工作人员、顾客和会员都见证着其一步步的成长。

会员制是字里行间的核心经营模式，其中包含了私人阅读顾问、私人图书漂流馆、私人聚会及文艺空间、主题活动等，全面开启都市人"知书达礼"式阅读生活。字里行间不忘初心，一直恪守其品牌口号"让心灵舒活"（Refresh Your Mind），践行着字里行间创业初的理念。

## 二、项目介绍

### 1. 管理需求

字里行间目前拥有全资子公司、各地区书店、物流配送等不同层级的公司，随着国家对文化产业发展的大力支持，字里行间已打造成为在图书、音像制品、餐饮、学前教育、礼仪等多方面发展的综合体集团。

字里行间与分子公司成员之间的经营模式包括自营、联营及未来的加盟等多种形式。不同经营模式决定了运营管理和财务管理的复杂性，增加了集团统一决策、获取分子公司数据的难度。

字里行间是图书行业走在信息化之路前端的企业。图书行业已有百年历史，行业特点明显，业务涉及前端门店零售、线上订单、集中采购、门店发货、智能仓储、物流配送、会员管理、借阅管理、礼券管理、线上线下同步促销、VIP室租赁等各个环节。字里行间希望通过数字化手段实现全链条的运营支持，改造并整合其信息资源，实现真正意义上的一体化平台管理，提高企业的核心竞争力，为集团高层实现战略管理目标提供强大的数据支持。

### 2. 核心解决方案

字里行间借助金蝶云·星空全渠道零售行业解决方案应用以实现"建设以门店零售业务为主线，门店需求为驱动，实现按单采购、供应协同、物流保障、财务与业务一体化的云应用平台"的管理目标。

① 通过一体化云平台实现数据和业务流程的标准化、规范化，明确各部门相关职权，用数字化工具支撑字里行间业务价值链的协同。

② 规范业务流程，整合人、财、物及信息等资源，形成集中、共享的协同工作平台，提升各业务环节的运营效率。

③ 实现数据现场实时录入，业务执行过程能在财务端实时反映，为字里行间绩效考核和管理决策提供数据支撑。

字里行间整体应用蓝图如图 6.22 所示。

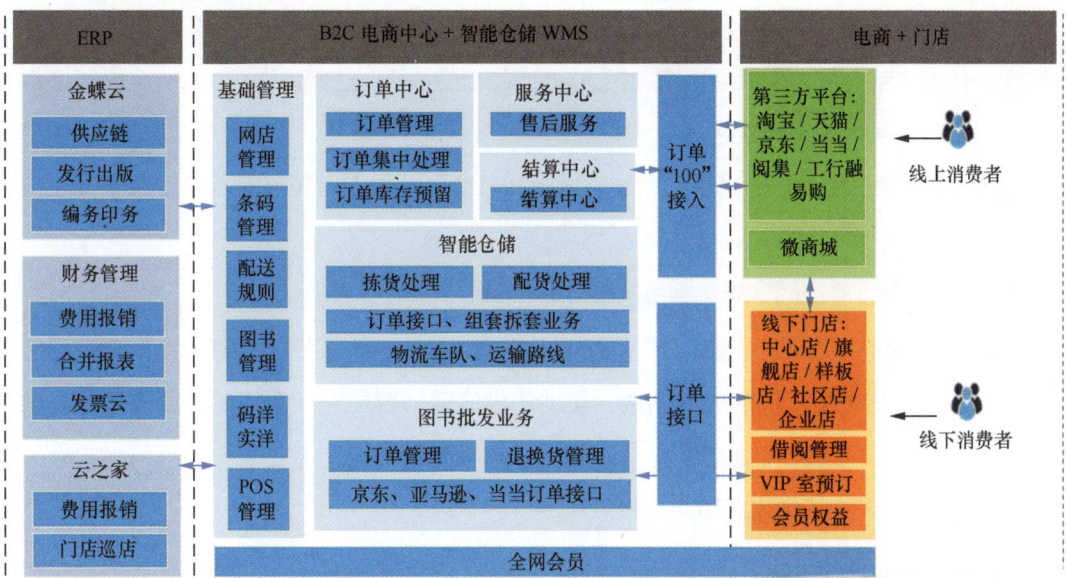

图6.22 字里行间整体应用蓝图

云平台的应用，促进了字里行间在图书行业以下几方面的管理提升。

（1）打造互联网+全渠道营销的新运营平台

金蝶云·星空全渠道营销解决方案帮助字里行间打通了终端零售渠道链路，构建了整合供应链、零售、电商、财务、传统渠道的完整营销模式，为其在营销模式创新、供应链效率提升等方面提供了有效的平台支撑。

（2）全网会员营销

通过会员全生命周期管理，实现各渠道、各体系中的会员数据整合，形成了统一的大会员数据中心，并建立了360°会员全视图，便于进行会员分析和分类，从而更好地实现与会员进一步互动。同时建立会员关怀体系，包括订单关怀、生命周期关怀、亲情关怀、售后关怀等，增加客户黏性，提升客户体验。建立忠诚度与积分管理体系，设计会员权益和会员等级体系，建立忠诚度引擎以灵活地实现各种积分兑换业务，提升复购率和忠诚度。

（3）图书的通借通还

金蝶云·星空实现对会员借阅及归还图书的管理、图书在各门店通借通还，使会员在字里行间的任何一家书店都能完成图书借阅和归还。

（4）VIP会员阅览室

字里行间打造了卓越的创新式会员服务，提供舒活乐购、舒活乐品、舒活乐读、舒活借阅、私人定制、私人图书漂流馆、私人聚会及文艺空间、主题活动等服务，全面打造都市人"知书达礼"式阅读生活。

金蝶云·星空全渠道营销平台帮助字里行间打造了会员的专属VIP权益，并实现了提前预订、使用、退订等功能。

（5）图书行业智能仓储系统与供应链的无缝衔接、高度集成

金蝶云·星空实现了零售POS系统与供应链、WMS等系统的无缝衔接，支持门店要货、总部配货发货、门店之间调拨，实现了供应链与智能仓储系统的无缝衔接、高度集成。

（6）一码多物的优化应用

因图书行业存在一码多物的情况，在扫码销售时，POS（销售点终端）系统会显示包含此条形码的所有商品，收银员可根据需要（条码、书名、定价、出版社等）选择对应的商品。

（7）财务与业务一体化

金蝶云·星空实现了财务与业务系统的高度集成。进销存系统的单据通过核算系统进行统一的账务处理，产生的凭证自动传递到总账系统，减少了财务人员的大量重复输入及核对工作，提高了业务与财务人员的整体工作效率。

系统提供各种联查功能，通过单据可以查询凭证、通过凭证可以查询相关单据、通过总账可以查询明细。通过报表系统的取数函数可以取出业务系统、财务系统中的各种数据，从而可以对数据进行综合分析。

（8）数据大集中：加强集团管控

随着业务的发展及门店数量的增加，"数据大集中"被提上日程，将营业数据都收归集团，意味着以后所有的服务器都将在总部部署，单店的维护费用降低。

"数据大集中"对于字里行间的信息化来说是一个质的飞跃，意味着其由原来的分散部署走向集中部署，由原来的不交互走向协同和交互，这不仅是应用的深化，更是与以往完全不同的部署模式。

"数据大集中"也意味着后续一系列的集团管控的加强（这些都需要系统来支撑），例如，由过去的分布式管理架构转变为中央集权的管理架构，其中涉及诸多管理结构的转变，如财务、人力资源、采购等。

（9）商业智能：洞悉客户需求，增加客户黏性

为了增加客户黏性，门店的经营者需要向深挖客户消费行为的方向发展。瞬息万变的市场环境、琢磨不透的客户需求及海量的业务决定了字里行间实现商业智能应用的管理需求。一体化云平台的建设让精准分析客户行为变为可能。通过对POS系统的前端销售数据与消费者的消费习惯进行关联分析，实现了对目标顾客行为习惯的精准研究。字里行间管理决策层可在营销战略和门店经营策略上制定更贴近消费者个性化需求的服务流程和服务产品，从而增加消费者黏性，提升企业的市场竞争力。

（10）电子商务：O2O模式使经营更加贴近客户需求

互联网销售已获得企业与用户的广泛认同，随着全国物流体系的逐步完善，零售企业开拓互联网渠道将成为信息化建设的又一大热点方向。网络已经成为一个不容忽视的潜力市场。通过O2O模式实现线上线下协同运营，已经成为字里行间门店经营的一个方向。

一体化云平台信息系统的建设为字里行间进行网上交易奠定了业务基础，同时通过扩展的系统平台，字里行间可以开发出更多贴近客户需求的业务模式。

### 3. 典型业务及应用介绍

（1）进行会员全生命周期管理：对各渠道、各体系中的会员数据进行整合，形成统一的会员数据库，并建立360°会员视图，便于进行会员分析和分类。

（2）建立会员关怀体系：提供订单关怀、生命周期关怀、亲情关怀、售后关怀等，提升客户黏性和客户体验。

（3）建立忠诚度与积分管理体系：设计会员权益和会员等级体系，建立忠诚度引擎以灵活实现各种积分、兑换业务，提升客户复购率和忠诚度。

（4）实现会员图书借阅管理，使会员在字里行间任何一家书店都能完成借阅和归还。

（5）满足会员对VIP的使用权益，并能实现提前预订、使用、退订等。

（6）会员和非会员的线上线下多种促销方案设定，实现促销多样性。

（7）零售与供应链和财务无缝衔接、高度集成，支持门店要货、总部配货发货及门店之间调拨。

（8）实现智能仓储系统与供应链的衔接。

### 4. 应用价值

（1）两个平台：搭建统一管理的硬件平台和公司业务运营的信息化软件平台。

（2）一个纵深：实现从总公司到分子公司的一体化管控，全面、准确、及时掌握集团经营情况，资源共享，快速响应市场和客户的需求。

（3）六大业务：引入移动互联网平台和思维，全面提升全渠道营销水平，开展门店管理、财务管理、供应链管理、办公协同、物流管理、商业智能六大业务。

通过供应链、财务管理信息化建设，加强采购管理、销售管理、物流管理、门店管理，提高库存资源的合理分配，强化财务的集中管理与实施监控，提高整体生产服务水平。

## 三、客户感言

首先感谢金蝶云·星空全渠道营销实施团队和项目团队对字里行间信息化建设的重视与支持。对于字里行间的信息化转型道路，信息化技术和手段是必然选择。以打造一体化的信息化平台为目标，实现统一平台、加强管控、智能互联、效率提升。

金蝶云·星空结合企业实际灵活配置，提供良好的用户体验，为字里行间搭建了统一的业财融合管理系统平台、动态的合并报表和管理报表及集团费用报销管理平台；集团到30家门店的订货、发货、配货平台，完善了供应链与智能仓库WMS、线上线下一体化优化工作；实现了门店零售POS系统、会员权益管理、礼券积分管理、借阅管理、促销管理、VIP阅览室管理；为企业各级管理者提供了决策分析数据，实现了各部门之间的协同，提高了效率，对字里行间的管理创新发挥了积极作用，实现了管理的流转精细化和规范化。

——北京字里行间文化发展有限公司总经理　李双喜

# 互联网茶业领军品牌的经营之道

## 一、企业简介

近年来，随着网上购物越来越普遍，一批电商企业快速发展。这些企业天生具有互联网思维，以顾客为中心，不断创新，深耕产品和服务。但这类企业在不断地推出新品来抢占市场的同时，也面临客户需求变化带来的产品销售的不确定性、不均衡性，口碑也容易受到个别事件的影响，对于艺福堂这种销售、生产茶叶的企业来说尤其如此。在我国食品监管日趋严厉的形式下，必须建立基于 GAP（《良好农业规范》）和 GMP（《药品生产质量管理规范》）的全产业链质量管控体系。基于客户的个性化需求，需要建立柔性的生产体系，以适应多品种、小批量的生产经营模式，以满足快速换产的需要，同时实现完整的 IPQC（制程控制），以及产品的质量追溯。

杭州艺福堂茶业有限公司（以下简称"艺福堂"）是杭州市 2008 年首批大学生创业企业之一，短短几年，年销售额已逾 3 亿元，被评为"全球十佳网商"、互联网茶业领军品牌。

艺福堂面对"互联网+"时代的挑战，秉承"持续创新，不断创业"的企业发展观，坚持用互联网思维做健康茶产品，以顾客为中心，不断创新，深耕产品和服务，以素质过硬的专业人才队伍、产学研校企战略合作为基石，迅速成长为电子商务领域集生产、销售、科研于一体的企业。

未来，艺福堂致力于打造智慧工厂，计划在全国建立区域仓库，在所有产茶大区建立自己的茶叶原产地基地，将现代管理模式贯通于整个产业链。在对应的信息化方面，实现财务与业务生产一体化管理，打通与第三方 WMS 的对接，并对成本进行精确核算，建立电子商务运营中心、研发中心、茶叶国际交流中心、培训中心、现代化茶叶生产展示中心，向世界一流茶品牌迈进。

## 二、项目内容

### 1. 项目概述

艺福堂的线上销售平台有淘宝、天猫、京东商城、唯品会、亚马逊、阿里巴巴等，它们是各大知名电子商务平台的领军品牌，并且公司旗下的不同细分类目有不同的品牌，每个品牌都是独立的公司，有各自的特色业务领域，同时也为其他品牌公司的业务提供支持。

公司信息化建设的目的是将采购、生产、销售、仓储、物流发货智能化相结合，将业务和财务整合到同一平台，便于以后基于互联网大数据指导研发、生产、仓储、实现全程跟踪监控，优化资源配置，提供成本可视化、产品可溯源、物流智能可追踪和智能个性化服务。

金蝶云·星空是金蝶在移动互联网时代基于最新的云计算技术研发的一款战略性 ERP 产品，其可通过租赁帮助企业低成本、高效率地实现多组织异地协同、财务精益化集中管控、供应链高效管理、生产制造智能化、全渠道 O2O 营销等，能有效推动中国企业向移动互联网快速转型和发展。

金蝶云·星空支持艺福堂多组织、多工厂的协同生产，满足多核算体系，保证成本核算的精准性。与此同时，金蝶云·星空还能有效抓取电商平台大数据并对其进行智能分析、科学安排工厂生产以及进行订单管理，打造智能供应链。

### 2. 项目内容及价值

（1）互联网组织：小组织，赋能激活

从集团化的视角去调整组织架构的同时，还需定位每个法人或利润中心在整个集团的位置、经营的业务范围（例如品牌维度，职能维度）、每个法人或利润中心与其他法人或利润中心之间的往来关系。因为接下来的业务系统信息化，从销售订单到采购、仓储、生产，再到销售出库、采购入库、应收应付账款、库存管理、费用预算报销，每单业务都在系统中进行。为了日后进行财务核算，实现了业务和财务一体化办公。

艺福堂的组织架构如图 6.23 所示。

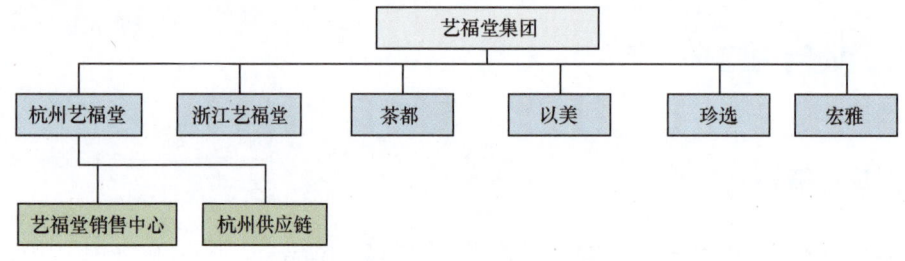

图6.23　艺福堂的组织架构

（2）互联网经营的前提：数字资产，规范统一

通过应用金蝶云·星空，艺福堂全面实现了基础数据管理的一体化，统一定义了基础数据，制订了完备的编码规则和审批流程，并且对之前账面和实物的情况重新进行了整理。例如，在物料管理方面，对原料进行了统一编码，实现了对原料、半成品、成品、呆滞料等的统一管理，为供应链管理打下了坚实的基础。

公司之前已有的客户、供应商、固定资产等基础资料，由于没有通过系统来管理，业务和财务是脱节的，因此，这些信息是不完善的。现在业务和财务实现了一体化，采购部可以直接从采购订单下推入库单直至付款申请单，供应商的财务信息可以直接从系统调用，不需要反复进行手工填写。

（3）互联网经营实践：服务在线，数据赋能

艺福堂之前的费用报销采用的是纸质申请审批的方式，审批手续复杂，耗时较长。费用申请和费用报销没有关联性，需要反复填写同样的内容。

通过应用金蝶云·星空，公司实现了无纸化申请，既可以在计算机上操作，又可以在手机端通过云之家来操作，金蝶云·星空和云之家的审批完全同步。同时也可将各部门的费用和预算挂钩，实现通过预算来把控费用，为公司各部门的费用归属和划分核算奠定了坚实的基础。

（4）互联网经营实践：能力导向，履约发运

艺福堂有1300多万个直接终端客户，公司仓库所发包裹小而多，并且能够和各个电商平台对接，抓取到订单信息生成快递信息后，要能反写到各电商销售平台的订单上。艺福堂以前的发货系统，不能灵活处理公司各品牌间错综复杂的业务关系，相关人员在操作时总是出问题。

在应用金蝶云·星空的过程中，艺福堂对应建立了各个品牌的成品库；这两套系统既满足了业务操作需要的灵活度需求，又提高了库存管理的准确度。

（5）互联网经营实践：协作敏捷、算法驱动

艺福堂供应链的3个部门以往都站在各自部门的立场实施各自的计划，即销售计划、生产计划和采购计划，虽然它们是相互关联的，但关联性不高，整体计划的准确度只有30%左右。由于目前大多数业务的销售是直接面对终端客户的，暂时不能在系统中直接通过销售订单和预测单进行MRP运算采购计划和生产计划，但按照这个思路成立的公司计划部，对销售数据及销售订单进行合理分析后，再制订采购计划和生产计划，虽然还不是很完善，但较之前已经有了很大程度的改善。

另外，过去从原料领料到成品入库，一个生产订单可全部实现，即简单化生产。在应用金蝶云·星空车间管理模块后，生产部的所有资源（机器设备和人员）罗列清晰，每个产品的生产过程逐步被分解为工序，再将工序分解为作业中心，作业中心又分解为作业，并且在生产的过程中，每个工作中心所耗费的生产时长和人力资源都记录在案。

通过对工作的分解，降低每项作业的复杂度。将作业逐步分解为单一的动作或简单动作的组合，可以为接下来的机器代替人工奠定坚实的基础。

通过对每个工作中心的工作进行分解及记录，一方面可以核算出确切的产品的生产成本，另一方面可以按具体的生产量来计算工人的工资，然后接入金蝶的S-HR系统，这样，工人的工资就可随着生产订单一并出来。

## 三、客户感言

艺福堂前期通过各方面的调研、评审确定金蝶云·星空是非常适合的，它可以实现公司多组织异地协同、财务精益化集中管控、供应链高效管理、生产制造智能化、全渠道O2O营销等，帮助艺福堂快速发展信息化，助力艺福堂战略性成长。此次合作，是完成艺福堂智慧工厂转型的第一步，未来的艺福堂也希望与金蝶进行更加长久深入的合作。

——杭州艺福堂茶业有限公司总经理　李晓军

# 实践经验总结

互联网技术改变了人与人之间的连接方式,也正在改变企业与客户之间的连接方式,在此背景下,互联网公司产生了,它们重新定义了企业,也正在重新定义商业。有些企业正在用互联网思维和技术对研发、销售、生产、采购、财务进行创新,不断突破企业、部门的业务、边界、流程、职责限制,形成新的企业组织。

信泰纺织作为传统的网布鞋材供应商,敢为天下先,在行业内首先进行跨界整合,提供更好的客户体验:从网布供应商转变为鞋面供应商,并为客户提供市场调研、市场分析、研发、设计、生产一体化的产品 + 服务解决方案,在此基础上还提出了进行"制造业 + 大数据"数字化转型,从生产、技术、研发、销售 4 个方面建立大数据平台。信泰纺织把战略转型的需求变成信息化建设的需求,并用工具进行了落地和固化。

青竹画材是美术绘画材料的专业生产厂家,也是中国最大的美术颜料生产基地之一。随着社会的发展,人们对绘画的需求日益增加。青竹画材更是用互联网思维进行了"上云、用数、赋智"的探索:在营销端接受 2C 客户的"碎片"订单,也在行业内首创了色卡订货平台,并为消费者的个性化订单提供快速报价工具,极大地提高了用户体验。青竹画材在制造端调整柔性生产,为用户提供个性化的服务,是河北省工业和信息化厅"万企上云"的积极响应者和示范企业。

友元集团致力于为客户提供优质高效的纸品,其实践经验是进行客户、人、机、伙伴的"四维"连接,让友元更"有缘",加强企业内部的柔性生产能力建设。在满足经销商客户需求的同时,也推行区域直销配送服务,现已在北京实现无盲点配送。

爱依瑞斯是中国软体家具时尚品牌,全国十大软体家具品牌之一,其拥有千家专卖店,形成了以意大利设计师设计研发、以中国工厂为制造基地、分销网络遍布美国、迪拜、法国、俄罗斯、加拿大等 30 多个国家和地区的专业家居用品供应体系。爱依瑞斯瞄准了私人订制，为终端消费者提供深度软体个性化定制家具，并为此打造了覆盖线下的门面、设计、订单、售后和线上的电商平台，以及从柔性制造体系到运营体系一体化的 C2M 新经营体系，并通过信息化工具落地。

字里行间将图书与咖啡美学、人文分享进行了跨界整合，为消费者提供更好的体验。字里行间突破传统的经营范围，已打造成为图书、音像制品、餐饮、学前教育、礼仪等多方面发展的综合体集团，形成了具有互联网特点的管理体系，并用信息化工具进行承载。

作为互联网产业的领军品牌，艺福堂的线上销售平台有淘宝、天猫、京东商城、唯品会、亚马逊、阿里巴巴等，它们都是各大知名电子商务平台的领军品牌。其"上云、用数、赋智"的目标是用公有云将采购、生产、销售、仓储、物流发货智能化结合，将业务和财务整合到同一平台，便于以后基于互联网大数据指导研发、生产、仓储，进行全程跟踪监控，优化资源配置，实现成本可视化、产品可溯源、物流智能可追踪和智能个性化。

本书收录的客户中，有 2C 的互联网企业，它们在营销端或线上/线下经营，或是在线上线下融合经营，带给消费者优于传统的体验，营销端的创新拉动供应端的柔性制造；也有传统 2B 的企业，它们用互联网的跨界精神进行管理创新，形成新的管理模式；还有的企业在进行运营各环节数字化的同时，以互联网大数据指导运营作为更高的目标进行建设。这是传统企业、互联网企业、拥有数字资产的企业必须关注的。互联网企业和互联网创新企业近几年发展迅速，它们有很多管理创新和"上云、用数、赋智"的经验，这些对广大企业的发展都有指导意义。